남북한
정부수립 과정 비교
1945–1948

남북한 정부수립 과정 비교
1945 – 1948

이철순 편

인간사랑

Contents

서문

1948년 남북한에 각각 독자적인 정부가 수립된 지 어언 60년 이상이 경과한 지금 남북의 현실은 그야말로 극명한 대조를 보이고 있다. 남한은 2010년인 올해에 G20 의장국으로서 선진국 문턱에 다다른 나라로 지칭되는 반면, 북한은 폐쇄적인 독재국가로서 실패한 국가의 전형으로 묘사되고 있다. 최근에는 화폐개혁의 후유증으로 정권의 붕괴가 멀지 않았다는 전망까지 나오고 있다. 어디에서 이런 남북의 차이가 비롯된 것일까? 우리는 그 실마리를 풀기 위해 남북한 정부의 모태(母胎)가 형성된 1945년부터 1948년까지의 시기, 소위 해방 3년의 시기를 돌아보지 않을 수 없다.

이러한 문제의식을 가지고 해방 3년의 시기를 다루는 이 책은 원래 2006년 한국정치학회가 기획한 "남북한 정부수립 과정 비교 : 1945-1948"이라는 프로젝트의 결과물이다. 당시 학회는 다음과 같은 필요성 때문에 이 프로젝트를 수행하고자 했다.

첫째, 통상 '해방 3년사 연구'라고 불리는 이 시기의 연구는 많은 연구성과가 축적되었지만 탈냉전 이전 시기의 연구는 수정주의적 시각이 주류를 이루어 다소 편향된 측면이 있었다는 점이다. 학회는 탈냉전 이후 등장한 새로운 시각의 연구성과를 적극 반영하여 연구의 균형을 잡을 필요성을 느끼고 있었다. 둘째, 그동안의 연구는 남북한 정부수립 과정을 분절적으로 연구해 왔을 뿐 비교의 관점이 결여되어 있었다는 점이다. 남북한 단독 정부수립 과정을 면밀하게 비교분석함으로써 해방 3년사 연구의 논쟁점들이 새롭게 조명될 수 있을 것으로 보았다. 또한 비교의 과정에서 남북한이 상호 영향을 미친 점에도 주목할 필요성을 느꼈다. 셋째, 새로운 자료의 발굴로 새로운 해석이 가능하다고 보았다. 특히 탈냉전 이후 새롭게 공개된 구소련 시절의 비밀해제 자료들을 이용할 수 있게 되어 해방 3년사에 대한 새로운 해석이 가능하다고 판단하였다.

이 프로젝트를 추진하는 과정에서 몇몇 필자들은 너무나도 이질적인 체제를 비교한다는 것 자체가 무리라는 의견을 제시하기도 하였으나 몇 차례의 사전 발표회를 통해 이 작업이 상당히 의미가 있다는 것을 깨닫게 되었다. 예컨대 이승만의 단독정부론을 남한 자체만을 놓고 다루는 것과 북한의 정권수립 과정과 비교해서 보는 것은 큰 차이를 보인다는 점이다. 또한 남북한 헌법제정 과정을 비교해 보면 남쪽이 북쪽보다 훨씬 민주적이고 자율적인 분위기 하에서 헌법이 제정되었음을 알 수 있었다. 양쪽 정부의 수립과정을 비교해 보면서 여러 가지 차이점이 뚜렷하게 드러남을 알게 되었던 것이다.

먼저 이정식의 논문은 이 책의 집필진에게 일종의 문제의식을 던져준 매우 귀중한 논문이라고 할 수 있다. 이 논문은 해방 3년사 연구의 '새로운 접근법' 으로 미군정과 소군정을 비롯한 남북한 정치세력의 상호작용과 양자 간의 비교연구를 제시하고 있다. 이러한 비교연구는 남북 양쪽의 동일한 점 내지 유사한 점, 그리고 다른 점 등을 분석함으로써 개체들을 이해하는 데 도움이 된다는 것이다. 그는 향후 남북 간 비교연구의 주제로서 "이질문화 또는 신문화의 수용과정", "이질적인 정치경제 체제 도입과정", "관료체제와 관민관계", "선거제도가 남북한 주민의 정치의식에 미친 영향"을 들고 있다. 한편, 그는 해방 3년사를 총체적으로 이해하려면 미 · 소군정 정책들의 상호 연관성을 연구하는 것이 매우 중요하다고 지적하고 있다. 그 예로서 "소련군정의 남한 정치 관여", "조만식 연구의 국제적 의의", "북한의 토지개혁 등이 남한에 미친 영향", "북한의 새 화폐 발행과 남북한 교역", "5 · 10 선거와 남북협상회의"를 들고 있다.

남한과 북한의 헌법제정 과정을 비교한 서희경의 논문은 남북한의 헌법이 각각 분리되어 제정되었지만 서로를 의식하고 경쟁하면서 탄생한 쌍생아적 성격을 지니고 있다는 점을 강조하고 있다. 남북한 헌법제정 과정을 비교할 때 가장 특징적인 점은 북한이 인민의 완전한 의사구현을 위한 '절차'에 강조점을 두었지만 헌법내용에 대한 '반대'는 거의 발견되지 않는 반면, 남한은 그 절차가 국회 내부에 제한되었지만 그 제정과정은 매우 논쟁적이었다는 것이다.

남북한의 정당활동을 비교한 심지연의 논문은 남한의 정당이 등록주의를 택한 미군의 정책 때문에 다양성을 가질 수 있었던 반면, 북한의 정당은 허가주의를 택한 소련군의 정책 때문에 획일성이라는 전혀 다른 모습을 갖게 되었다고 진단하고 있다. 이러한 차이점 때문에 우선 정당 수에 있어서 남한은 수많은 정당이 결성될 수 있었던 반면, 북한은 허가를 받아야 했기에 최종적으로는 세 개의 정당밖에 존립할 수 없었다는 점을 지적하고 있다. 또한 정당의 의사표현에 있어서도 큰 차이가 있어서 남한의 정당이 모스크바 3상회의 결정에 대해 자유롭게 찬반 의사를 표현할 수 있었지만 북한의 정당은 오로지 찬성만이 강요되었다는 것이다. 심교수는 결론적으로 해방정국의 이러한 정당활동의 차이로 남한이 개방적인, 열린 사회가 될 수 있었던 반면, 북한은 최종적으로는 유일사상만이 지배하는 폐쇄적인, 닫힌 사회로 귀결되었다고 주장한다.

남북한 군대의 창설과정을 비교한 한용원의 논문은 미국과 소련의 대조적인 정책의 특성으로 인해 첫째 미국은 남한에 치안유지를 위한 경비대를 창설한 데 반해 소련은 북한에 혁명 수출을 위한 정규군을 창설했고, 둘째 미국은 남한에 내부의 전복활동에 대처할 수 있는 무장력을 육성한 데 반해 소련은 북한에 혁명의 수출기지 강화를 위한 무장력을 육성하였으며, 셋째 미국은 남한에 방어형 성격의 무장력을 건설하기 위한 지원을 한 데 반해 소련은 북한에 공격형 무장력을 건설하기 위한 지원에 진력하였다고 지적하고 있다. 그리하여 결과적으로 미국은 남한에 1775년 미국 독립전쟁 당시 미군수준에 불과한 경비대를 건설한 데 반해 소련은 북한에 최신예 탱크사단 및 항공사단을 구비한 현대식 정규군을 건설하게 되었다고 한다.

해방 3년 기간의 미국과 소련의 경제정책을 비교한 이승현의 논문은 미국과 소련이 모두 한반도에서 일제로부터 식민지 경제를 물려받았으나 그 성격은 완벽한 자본주의 경제체제는 아니었지만 자본주의 시장경제에 좀더 유사한 체제였다고 진단한다. 따라서 자본주의 체제를 지향한 미국은 현상유지적인 경제정책을 실시한 데 반하여 사회주의 체제를 지향한 소련은 현상타파적인 경제정책을 실시했다고 결론내리고 있다. 소유제와 관련하여 미국은 개인소유제를 기본으로 하였으나 소련은 국유화를 기본으로 하는 정책을 펼쳤으며, 경제운용과 관련해서도 미국은 현상유지에 무게를 둔 반면, 소련은 인민경제계획을 수립하여 계획경제를 실시하는 수준에 이르렀다는 것이다.

1948년 소련의 철군과정을 살핀 이지수의 논문은 다음과 같은 점을 지적하고 있다. 첫째, 소련이 공표한 공식적인 철군 일정과 실제의 일정은 다르다는 것이다. 실제 철군은 1948년 10월 19일 훨씬 이전부터 시작되었으며, 완료 또한 공식적인 날짜로 밝힌 12월 25일이 아니라 이미 11월 말이라고 본다. 둘째, 위와 같은 혼동이 생기는 이유는 기록의 부정확성 때문이 아니라, 실제로 진행되는 현실과 겉으로 공표되는 공식 발표가 불일치하기 때문이라는 것이다. 이러한 소련의 이중성은 여러 측면에서 드러난다고 본다. 즉 소련은 대내적으로는 북한 위성정권의 기반을 구축하면서 겉으로는 단일 민주정부 수립을 위한 미국과의 대화를 추구하기도 하였고, 북한 정권의 내적 기반이 완성된 이후에는 내내적으로 전쟁에 대비한 군사적 기반을 구축하면서 겉으로는 단일 정부수립을 위한 대남대화, 남북지도자 연석회의를 주도하는 모습을 보여주었다는 것이다. 마지막으로 소련군 철수도 소련의 이러한 이중적인 행태의 맥락 속에서 이해될 수 있다는 것이다.

미소공위에서의 미국과 소련의 "조선임시정부" 수립대책을 살핀 남광규의 논문은 애초부터 미국과 소련은 서로 다른 구상으로 신탁통치에 임했다고 본다. 즉 미국은 미·영·중·소 4대국 신탁통치가 소련을 견제할 수 있는 국제적 조건을 가지고 있기 때문에 신탁통치에 찬성한 반면, 소련은 좌파가 우세한 한반도의 정치지형상 장차 수립될 조선임시정부는 소련에 우호적인 정부가 될 것이기 때문에 신탁통치에 찬성했다는 것이다. 좌파가 우세할 것으로 예상하고 조선임시정부 안을 제시한 소련의 입장에서 볼 때 임시정부수립을 위한 협의대상이 되는 "민주적인 정당과 사회단체들"에 대한 해석은 매우 중요한 것이었다. 결국 이 문제 때문에 두 차례에 걸친 미소공위가 결렬되었다는 사실은 우리가 익히 알고 있는 바이지만, 이 논문은 이에 덧붙여 미소공위 협의과정에서 국내 우파 정치세력이 보인 비현실성을 지적하고 있다. 즉 이들에게는 국제세력과 협력하여 국가수립을 모색하는 '선국제협력 후민족협력' 노선이 현실적으로 가능한 선택이었지만 그렇게 하지 못했다고 비판하고 있다.

해방 3년 시기 동안 소련의 북한 정치세력에 대한 정책을 살핀 이철순의 논문은 북한 정권이 수립되는 과정에서 소련의 역할이나 영향력을 무시하고 김일성이 상당한 자율성을 누린 것으로 보는 수정주의적 시각을 비판하는 입장에 서 있다. 북한 정권은 전통주의 시각에서 지적하는 순수한 연립단계와 사이비형 연립단계를 거쳐 공산당 단독정권 수립에 이르게 되었는데, 이 과정에서 소련의 역할은 지대하였다는 것이다. 스탈린은 1945년 9월 초순 김일성이 입북하기 전에 이미 그를 낙점했으며, 1946년 7월에는 다시 그를 신임하여 박헌영과의 권력투쟁에서 그가 우위를 점할 수 있게 해주었다는 것이다. 또한 소련은 토착민족주의자인 조만식과 중국과 연계된 연안파를 제압하여 김일성이 안정적으로 정권을 잡을 수 있도록 도와주었으며, 소련 극동군 제1방면군 군사위원 스티코프 상장은 당시 북한 정치의 실질적인 총연출자였다는 것이다. 결론적으로 북한 정권은 그 수립과정을 살펴볼 때 완전한 '괴뢰정권'은 아니더라도 소련의 강력한 후견 하에 있었던 국가였으며, 김일성의 소련에 대한 자율성은 거의 없었다는 것이다.

해방 3년 시기 소련의 대한반도정책을 살핀 백학순의 논문은 소련의 정책이 기본적으로 양궤(兩軌) 전략이었다고 본다. 즉 소련은 한편으로는 자신의 점령지인 북한에서 조속히 그리고 배타적으로 친소정권을 세워 이를 공고히 해나가면서 '동시에' 다른 한편으로는

'모스크바 외상회의 한반도 결정'이라는 국제적 합의의 틀에 의거하여 미소공위를 '진정성'을 갖고 운용하는 등 한반도 전역에서의 친소국가를 수립하고자 하였다는 것이다. 이러한 주장은 소련의 대한반도정책은 해방직후 초기부터 자신의 점령지인 북한에서 친소 단독정부를 수립하려는 목표를 갖고 있었으며, 따라서 소련이 한반도 분단을 초래했다거나 이와는 달리 소련의 정책목표는 미소공위를 통해 한반도 전역에서 친소 단일정부를 수립하는 것이었는데, 결과적으로 그러한 정책목표를 달성하지 못하고 북한만을 차지하여 친소정부로 만들었다는 기존 연구들의 주장과는 다른 것이다. 이 점에서 이 논문은 기존의 소련의 대한반도정책 연구에 논쟁을 제기하면서 연구의 활성화에 크게 기여할 것으로 보인다.

해방 3년 시기 미국의 대한반도정책을 살핀 신복룡의 논문은 네 가지 측면에서 그 정책을 평가하고 있다. 첫째, 미국에게 한국은 일본의 종속변수였기 때문에 한국의 분단을 결정하는 과정에서 미국은 한반도를 대일정책의 희생양으로 고려한 측면이 있다는 것이다. 둘째, 한국은 동아시아에서 반공보루로서의 가치를 가지고 있었으며, 한국의 공산화는 일본의 방위에 직접적인 위협이 될 뿐만 아니라 태평양이라는 호수의 일각이 무너진다는 의미를 가지고 있었다는 것이다. 셋째, 한반도는 미국에게 민주주의 전시장으로서의 가치를 가지고 있었으나 남한 정치세력의 한계 때문에 미국은 민주주의의 우월성을 보여줄 수 없었다는 것이다. 아울러 미국은 한국의 민주화보다는 반공화에 더 높은 가치를 부여하여 남한 정부의 권위주의화에 묵시적으로 기여했다는 것이다. 마지막으로 군사적 측면에서 볼 때 미국의 대극동(한국)정책의 기조는 '섬의 고리'에 기초한 해·공군 우선전략이었으며, 애치슨 라인은 이를 대표적으로 표현한 것이라고 한다. 또한 이러한 원칙은 오늘날까지 변함없이 미국의 대한반도정책의 기조를 이루고 있다는 것이다.

이 책에 수록되어 있는 논문들은 모두 같은 시각을 갖고 있는 것은 아니다. 전통주의적 시각에 가까운 논문부터 중립적 성향의 논문까지 다양한 시각의 논문들이 실려 있다. 필자들 간의 시각이 달랐기 때문에 대여섯 차례에 가까운 토론과정에서 꽤 심각한 논쟁과 이견이 있었던 것도 사실이다. 하지만 자유로운 분위기 하에서 서로 허심탄회하게 토론할 수 있었던 것은 유익하고 귀중한 기회로 기억될 것이다.

이 책에는 많은 분들의 공로와 정성이 담겨져 있다. 먼저 전 한국정치학회 김용호 회장님께서는 이 책의 기획단계부터 참여하시면서 물심양면으로 많은 도움을 주셨다. 또한 한국정치학회를 통해 재정적인 지원을 해준 조선일보사에도 사의를 표한다. 하지만 무엇보다도 귀중한 시간을 할애하여 이 책에 옥고를 보내주신 집필진에게 편자로서 머리 숙여 감사드린다. 또한 집필진으로 참여하지는 않았지만 토론자로 참여하신 여러 분께도 감사드린다. 이 책의 편집과 교정 등 궂은 일을 도맡아준 부산대 정외과 문경호 석사의 노고도 빠뜨릴 수 없다. 마지막으로 애초의 출판 기한을 넘겼음에도 불구하고 너무나도 많은 시간을 묵묵히 기다려 준 도서출판 인간사랑의 이국재 부장님께도 감사를 표함과 동시에 너그러운 이해를 구하고 싶다.

2010년 5월

편자 이철순

각도로 연구할 수 있는 계기를 만들어 주고 있다.

필자가 '새로운 접근법' 이라고 지칭하는 것은 해방 3년사를 연구하는 데 있어서 미군정과 소련군정을 비롯한 남북한 정치세력의 상호작용과 양자 간의 비교연구를 말한다. 과거에도 그런 종류의 연구가 없었던 것이 아니지만 소련군정의 문헌에 접근할 수 없었기 때문에 심층적인 연구는 제한적일 수밖에 없었다. 소련 문헌의 공개가 아직 초기단계에 놓여 있기 때문에 우리가 지금의 시점에서 할 수 있는 일도 한계가 있지만 앞으로 학자들이 해야 할 일은 너무나 많다.[5] 한쪽에서 일어난 일, 또는 한쪽에서 취해진 행동이 다른 쪽에 끼친 영향은 다음에 제시할 몇 가지 예에서 잘 알 수 있을 것이다. 또 한편 비교연구는 양자 간의 동일한 점 내지는 유사한 점, 그리고 다른 점 등을 분석함으로써 개체들을 이해하는 데 도움이 될 것이다.

위에서 이미 소련 문헌의 중요성을 논했지만 지금까지 공개된 문헌들만을 통해서도 우리는 학자들이 품고 있는 선입견을 버려야 한다는 것을 느낄 수 있다. 즉 과거에 많은 학자들은 소련의 대한(對韓) 정책이 미국이 취한 정책의 반응으로 취해진 수동적인 것이었다는 가상(假想) 하에 남북한에 있어서의 정치의 흐름을 해석해 왔었는데 그러한 가상은 어긋난 것이었다. 최근 공개된 소련 문헌들은 해방직후 한반도 통치에 있어서 보다 능동적이었던 것은 미국보다도 오히려 소련이었을 가능성이 높다는 것을 보여주고 있다.

필자는 이미 다른 글에서 스탈린의 1945년 9월 20일자 지령의 중요성을 논한 바 있지만,[6] 이 지령은 이후 소련군 점령 하의 북한에

5. 전현수, "해방직후 북한자료 해제 2-러시아 생산자료," 한국정신문화연구원 편, 『북한현대사 문헌연구』(서울 : 백산서당, 2001), pp. 157-161.

서 일어난 모든 일들의 기간(基幹)이었다. 소련군이 점령하고 있는 지역에 부르주아 민주주의 정권을 세우라는 것이 지령의 핵심이었는데, 세워질 정권의 성격보다도 소련군 점령지역에 정권을 세운다는 일이 중요한 일이었다. 스탈린의 지령이 해방직후 9월 20일에 있었다는 것과 남한을 점령한 미군 측과의 교섭에 대해 일언반구도 언급하지 않았다는 것들을 주목할 필요가 있다. 북한지역에 정권을 설립하라는 지령을 내림으로써 한반도 분단을 고착화시키는 것을 결정한 것이었다.[7] 이처럼 중요한 결정이 남북한의 정치와 경제의 장래를 좌우하게 된 것은 물론이다. 그 지령이 내려진 후 소련군 사령관은 서울에 보냈던 연락장교단을 철수했고 남북 간의 왕래를 극도로 제한했는데, 이는 9 · 20 지령의 결과였다. 또 모스크바 3상회의에서 한국문제를 해결하기 위해 설립하기로 결정했던 미소공동위원회는 1946년 3월에 개최되었는데, 소련점령 당국은 같은 달에 미국 측과 아무런 상의도 없이 북한지역 내에 토지개혁을 단행함으로써 한국 경제 · 사회의 기반이었던 토지소유권에 대해 독단적인 조치를 취했다.

6. 이정식, "냉전의 전개과정과 한반도 분단의 고착화 : 스탈린의 한반도정책, 1945," 유영익 편, 『수정주의와 한국현대사』(서울 : 연세대학교출판부, 1998), pp. 67–102 ; 이정식, 『대한민국의 기원』(서울 : 일조각, 2006)에 재수록.
7. 어떤 논객은 스탈린이 명령한 것이 '부르주아 민주주의 정권'이었다고 하여 9 · 20 지령에는 새로운 것이 없다는 주장을 하기도 했다. '부르주아 민주주의 정권'의 수립은 박헌영도 구상하고 있던 것이었다는 것이다. 어떤 학자는 스탈린이 수립하라고 명령한 조직이 Бласть인데, 그 단어는 여러 가지로 해석될 수 있으므로 '정권'을 의미한 것이 아니었다고도 했다. 그러나 Oxford Russian–English Dictionary에 의하면 Бласть는 'power' 또는 'authority'를 뜻한다. 즉 정권이라는 말이다.

3. 남북 간의 비교연구

(1) 이질문화 또는 신문화 수용과정 비교연구

남과 북에 있어서 점령군 내지는 점령한 나라들의 문화와 제도의 수용과정은 앞으로 더욱 깊이 연구되어야 한다. 이 당시의 수용과정이 그후의 남북한과 한국 전체를 이해하는 데 큰 도움이 될 것이기 때문이다.

사상적으로 볼 때 당시 지식층의 대부분은 공산주의를 선호하는 경향이 있었다. 마르크스와 엥겔스가 펴낸 『변증법적 유물론』은 범인(凡人)이 이해할 수 없는 오묘하고 마술적인 '역사의 법칙'으로 간주되었고, 이 '법칙'에 의해서 공산사회가 이룩될 것이라는 예언은 메시아적인 진리로 받아들여졌다. 소련은 이러한 '진리'를 세상에 구현한 이상사회로 간주되었고, 따라서 소련군이 설립한 북한의 정치체제는 신성한 것으로 받아들여지게 되었다. 한편, 우익진영에서는 공산주의를 반대하고 나섰지만 이론적인 반박은 염두에도 두지 못했다. 오로지 소련군과 공산당의 통치가 포악하고 독재적이며 비인도적이라는 주장밖에는 할 것이 없었다. 이론과 현실의 대결이었다. 남한의 지식층 대부분은 '역사의 법칙'을 믿고 따르는 데 급급하여 남하한 피난민들의 북한 현실에 대한 고발에는 귀를 기울이지 않았다. 이들 피난민들은 의당 숙청되어야 할 지주들이거나 반동분자들일 것이라고 간주했기 때문이다. 이론과 이상을 무기로 삼은 공산당과 현실의 잔학성을 고발하고 나선 우익진영 간의 타협은 이루어지기 어려웠다.

미국의 남한점령과 한국전쟁 참여는 남한의 급속한 '미국화'를 가져왔는데, 척사위정을 부르짖었던 대원군이나 최익현이 아닌 개혁의 선봉에 섰던 김옥균이나 박영효가 이 땅을 구경하게 되었더라도 놀라고 또 놀랐을 것이다. 그동안 식민지화니 종속론이니 하는 비판이 있었지만 남한 사회의 과학, 기술, 경제, 문화, 교육 등의 분야에서 미국의 영향은 너무나도 압도적이었다. 그러나 자유민주주의 사상의 수용과정은 오랜 기간의 시행착오를 거쳐야 했다. 한국인들이 아직도 '민주주의'라는 개념을 충분히 체질화했다고 보기는 어렵다. 또한 민주주의의 요소인 '자유'라는 개념은 쉽게 흡수되었지만 자기의 자유를 즐기기 위해서는 남의 자유도 존중해야 할 책임이 있다는 시민의식은 여전히 부족하다. 오랜 역사를 통해 권력의 독재 내지는 전횡을 당연시해 오던 문화는 60년이 지난 오늘에도 건재하고 있어서 개인을 존중하고 시민의 책임을 당연시하는 민주주의적 문화가 굳게 정착되려면 상당한 시간이 필요할 것으로 보인다. 남한은 물질적인 면에서는 다분히 서양화되었지만 정치문화에는 아직도 '동양적'인 요소들이 살아 있다.

한편, 북쪽에서는 프롤레타리아트 독재 내지는 일당독재 체제와 공산주의 사상뿐만 아니라 러시아의 과학, 문학, 예술 등이 활발하게 수용되었다. 그리고 많은 분야에서 소련의 학문이 선도적인 역할을 하게 되었다. 1956년에 김일성 주석이 북한의 문화가 소련 중심으로 되어 있다고 신랄한 비판을 하고 주체성을 강조한 것은 우연한 일이 아니었다. 레닌이 주장한 공산당론—즉 프롤레타리아트의 정예(精銳)부대 역할을 해야 하는 조직체론—은 러시아 고유의 권력전횡 문화로 강화된 것이었는데, 이 '문화'는 아무 저항 없이 북한지역에 수용되어 오늘날까지 계속되고 있다. 위에서 해방 당시 한국의 정치문화를 집약한 글을 소개했지만 그 글은 러시아의 전통적인 정치문화를 묘사한 것과 다름이 없었다.[8)]

다른 면에서도 구소련은 북한의 학술발전에 심대한 영향을 끼쳤다. 과학, 공학, 의학 등 모든 분야에서 북한학계는 러시아어로 된 문헌이나 연구의 여과(濾過)과정에 의존해야 했는데 그 여파(餘波)는 너무나 컸다. 소련의 일부 과학분야 내지는 군사기술은 세계의 첨단을 걸은 바 있었지만 일반적으로 소련의 과학과 기술은 그렇지 못했기 때문이다. 소련의 중심이었던 러시아는 볼셰비키 혁명 당시에 모든 분야에 있어서 뒤떨어져 있던 후진국이었는데 40-50년으로 서양의 과학이나 공학을 따라잡을 수가 없었다. 소련이 붕괴된 후 북한은 러시아 문화권을 탈출하여 세계문화의 조류에 합류하기 위한 노력을 시작했는데, 오랜 기간을 통하여 낙후된 분야들을 정비하기에는 많은 시간과 노력이 필요할 것이다.

(2) 이질적인 정치경제 체제 도입과정 비교

앞에서 북쪽의 일당독재 체제와 남쪽의 자유민주주의 체제에 대해 언급했지만 각기의 도입과정과 성장과정은 더욱 많은 연구가 필요하다. 이 문제는 과거 냉전시기에는 이데올로기 전쟁에 휩쓸리

8. 페도토브(G. P. Fedotov)는 "러시아와 자유"라는 글에서 러시아의 전통적인 정치문화를 예리하게 분석한 바 있다. 그 글은 *The Russian religious mind : Kievan Christianity, the tenth to the thirteenth century*(New York : Harper, 1960)에 수록되어 있다.

기 쉬웠던 것이었고, 특히 '괴뢰'라는 용어가 통상적으로 사용될 정도였지만 현금의 학계는 보다 냉철한 연구를 할 수 있을 것이다. 물론 외국군의 점령기간에 양쪽의 점령군은 막강한 영향력을 행사했었다. 남쪽에서는 과도입법의원이 설립되었고 민정장관이 임명되었으나 실권은 군정당국이 장악하고 있었다. 북쪽에서도 임시인민위원회, 그리고 임시라는 지칭이 제거된 조직이 만들어졌으나 모든 정책결정권은 소련군 사령부가 장악하고 있었다. 그후에 조선민주주의인민공화국과 대한민국이 설립되었는데, 점령국들의 대한정책이 강도 높게 작용한 것은 물론이다. 단적으로 말해서 대한민국은 미국의 한반도에 대한 한국화 정책(Koreanization program)의 산물이었고,[9] 북한은 확고한 소련동맹국을 설립하려는 의도가 깔려 있었다. 앞으로 더욱 활발한 비교연구가 진행되기를 기대한다.

(3) 관료체제와 관민관계 비교

해방 이후 미·소 체제의 도입으로 남북한의 관료체제와 관민관계가 전통적인 모습, 그리고 일제 하 체제에서 어떻게 변모되었는지를 비교연구하는 것이 필요하다. 관존민비(官尊民卑) 문화로 표현되는 조선시대 관료문화의 변천과정 연구는 한국 문화 전반의 변천

9. "해방직후 미국의 대한정책-반공보루설과 '한국화' 정책," 『한국사학논총』(이기백 선생 고희기념 논문집), 1994, 하권, pp. 1863-1889. "The Road to the Korean War : The United States Policy in Korea, 1945-48," G. Krebs and C. Oberlander(eds.), *1945 in Europe and Asia*(Munchen, Germany : Iudicium, 1997), pp. 195-212.

연구라고 할 수 있을 정도로 중요하고 흥미로운 과제이다. 제임스 팔레(James B. Palais)는 유형원(柳馨遠)의 『반계수록』(磻溪隧錄)을 기초로 해서 방대한 저작을 남긴 바 있는데,[10] 관리들의 전횡(專橫)은 어느 나라에도 지지 않을 만큼 포악했다. 매관매직 제도 하에서 투자를 했던 관원들이 짧은 기간 내에 본전을 회수하고 이익을 챙겨야 했기 때문이었을 것이다. 임금이 언제 그 자리를 또 다른 후보자에게 팔아넘길 것인지 알 도리가 없었기 때문이었다. 이러한 전통이 어떠한 과정을 통해서 변화했으며 관료주의 문화의 변천과정에서 외래사상과 체제가 어떠한 영향을 끼쳤는가를 분석하는 일은 매우 힘든 것이지만 중요하다. 남한의 경우 독재와 민주화 과정에서 관민관계가 많이 변화했는데 북한의 경우는 잘 알려져 있지 않다. 『김일성선집』을 보면 관료주의의 타파를 위한 지시가 끊임없이 내려졌으나 실상에 대한 실증적인 자료나 연구는 아직 희박하다.

(4) 선거제도가 남북한 주민의 정치의식에 미친 영향 비교

남한의 경우 미군정 아래에서 한민족 역사상 처음으로 과도입법의원 선출을 위해 간접선거가 치러졌다. 1948년의 5 · 10 선거를 비롯하여 그후 모든 선거에서는 각 선거구마다 경쟁자가 있었고 유세(遊說)를 할 수 있었다. 지금까지 한국의 선거연구는 주로 출마자와 당선자, 득표 수, 정당 등이 주목의 대상이 되었고 유세와 선거가 민

10. James B. Palais, *Confucian Statecraft and Korean Institutions : Yu Hyongwon and the Late Choson Dynasty*(Seattle : University of Washington Press, 1996).

주주의 풍토를 심는 데 기여한 데에 대해서는 큰 관심을 두지 않았다. 그러나 후보들의 표를 얻기 위한 노력, 즉 후보자들의 유세, 기타 캠페인 활동은 시민들 간에 주권자 의식을 심어주었고 민주주의 풍토를 만드는 데에 심대한 영향을 주었다. 남한에서는 이승만 정권 아래에서 여러 차례 선거가 있은 후 1960년에는 시민혁명이 일어났는데, 이것은 우연한 일이 아니었다. 앞으로 남한의 선거가 시민의 민주의식 발전에 기여한 점을 연구하려면 시민의식의 성장을 어떻게 측정하느냐, 그리고 민주주의 풍토의 성장을 어떻게 측정하느냐 하는 문제를 다루어야 할 것이다.

북한의 경우는 전연 다른 현상을 나타냈다. 공산당은 각종 선거와 캠페인을 정권을 정당화하고 공고화하는 '교육' 과정으로 삼았다. 이런 측면에서 북한에서의 선거운동의 의의도 무시할 수 없다. 남북의 서로 다른 선거제도와 선거운동이 주민들의 정치의식 형성과 변화에 미친 영향을 비교분석하는 연구는 한민족의 현대사를 총체적으로 이해하는 데 도움이 될 것이다.

4. 남북 간의 상호 연관성 연구

남북에서 일어난 일들의 상호작용과 미·소군정 정책들의 상호 연관성 연구는 이미 이루어졌어야 할 일들이었지만 여러 가지 이유로 현대사 연구가 '반쪽'을 중심으로 진행되어 온 결과 해방 3년사의 총제적인 이해가 부족하였다. 해방직후 남북한 정치가 서로 연관되어 일어난 점은 아래에서 제시하는 평양의 소련군정과 남로당 활동의 상호 연관성, 조만식 감금의 국제적 의미, 북한 토지개혁과 화폐개혁이 남한에 미친 영향, 5·10 선거와 남북협상회의 등에서 잘 알 수 있다.

(1) 소련군정의 남한 정치 관여

그동안 북한에서 조선공산당과 신민당이 연합하여 북조선노동당으로 출범한 과정과 남한에서의 남조선노동당의 출범과정은 이미 여러 학자들의 연구대상이 되었는데, 이들의 성립과정은 비교의 가치가 있다. 남로당은 그후 남한 정치의 주요 정치세력 중의 하나였는데, 합당과정에서나 그후에 있어서 조선공산당과 노동당이 어느 정도나 자주적으로 움직였는지는 아직 자세히 알려져 있지 않다. 이러한 비교연구에 못지않게 필요한 것은 평양의 소련군정이 남로당의 활동에 얼마나 많은 영향력을 행사하였는지를 심층적으로 분석하는 것이다.

최근에 발견된 연해주 군관구 사령관 스티코프의 일기와 민정청장 레베데프의 일기는 다시 한 번 이 과업의 중요성을 강조해 주고 있다. 이 일기들은 평양에 주둔한 소련군 사령부가 남한 정치에 깊이 관여하고 있었다는 것을 보여주고 있기 때문이다. 그 예로 소련군 사령관 스티코프는 1946년 9월 19일에 박헌영에게 지령을 내렸는데, 그 직후 서울에서는 철도노동자 파업이 시작되었고 대구 폭동이 시작되었다. 스티코프 지령의 내용 자체는 알려져 있지 않지만 그는 파업과 폭동이 진행되는 동안 자금을 보내주었다.[11] 이 경우만을 보더라도 남한에서 일어난 일들과 소련군정과의 관계는 앞으로 많은 연구가 필요하다.

소련군정의 남한 정치 관여는 조선공산당과 그 후신인 남조선노동당의 자주성 문제도 제기한다. 종래의 연구에서도 박헌영의 평양방문 후의 조선공산당 정책 변화를 말하면서 소련군정이 조선공산당에 미친 영향이 컸다는 것을 지적해 왔다. 그러나 해방 후의 남한 정치에 있어서 조선공산당과 남로당은 너무나 중요한 위치를 차지하고 있었기에 이들의 자주성 문제는 더욱 심층적으로 탐구해야 할 문제이다. 조선공산당과 남로당이 주동한 각종 파업이나 폭동이 남한의 정치와 사회에 미친 영향은 말할 것도 없거니와 미군정이 주력했던 좌우합작을 와해시킨 것도 남로당이었기 때문이다. 김규식과 여운형은 좌우합작위원회를 통해서 극도로 분열된 남한의 정치를 안정시키려고 노력했지만 이를 저지(沮止)했던 것은 박헌영이 아니라 소련군정이었다. 물론 소련군정의 최고 사령관이었던 스티코프 상장(上將)도 재량권을 가지고 있지 못했다. 초인간적인 정력을 가진 소련의 수령 스탈린 원수만이 결정권을 가지고 있었다. 평양에 올라간 여운형이 소련군정 당국자와의 면회를 요구하자 스티코프 상장은 스탈린에게 전문을 발송했는데, 그 전문 발송 내용은 어떻게 대답해야 할 것인가를 묻는 것이었다.

11. 전현수(田鉉秀) 역주, 『쉬띄꼬프 일기』(1946-1948), 국사편찬위원회 해외사료총서 10(과천 : 국사편찬위원회, 2004), pp. 13, 22.

(2) 조만식 연금의 국제적 의의

자료의 문제도 있지만 그보다 더 중요한 것은 연구자의 시각(視角)일 것이다. 그 좋은 예가 1946년 1월에 있었던 조만식의 연금이다. 소련군정에 의한 조만식의 연금사건은 너무나 잘 알려져 있는 일이지만 필자를 포함한 많은 연구자들은 그 사건을 소련군정과 조만식 간에 있었던 일로 해석할 뿐, 그 사건이 지니는 진정한 의미를 감지하지 못하고 있었다. 소련군정이 신탁통치를 반대한 조만식을 연금하고 그를 끝까지 석방하지 않았던 것은 4개월 후에 서울에서 열렸던 미소공동위원회에서의 소련 측 태도를 예고하는 것이었다. 소련 대표는 신탁통치를 반대하는 남한 내 모든 인사나 단체를 협의대상에서 제외해야 한다는 입장을 끝까지 굽히지 않았는데, 미국은 이 문제를 두고 타협의 길을 모색하다가 실패하고 말았다. 소련은 이미 조만식의 연금을 통해서 타협의 가능성이 없다는 것을 표명했던 것인데 미국 대표나 미국 정부는 이를 감지하지 못하고 있었던 것이다. 소련은 남북한에서 신탁통치를 반대했던 모든 정치인들을 연금 내지는 감금의 대상으로 간주하고 있었다. 따라서 이들을 조선임시정부 수립을 위한 협의대상으로 삼는다는 것은 도저히 있을 수 없는 일이었다. 소련은 이미 폴란드에서 소련의 영토확장정책에 반대하는 우익 정치인들을 감금한 바 있었고 북한에서는 조만식을 연금해 버렸는데 미국 정부와 남한 인사들은 소련과의 타협을 꿈꾸고 있었으니, 지금 돌이켜 보면 한심한 일이었다. 많은 학자들이 1946년 봄과 다음해에 있었던 미소공동위원회에 대해 논하면서도 조만식의 연금사건과의 연관성은 무시해 왔는데 이것은 수정되어야 할 것이다.

(3) 북한의 토지개혁이 남한에 미친 영향

북한과 남한의 토지개혁에 대한 연구가 적지 않게 축적되어 왔고 비교연구도 시도되었으나 앞으로 전자가 후자에 미친 영향에 대한 심층적인 연구가 필요하다. 우선 남북한의 토지개혁을 연구하는 데 있어서 우리 민족의 전통적인 토지문제 논의가 당시에 어떤 맥락에서 제기되었는지 살펴볼 필요가 있다. 토지문제는 중국의 상고시대 때부터 논의대상이 되었던 중요한 것이었고 고려조와 조선조에서도 여러 가지 새로운 정책이 시도되었는데, 해방 후에 남북에서 있었던 논의는 이러한 맥락에서 연구되어야 할 것이다.

다음으로 북한의 토지개혁이 남한에 미친 영향이다. 북한에서의 토지개혁은 북한의 정치·사회구조에 혁명을 가져왔을 뿐만 아니라 남한의 정치와 사회에도 막대한 영향을 끼쳤다. 그런데 남한의 정치사에는 그것이 반영되어 있지 않다. 토지개혁에 의해 숙청된 지주들이 대거(大擧) 월남하여 피난민이 증가했다는 것은 언급되고 있으나 북한에서의 토지개혁이 남로당의 노선에 어떠한 영향을 주었고 그것이 좌우합작 시도에 어떠한 영향을 끼쳤는지는 논의되지 않았다. 즉 남로당의 토지정책이 급진적으로 고착되었고, 그로 인해 좌우의 대립을 첨예화(尖銳化)시켰으며 좌우합작위원회 내에서의 토지문제 토론과 정부수립 이후 토지개혁에도 적지 않은 영향을 끼쳤다. 필자는 북한에서의 토지개혁이 남한의 보수세력에게 경각심을 일으키고 이승만이나 한국민주당에 대한 지지도를 증폭시켰을 것으로 추측하고 있는데, 앞으로 관련 자료를 광범위하게 수집하여 이러한 가설을 체계적으로 검증해야 할 것이다.

이처럼 토지개혁을 비롯한 소련군정의 정책이 남한 정치에 유형 무형의 영향을 미쳤다. 예를 들면 북한의 토지개혁을 비롯한 소위 '민주개혁', 조만식의 감금, 우익의 숙청 등은 남북한 엘리트의 이동과 결집을 가져왔다. 해방직후 많은 남한 지식인들, 특히 대학교수들이 월북(越北)했는데, 이것은 북한에서 일어난 일들이 남한 사회에 끼친 영향을 축소해서 말해주는 것이다. 북한에서의 질서정연한 인민정부 체제, 토지개혁과 남녀동등권을 포함한 각종 '민주개혁'은 너무나 매혹적이었다. 그리하여 북한에서의 개혁이 남쪽의 지식층, 청년층, 좌익운동 전반에 미친 영향은 매우 컸다. 한편, 북한에서의 무상몰수를 원칙으로 한 토지개혁은 지주층의 남하를 가져왔고 급진적인 토지개혁은 남한 보수세력의 결집을 강화하게 되었다. 또 조만식의 감금과 우익의 숙청은 우익 인물들의 남하를 가져왔는데 역시 같은 결과를 가져왔다.

(4) 북한의 새 화폐 발행과 남북한 교역

1947년 12월에 들어서 북한에서는 화폐교환을 단행했다. 그때까지 남북에서는 조선은행권을 공통적으로 사용하고 있었으므로 해방 3년사를 연구하고 있는 필자로서는 이에 대해 새로운 의문을 갖게 되었다. 북한에서는 조선은행권을 회수하고 북조선은행권으로 교환해 주었는데 과연 소련군정은 모아들인 조선은행권을 어떻게 처리했을까 하는 질문이었다. 과연 모두 폐기해 버렸을까? 그후에 북한에서 남파한 요원 중에는 거액의 조선은행권을 가지고 오다가 적발된 경우도 있었는데 이들은 예외적인 경우였던가? 그때만 해도 남북

교역이 적지 않게 되고 있었는데 북쪽에서는 화폐를 가지고 남한의 물건을 사가지 않았을까? 미군정에서는 이 문제를 그리 심각하게 생각하지 않았던 것으로 보이는데 과연 그들의 입장이 옳은 것이었던가?라는 질문들이 생긴 것이다. 따라서 북한에서 일어난 일들을 무시하고는 남한의 경제를 이해하기 힘들다는 생각을 가지게 되었다.

(5) 5·10 선거와 남북협상회의의 진실

좌익측에서는 물론이려니와 우익 학자들 간에도 1948년에 있었던 5·10 선거는 민족의 분열을 가져온 "매국선거"였다는 주장을 받아들이는 경우가 많은데, 이는 한국 현대사의 아이러니이다. 소련군정이 해방직후부터 북한에서 단독정부를 수립하기 위한 준비를 해왔기 때문이다. 필자는 이미 이 문제에 대한 논문을 발표한 바 있지만 이 문제도 한국 현대사 연구자들이 검토해야 할 너무나 많은 신화 중의 하나다.[12)]

5·10 선거가 결정된 직후 열렸던 이른바 남북협상회의에 대해서 그동안 남한 학계에서 여러 가지 해석을 내린 바 있었는데, 이 모임은 소련군 사령부의 치밀한 계획과 세부적인 지시에 의해서 열린 모임이었다. 그 회의의 마지막 날 채택된 결정서가 멀리 모스크바의 소련공산당중앙위원회 정치국에서 내려보낸 것이었다는 사실이 모든 것을 말해주고 있다.

12. 이정식(1998) 참조.

5. 맺는 말

필자는 위에서 해방직후 미·소군정 아래에서 남북한이 외래문화와 제도를 수용한 과정에 대한 비교연구의 필요성과 남북에서 일어난 일들의 상호 연관성에 대해서 몇 가지 사례를 들면서 해방 3년사 연구를 위한 새로운 방향을 제시하였다. 앞으로 이 방면의 연구가 성과를 올리려면 다음과 같은 몇 가지 점을 명심해야 할 것이다. 첫째, 최근 개방된 소련 문헌을 비롯하여 해방 3년사와 관련된 자료와 데이터를 체계적으로 수집해야 한다. 외국에 흩어져 있는 문헌을 조사하고 자료를 수집하는 작업과 함께 해방직후 국내 신문과 잡지 등을 비롯한 당시 자료를 체계적으로 정리하는 것은 물론 해방정국에서 활동한 정치인들과 관료, 언론인, 학자, 기업가 중에서 생존자들의 증언을 녹취하여 귀중한 정보가 사장되지 않도록 해야 할 것이다. 그동안 국사편찬위원회, 한국학중앙연구원(전 정신문화연구원), 한림대 등에서 이러한 문헌조사와 자료수집, 외국자료 번역 등을 해오고 있는데, 앞으로 남북한 비교와 상호 연관성을 연구할 수 있는 기록을 많이 발굴해야 할 것이다.

둘째, 학자 개인이 해방 3년사를 혼자서 연구하기에는 너무나 방대하고 오랜 시간과 노력을 투입해야 하기 때문에 앞으로 공동연구가 체계적으로 이루어져야 한다. 2006년 〈한국정치학회〉가 10여 명의 학자들을 모아서 공동연구를 수행한 것은 매우 적절한 시도이다. 그러나 이것이 개인 연구의 단순한 종합이나 일회성 연구로 끝나지 않고 이후에도 장기간에 걸친 토론을 거쳐 일관된 연구방법론을 가지고 총체적인 접근을 시도할 필요가 있다. 또 정치학자 외에 사학자, 경제학자, 사회학자, 언론학자 등이 함께 참여하는 공동연구가 이루어질 수 있도록 체계적인 뒷받침이 있어야 할 것이다.

마지막으로 지적할 것은 자료수집과 공동연구 못지않게 연구의 시각(perspective)이 중요한데, 과거 냉전시기에는 지나치게 관변적인 주장과 이를 비판하는 수정주의 시각이 범람하여 사실에 대한 엄격한 검증이나 객관적인 분석이 부족했다. 이제 학자들이 이데올로기에 사로잡히거나 선입관을 버리고 사실에 입각한 실증주의적 시각에서 과거의 연구업적을 냉정하게 평가한 후, 해방직후 3년간의 남북한 역사를 총체적으로 복원하는 작업을 진행해야 할 것이다.

남북한 헌법제정 과정 비교
1947-1948

서희경
서강대학교 학술연구교수

1. 서론 : '쌍생아'로서의 남북한 헌법과 '상호 맥락성'

본 연구의 목적은 1945년 이후 남북에서 경쟁적으로 이루어진 남북한 헌법제정 과정과 그 내용을 비교·검토하려는 것이다.[1] 본 연

1. 본 연구에서는 남북한 헌법제정 과정과 내용을 검토하기 위해 남한의 경우는「조선임시약헌」(1947년 8월 6일 남조선과도입법의원 통과)과「대한민국헌법(초안)」(1948년 6월 23일 제헌국회본회의 상정)을, 북한의 경우는「조선민주주의인민공화국헌법초안」을 선택하였다. 남한의 대한민국헌법초안이 북조선인민회의 특별회의에서 통과된 헌법초안(1948년 4월 29일 통과)과 그 위치가 동일하기 때문에 남과 북의 헌법제정자들이 헌법안 제정에 임하는 과정을 검토하고 이에 대해 그들이 생각하는 방식을 비교하는 데는 무리

구에서는 남북한 헌법을 적절히 이해하기 위해서는 세 가지 기본전제가 필요하다고 생각한다. 첫 번째 전제는 두 헌법이 각각 분리되어 제정되었음에도 불구하고 서로를 의식하고 경쟁하면서 탄생된 쌍생아적 성격을 지니고 있었다는 점이다. 즉 남북한 헌법은 서로를 참조하는 상호 맥락적 성격을 가지고 있다.[2] 그러나 이것은 서로를 배제하려고 하는 '적대적' 상호 맥락성이었다.

실제로 북한 헌법은 「조선임시약헌」(초안은 「조선민주임시헌법」임)[3]에 대한 반대 헌법안으로서 제정되었으며,[4] 남북 대결구도 속에

가 없을 것으로 생각된다. 한편, 북한 헌법제정 과정에서 비판의 대상이 되었던 남한헌법은 「남조선임시헌법」(북조선인민회의 제3차 회의에서 지칭)과 「조선임시약헌」(북조선인민회의특별회의에서 지칭)이었다. 현재 학계에는 후자의 약헌안은 알려져 있으나 전자의 헌법안은 복원본만 소개되었다(정상우 복원본, 2005). 이들 헌법안의 심의과정에 대해서는 개략적인 내용만 알려져 있다.

2. 선행연구에서는 1948년 남북의 정치적 질서를 설명하기 위한 유용한 분석틀로서 "대쌍관계 동학"(interface dynamics)이라는 개념이 제안된 바 있다. 이 개념은 남과 북의 "서로 맞물린 구조를 외부적 대립과 내부동학 그리고 전체와 구성인자 각각을 동시에 들여다 보기 위해서 설정했던 문제틀"이었다. 박명림, 『한국전쟁의 발발과 기원 II』(서울 : 나남출판, 2003), pp. 879–880.
3. 「조선임시약헌」(또는 「조선민주임시약헌」)은 1947년 8월 6일에 남조선과도입법의원에서 최종적으로 통과된 통합 헌법안이고, 여기서 지칭하는 「남조선임시헌법」(또는 「조선민주임시헌법」)은 1947년 4월경 김붕준을 중심으로 남조선과도입법의원 임시헌법 · 임시선거법기초위원회가 기초한 헌법안이다.
4. 북한의 헌법제정 과정에서 「조선민주임시약헌」은 반인민적 · 반민주주의적 헌법으로 인식되었다. 그러나 남에서는 이와 달랐다. 북한에서 논란이 된 「조선민주임시약헌」은 「남조선과도약헌안」과 함께 입법의원에 상정되었고, 1947년 8월에 이 두 헌법안은 「조선임시약헌」으로 통합 · 제정되었다. 이 헌법안은 해방 3년기의 남한의 대표적 정치세력들이 지향하고 있었던 헌정구상이 거칠게나마 표현된 최초의 문서였다. 이들 헌법안들은 모두 애초에 권력투쟁적 성격이 강했지만 북한 헌법의 근본원칙과 비교해서도 상당한 견해차이가 있었다. 대체로 북한헌법초안 심의에서 「조선민주임시약헌」은 인

서 탄생된 것이다.[5] 남한 헌법 또한 앞서 제정된 북한 헌법으로부터 상당한 영향을 받았다. 이 때문에 북한 헌법과 매우 유사한 형식을 가지고 있지만 내용상으로는 상이한 정치적 구상을 담았다.

두 번째 전제는 남북한 헌법이 모두 근대국가를 건설하는 정치 원리로 민주주의를 채택하고 있지만 무엇이 진정한 민주주의인가에 대해서는 심각한 대립을 내포하고 있다는 점이다. 북한의 헌법제정자들은 남한 헌법의 민주주의가 얼마나 봉건적이고 반동적인 것인가를 부단히 강조하고 있다. 이러한 대립은 사실 1920년대부터 한국 정치사상의 주류를 점했던 것이며, 동시에 1917년 러시아 혁명 이후 세계 정치사상의 핵심적인 테마이기도 했다. 이 점을 특별히 강조하는 것은 남북한의 헌법제정 과정을 단순히 법률적인 의미로 한정시켜서는 안 된다는 의미에서이다. 이 과정은 사상과 정치, 그리고 역사적인 논쟁을 복합적으로 내포하고 있다.

세 번째 전제는 남북한 헌법제정 과정과 내용을 구체적으로 살펴보면 이후 남북한 정치 및 경제체제의 기본적인 발전방향이 모두 함축되어 있다는 사실이다. 그것은 이후 50여 년 이상 지속된 자유주의와 공산주의 정치체제의 미래상이기도 하다. 오늘날 현대사 연구에서 주장하는 바처럼 그것은 처음부터 예상된 필연은 아니었을 것이다. 왜냐하면 북한의 공산주의자들은 특히 역사의 '정의'와 미래

민주권, 국유화, 계획경제 원칙 등이 불철저한 것으로 반박되었다.

5. NA, RG 242, SA 2005-5-8, 북조선인민회의 상임의원회 「북조선인민회의 제3차 회의 회의록」(1948), p. 25-27. 이 자료는 극동군 제8238부대에서 노획자료를 발송할 때 각 문서에 발송통지번호(Shipping Advice Number, SA 2005-2013)를 달았고, 그 방대한 목록을 따로 타자로 쳐서 첨부하여 보낸 것이 743장에 달했다. SA 2005, Box1, 제34문건은 SA 2005-1-34로 표기한다. 방선주, "노획 북한필사문서해제(I)," 『아시아문화』 제1호(1986), pp. 2-3.

에 깊은 확신을 가지고 있었기 때문이다. 그러나 실제 역사는 그 반대로 진행되었다. 이 점을 강조하는 것은 남북한 헌법제정의 역사를 이념적인 예단에 의해 판단해서는 안 된다고 보기 때문이다. 오히려 그 반대로 사실을 있는 그대로 볼 때 인간의 역사와 정치에 대해 보다 깊은 이해를 얻는 것이 가능하다고 생각된다. 이것은 오늘날 한국 현대사의 인식을 둘러싼 논쟁을 좀더 높은 차원에서 이해할 수 있는 가능성을 열어준다. 그것은 요컨대 역사의 우연성과 필연성, 그리고 인간의 역사적 책임에 관한 이해의 지평 문제이다.

본 연구에서 다룰 구체적인 내용은 크게 두 가지이다.

첫째, 1945년 이후 남북한의 헌법제정 과정이다. 북한 헌법의 경우는 남한의 「조선임시약헌」에 대한 비판, 그에 기초한 「조선민주주의인민공화국헌법초안」 제정과정을 검토했다. 남한의 경우는 1948년 건국헌법(제헌헌법)의 초안 작성과정을 검토했다.

둘째, 남북한 헌법의 내용을 비교·검토하고자 한다. 특히 북한 헌법의 제정원칙과 권력구조, 사회경제 제도의 특징을 살펴보고자 한다. 이를 통해 남북한 헌법제정자들의 근대국가 구상이 어떠한 정치사상에 근거하고 있는지를 이해하고자 하였다.

2. 남북한 헌법제정 과정과 특징 : 민주주의 구성원리로서의 '대표'와 '반대'의 대립

남북한의 헌법제정 과정을 비교할 때 이 과정은 단순한 제정절차의 형식에 관한 검토로 끝나지 않는다. 왜냐하면 거기에는 이른바

'진정한 민주주의'에 대한 헌법제정자들의 정치적 이해가 잘 드러나고 있기 때문이다. 그러므로 헌법제정 과정에 대한 검토는 정치사상의 주제이기도 하다. 여기에서 문제가 된 것은 이른바 '대표성'의 문제이다. 즉 민주주의가 궁극적으로 지향하는 인민 또는 시민의 정치적 주권이 정치적 절차와 과정을 통해 어떻게 완전히 실현될 수 있는가의 문제이다.

북한의 헌법제정 절차는 '소비에트(인민위원회)의 원리'를 따랐다. 그 원리는 소위 인민의 완전한 의사표현과 구현을 목표로 하고 있다. 즉 풀뿌리 인민들로부터 시작되는 선거에 의한 상향적인 대표(인민위원)의 선발, 그 대표로 구성되는 인민회의가 최종적인 인민주권을 대표한다고 상정되고 있다. 그 인민회의는 조선임시헌법제정위원회를 조직하여 헌법초안을 작성케 했다. 작성된 초안은 인민회의에 제출되었고, 인민회의는 다시 전 인민의 토의에 회부했다. 인민의 동의를 받은 헌법초안은 다시 인민회의 특별회의에 의해 수정안이 검토·심의되어 최종적으로 최고인민회의에서 채택되었다. 이것이 직접민주주의의 원리이다.

반면에 남한의 헌법제정 절차는 의회의 원리를 따랐다. 먼저 모든 인민은 공간적인 '지역'으로 분할되어 선거구민(electorate)이 되고, 그들이 유권자(elector)가 되어 선거에 의해 대표를 선발했다. 선발된 대표는 국회를 구성하고, 국회는 헌법기초위원 전형위원을 선발했다. 그들이 다시 헌법기초위원을 선발하고 헌법기초위원은 헌법초안을 작성했다. 헌법초안은 국회의 심의와 동의를 거쳐 최종적으로 제정되었다. 간접민주주의의 원리를 따른 것이다.

남북한의 헌법제정 과정은 모두 '대표'의 원리에 의해, 그리고 '선거'에 의한 대표 선발의 방법을 따랐다. 물론 '대표'가 인민의 의사를 어디까지 대표할 수 있는가, 그리고 어떠한 선거가 더 좋은 방식인가에 대한 견해는 달랐다. 북한은 대표의 역할이 헌법초안의 작성에 제한되었던 반면 남한은 헌법제정 권한까지 가졌다. 이것은 남한의 헌법제정 과정이 주권의 간접적 표현이었다는 것을 의미한다.

그러나 북한의 헌법제정 과정에서 가장 놀라운 것은 '반대' (opposition)가 거의 발견되지 않는다는 점이다. 남한의 경우 국회의 헌법제정 과정은 매우 논쟁적이었다. 요컨대 결과적으로 북한의 헌법제정 절차는 주권의 '대표성' 에, 남한은 '반대' 에 가장 큰 강조점이 두어졌던 것이다. 이 점이야말로 두 정치체제 각각의 가장 큰 특징이자 '진정한 민주주의' 에 대한 두 체제의 이해를 가장 잘 보여주는 특징으로 생각된다.

(1) 북한의 조선임시헌법제정위원회와 남한의 헌법기초위원회 조직

먼저 북한의 헌법제정 과정을 살펴보자. 북한에서의 공개적인 헌법제정 논의는 1947년 11월 14일 제2차 유엔총회에서 "유엔 감시 아래 남북한 총선거를 실시한다"는 한국 독립결의안에 직접적인 영향을 받았다. 이 시기는 신탁통치를 거친 뒤 한국을 독립시키고자 했던 1945년 모스크바 협정의 구상, 그리고 남한의 좌우합작을 통해 한국 독립을 추구했던 미국의 국제협력 노선이 이승만과 김구 등 남한의 반탁 민족자치 노선 및 북한의 공산주의자들에 의해 좌절된 시기였다.[6] 그러므로 유엔의 결의는 남북한을 통합할 수 있는 최후의 대안이었다. 그러나 그것은 남북한의 인구비례상 북한 공산주의자들이 받아들일 수 없는 것이었다. 그러므로 유엔의 결의는 최선의 대안이자 동시에 실현 불가능한 대안이었다. 이에 대해 김두봉은 "적절한 구국대책을 강구하는 새 과업"을 주장했는데, 그것은 북한에 공산주의 단독정권을 세워야 함을 말하는 것이었다.[7] 즉 유엔결의는 명목상 통일정부를 세우기 위한 조치였지만 그 결의를 수행할 강제조치를 규정했던 것은 아니므로 현실적으로는 남북 양측에 단독정권을 세울 수밖에 없는 상황을 긍정한 것이라고 볼 수 있다.

유엔결의 4일 뒤인 1947년 11월 18-19일 개최된 북조선인민회의 제3차 회의는 북한에서의 헌법제정 논의를 처음으로 공식화했다.[8] 이 인민회의에서 김두봉은 헌법초안이 작성되어야 한다고 역설했다.

> 조선임시헌법 작성에 있어서 조선국가 및 정치제도 문제에 대한 북조선 각 정당 사회단체의 제의들이 그 기초가 되어야 할 것입니다. 다 아시는 바와 같이 그러한 제의들은 쏘미공위의 요청에 의하여 벌써 제출되었던 것입니다. 그 제의들의 근본내용은 1947년 6월 14일, 평양에서 개최된 민전열성자 대회에서 북조선인민위원회장 김일성

---

6. 서희경, "현대 한국헌정 등장과 국민통합, 1945-1948 : '단정파'와 '중도파'의 정치노선과 헌정구상," 『한국정치외교사논총』 제28집 2호(2007), pp. 20-22.
7. 국사편찬위원회 편, "북조선인민회의특별회의회의록(1948.4.28)," 『북한관계사료집』 제8권(과천 : 국사편찬위원회, 1988), p. 221.
8. 1947년 2월 소집된 도시군인민위원회 대표대회에서 최고주권기관으로서 북조선인민회의가 구성되었다. 북조선인민회의(제1차 회의)는 북조선임시인민위원회로부터 정권을 이양받고 북조선최고집행기관인 북조선인민위원회와 북조선 재판소 및 검찰소를 조직하였다. 윤경섭, "1948년 북한헌법의 제정 배경과 그 성립," 성균관대학교 대학원 사학과 석사학위논문(1995), p. 32.

장군의 「임시정부 수립에 관하여 각 정당들과 사회단체들은 무엇을 요구할 것인가」라는 연설에서 가장 세세하고 명백하게 진술하였던 것입니다.[9)]

이상의 김두봉의 발언에 따르면, 북한의 헌법초안은 민전열성자 대회(1947.6.14)에서의 김일성 보고[10)]와 미소공위에 제출된 북조선 정당 및 사회단체의 답신서(1947.7.3)를 종합해서 작성되었다.[11)] 그렇다면 북한의 헌법초안 작성은 1947년 11월에 작성된 것이 아니라 강령과 정강, 답신의 형태로 이미 제시되어 있었고, 헌법초안 논의 과정에서 정리·종합되었다고 볼 수 있다.[12)]

9. NA, RG 242, SA 2005-5-8, 북조선인민회의 상임의원회, 「북조선인민회의 제3차 회의 회의록」(1948), p. 30.
10. 김일성의 「조국광복회 10대강령」(1936.5), 「20개조 정강」(1946.3), 「민주주의 조선임시정부 수립에 대하여 각 정당들과 사회단체들은 무엇을 요구할 것인가」(1947.6.14) 등이 임시헌법초안에 반영되었다. 배훈식, "북한헌법의 형성과 변천 연구," 부산대학교 석사학위논문(1990) ; 최상연, "북한 신구헌법에 관한 연구 : 헌법원리의 변화를 중심으로," 서울대학교 석사학위논문(1990) ; 윤경섭(1995) ; 김광운, 『북한정치사 연구 I : 건당·건국·건군의 역사』(서울 : 선인, 2003) ; 북조선민주주의민족통일전선 중앙위원회 서기국 편, "쏘미공동위원회에 관한 자료집," 국사편찬위원회 편, 『북한관계사자료집』 제13권(과천 : 국사편찬위원회, 1992). 북한의 각 정당 사회단체들이 제출한 답신서는 북로당, 북조선연맹이 제출한 답신서 초안이외에는 구할 수 없지만 김일성의 보고내용과 거의 유사하다. 윤경섭(1995), p. 35.
11. NA, RG 242, SA 2005-5-8, 북조선인민회의 상임의원회, 「북조선인민회의 제3차 회의 회의록」(1948), p. 30 ; 북조선로동당 중앙위원회, "쏘미공동위원회 공동결의 제5·6호에 대한 북조선로동당 해답서," 심지연, 『미소공동위원회연구』(서울 : 청계, 1989)에 수록. 북로당은 이 해답서에서 "조선은 민주주의인민공화국으로 선포되어야 하며, 따라서 수립할 임시정부는 이에 부합되는 민주주의적 정권형태여야 한다"고 주장했다. 심지연(1989), p. 326.
12. 북한 헌법제정에 관한 선구적인 연구라고 할 수 있는 윤경섭의 연구에서는 이 점을 충실히 검토하였다. 본 연구는 윤경섭의 기초 연구에 도움을 크게 받

〈도해 1〉 북한 헌법초안 작성 및 헌법 채택 과정

주체	일자	내용
인민	1947. 2. 3	도시군면리 인민위원회 선거, 인민회의 구성
인민회의(3차) 전형위원(?)	11. 19	조선임시헌법제정위원회 위원 선출(31인), 초안작성 위원 3인 선임
헌법제정위원	12. 20	임시헌법초안 제출, 분과위원회 조직, 임시헌법초안 심의
인민회의(4차)	1948. 2. 7	전 인민 토의 제안
전 인민	2. 12－4. 25	임시헌법초안 토의, 동의
인민회의 특별회의	4. 29	헌법초안 수정안 심의 및 찬동
인민	8. 25	조선최고인민회의 대의원 선거
최고인민회의(1차)	9. 2	헌법위원회 조직(49인)
헌법위원회	9. 3－5	헌법초안 심의
최고인민회의(1차)	1948. 9. 8	헌법 채택

출처 : 「북조선인민회의 제3차 회의 회의록」, 「북조선인민회의 제4차 회의 회의록」, 「북조선인민회의 제5차 회의 회의록」, 「북조선인민회의특별회의 회의록」, 「북조선최고인민회의제1기 제1차 회의록」.

김두봉의 공식발언이 있은 다음날인 1947년 11월 19일, 북조선인민회의 제3차 회의에서 북로당 대표 주영하의 제의에 따라 조선임시헌법제정위원회에 조선임시헌법초안 작성을 위임하여 북조선인민회의 차기회의에 제출할 것을 결정했다. 주영하는 이날 31인의 헌법제정위원 명단을 발표했다. 그런데 헌법제정위원 전형위원이 누구인지, 그리고 어떤 기준에 의해 헌법제정위원이 선출되었는지 현재의 기록으로는 자세히 알 수가 없다. 그 명단은 다음 〈표 1〉과 같다.[13]

았음을 밝힌다.

〈표 1〉 북한의 조선임시헌법제정위원회 위원의 소속 및 직위

소속	성명 및 직위
인민회의	金斗奉(의장, 헌법제정위원회 위원장), 崔庸健(부의장), 姜良煜(서기장)
인민위원회	金日成(위원장), 金廷柱(총무부장)
정당	洪箕疇(민주당부당수), 朴允吉(청우당부위원장)
대중조직	崔璟德(직업총동맹위원장), 金頊鎭(민주청년동맹위원장), 姜鎭乾(농민동맹위원장), 朴正愛(민주여성동맹), 李箕永(문학예술총동맹)
지역 인민위	李周淵(평남), 鄭達憲(평북), 文泰和(함남), 金永壽(함북), 金應基(황해), 崔鳳秀(강원), 韓晃壽(평양)
직능	崔金福(용접공), 康仁奎(농민), 金始煥(제강소지배인), 安信浩(민주여성동맹위원장), 李鍾權(농민)
비대의원	金澤泳(법전부장), 金潤東(최고재판소 판사), 李清源(역사가), 金周經(서가), 閔丙均(시인), 鄭斗鉉(김일성대학의학부장), 太成洙(노동신문책임주사)

〈표 1〉에서 주목해야 할 점은 소위 인민의 '대표성'이 어떻게 이해되고 있는가 하는 점이다. 첫째, 헌법제정위원 선정에 있어 가장 두드러진 특징은 권력 핵심기구 및 정당, 대중조직, 지역, 직능 대표를 모두 포괄하여 선임하였다는 점이다. 즉 당시 북민전에 소속된 각 정당 사회단체의 지도자들을 모두 포함하여 헌법제정위원을 선임하였다. 남한이 '정당'을 기준으로 했던 것에 비해 북한은 지역과 계급, 계층, 직능을 모두 포괄하고자 했던 것이다. 이것은 아마도 북한 헌법이 '전 인민적 대표성'을 가지고 있음을 보여주기 위한 것으로 생각된다.

13. NA, RG 242, SA 2005-5-8, 북조선인민회의 상임의원회, 「북조선인민회의 제3차 회의 회의록」(1948), pp. 117-120.

둘째, 그러나 실질적인 위원구성은 노동당 소속이 압도적인 우세를 보이고 있다. 김두봉, 김일성, 최경덕, 김욱진, 장진건, 박정애, 이주연, 정달헌, 문태화, 김영수, 김응기, 최봉수, 한면수, 김시환, 안신호, 이종권, 정두현, 태성수가 북로당원이었고 최용건, 홍기주, 강양욱은 민주당, 박윤길, 김정주는 청우당원이었으며 이기영은 무당적이었다.[14] 총 31명 중 18인 또는 19인이 북로당원이며 노동당계 6인을 포함하면 25명이 북로당계였다.

더욱이 대의원이 아니면서 위원으로 참가한 7인 가운데 당적이 불분명한 김택영, 김윤동, 이청원, 김주경, 민병균 등 6인은 모두 노동당원 내지는 소련공산당원(김택영)으로 추측되고, 문학예술동맹위원장인 이기영 역시 좌익 작가였다. 이청원, 김주경, 민병균은 좌익 성향의 지식인이었다. 그러므로 사실상 위원선정의 계급계층별 안배는 의례적인 것이었다.[15] 즉 형식은 '전 인민적 대표성'을 따르고 있지만 실제는 단일정당의 대표성을 채택했다. 이 때문에 노동당에 반대되는 의견을 관철시킬 수 있는 가능성은 처음부터 적었던 것이다.

셋째, 남한과 달리 권력의 핵심 인물들이 모두 헌법제정위원에 참여했다. 인민회의의 김두봉, 최용건, 인민위원회의 김일성도 제정위원회에 포함되었다. 물론 남한의 경우 이승만(국회의장)과 신익희(부의장)가 참여하지 않았다고 해서 그들의 영향력이 적었던 것은 아니었다.

넷째, 대의원이 아닌 김택영 등 7인은 헌법초안을 위해 선정된 전문위원이었다. 이들은 각각 법률가, 문학가, 학자로서 헌법초안 작

14. 윤경섭(1995), p. 45.
15. 윤경섭(1995), p. 45.

성의 기본적인 진행을 위해 선정된 전문가였다. 특히 김택영, 김윤동은 법률 전문가로 실무진행을 위해 선정되었다.

다음은 남한의 헌법기초위원회 구성을 살펴보자.[16] 5 · 10 선거에 의해 1948년 5월 31일 남한의 제헌국회가 개원되었다. 이 국회의 임무는 헌법을 제정하고 헌법에 기초하여 대한민국 정부를 구성하는 것이었다. 이날 제1차 회의에서는 국회 임시준칙에 따라 임시의장단으로 국회의장 이승만(대한독립촉성국민회), 부의장 신익희(독촉) 및 김동원(한국민주당)을 선출했다. 이후 헌법기초위원회를 구성하기 위해 국회 임시준칙에 따라 전형위원 10인을 먼저 선출했다.[17]

6월 1일 제헌국회 제2차 회의에서는 헌법기초위원 전형위원 선정원칙에 대해 두 가지 의견, 즉 '도별'(道別) 선정과 '인물별' 선정(連記無記名投票)이 대립되었다.[18] 이것은 무소속과 정당의 의견 차이였다. 전국적으로 유력한 인물들이 다수 포진되어 있던 한민당으로서는 인물별 선발이 선호되었다. 그러나 의원들은 대체로 선출될 전형위원이 특정 정당 및 단체의 대표여서는 안 된다는 점에 동의했다. 그러므로 정당 및 지역별 의석수는 고려되지 않았다. 이에 대해 조헌영 의원은 제주도 대표 1인과 경북 · 경남 대표 33인이 동일시되는 것은 민주주의 원칙에 맞지 않는다고 주장했지만 설득력 있게 받아들여지지 못했다.[19] 그리하여 남한 8도와 제주도, 서울시를 대표하

16. 서희경, "대한민국 건국헌법의 기초와 수정 : 정부형태에 관한 논의를 중심으로," 『공법연구』 제31집 제4호(2003), pp. 30-33.
17. 국회사무처, 『대한민국국회 제1회 속기록』 제3호(서울 : 국회사무처, 1948a), p. 31.
18. 국회사무처, 『대한민국국회 제1회 속기록』 제2호(서울 : 국회사무처, 1948b), pp. 10-22.

는 10인의 선발이 다수 견해가 되었다. 요컨대 북한과 비교할 때 남한 역시 '전 조선'의 대표성을 중심적인 기준으로 채택했지만 '국민의 평균적 대표'란 표현에서 알 수 있는 바처럼 대표의 의미에는 '계급'이나 '계층'의 의미가 사상되어 있었다. 국민은 단일하고 무차별한 정치적 단위로 이해되고 있다.

결국 도별로 전형의원 10명이 선임되었는데, 정당의 영향력을 배제한다는 원칙에도 불구하고 실제로는 무소속, 한민당, 독촉세력이 적절히 균형을 이루고 있었다. 특히 한민당에는 서상일과 허정, 독촉에는 신익희라는 영향력 있는 정치가가 포함되어 있었다. 그러므로 형식은 이상적 기준으로서의 국민의 대표성을 따르고 있지만 실제로는 정당의 대표성을 채택했던 것이다.

이상을 요약하면 북한의 헌법제정위원이 '전 인민적 대표성'을 표방하고 있음에도 불구하고 사실은 노동당이라는 단일정당의 대표성이 관철되고 있던 것에 비해 남한의 헌법전형위원은 지역이라는 협소한 대표성에도 불구하고 실제에 있어서는 최소한 복수정당의 대표성을 유지했던 것이다. 이 점이 남북한 헌법제정 과정에 있어서 정치적 특성의 차이를 초래한 근본적인 원인으로 생각된다. 즉 북한의 헌법제정 과정이 큰 스케일에도 불구하고 일사불란함을 유지한 반면 남한의 경우는 매우 논쟁적이었다.

1948년 6월 2일 제3차 회의에서 헌법기초전형위원 10명은 "헌법 및 정부조직법 기초위원" 30명의 명단을 발표했다.[20)]

19. 국회사무처(1948b), p. 10.
20. 국회사무처(1948a), p. 27 ; 국회사무처, 『제헌국회경과보고서』(서울 : 국회사무처, 1986), pp. 8-18.

〈표 2〉 남한의 헌법기초위원회 위원의 소속 정당

소속정당	위원명
한민당	김준연, 백관수, 이훈구(무소속), 서상일, 조헌영, 허정, 박해극(무소속), 이윤영(조선민주당)
한민당-독촉	김효석, 서성달
독촉	유성갑(단민당), 오석주, 윤석구(무소속), 신현확, 최규옥, 김익기, 정도영, 김상덕(민족통일본부), 김병회(무소속), 이청천(대동청년단)
무소속	김옥주, 오용국, 이종린, 유홍렬, 연병호, 이강우, 구중회, 홍익표, 조봉암
기타	김명인

이윤영 의원의 보고에 따르면 기초위원 선정원칙은 지역(도별), 능력, 그리고 정당이었다. 이 때문에 첫째 한민당, 독촉, 무소속이 대체로 수적인 균형을 이루고 있다. 전 조선을 대표한다는 명분에도 불구하고 이것은 실제로 한민당과 독촉에 의해 헌법이 구성될 것임을 보여주는 것이었다.[21] 둘째 한민당계 기초위원들이 지닌 정치적 비중은 다른 소속의 의원들에 비해 월등히 높았다. 셋째 김구 계열의 한독당이 완전히 배제되고 혁신 그룹도 거의 배제되었다.

21. 국회사무처(1948a), p. 26. 선행연구에서는 헌법기초위원회의 정파 소속을 비교함으로써 건국 초 세력관계를 분석하였다. 이와 함께 중요한 또 하나의 문제는 대표선정 원칙에 관한 의견대립으로 당대 현실에서 개진된 정치적 사유를 잘 이해할 수 있다. 선거결과는 한민당 65–70석(33–35%), 독촉 60–65석(30–33%), 무소속 55–60석(23–30%)이었다.

(2) 북한 헌법제정위원회의 헌법초안 심의과정

북한의 경우 헌법초안 작성을 실제로 담당했던 위원은 헌법제정위원 가운데에서 다시 선발된 초안작성위원들이었다. 헌법제정위원회 제1차 회의는 인민회의 3차 회의가 끝난 다음날인 11월 20일에 개최되었다. 이 회의에서 인민회의 상임위원회 법전부장인 김택영, 역사가 이청원, 북조선 최고재판소 판사 김윤동이 초안작성위원으로 선임되었다. 임시헌법초안은 12월 15일까지 제2차 회의에 제출되어야 했다. 헌법제정위원회 상임서기장에는 김택영이 피선되었다.[22)]

북한 헌법제정위원회 제2차 회의는 1947년 12월 20일과 21일 양일간 북조선인민회의에서 개최되었다.[23)] 이 회의에는 김두봉, 김일성을 비롯하여 헌법제정위원 전원과 북조선인민위원회 각 국장 및 부장들이 참석했다. 초안작성위원 3인을 대표하여 서기장인 김택영이 임시헌법초안을 제출하였으며, 12월 20일 김택영의 보고가 끝난 후 초안작성위원인 이청원이 초안에 대한 신중한 토의를 위하여 분과위원회를 조직할 것을 제의했다. 이는 만장일치로 가결되었다.

그러나 미국무부 자료에는 26인으로 구성된 3개 분과위원회 구성이 조선임시헌법제정위원회가 구성된 1947년 11월 19일에 이미 구성되었다고 기록하고 있다.[24)] 이 분과위원회 구성에는 김일성, 김

22. 『북조선통신』, 1947년 12월 중순호, pp. 8–9 ; 《강원노동신문》, 1947년 11월 25일 ; 윤경섭(1995), p. 46.
23. 『북조선통신』, 1948년 1월 중순호, pp. 8–9.
24. 미국무부 사료에 의하면, 이날(11월 19일) 오후 회의에서 헌법초안 작성을 위한 26인 위원회(분과위원회)가 구성되었다. NA. RG 59. "Langdon to Sec-

두봉이 참여하지 않았다. 헌법초안 작성에 이 두 사람의 의견은 이미 충분히 반영되었기 때문이었을 것이다.

각 분과위원회의 헌법심의 과정은 북한인민위원회 각 국장 및 부장들이 참석하여 참고의견을 제출하는 가운데 진행되었다. 이 회의에 제출된 초안의 내용과 토의과정은 현재로서는 알 수가 없다. 남한의 경우도 1948년 6월 3일부터 6월 22일까지 진행된 헌법기초위원회 회의기록이 발굴되지 않아 당시 신문에 보도된 내용과 관련 인물들의 회고록에 비추어 토의과정과 내용을 확인할 따름이다.[25] 1947년 12월 20일 분과위원회의 토의결과는 12월 21일 10시에 속개된 헌법제정위원회 전체회의에서 보고되었다.

1947년 12월 29일 헌법제정위원회는 "12월 20일의 제2차 회의시에 제정위원으로부터 제출된 제의견들을 종합하여 현재 검토 중에 있으며, 또한 초안 원문의 문장문구를 적절히 수정하고 있다"고 사업 진행상황을 발표했다.[26] 즉 북한의 헌법초안은 12월 말경 거의 완성되었던 것이다.[27]

---

retary of State," The US Department of State, *The US Department of State Relating to the Internal Affairs of Korea. 1945–1949*; 아름출판사 편, 『미국무성 한국관계문서』 제2권(서울 : 아름출판사, 1995), p. 95.

25. 이영록, "제헌국회의 '헌법 및 정부조직법 기초위원회'에 관한 사실적 연구," 『법사학연구』 제25호(2002).
26. 『북조선통신』, 1948년 1월 중순호, p. 3.
27. 소련 외무성 문서보관소에 소장된 헌법초안의 노어 번역본이 12월자로 되어 있고, 이후에 발표되는 헌법초안과 내용상 거의 동일하다. 윤경섭(1995), p. 49.

(3) 북한의 전 인민 토의와 남한의 헌법심의 과정과의 차이

1947년 12월 말 작성된 북한의 임시헌법초안은 1948년 2월 6-7일에 개최된 북조선인민회의 제4차 회의에 제출되었다.[28] 그런데 조선임시헌법제정위원회 위원장 김두봉은 헌법초안을 즉각적으로 심의하지 않고 전 인민적 토의에 부칠 것을 제안했다.[29] 이에 대해 주영하 의원은 "조선임시헌법은 조선의 실재와 광범한 인민대중의 의사와 요구가 충분히 반영되며 인민 스스로가 조국의 운명을 결정하는 헌법작성에 참가하여야 할 것"이라고 주장했다.[30] 그는 다음과 같이 말하였다.

> 대의원 여러분! 우리나라 기본법인 헌법초안을 인민대중의 토의에 부치는 이 마당에 우리 대의원의 임무는 무엇입니까? 그것은 우리들이 몸소 헌법초안을 명확히 알고 인민대중의 토의에 참여함으로써 제기되는 보충수정에 관한 의견들이 헌법초안을 더욱 충실하게 함에 공헌되도록 하여야 하겠습니다. 둘째로 우리들이 인민대중 속에서 몸소 헌법의 의의와 내용을 충분히 해석하며 인민대중의 한 사람 한 사람이 자각적으로 헌법제정의 의의를 알며 정치적으로 제고되어 반

28. NA, RG 242, SA 2005-5-9, 북조선인민회의 상임의원회, 「북조선인민회의 제4차 회의 회의록」(1948), pp. 1, 3.
29. NA, RG 242, SA 2005-5-9, 북조선인민회의 상임의원회, 「북조선인민회의 제4차 회의 회의록」(1948), p. 170.
30. NA, RG 242, SA 2005-5-9, 북조선인민회의 상임의원회, 「북조선인민회의 제4차 회의 회의록」(1948), pp. 170-171.

동파들의 음모를 전민족적으로 제때에 타파하여 버리도록 하여야 하겠습니다.[31]

이러한 과정은 북한 헌법의 인민주의 혹은 직접민주주의 원칙을 반영하는 것이면서 동시에 이들이 헌법제정 과정을 인민의 계몽과 운동으로서 인식하고 있었음을 보여준다. 허정숙의 회고는 이 점을 잘 드러내고 있다.

> 헌법초안에 대한 전 인민 토의 사업은 그 자체가 인민대중에게 우리 헌법을 깊이 해설 침투시켜 그들 자신의 헌법으로 되게 하기 위한 중요한 선전교양 사업으로 파악되었으며, 따라서 그것은 하나의 정치사업이며, 정치투쟁으로서 진행되었다.[32]

여기에는 공산주의에서의 인민의 대표성 혹은 인민주의의 모순이 내재되어 있다. 이는 역사적으로 레닌의 전위당 이론과 로자 룩셈부르크의 대중의 자발성론을 둘러싼 논쟁을 통해 잘 알려져 있다. 즉 왜 공산주의적 직접민주주의는 결과적으로 일당독재나 일인독재로 귀결되는 경향이 있는가의 문제이다. 북한 역시 이후의 역사에서 이 모순에서 벗어나지 못했다.

그러나 자료에 따르면 1948년 1월 24일, 소련공산당 중앙위원회에서는 북조선인민회의 4차 회의 개최를 허가하면서 헌법초안의

31. NA, RG 242, SA 2005-5-9, 북조선인민회의 상임의원회, 「북조선인민회의 제4차 회의 회의록」 (1948), pp. 172-173.
32. 허정숙, 『민주건국의 나날에』, p. 257.

전 인민 토의 실시와 1948년 3월 말 북조선인민위원회대회를 열어 임시헌법초안을 토의·비준할 것을 결정했다.[33] 헌법초안에 대한 전 인민 토의는 1948년 2월 11일부터 4월 25일까지 진행되었다. 이 '전 인민 토의'는 각 정당 사회단체의 중앙에서부터 크고 작은 군중집회를 개최하여 점차 하부 말단조직에 이르기까지 토의를 진행하는 방식으로 전개되었다.[34]

전 인민 토의에 관한 기존 평가는 이러한 과정을 "인민들의 동의를 얻어내는 절차" 혹은 "일반적인 선전교양 사업"으로 이해하는 것이었다.[35] 예컨대 북조선 민주주의 민족전선중앙위원회는 "헌법 토의에 인민을 동원하는 문제를 토의하고, 인민 토의에 만전을 기하고자 민전의 전 기능을 동원하기로 결정하"고 이에 따라 "북한의 각 정당 사회단체 민전의 조직을 동원하였으며, 이에 북한 대중의 대다수가 이 헌법초안에 대한 토의에 참가하게 되었다"고 하였다. 전 인민 토의를 위해 헌법초안에 관한 소책자 및 신문이 100만 부 이상 발간되었고 약 746만여 명이 참가하였다.[36] 형식만 놓고 본다면 이는 한국 최초의 조직화된 대규모 대중 정치토론이라고 할 만하다. 그러

33. 북조선통신사, "조선임시헌법초안 인민토의진행," 『순간북조선통신』 4월 중순호(1948), No. 27 ; 김광운(2003), p. 625.
34. 헌법초안에 대한 전 인민 토의과정은 세 가지 형태로 진행되었다. 우선 3주간에 걸쳐 각종 출판물을 통해 홍보를 하면서 각 조직별로 학습망을 가동시켰다. 이어서 각 조직, 기관, 직장, 계층, 행정단위별로 이중 삼중의 토론회를 조직하여 주민에게 토의를 시켰다. 마지막으로 보충해설과 재토의를 통해 주민 토의를 결속하였다. 이 과정에서 지지결정서, 결의문, 편지 등을 채택하였다. 김택영, 『조선민주주의인민공화국의 근본원칙』(평양 : 민주조선사, 1948), p. 6 ; 김광운(2003), p. 627.
35. 윤경섭(1995) ; 김광운 (2003).
36. 북조선통신사(1948), p. 12 ; 김광운(2003), p. 628.

나 이것이 자발적인 정치토론이었는지는 알 수 없다.

그런데 헌법초안을 전 인민 토의에 부쳐 인민들의 동의를 얻어내는 것은 소련과 동구라파 사회주의 국가에서의 일반적인 규칙이었다. 헌법작성이 완료되기 이전에도 북한 각 지역에서는 헌법제정 준비에 관한 보고대회가 개최되고 있었고, 각 신문 잡지를 통해 해설 선전 사업이 진행되었다. 그러나 전 인민 토의 사업의 구체적 실상과 이 토의과정에서 제출된 인민들의 구체적인 의견은 분명히 드러나지는 않는다. 그러나 김두봉이 북조선인민회의 특별회의에서 언급하고 있는 내용을 통해서 전 인민 토의가 위에서 살펴본 특성 이외에도 다음과 같은 의미를 함축하고 있음을 살펴볼 수 있다.

첫째, 북한의 헌법제정자들은 헌법제정이 "전부의 동의"에 의해 비롯되어야 한다고 강조했다. 반면에 남한의 헌법제정자들은 "다수의 동의"를 중요시했다. 북한의 경우 1인이라도 헌법내용에 반대한다면 그것은 최선의 정체 혹은 진리의 정체일 수 없었다. 그래서 북한의 헌법은 전 인민적 토의과정을 거쳐 전부의 동의에 의해 제정하고자 하였다. 예컨대 김두봉의 발언에 따르면, 전 인민 토의 기간 동안 조선헌법제정위원회에 제출된 헌법초안 지지 결정서는 5만 8천여 통에 달하였다.[37)]

둘째, 그러나 '전 인민적 토의'는 정치세력 간의 타협과 협상의 구도에서 진행된 것이 아니었으며, 정해진 주장과 견해에 반대할 수 있는 토론의 자유가 결여되었다. 이러한 특성은 북조선인민회의 특별회의 회의록에 헌법초안에 대한 반대의견이 최소한으로 개진되고 있는 반면 절대지지 발언에 대부분의 지면을 할애하고 있음을 통해

37. 국사편찬위원회 편(1988), p. 229.

서 알 수 있다.[38)]

셋째, 전 인민 토의의 의도는 남한의 헌법, 즉 「조선임시약헌」에 대한 반대 의사를 집합하는 정치적 효과를 유도했다. 이 점이 전 인민 토의의 가장 큰 성과였을 것이다. 요컨대 북한 헌법제정은 위에서 언급한 바와 같이 북한 내부 정치세력의 투쟁과 대립의 산물이 아니라 대남한 투쟁의 과정으로 인식되었다. 반면에 남한 헌법제정은 대북한 투쟁의 과정으로 인식되지 않았다. 이 점과 관련하여 김두봉은 다음과 같이 주장했다.

> 우리 인민은 소위 남조선입법의원에서 채택한 조선임시약헌은[을] … 거부하였던 것입니다. 우리 인민이 이 약헌초안을 거부한 것은 이 초안이 시종여일하게 반민주주의적이며 반동적 성격을 가진 것이며, 이 약헌초안은 대지주와 자본가들의 주권을 확인하였으며, 지주의 토지 소유와 봉건적 소작제도를 조금도 개변하지 않고 그대로 보존하였던 까닭입니다. 그리고 이 약헌초안은 근로인민대중에게 실제적으로 민주주의적인 권리를 주지 아니하였으며 식민지 통치의 형식을 그대로 보존하였[습니다].[39)]

전 인민 토의 이후 1948년 4월 28일 헌법초안 심의를 위해 북조선인민회의 특별회의를 개최하였다.[40)] 이 회의에는 김두봉(조선임시헌법제정위원회 위원장)과 김일성(북조선인민위원회 위원장), 그리고 각

38. 국사편찬위원회 편(1988), p. 232.
39. 국사편찬위원회 편(1988), p. 223.
40. 국사편찬위원회 편(1988), p. 219. 특별회의에 출석한 대의원은 218명이었으며, 병으로 결석한 의원이 15명이며, 2명은 실권되었고 2명은 사망했다.

〈표 3〉 남북한 헌법초안 작성 관련 비교 도표

	북한 헌법 「조선인민민주주의공화국헌법(초안)」	남한 헌법 「대한민국헌법(초안)」
초안작성기간	1947. 11. 20–12. 30(40일간)	1948. 6. 3–6. 22(19일간)
초안작성기구	조선임시헌법제정위원회(31명 기초위원, 전문위원 미구분)	헌법기초위원회(40명–기초위원 30, 전문위원 10)
	김일성, 김두봉, 최용건 참여	이승만, 신익희 미참여, 그러나 과정 직접 개입함
헌법제정기구 위원장	김두봉(북로당)	서상일(한민당)
초안작성방식	• 김택영, 이청원, 김윤동에게 초안작성 위임 • 민전열성자 대회에서의 김일성의 보고와 각 정당 사회단체들의 미소공위 답신서에 기초해서 초안 작성	• 유진오안(원안)과 과도정부법전편찬위원회안(권승렬안, 참고안)을 중심으로 초안작성 • 대한민국임시정부의 「대한민국임시정부헌장」, 남조선대한민국대표민주의원의 「임시헌장」, 남조선과도입법의원의 「조선임시약헌」, 「조선인민민주주의공화국 헌법초안」 등을 참조
초안 심의 1	• 헌법제정위원회 제2차 회의(1947. 12. 20–21)에서 분과위원회 조직(김일성과 김두봉 참여하지 않음) 한 후 심의	• 헌법기초위원회 16차에 걸친 회에서 심의 • 의원내각제 양원제 헌법원안 기초, 대통령중심제, 단원제로 수정
	심의기록 미발굴	심의기록 미발굴
초안 제출	• 1948년 2월 7일 북조선인민회의 제4차에 초안 최종 제출	• 헌법기초위원회 제16차에 걸친 회의에서 논의 후 1948년 6월 23일 제헌국회 본회의 상정
초안 심의 2	• 전 인민 토의(1948. 2. 11–4. 25) 후 조선임시헌법제정위원회에서 수정안을 검토하여 특별회의(1948. 4. 28–29)에서 축조 심의	• 제헌국회 본회의 제1독회–제3독회(1948. 6. 23–7. 12, 제17차–제28차 회의) 질의응답 및 대체토론, 수정안 축조 심의

상임위원과 북조선인민위원회 부위원장, 각 국장 및 직속부장 등이 참여했다. 이 북조선인민회의 특별회의는 북한의 임시헌법초안에 대해 제출된 수정안과 보충안의 내용을 개략적인 것을 이해하는 데 도움을 준다. 이 회의에서 언급된 구체적인 내용은 다음 장에서 살펴보기로 한다.

이상의 남북한 헌법초안 작성과정을 도표로 정리하면 앞의 〈표 3〉과 같다.

(4) 북한과 남한 헌법제정 과정의 특징 : 소련과 미국의 영향

북한 헌법제정에 있어서의 소련의 영향과 관련한 선행연구에서는 북한 헌법제정을 소비에트화론의 연장선상에서 이해하는 경향이 일반적이었다. 즉 북한에서의 인민정권 수립과정을 소련에 의해 계획된 프로그램에 따른 정치과정으로 이해하는 것과 동일하게 북한의 헌법이 소련 최고지도부의 의사대로 작성된 것으로 이해되었던 것이다.[41]

41. 북한의 정치체제 형성에 대하여 소련에 의해 주조화된 정권으로 단정하지는 않지만 외적 규정력을 강조한 연구로는 전현수(1995), 웨더스비(Weathersby), 강인구(1995), 백학순, 이규태, 박명림(1996) 등이다. 1990년대 이후 소련군의 북한 점령과 소련식 질서의 강제라는 외부적 조건을 인정하면서도 그것이 북한사회 내부모순의 전개에 매개되어 독특한 발전양상을 보였다는 문제의식에 입각한 연구들이 본격화되었다. 브루스 커밍스, 스즈끼 마사유끼, 이종석, 유길재, 정해구, 김성보, 서동만, 기광서, 이주철 등의 연구를 들 수 있다. 김광운(2003), p. 21.

> 조선민주주의인민공화국 수립을 향한 모든 주요한 조치들은 소련의 승인과 지지하에 실현되었다. 보통 평양에 있던 소련 대표 슈띄꼬프가 사전에 북한 지도부와 의견을 조율한 후 관련사항에 대한 제안서가 모스크바에서 심의되고 최고위 수준에서 재가를 받았다. 헌법초안도 모스크바에서 세밀히 검토되었고, 이 헌법초안에 몇몇 의견이 첨부되었다.[42]

이와 관련하여 임은은 "북한의 헌법초안은 소련의 스탈린 헌법을 모방한 것으로서 스티코프, 레베데프, 로마넨코 등 소련군정 지휘하에 찐낀, 빼쯔호프, 베라시노프, 쿨리코푸 등의 집필진에 의해서 기초된 것을 허가의, 이동화 등의 감독 하에 소련파인 강미하일, 박태섭, 전동혁, 임하 등이 번역한 것"이라고 회고했다.[43] 그러나 윤경섭은 임은의 회고에 대해 다음과 같이 반박했다.

> 첫째, [임은이 언급한 인물] 가운데 소련군의 로마넨코는 1947년 가을 본국으로 송환되었기 때문에 헌법작성이 진행되던 11-12월에 북한에 있지 않았다는 점, 둘째로는 초안이 작성된 이후 소련 측이 여러 차례에 걸쳐 수정을 요구하고 있었던 것으로 보아 적어도 소련

-----

42. 와닌 유리 와실리비치, "러시아 대외정책문소보관소 소장 해방직후 한국관계 자료들," 『역사비평』(1994), p. 359.
43. 임은(林隱), 『북조선왕조 성립 비사』(동경 : 자유사, 1982), p. 148. 임은의 회고에 나오는 소련인들은 모두 한국문제에 깊이 개입했던 소련의 국가기관들을 대표하는 인물들로서, 특히 로마넨코를 제외하고는 2차 미소공위에 참여했던 인물들이다. 따라서 이들이 2차 미소공위가 끝난 후 등장한 헌법제정 문제에 개입했을 가능성은 어느 정도 있다. 윤경섭(1995), p. 50.

본국에서 자신들의 견해를 반영한 최종적인 헌법초안을 제시하지는 않았던 것으로 보인다는 점, 셋째로는 이러한 요구조차 모두 수용된 것은 아니었다고 주장하였다. 넷째, 소련의 외무성 문서보관소에는 현존하는 헌법초안 가운데 가장 앞선 시기에 작성되어 있는 헌법초안의 노어본이 남아 있지만, 이 헌법초안은 1947년 12월 '조선임시헌법 제정위원회에 의해 작성되었고 한국어로부터의 번역이라고 분명히 명시되어 있어서 헌법초안이 소련 측 안의 번역이라는 증거는 되지 못한다고 하였다.[44]

즉 소련이 북한 헌법제정에 영향을 미쳤지만 임은의 주장대로 소련군정(고문관)의 지휘 하에 소련 헌법전문가들에 의해 기초된 것을 번역하여 제정한 것이 아니라 김택영, 김윤동, 이청원 등의 소련계 한인들에 의해 헌법이 제정되었다는 것이다.

윤경섭이 소개한 이들에 대한 약력을 살펴보면 다음과 같다[45] : 서기장인 김택영은 법률학 석사 출신의 소련계 한인으로서 1946년 초반부터 소련사령부 대표로서 사법제도 형성에 개입한 바 있으며, 이 시기에는 인민회의 상임의원회 법전부장에 재직하면서 제반 법제정 사업에 관여하고 있었다. 김윤동은 1947년 9월 중순에 최고재판소 재판원으로 임명되었으며, 이전에는 북조선인민위원회 법제부장으로 재직하고 었었다. 이청원은 마르크스주의 사회경제학자로서 1947년 1월 조선역사편찬회 위원장 직위에 임명되었으며, 1947년 8월경에는 『조선근대사 연구』를 출판하기도 했다. 그는 해방직후 반

44. 윤경섭(1995), p. 51.
45. 『북조선통신』, 1947년 10월 상순호 ; 윤경섭(1995), p. 46.

박헌영 진영에 가담해서 활동하다가 1946년 이후 월북했으며, 1947년 초에 북한인민위원회위 선전부장으로 재직하고 있었던 것으로 확인된다.

그러나 윤경섭은 헌법제정 과정을 실무적으로 주도했던 헌법제정위원회 상임서기장인 김택영 등이 소련 공민으로서 소련공산당 당적을 가지고 북한 점령정책에 참여했으므로 헌법작성 과정에서도 소련의 국가이익을 반영하는 중요한 매개역할을 했다고 주장하고 있다.[46)]

한편, 1947년 11월 18일 인민회의 제3차 회의에서 헌법제정 문제가 제기된 이후 헌법초안이 12월 말에 작성 완료되기까지 불과 40일 사이에 완성된 것은 대단히 빠른 진행이었다. 이에 대해 미군정은 다음과 같이 평가했다.

> 이 위원회가 헌법초안을 1달 안에 완성시키고 또 그것을 토의할 때 만장일치로 채택할 수 있었다는 사실은 소련당국이 위성국가인 조선(their korean satellite)에 바라는 헌법형태에 대해 그들(즉 헌법제정위원들)이 별 의문을 가지고 있지 않았음을 보여주는 것이다.[47)]

그러나 헌법초안 작성이 불과 40일 안에 완성될 수 있었던 것은 헌법제정위원들이 소련군정에 의해 제시된 초안에 대해 맹목적으로 추종했던 것에 기인하기보다는 앞에서 언급한 바와 같이 1946년경부터 '민주개혁' 법령 및 미소공동위원회에 제출된 답신서를 준

46. 윤경섭(1995), pp. 50–51.
47. 윤경섭(1995), p. 52에서 재인용.

비하는 과정에서 이미 헌법내용에 대한 검토가 상당부분 이루어졌기 때문이었다. 즉 북한 공산주의자들은 소련이 지도하는 국제공산주의 운동과의 연계 확보보다 북한 사회 자체의 실정이 요구하는 변혁을 추구하였고, 이를 뒷받침하는 법령이 1946년 이래로 만들어지고 있었던 것이다.[48)]

다음은 남한 헌정에 대한 미국의 영향을 살펴보고자 한다. 1948년 건국헌법에 대한 미국의 직접적인 개입은 현재까지 발굴된 사료로는 찾아보기 힘들다. 그러나 1948년 6월 23일에 제헌국회에 상정된 헌법초안이 유진오안(원안)과 미군정청 법전편찬위원회안(권승렬안)을 토대로 하고, 또한 남조선대한민국대표민주의원의 「임시헌장」, 남조선과도입법의원의 「조선임시약헌」 등을 참조하여 작성된 것이므로 이들 헌법안이 작성되는 과정에 미국이 어떠한 영향을 미쳤는지를 검토함으로써 간접적으로 살펴볼 수 있을 것이다. 여기에서는 남조선과도입법의원의 「조선임시약헌」—북한 헌법제정 과정에서 공격의 대상이 되고 있는—이 제출된 정치적 배경과 이에 대한 미국의 대응을 미국무부 자료를 통해서 간략히 검토해 보고자 한다.[49)]

1947년 4월 18일, 남조선과도입법의원 임시약헌·보통선거법 기초위원회는 「조선민주임시약헌」(「조선민주임시헌법」)을 제출하였다. 이는 좌우합작파의 헌정구상이었다.[50)] 1947년 9월 3일 미군정 정

48. 윤경섭(1995), p. 52 ; 김광운 (2003), p. 619.
49. 서희경(2007), pp. 139-144 참조.
50. 「조선임시약헌」의 제정경위 및 그 과정에 관한 연구는 부분적으로만 진행되었다. 그 이유 중 하나는 이 법안이 제안되고 심의되었던 기간 동안에 관한 『남조선과도입법의원속기록』이 결락되었기 때문이다. 결락호는 제51호(제47차 회의, 1947년 4월 8일)에서 제109호(제105차 회의, 1947년 7월 9일)까지이다. 그러나 이 당시의 신문과 미군정의 입법의원관련 기록물 등의 발굴

치고문 제이콥스(Joseph E. Jacobs)가 국무장관에게 제출한 보고서에는 이 헌법안이 상정된 경과와 내용을 다음과 같이 기록하고 있다.

> 국무장관께
>
> 1947년 8월 6일 남조선과도입법의원에서 통과된 헌법안—조선임시약헌(Temporary Constitution of Korea)—의 영어번역본을 이것과 함께 동봉합니다. … 남조선의 헌법안(「남조선과도약헌안」필자 주)은 우익계 서상일 의원에 의해 3월 12일(3월 11일임필자 주)에 입법의원에 상정되었고, 그것은 미당국(American authority)에 대한 어떠한 언급도 없습니다. 이같은 내용의 생략과 그것이 분명하게 이승만 박사가 지지하는 남조선 정부를 의도하였다는 사실은 당시에 상당한 논쟁을 불러일으켰습니다. 4월 18일에는 임시약헌·보통선거법기초위원회가 "전조선을 위한 헌법안" (a constitution for all of korea) (「조선민주임시약헌안」필자 주)을 제출하였습니다. 그 헌법안은 서상일 의원의 헌법안에는 존재하지 않는 많은 민주적이고 계획경제의 요소가 포함되어 있었습니다. 4월 22일에는 위원회의 헌법안과 서상일 의원의 헌법안을 단일안으로 만들기 위하여 법제사법위원회와 임시약헌기초위원회의 연석위원회에 회부되었습니다. 그리고 단일안(「조선민주임시약헌안」필자 주)은 7월 7일 입법의원에 제출되었습니다. 초기에 그 단일안이 시기상조일 뿐만 아니라 미소공동위원회의 활동을 어렵게 할 것이라는 생각을 가

에 의해 점차 제정과정이 보완되고 있다. 이에 필요한 자료로는 비서처(1946, 1947), 『남조선과도입법의원속기록』; 선인문화사 편, 『남조선과도입법의원속기록』(서울 : 선인문화사, 1999), KILA Daily Summary(by C. N. Weem), "Reports of Legislative Liaison Committee," 정용욱 편, 『해방전후정치사회사자료집 : 과도입법의원자료집』 제11권(서울 : 다락방, 1994) ; 일본국회도서관, RG 407 KILA Daily Summary(by R. S. Watts) 등을 참고.

졌던 몇 명의 좌익계 의원들에 의해 전체의 구상(idea)에 대한 몇 가지 반대가 존재하였지만, 그러한 반대는 소수의견으로 그쳤고 그 헌법안은 7월 16일 제2독회에 들어갔습니다.[51)]

과도입법의원의 단일안인 「조선민주임시약헌」(「조선임시약헌」으로 개칭)은 1947년 8월 6일 남조선과도입법의원 124차 회의에서 통과되었다. 제이콥스는 이상에서 「남조선과도약헌」과 「조선민주약헌」의 차이를 두 가지로 요약하고 있다. 첫째, 「남조선과도약헌」은 이승만이 지지하는 남조선 정부, 즉 남한의 단독정부 수립을 의도하고 있는 반면 「조선임시약헌」은 "전 조선을 위한 헌법안"이라는 것이다. 둘째, 「조선임시약헌」은 민주적이고 계획경제의 요소가 포함되어 있으나 「남조선과도약헌」에는 이런 요소가 존재하지 않는다고 하였다. 그리고 「남조선과도약헌」과 「조선임시약헌」 두 헌법안은 모두 미국(미군정) 당국을 의도적으로 누락시키고 있다고 하였다. 이들 헌법안은 한국인에 의한 완전한 자치정부를 전제하고 있었던 것이다.

실현 가능성 여부와 별개로 당시 경향신문은 「조선임시약헌」이 "남북통일에 쓰도록 연구케 할 것"이라고 논평했다. 이 헌법안의 심의과정에서 제1장 총강과 제2장 국민의 권리의무는 만장일치로 통과되었다.[52)] 헌법안 명칭과 "조선" 앞에 "남"이라는 단어가 생략된

51. NA, RG 59, "Temporary Constitution of Korea(by Joseph E. Jacobs)," The US Department of State, *The US Department of State Relating to the Internal Affairs of Korea, 1945–1949*; 아름출판사 편(1995), p. 144.
52. 「조선민주약헌」에 관한 분석은 다음의 연구를 참조함. 서희경(2007), pp. 32–33.

것에 대해 일부 반대가 있었지만 그것은 큰 논란이 되지 않았다. 국민의 권리의무장의 '생활균등권'에 담고 있는 「조선임시약헌」의 민주적이고 계획경제적인 조항을 살펴보면 다음과 같다.

> 제4조 조선의 국민은 좌기 각항 정책의 확립에 의하여 생활균등권을 향유함.
>
> 1. 국민의 기본생활을 확보할 계획경제의 수립
> 2. 주요한 생활필수품의 통제 관리와 합리적 물가정책의 수립
> 3. 세제의 정리와 누진율의 강화
> 4. 농민본위의 토지 재분배
> 5. 대규모 주요 공업 및 광산의 국영 또는 국가관리
> 6. 노동자의 생활을 안정키 위한 최저임금제의 확립
> 7. 기업의 경영관리 면에 노동자 대표 참여(…)

위의 내용은 조선의 국민이(국가가) 토지와 생산기관을 재분배 관리하여 계획경제 수립의 주체가 됨을 규정하고 있다. 이러한 규정은 각인을 자유롭게 할 목적보다는 전체가 실제생활에 있어서 균등해지도록 하기 위한 목적에 부합된 것으로 보인다. 또한 경제생활 및 경제질서를 기본권(생활균등권)에 규정하였다. 대한민국임시정부의 임시헌장과 마찬가지로 경제 장을 따로 두지 않았으며, 경제생활과 관련된 조항들을 기본권에 편입시키고 있다.

제이콥스는 「조선임시약헌」이 "그 명칭으로만 보자면 임시적이지만 그 성격은 영속적"이라고 하였다. 왜냐하면 이것은 해방 이후 특정 정치집단이 아니라 좌우파가 함께 심의과정을 거쳐 합의한, 한국인들의 국가구상을 보여주는 최초의 헌법이었기 때문이다. 그러나

제이콥스는 이 헌법안이 현실적으로 “향후 4강대국에 의해 수립될 임시정부와 북조선 정부를 고려치 않았으므로 실용적인 목적에서 보자면 미소공동위원회에 제출된 답신서 이상의 가치를 지니지 못한다”고 하였다. 즉 이 헌법안은 정치현실에서 보면 거의 무가치한 것이었지만 한국인의 통합이라는 항구적인 목적에 비추어 본다면 이념적 불멸성을 가지고 있었다고 볼 수 있는 것이다.

그러나 이 헌법안은 현실에서는 폐기될 운명을 안고 탄생했다. 약헌안은 시행날짜와 같은 보통의 추가조항들 없이 동봉의 형태로 군정장관의 승인을 받기 위해 공식적으로 발송되었다. 그러나 미군정은 1947년 11월 그 인준을 거부했다. 제이콥스가 밝힌 군정 법률고문들의 반대 주장은 다양했다.

> [남조선과도입법의원은] 점령군의 사령관에 의해 절반이 임명되고 절반만이 선출된 의회이며, 현 정부의 법률을 만드는 것으로 그 기능이 제한되어 있으므로 의회에 헌법제정의 권한을 부여하는 것은 부당하다는 것이다. 또한 이 법안을 승인하는 것은 군정당국의 권한을 폐기하는 것과 같다. 그리고 그렇게 하는 것은 군정장관의 권한을 넘어서는 것이다. 제안된 법의 권한은 의회의 법적 물리적 범위를 넘어서는 것이다. 법률고문관들은 이 법안이 보이는 것만큼 단순하지 않을 수도 있고, 현상유지와 권력획득을 결합하려는 시도라는 데 동의했다.[53)]

53. NA, RG 59, “Temporary Constitution of Korea(by Joseph E. Jacobs),” The US Department of State, *The US Department of State Relating to the Internal Affairs of Korea, 1945–1949*; 아름출판사 편(1995), p. 144.

이를 요약하면 다섯 가지이다 : 1) 과도입법의원의 정치적 대표성의 제한, 2) 미군정의 주권과 「조선임시약헌」이 상정하는 한국인의 독립적 주권의 충돌, 3) 한국의 독립주권을 인정할 수 없는 미군정의 정치적 권한의 제한, 4) 「조선임시약헌」이 실질적으로 시행될 수 있는 관할영역의 제한, 5) 「조선임시약헌」이 초래할 정치적 가연성의 위험.

그러나 보다 큰 흐름에서 보면 미군정의 「조선임시약헌」 인준 거부는 미국의 대한정책의 변화에 기인한 것이었다. 즉 남조선과도입법의원의 약헌제정은 UN 감시 하에 새롭게 구성될 국회에서의 헌법제정 문제와 충돌을 일으킬 우려가 있었고, 약헌제정을 이유로 남한 단정수립을 기도했다는 비난을 받고 싶어하지 않았기 때문일 것이다.

3. 남북한 헌법내용 검토 : '진정한 민주주의'를 위한 두 개의 길

(1) 남북한 헌법의 기본원리 : '국민주권-인민주권', '반대-대표' 원리의 대립

이상에서는 헌법제정 과정을 살펴보았다. 아래에서는 남북한 헌법에 나타난 민주주의에 대한 인식의 대립을 비교·검토해 보자. 남한의 헌법제정 과정에서 정치사상의 측면에서 가장 주목할 만한 남한의 정치가는 조헌영 의원이다.[54] 북한의 경우는 김두봉이었다.

헌법제정 과정을 공식적으로 주도한 그들은 모든 과정에서 헌법의 정치적 의미를 해명하고 있다. 그 밖의 정치가들은 그것을 반복하거나 부연하고 있는 것처럼 보인다.

[1] 북조선인민회의 제3차 회의에서 김두봉은 북한의 조선임시헌법이 어떠한 정치적 원리에 근거하여 제정되어야 할 것인가에 대해 다음과 같이 언급했다.

> 여러분들이 명백히 기억하고 있는 것과 같이 그 제의들에 있어서는 주권이 말로만이 아니라 실지로 인민에게 속하여야 된다는 것을 주장하였던 것입니다. 조선은 반드시 민주주의인민공화국으로 선포되어야 할 것이며, 진정한 인민의 정부형태인 인민위원회가 국가정권기관으로 되어야 할 것을 주장하였던 것입니다. 모든 정권기관은 반드시 선거되어야 하며, 선거자들 앞에서 자기의 사업보고를 하여야 됩니다. 모든 공민은 광범한 민주주의적 권리와 자유 예하면 언론, 출판, 집회, 결사, 신앙의 자유들을 향유하여야 합니다. 토지는 밭갈이하는 자, 즉 로동농민의 소유로 되어야 하며, 일제와 조선민족 반역자들의 소유이던 산업기관은 국가의 소유로 되어야 합니다. 조선임시헌법은 이러한 원칙으로부터 출발하여야 하겠습니다. 여러분이 보시는 바와 같이 이 원칙들은 북조선 실지 생활에서 벌써 광범히 실현되었습니다. 그렇기 때문에 우리가 제정하려는 헌법은 북조선에서 달성한

54. 예컨대 1948년 7월 25일 이승만 대통령 취임사에서 밝힌 이승만의 초당론에 대한 조헌영의 비판, 1948년 9월 유엔총회 정부대표 파견에 관한 논쟁 등을 참조. 서희경, "대한민국 건국기의 정부형태와 정부운영에 관한 연구," 『한국정치학회보』 제35집 제1호(2001), pp. 95, 97.

민주주의 제도의 모든 권리를 헌법상으로 법률화시키며 고정화하여야 하겠습니다.[55)]

김두봉의 견해는 다음과 같이 요약할 수 있다. 첫째, 북한의 국가주권은 인민에게 속한다. 그 구체적인 국가형태가 '민주주의인민공화국'이다. 주권자가 '국민'(nation)이 아니라 '인민'(people)이라는 의미는 두 가지이다. 하나의 의미는 주권이란 양도될 수 없다는 의미이다. 즉 국가의 수립에 의해 인민은 국민이 되어야 하지만 계속 인민으로 존재한다는 것은 엄밀한 의미에서 현실의 국가란 주권자가 될 수 없다는 의미를 내포한다. 진정한 국가란 인민의 일반의사(general will) 그 자체일 뿐이다. 모든 주권은 인민이 직접 참여하는 인민회의에 존재한다. 김두봉은 "진정한 인민의 정부형태인 인민위원회가 국가 정권기관으로 되어야 할 것"이라고 말하고 있다. 직접민주주의의 이상인 것이다.

또 하나의 의미는 한 정치체에 속한 모든 사람이 주권자는 아니라는 의미이다. 인민만이 주권자이다. 부르주아나 지주는 주권자가 아니다. 이러한 개념은 남한의 헌법제정 과정에서 "국민의 평균적 대표"라는 개념과 대비된다. 그러므로 민주주의인민공화국이라는 정치체는 주권이 인민에게 있으며, 모든 인민은 평등하고 공공사는 모든 인민의 업무라는 정치적 의미를 가지고 있다. 이것이 김두봉이 말하는 "주권이 말로만이 아니라 실지로 인민에게 속하여야 된다"는 뜻이다. 또한 주영하(북로당)가 말한 "모든 정책은 인민 자체가 결정

55. NA, RG 242, SA 2005-5-8, 북조선인민회의 상임의원회, 「북조선인민회의 제3차 회의 회의록」(1948), p. 30.

하여야 할 것"[56]이 뜻하는 바이다. 후술하듯이 이러한 원리는 남한 헌법의 삼권분립 원리와 대비된다.

둘째, 인민을 대표하는 조직이나 사람은 '선거'에 의해 선출되고 선거자 앞에서 그 결과를 보고(사업보고)해야 한다. 이러한 원리는 대표란 임의적이고 불완전하며 불가피하게 주권이 대표되는 경우에는 인민에 '책임'의 의무가 존재함을 뜻한다.

그러나 김두봉에 따르면 이런 모든 정치원리는 북한에서 이미 현실화되었다. 헌법의 제정은 이 현실을 항구화(법률화, 고정화)시키기 위한 것이었다.

[2] 그러면 이 원칙이 북한 헌법에 어떻게 법률화되었는가? 헌법조항의 구체적인 내용을 살펴보면 다음과 같다. 첫째, 조선민주주의인민공화국 헌법초안은 진정한 인민적·민주적·공화적 정체의 성격을 다음과 같이 규정하고 있다.

> 헌법초안 제1조에 규정하기를 "우리나라는 조선민주주의인민공화국이다"라고 하였습니다. (…) 이것은 무엇을 의미하는가 하면 조선은 민주주의인민공화국으로서 공화정부를 가진 국가가 되어야 한다는 것을 말하는 것입니다. 이러한 민주주의인민공화국의 주권은 누구에게 있습니까? (…) 제2조에도 "조선민주주의인민공화국의 주권은 인민에게 있다. 주권은 인민의 최고주권기관인 인민위원회를 근거로 하여 행사한다"라고 하였습니다. 인민위원회는 북조선에서 3년

56. NA, RG 242, SA 2005-5-8, 북조선인민회의 상임의원회, 「북조선인민회의 제3차 회의 회의록」(1948), p. 46.

〈표 4〉 남북한 헌법초안의 체제 비교

조선민주주의인민공화국임시헌법초안	대한민국헌법초안
1947년 12월 30일경 기초완료, 1948년 2월 7일 북조선인민회의(제4차) 제출	1948년 6월 23일 제헌국회본회의 상정
조선임시헌법제정위원회	헌법기초위원회
총 10장 102조 제1장 근본원칙(제1조-제10조)	총 10장 102조 전문 제1장 총강(제1조-제7조)
제2장 공민의 기본적 권리 및 의무(제11조-제31조)	제2장 국민의 권리의무(제8조-제29조)
제3장 최고주권기관(제32조-제51조) 제1절 최고인민회의(제32조-제46조) 제2절 최고인민회의 상임위원회(제47조-제51조)	제3장 국회(제30조-제49조)
제4장 국가중앙집행기관(제52조-제67조) 제1절 내각(제52조-제60조) 제2절 성(제61조-제65조)	제4장 정부(제50조-74조) 제1절 대통령(제50조-제66조) 제2절 국무원(제67조-제71조) 제3절 행정각부(제72조-제74조)
제5장 지방주권기관(제66조-제79조)	
제6장 재판소 및 검찰소(제80조-제92조)	제5장 법원(제75조-제82조)
	제6장 경제(제83조-제88조)
제7장 국가예산(제93조-제97조)	제7장 재정(제89조-제94조)
	제8장 지방자치(제95조-제97조)
제8장 민족보위(제98조)	
제9장 국장, 국기 및 수부(제99조-제101조)	
제10장 헌법 개정의 절차(제102조)	제10장 부칙(제98조-제102조)

간 그의 사업경험에서 진정한 인민적 국가주권형태라는 것을 증명하였습니다. 인민위원회를 헌법에서 확고히 명시함은 조선인민에게 (…) 모든 주권은 형식적이 아니고 실질적으로 전 인민에게 있다는 것

을 의미하는 것입니다.[57)]

김두봉의 발언에 따르면 북한에는 헌법이 제정되기 전에 이미 인민주권기관이 존재하고 있었다. 그리고 3년간에 걸쳐 그 기관은 진정성을 입증했다.

둘째, 그러면 인민주권을 완전하게 실현하는 권력구조 및 정치조직은 어떠한 것이 되어야 하는가? 북한 헌법에 따른 권력구조의 가장 커다란 특징은 권력분립이 아닌 '권력집중'에 있다. 모든 권력은 인민회의에 있다. 그러나 각급 인민회의는 분산되어 있으므로 모든 인민회의가 집중되는 인민회의의 인민회의, 즉 최고인민회의가 존재해야 한다. 최고인민회의는 최고주권기관이며(제32조), 국가의 최고 권력을 행사한다(제37조).[58)] 입법권은 최고인민회의에 독점되어 있다(제33조). 그러나 최고인민회의는 상설기구가 아니므로 최고주권기관으로서 최고인민회의 상임위원회를 둔다(제47조). 그러므로 입법권과 행정권이 통합되어 있다. 중앙의 행정권과 사법권은 각각 내각과 최고재판소에 속한다(제52조, 제82조). 도 단위 이하의 집행기관은 인민위원회이다(제72조). 이것은 인민주권이 양도될 수 없고 분할될 수 없기 때문이다. 모든 권력은 발생학적으로 인민이라는 단일한 요소로부터 기원하여 계기적으로 확장·분화될 뿐이며, 분리되지 않는다. 그것은 신체와 같다. 분화된 모든 것은 전체의 한 부분일 뿐 독

57. 북조선인민회의 상임의원회, 「북조선인민회의 특별회의 회의록」(1948) ; 국사편찬위원회 편(1988), p. 225.

58. 헌법초안은 북조선인민회의 특별회의에서 통과된 「조선민주주의인민공화국헌법초안」을 참조. 북조선인민회의 상임의원회, 「북조선인민회의 특별회의 회의록」(1948) ; 국사편찬위원회 편(1988), pp. 242-253.

립적이지 않다.

그런데 북한의 권력구조와 관련된 헌법논의의 특징은 남한과 달리 최고인민회의 상임위원회, 내각 중 어디에 핵심적인 권력을 둘 것인가에 대한 대립과 타협과정이 없다는 점이다.[59] 그것은 반대의 부자유에도 기인하겠지만 인민민주주의 이론으로부터 볼 때 자연스러운 귀결이다. 권력은 당연히 인민과 인민회의에 있을 뿐이다. 그 반면 남한의 헌법제정 과정에서 가장 치열한 논쟁과 대립을 야기시킨 것은 권력의 핵심을 어디에 둘 것인가의 문제였다.

인민주권을 대표하는 최고기관인 최고인민회의는 직접선거에 의해 구성되었다. 이 최고인민회의만이 유일한 입법권을 행사할 수 있고, 최고인민회의 상임위원회와 내각을 조직한다(제37조 3항과 4항). 최고인민회의 상임위원회는 최고인민회의 휴회 중 최고주권기관으로서의 역할을 수행하도록 규정되었다(제47조). 최고인민회의 상임위원회는 이른바 '합의적 대통령'으로서 국가를 국내외적으로 대표하는 지위에 있다(제49조). 즉 특정 개인이 아니라 기관 자체가 헌법적 인격을 갖고 있다.[60] 그 주요 임무를 구체적으로 살펴보면 상임위원회에는 최고인민회의를 소집하며, 최고인민회의의 휴회 중 국가집행기관들의 헌법 및 법령준수 여부를 감독하고 법령에 대한 해

59. 그런데 최고인민회의 상임위원회의 제권한은 대부분 정치적·정책적 부분과 관련된 임무를 대상으로 하고 있는 반면(제49조) 국가중앙집행기관인 내각은 주로 경제적 관리·집행기능을 주요 임무로 하는 특성을 띠고 있다(제55조). 그러므로 헌법제정 과정에서 이러한 권한 배분과 관련한 논의가 반드시 있었을 것으로 생각된다. 이와 과련된 분석은 이후의 과제이다.

60. 제49조의 권한은 국가원수로서의 권한에 해당되므로 '합의적 대통령'이라고 말할 수 있고, 상임위원회가 위원장, 부위원장 약간명, 서기장 및 위원들로 구성되므로 집단지도 체제의 원칙을 표현한다고 볼 수 있다.

석과 정령의 공포,[61] 특사권의 행사, 내각 임면,[62] 외국과의 조약비준 및 외국주재 대사 공사 임명 및 소환, 외국사신의 신임장 및 해임장의 접수 등 최고 권한이 부여되어 있었다.

그러나 중앙 차원에서의 실질적인 행정집행 기능은 내각이 담당하고 있다. 내각은 최고회의에 의해 선출·구성된다. 수상에 의해 지도되는 내각은 그 주요 활동에 있어서 최고인민회의에 복종하며, 그 휴회 중에는 최고인민회의 상임위원회 앞에 책임을 진다(제60조). 요컨대 현실정치의 측면에서만 본다면 수상과 내각이 전체 국가 권력기구의 실질적인 핵심인 것이다.[63]

국가권력 구조에서 사법기능을 담당하는 재판소 및 검찰소의 구성은 헌법초안 제6장에 규정되어 있다. 재판은 최고재판소, 도·시·군 재판소 및 특별재판소에 의해 수행되도록 규정되었다(제82조). 재판소는 선거에 의해 구성되며, 선거는 해당 각급 인민회의에 의하여 이루어진다. 판사 또는 참심원의 해임은 선거를 행한 그 기관의 소환에 의해서만 이루어진다(제83조). 재판제도의 특징은 3심제가 아닌 복심제도이며, 제1심 재판은 판사와 동등한 권리를 가진 참심원의 참여 하에서 수행된다(제84조). 복심제를 채택하는 것은 신속

61. 특히 제49조 3항에 의하면 헌법 및 법령에 저촉되는 내각의 결정 명령을 폐지할 수 있었다.
62. 제6항 최고인민회의 휴회 중 수상의 제의에 의한 상(相)의 임면 및 이에 대한 다음번 최고인민회의의 승인의 요구.
63. 제61조 수상, 부수상, 상은 최고인민회의 앞에 다음과 같은 선언을 한다. "나는 조선 인민과 조선민주주의인민공화국에 충실히 복무하며 각원으로서의 자기 활동에 있어서 오직 전제 인민과 국가의 복리를 위하여 투쟁하며 조선민주주의인민공화국 헌법과 법령을 엄중히 준수하며 조선민주주의인민공화국의 자주권과 민주주의적 자유를 보호하는 데 자기의 모든 역량과 기능을 다할 것을 선서한다."

한 재판의 수행을 위한 것이다. 참심원은 인민재판위원으로, 인민재판제도의 원칙을 구현한 것이다.[64)]

이상의 국가권력 구조에 대한 북한 헌법의 주요 규정은 헌법제정 이전의 이른바 민주개혁 시기와 비교해 볼 수 있다. 중앙 및 지방정권기관에 대한 규정과 그 상호관계에 대한 규정, 사법·검찰기관의 관계에 있어서 1947년 2월 도·시·군 인민위원회 대회를 통해 성립한 북조선인민회의·북조선인민위원회에 관한 규정이 이 헌법초안의 규정과 기본적으로 동일하다.[65)]

[3] 그러면 남한 헌법의 정치체제는 어떠한가?

남한의 국가주권은 '인민'(people)이 아니라 '국민'(nation)에게 속한다. 그 구체적인 국가형태는 '(자유)민주공화국'이다.[66)] 주권자가 '국민'이라는 의미는 두 가지이다. 하나의 의미는 주권이란 양도될 수 있다는 의미이다. 즉 국가의 수립에 의해 시민(citizen)은 국민이 된다. 그러나 완전히 시민의 존재가 사라지는 것이 아니라 일부만이 포기된다. 즉 주권의 일부만이 양도된다. 헌법에 규정된 국가의 영역 외는 여전히 시민사회의 영역이다. 예컨대 '재산'은 현저하고 명백하게 공공이익을 침해하지 않는 한, 개인의 소유와 권리로 남는다.[67)]

64. 판사와 참심원의 자격은 모든 선거권을 가진 공민에게 주어져 있다. 일제 시대에 판사 및 검사로서 근무한 자는 판검사가 될 수 없다. 검찰소의 수위인 검사총장은 최고인민회의에서 임명한다. 도·시·군 검사는 검사총장이 임명하며, 검사는 각 지방 인민회의에 종속되지 않고 독립적으로 임무를 수행한다.

65. 김택영(1949), pp. 56-57.

66. 남한 헌법전문에 '자유민주'라는 용어가 표현된 것은 1972년 헌법이 처음이다.

'자유' 역시 마찬가지이다. 주권의 일부는 시민이 선발한 대표와 그들이 속한 정치조직에 있다. 그러나 궁극적인 주권은 시민에게 있기 때문에 주권을 침해할 경우 저항권이 존재한다. 이것은 간접민주주의의 원리이다.

또 하나의 의미는 한 정치체에 속한 모든 사람이 주권자라는 의미이다. 대표자는 특정한 계급을 대표하는 것이 아니라 "국민의 평균적 대표"이다. 주권은 국민에게 있고, 모든 국민은 평등하며, 공공사는 원칙적으로 국민의 업무이다. 그러나 주권의 일부는 대표에게 양도되며, 모든 국민은 법률적인 의미에서만 평등하고, 공공사는 대표에게 위임된다. 그러나 양도된 주권이 침해당할 위험을 예방하기 위해 주권은 분할을 통해서 견제와 균형을 이루도록 해야 한다. 주권으로부터 발생하는 정치권력은 입법권, 행정권, 사법권으로 삼분되고 각각 독립성을 가진다.

이 때문에 남한의 헌법제정 과정에서는 입법권과 행정권의 권력관계를 규정하는 정부형태를 둘러싸고 이승만과 한민당 사이에 치열한 각축이 벌어졌다. 이승만의 압력에 의해 원래의 내각중심제는 대통령중심제로 변경되었다. 어느 한쪽도 제도적 선호를 완전히 충족시키지 않는 선에서 확정되었던 것이다. 그 핵심은 대통령제를 채택하더라도 국무원(내각)을 합의체로 운영하여 대통령의 권한사항을 국무회의의 의결을 거치도록 함으로써 대통령을 견제하도록 한 점이었다. 그런 의미에서 남한의 헌법과 정치체제는 의견대립과 권

67. 제83조 대한민국의 경제질서는 모든 국민에게 생활의 기본적 수요를 충족할 수 있게 하는 사회정의의 실현과 균형있는 국민경제의 발전을 기함을 기본으로 삼는다. 각인의 경제상 자유는 이 한계 내에서 보장된다.

력투쟁의 산물이었다.[68]

[4] 이상에서 살펴본 남북한 헌법과 정치체제의 특징을 요약하면 북한이 인민주권·절대주의의 원칙을 따른 반면 남한은 국민주권·상대주의의 원칙을 따르고 있다. 남한 헌법이 권력분립에 의한 '반대의 정치체제화를 목표로 했다면 북한은 권력집중에 의한 '대표'의 정치체제화를 목표로 했다. 즉 남한의 경우는 주권의 양도를 전제로 양도된 주권이 어떻게 보호될 수 있는가를 헌법제정의 원리로서 숙고한 반면 북한의 경우는 주권의 양도 불가능성을 전제로 주권 자체가 어떻게 완전히 구현될 수 있는가를 숙고했던 것으로 생각된다.

2. 남북한 헌법의 사회경제 제도 비교 : '자유-통제', '사유제-국유제'의 대립

남북한 헌법에서 정치인식과 정치제도가 큰 갭을 보이는 것과 달리 경제제도에는 공통점이 매우 많다. 국가가 중요자원을 소유하고 기관을 관리하며 특정부문을 계획하는 것으로 규정한 것은 공통되었다. 민족경제를 부흥시키고 부의 독점을 막으며 실질적인 평등을 보호하고자 했다는 점에서 남북한 헌법의 목표는 유사했다.

68. 서희경, "대한민국 건국헌법의 기초와 수정 : 정부형태에 관한 논의를 중심으로," 『공법연구』 제31집 제4호(2003), p. 44.

그러나 남북한의 사회경제 제도는 근본적인 차이가 있었다. 그 차이는 이러한 목표를 어떠한 방식으로 어느 정도까지 추구할 것인지, 그리고 이러한 목표와 수단이 정치적 목표와 어떤 관계를 가지고 있는지에 대한 관점의 차이였다. 북한 헌법의 경제원리는 한 마디로 국가에 의한 인위적 '통제'였다. 남한 헌법의 경제원리는 국가로부터의 '자유'와 개인이나 사회, 국가의 '통제'였다. 그러나 북한 헌법은 상당 정도 국가통제로부터의 자유를 허용한 반면에 남한은 상당 정도 국가에 의한 관리 및 통제를 추구했다.

[1] 북한의 경우는 소유와 생산, 소비에서 궁극적으로 국가의 소유 및 통제의 원칙을 관철시키고자 했다. 1948년 3월 개최된 북로당 제2차 전당대회에서 김일성은 북로당의 경제정책은 단순히 일제 통치의 결과 파괴된 민족경제를 부흥시키는 데만 있는 것이 아니라 "새로 민주주의적 원칙에서 국영부문이 지배적 세력을 가지는 방향으로 민족경제를 부흥 발전시키는 데 있다"고 지적했다. 민주주의적 원칙은 사유제의 폐지와 국유제의 실시를 뜻하는 것이다. 즉 사회주의적 경제원칙 속에 민족경제를 포괄하는 것이 북한 경제정책의 기본목표였던 것이다.

그러나 이러한 기본목표를 달성하기 위해서는 단계적 접근이 필요했다. 김일성에 따르면 북로당의 경제정책의 기초는 "경제의 국가적 부문과 조합적 부문과 개인적 부문의 발전을 국가적 부문의 우세와 지배적 역할을 가진 조건 하에서 결합시키는 원칙이며, 생산과 무역 및 금융에 대한 계획적 원칙과 국가적 관리에 대한 원칙을 수립한 경제정책"이라고 말했다.[69] 즉 소유에서는 세 가지 소유형태를 잠정적으로 인정하되 국가 및 협동단체의 소유를 지향하는 방향으로 발전시키고 경제활동에서는 국가의 관리와 계획에 따른다는 것이다.

인민민주주의 체제가 소유와 생산에서 왜 이런 방식을 채택해야 했는지는 전술한 바 있다. 보다 포괄적인 주장을 살펴보자.

> 조선인민은 자유와 민주주의를 요구합니다. 이는 다만 인민주권이라야만 줄 수 있는 것입니다. 조선인민은 대산업의 국유화를 요구합니다. 이는 다만 인민주권이라야만 줄 수 있습니다. (…) 조선헌법초안은 중요한 생산수단을 전 인민의 소유, 즉 국유화할 것을 제의합니다. 이 제의가 옳습니까? 대산업, 교통, 운수, 체신, 은행 등을 국유화함은 민주주의인민공화국을 수립하며 그것을 견고히 하는 필연적 조건인 것입니다. 만약에 국가가 이러한 국유화를 실시하지 않는다면 국가는 경제적으로 징약[국어사전에 없음[필자 주]]할 것이며, 필연적으로 외국의 독점자본가들의 영향 하에 있게 될 것입니다. (…) 인민의 복리를 위하여 (…) 국유화를 실시하여야 할 것이며, 민주주의인민공화국은 이 경제토대에 기초하여 국내의 생산력과 인민경제를 합리적으로 또는 성과 있게 발전시킬 수 있을 것입니다. 만약 이에 대하여 의문을 가지는 사람이 있다면 북조선에서 1946년 8월 10일 법령에 의하여 실시한 산업, 교통 운수 체신 은행 등의 국유화의 결과에 대하여 고찰하여 (…) 인민위원회의 수중에 이러한 생산수단이 있지 않았다면 이 전시기에 수천수백의 기업소, 철도, 체신기관들을 복구할 수 있었겠습니까? 산업국유화를 실시하지 아니하였다면 북조선인민경제계획실시의 그렇듯 거대한 성과를 달성할 수 있었겠습니까?[70]

---

69. 윤경섭(1995), p. 61.
70. 북조선인민회의 상임의원회,「북조선인민회의 특별회의 회의록」(1948) ; 국사편찬위원회 편(1988), p. 225.

즉 인민의 자유와 민주주의, 인민주권이라는 정치이념과 정치체제와 국유화, 계획경제라는 소유방식, 생산방식이 체계적으로 연관된 것으로 인식했던 것이다. 물론 이런 모든 문제는 필연적으로 연결되어 있는 것들이다. 북한의 헌법제정자들에게 특이한 것은 특정한 개념들이 인과적·구조적으로 연관되어 있다는 인식을 하고 있다는 점이다.

[2] 인민민주주의 정치이념과 정치체제에 가장 근본적으로 연결되어 있는 경제적 문제는 '생산수단의 소유방식'이다. 앞에서 언급한 바와 같이 북한 헌법은 생산수단에 대한 3가지 소유형식을 다음과 같이 인정하고 있다(제5조).[71] 첫째 국가적 소유, 둘째 협동적 소유, 셋째 개인적 소유이다.

> 조선민주주의인민공화국의 새 경제체계에 있어서 국가와 협동단체 소유가 주요한 의의를 가진다는 것을 말하는 것입니다. (…) 오직 대자본가와 독점적 대자본의 재생 가능성을 방지하기 위한 것입니다. 법령에 규정한 토지, 축력, 농구, 기타 생산수단, 중소산업 기업소, 중소 상업기관, 원료제조업, 주택 및 그 부속시설, 가정용품 수입, 저금에 대한 개인적 소유는 국가가 보장하여 주며 개인적 소유에 대한 상속권도 또한 국가가 보장하여 줍니다. (…) 헌법초안에는 개인적

71. 제5조 조선민주주의인민공화국의 생산수단은 국가, 협동단체, 또는 개인 자연인이나 개인 법인의 소유다. 광산, 기타 지하부원, 삼림, 하해, 주요 기업, 은행, 철도, 수도, 항공, 체신기관, 수도, 자연력 및 전 일본 국가, 일본인 또는 친일분자의 일체 소유는 국가의 소유다. 대외무역은 국가 또는 국가의 감독 밑에서 수행한다.

소유를 법적으로 공고히 하였으며 또한 헌법초안은 개인 경제의 창발력을 장려한다는 것을 규정하였습니다. 이와 같이 헌법초안에는 조선민주주의인민공화국 경제체계에서 개인 경제부분에 대하여 상세히 규정하였습니다. (…) 국가는 유일한 인민경제계획을 작성하여 그 계획에 의하여 국내의 경제문화의 부흥과 발전을 지향한다고 하였습니다.[72)]

생산수단의 개인적 소유를 인정한 것은 북한 정치체제가 프롤레타리아 독재체제가 아니라 아직 인민민주주의 단계에 있었기 때문이다. 그것은 완전한 공산주의 사회의 실현을 위한 과도적 이행기이다.[73)] 협동적 소유는 국가 소유와 개인적 소유의 이행기적 형태이다. 그러나 집단적 소유에 우월한 지위를 부여하고 개인적 소유에 대한 제한을 두었다(제6조, 제9조).

집단적 소유에 우월한 위치를 부여하고 있는 것은 첫째, 주요 산업을 국가만이 소유할 수 있다고 못 박아 놓고 있다는 점에서 드러난다(제5조). 이는 국가의 핵심적이며 주된 경제부문은 국유화함으로써 국가경제가 자본주의적 발전방향으로 나아가는 것을 봉쇄하고

72. 북조선인민회의 상임의원회, 「북조선인민회의 특별회의 회의록」(1948) ; 국사편찬위원회 편(1988), pp. 226-227.

73. 북한의 헌법초안은 '인민민주주의헌법' 으로서의 특징을 보여주고 있다. 이 헌법은 아직 주권이 '노동자 농민 병사 근로 인텔리' 가 아닌 '인민' 에게 있다고 선언하고 있다. 1972년 개정된 사회주의 헌법에서 이 부분은 "노동자 농민 병사 근로 인텔리 등 근로인민에게 있다"로 바뀌었다. 헌법초안에는 프롤레타리아 독재에 관한 언급도 없고 노동당의 독재 혹은 지도적 역할에 대해 규정도 없다. 또 제한적이나마 아직 수공업 및 상공업에 대한 보호 장려의 조치가 인정되고 있었고, 사회주의로의 이행에 관한 언급도 없는 점이 특색이다. 윤경섭 (1995), p. 63.

독점자본의 발생 가능성을 차단하려는 의도였다.

둘째, 농업분야에서는 개인 경리에 주로 의존하면서도 토지의 개인적 소유와 아울러 국가 및 협동단체에 토지 소유권을 부여할 것을 규정하고 있다(제6조). 북한 헌법초안 제9조에는 "국가는 인민의 협동단체의 발전을 장려한다. 협동단체의 소유는 법적으로 보장한다" 고 규정하여 협동적 소유의 가능성을 인정하고, 이를 중요한 국가경제의 구성부분으로 장려할 것을 표방했다. 더구나 토지의 개인적 소유와 달리 국가 및 협동단체의 토지 소유 면적에는 제한을 두지 않고 있었다.

협동적 소유는 소비조합, 각종 생산합작사 등이 있을 수가 있는데, 이 시기의 북한에서 협동적 소유는 해방 이후 2년간 주로 상업 유통분야에서 급속히 발생하고 있었다. 1946년 5월에는 북조선 소비조합이 조직되었으며, 1947년에는 주로 수공업자들의 생산협동조합을 중심으로 생산합작사가 조직되고 1948년 4월에 들어서는 수산합작사가 조직되고 있었다. 아직 국가경제에서 차지하는 비중은 높지 않았으나 북한은 이러한 집단적 소유의 한 형식이 전 인민적·국가적 소유의 형식으로 발전할 가능성이 있는 것으로 파악했던 것으로 보인다. 북한에서는 협동적 소유를 "개인적 소유형식보다 진보된 형식"으로 평가하고 있었으며, 국가적 소유형식과 함께 국가경제의 계획화에 한 근간을 이루는 것으로 파악하였다.[74]

셋째, 개인적 소유가 법적으로 보호되면서도 일정한 제한을 가하고 있다는 점이다(제5조). 즉 초안에는 개인이 소유할 수 있는 토지 소유 면적에 제한을 두고 있었으며, 주요 생산수단을 개인이 소유하

74. 윤경섭(1995), p. 60.

는 것을 금지하는 등의 조항이 있었다. 더구나 노동법령, 세금제도 등 개별적인 법령에 의해 국가가 장악하고 있는 경제력을 수단으로 개인기업가들에게 일정한 제한을 가할 수 있었다. 이를 통해 개인기업가를 '인민경제계획'에 참여하게 함으로써 전체 국가경제의 방향과 배치되는 방향으로 발전되는 것을 방지하였다(제10조).[75]

이상의 북한의 이러한 특징은 남한과 다르다. 남한의 경우도 개인적 소유를 제한하고자 했지만 집단적 소유가 우월한 것으로 규정하지는 않았다. 남한 경제체제는 기본적으로 사유제산제를 정당한 것으로 규정하고 있었다. 그러나 당시 생산수단에서 가장 기본적이고 중요한 것은 토지였다. 산업화 이전의 경제체제에서 토지는 실로 수천 년 동안 가장 중요한 경제적 요소였다. 그리고 해방공간에서 정치투쟁을 야기한 근본적인 경제문제 역시 토지일 수밖에 없었다.

북한 헌법에서 토지 소유의 원칙은 경자유전의 원칙과 소작제도의 폐지였다(제6조). 이 원칙은 실은 고대 중국의 이상적 토지제도인 정전제(井田制)의 원칙이기도 했지만 역사에서 한번도 실행되어 본 적이 없었다. 북한에서는 이미 1946년 북한의 토지개혁 법령에 의해 이 원칙이 실현되고 있었다. 토지 소유는 '밭갈이하는 자'에게만 허용되었다. 그러나 국가 및 협동단체를 제외하고 개인의 토지 소유는 법령으로 규정된 이상은 금지되었다. 토지 소유의 최대한도는 원칙적으로 5정보로 볼 수 있다.[76]

75. 윤경섭(1995), pp. 60-61.
76. 북조선인민회의 상임의원회, 「북조선인민회의 특별회의 회의록」(1948) ; 국사편찬위원회 편(1988), pp. 226, 236.

[3] 북한의 헌법제정은 앞에서 언급한 바와 같이 1946년 이래 민주개혁의 정치적 결과 및 공고화를 위한 것이었다. 북한에서는 1946년 주요 산업의 국유화 조치로 인해 헌법제정 시기에 사회경제 개혁이 이미 진행되고 있었다. 1947년 12월에는 주요 생산수단의 국유화가 지하자원, 삼림지역 및 수역 등 자연자원의 국유화로까지 확대되고 있었다. 토지개혁 당시 몰수되어 인민위원회의 처분에 넘겨진 삼림 역시 이 시기에 와서 국유화되고 있었다. 이러한 조치들은 모두 북한에서의 국가수립과 헌법작성이 개시되는 시점에 이루어진 것이었다.[77] 또한 1947년부터는 '인민경제발전계획'에 따라 국가경제를 계획화하는 단계로 접어들고 있었다.[78]

요컨대 헌법제정은 이러한 개혁조치를 합법화시키고 항구화하는 의미를 가지고 있었던 것이다.

> 헌법초안 제6조도 역사적으로 경제적으로 큰 의의를 가지는 것입니다. (…) 헌법초안 제6조에는 전 일본 국가 일본인의 소유토지와 조선인 지주의 소유토지 및 소작제도는 영원히 폐지한다는 것을 규정하였습니다. 토지는 다만 자기의 노동으로 경작하는 자만이 가질

77. 윤경섭(1995), p. 59.
78. 예컨대 1946년 8월 10일 취해진 국유화 조치에 따라 일본국가, 일본인 및 친일분자의 일체 소유가 국유화되어 1,034개소의 산업기관이 국유화되었으며, 이것은 "산업의 주요 부문을 포함하며 전체 산업에 대하여 실로 90% 이상을 차지"하는 정도였다. 그 결과로 1947년의 공업 총생산액 가운데 민영공업 생산액의 비중이 16.8%인 데 반해 국영공업 생산액의 비중은 83.2%에 달하고 있었으며, 광업생산액 가운데에서는 국영부문의 비중이 100%를 차지하고 있었다. 또한 임업분야에서는 국영부문의 생산액이 71.6% 민영부문의 생산액이 28.4%에 달하는 등 북한에서의 국유화 부문의 위치는 지배적인 위치를 차지하고 있었다. 김택영(1948), p. 37.

수 있다고 하였습니다. (…) 국가는 노력농민들의 이익을 특히 보호하며 또는 그들을 여러 가지 경제정책이 허하는 방법으로 방조한다고 할 것입니다.

북조선에서 실시한 토지개혁은 중대한 의의가 있습니다. 무엇보다도 우선 이 토지개혁은 봉건적 방식인 토지의 소유제도와 소작제도를 영구히 청산할 가능성을 주었습니다. 이 토지개혁의 결과 토지적이거나[원문대로임[필자 주]] 토지 없는 22만의 소작농호에게 토지를 분여하였습니다. (…) 몇 만의 농민들은 토지개혁 후 겨우 1년 동안 5만 4천여 호의 가옥들을 신축하였[습니다.] (…) 헌법초안은 토지개혁의 이 정치적 결과를 공고히 하며 동시에 본초안은 남조선에도 이러한 토지개혁을 실시할 것을 규정하였습니다.[79]

위의 마지막 부분에 언급된 "남조선에도 이러한 토지개혁을 실시할 것을 규정"한 조항은 헌법초안의 준비가 단독정부 수립이 아니라는 점을 강조하기 위해 삽입된 것이다. 그러나 그것은 북한 체제의 확장을 의미하고 있다는 점에서 의례적이고 선전적인 것만은 아니다. 경자유전의 소유방식은 적어도 해방공간에서 혁명적 점화력을 가지고 있는 정치적 이슈였기 때문이다.

남한의 경우에도 경자유전의 원칙은 동일하다. 그러나 소작제 언급은 없었다. 그리고 소유형태와 소유한도, 분배방법은 법률에 위임하고 있다. 북한의 헌법제정자들이 비판하고 있는 바처럼 토지 없는 농민들에게는 매우 미흡했던 것이다.

79. 북조선인민회의 상임의원회, 「북조선인민회의 특별회의 회의록」(1948) ; 국사편찬위원회 편(1988), p. 226.

북한 헌법은 생산수단의 소유방식만이 아니라 '생산활동의 소유방식' 도 규정하고 있다. 국가에 의한 계획경제가 그것이다.

> 이 헌법초안 제1장의 마지막 조항에는 새조선 경제원칙 중 가장 중대한 것은 계획적 원칙 그것입니다. (…) 2년 동안 계획적 원칙을 실제에 적용한 북조선의 경제적 원칙이 고위한 가치를 가지고 있다는 것을 증명하여 주었습니다.[80)]

[4] 다음은 남북한 경제체제의 발전경로의 특징에 대해 살펴보고자 한다. 헌법제정 시기에 상당 정도 유사점을 가지고 있었던 남북한 양측의 경제적 지향은 시간이 경과하면서 완전히 상반되는 경제체제로 발전되었다. 북한은 1947년 헌법제정시 사회주의로 갈 것을 결정했지만 명시적으로 사회주의적 원칙을 채택한 것은 1972년에야 이르러서였다. 반면 남한의 경우 1948년 헌법에서는 자본주의 경제체제의 선택이 매우 소극적이어서 토지 소유형식 등은 법률에 위임함으로써 모호한 형태로 남겨두었다. 자본주의 경제체제를 명시적으로 수용한 것은 그후 6년이 지난 1954년 헌법개정 때였다. 이를 도표로 비교하면 다음 〈표 5〉와 같다.

그러나 역설은 앞에서 살펴본 정치체제만이 아니라 이상의 경제체제에서도 발생했다. 사회정의와 경제적 효율성을 실현하기 위해 '통제' 를 원칙으로 삼았던 북한 헌법의 국유제와 계획경제는 오히려 사회적 부정의와 경제적 비효율성을 초래했다. 그 반면 사회정의의

80. 북조선인민회의 상임의원회, 「북조선인민회의 특별회의 회의록」(1948) ; 국사편찬위원회 편(1988), p. 227.

〈표 5〉 1948년 북한 헌법과 1972년 북한 헌법 경제조항 비교

조선민주주의인민공화국헌법(1948. 4. 28) 북조선인민회의 특별회의에 보고된 헌법수정초안	조선민주주의인민공화국사회주의헌법 (1972. 12. 27)
제5조 조선민주주의인민공화국의 생산수단은 국가·협동단체 또는 개인 자연인이나 개인 법인의 소유이다. 광물 기타 지하부원(地下富源), 삼림, 하해, 주요기업, 은행, 철도, 수운, 항공, 체신기관, 수도, 자연력 및 전(前) 일본 국가, 일본인 또는 친일분자의 일체 소유는 국가의 소유다.	제18조 조선민주주의인민공화국에서 생산수단은 국가 및 협동단체의 소유이다. 제19조 국가 소유는 전체 인민의 소유이다. 국가 소유권 대상에는 제한이 없다. 나라의 모든 자연부원, 주요 공장과 기업소, 항만, 은행, 교통운수 및 체신기관은 국가만이 소유한다. 국가 소유는 조선민주주의인민공화국의 발전에서 주도적 역할을 한다.
제6조 전 일본 국가와 일본인의 소유토지 및 조선인 지주의 소유토지는 몰수한다. 소작제도는 영원히 폐지한다. 토지는 자기의 노력으로 경작하는 자만이 가질 수 있다. 토지 소유의 최대한도는 5정보 또는 20정보로 한다. 토지의 개인적 소유와 아울러 국가 및 협동단체도 토지를 소유할 수 있다. 국가와 협동단체의 토지소유 면적에는 제한이 없다. 국가는 노력농민의 이익을 특히 보호하며 경제적 정책이 허하는 여러 가지 방법으로 그들을 방조한다. 제7조 아직 토지개혁이 실시되지 않은 조선 내의 지역에 있어서는 최고인민회의가 규정하는 시일에 이를 실시한다.	제20조 협동단체 소유는 협동경리에 들어 있는 근로자들의 집단적 소유이다. 토지, 부림짐승, 농기구, 고기배, 건물 등과 중소공장, 기업소는 협동단체가 소유할 수 있다. 국가는 협동단체 소유를 법적으로 보호한다. 제21조 국가는 사회부의적 협동경리를 공고 발전시키며 협동단체에 들어 있는 전체 성원들의 자원적 의사에 따라 협동단체 소유를 점차 전 인민적 소유로 전환시킨다.
제8조 법령에 규정한 토지, 축력, 농구 기타 생산수단, 중소산업기업소, 중소상업기관, 원료, 제조품, 주택 및 그 부속시설, 가정용품, 수입, 저금에 대한 개인적 소유는 법적으로 보호한다. 개인적 소유에 대한 상속권을 법적으로 보장한다. 개인 경리의 창발력을 장려한다. 제9조 국가는 인민의 협동단체의 발전을 장려한다. 협동단체의 소유는 법적으로 보호한다.	제22조 개인적 소유는 근로자들의 개인적 소비를 위한 소유이다. 근로자들의 개인적 소유는 노동에 의한 사회주의 분배와 국가 및 사회의 국가적 혜택으로 이루어진다. 협동농장들의 터밭경리를 비롯한 주민의 개인 부업경리에서 나오는 생산물도 개인적 소유에 속한다. 국가는 근로자들의 개인적 소유를 법적으로 보호하며 그에 대한 상속권을 보장한다.
제10조 국내의 일체 경제적 자원과 자원이 될 수 있는 것을 인민의 이익에 합리적으로 이용하기 위하여 국가는 유일한 인민경제계획을 작성하며 그 계획에 의하여 국내의 경제·문화의 부흥과 발전을 지향한다. 국가는 인민경제	제31조 조선민주주의인민공화국의 인민경제는 계획경제이다. 국가는 사회주의적 경제발전 법칙에 따라 축적과 소비의 균형을 옳게 잡으며 경제건설을 다그치고 인민생활을 끊

계획을 실시함에 있어서 국가 및 협동단체의 소유를 근간으로 하고 개인경제계획을 실시함에 있어서 국가 및 협동단체의 소유를 근간으로 하고 개인 경제부문을 이에 참여케 한다.	임없이 높이며 국방력을 강화할 수 있도록 인민경제발전계획을 작성하여 실행한다. 국가는 계획의 일원화, 세부화 방침을 관철하여 생산장성의 높은 속도와 인민경제의 균형적 발전을 보장한다.

〈표 6〉 1948년 남한 헌법과 1954년 남한 헌법 경제조항 비교

대한민국건국헌법초안(1948. 6. 23)	대한민국 1954년 헌법(1954. 11. 29)
第83조 대한민국의 경제질서는 모든 국민에게 생활의 기본적 수요를 충족할 수 있게 하는 사회정의의 실현과 균형 있는 국민경제의 발전을 기함을 기본으로 삼는다. 각인의 경제상 자유는 이 한계 내에서 보장된다.	같음
第84조 광물 기타 중요한 지하자원, 수력과 경제상 이용할 수 있는 자연력은 국유로 한다. 공공필요에 의하여 일정한 기간 그 개발 또는 이용을 특허하거나 또는 특허를 취소함은 법률의 정하는 바에 의하여 행한다.	第85조 광물 기타 중요한 지하자원, 수산자원, 수력과 경제상 이용할 수 있는 자연력은 법률의 정하는 바에 의하여 일정한 기간 그 채취, 개발 또는 이용을 특허할 수 있다.
第85조 농지는 농민에게 분배함을 원칙으로 하며 그 분배의 방법, 소유의 한도, 소유권의 내용과 한계는 법률로써 정한다.	같음
第86조 중요한 운수, 통신, 금융, 보험, 전기, 수도, 가스 및 공공성을 가진 기업은 국영 또는 공영으로 한다. 공공필요에 의하여 사영을 특허하거나 또는 그 특허를 취소함은 법률의 정하는 바에 의하여 행한다. 대외무역은 국가의 통제 하에 둔다.	(1항) 폐지 (2항) 대외무역은 법률의 정하는 바에 의하여 국가의 통제 하에 둔다.
第87조 국방상 또는 국민생활상 긴절한 필요에 의하여 사영기업을 국유 또는 공유로 이전하거나 또는 그 경영을 통제·관리함은 법률의 정하는 바에 의하여 행한다.	第88조 국방상 또는 국민생활상 긴절한 필요로 인하여 법률로써 특히 규정한 경우를 제외하고는 사영기업을 국유 또는 공유로 이전하거나 그 경영을 통제 또는 관리할 수 없다.

第88조 第85조 내지 第87조에 의하여 특허를 취소하거나 권리를 수용 사용 또는 제한하는 때에는 제15조 제3항의 규정을 준용한다.	第89조 第86조의 규정에 의하여 농지를 수용하거나 전조의 규정에 의하여 사영기업을 국유 또는 공유로 이전할 때에는 第15조 제3항의 규정을 준용한다.

* 제15조 3항 공공필요에 의하여 국민의 재산권을 수용, 사용 또는 제한은 법률이 정하는 바에 의하여 상당한 보상을 지급함으로써 행한다.

제고에 소극적이고 소유방식과 생산활동의 '자유'를 허용했던 남한의 경제체제는 사회정의와 경제적 효율성에서 높은 업적을 이루어냈다. 그리고 결과적으로는 정치가 경제를 지배했던 것만이 아니라 경제가 정치를 지배했다. 왜냐하면 소유와 생산활동의 형식은 결국 정치적 주체의 자유를 결정했기 때문이다.

4. 결론 : 역사와 정치의 역설 – '정의'와 '자유'에 관한 성찰

남북한 헌법제정 과정과 헌법의 내용을 비교·검토하고 그것이 오늘날 한국 정치와 역사에 어떤 의미를 갖는가를 숙고해 볼 때 가장 먼저 깨닫게 되는 것은 역사와 정치의 역설, 또는 정의와 자유의 역설이다. 북한의 헌법제정자들의 경우 적어도 관념적으로는 그들이 역사와 정치의 '정의'를 지향하고 있다고 확신했던 것으로 보인다. 그 반면 남한의 헌법제정자들은 정의에 매우 소극적이었고, 오히려 '자유'를 중시했다. 그러나 역사의 결과는 역설적으로 나타났다. 즉 정의의 지향은 자유의 상실을 초래했고, 그것은 다시 정의의 타락을 가져왔다. 그러나 정의를 유보한 자유의 지향은 오히려 정의를 신장시켰고, 자유를 더욱 풍부한 것으로 만들었다.

그렇다면 이처럼 이상과 정의에 기초한 북한 정치체제가 왜 오히려 전제적이고 반인민적으로 되었는가? 가장 큰 오류는 '인민'을 실제적인 의미에서 단일하고 동질적인 것으로 이해했다는 점에 있다. 사실 단일하고 동질적인 인민이란 실재적인 것(fact)이 아니라 인공적인 것(artifact)이다. 관념 속에서의 인민은 동질적인 것이지만 현실에서의 인민은 이질적인 것이다. 인민의 이익 또는 의사는 하나가 아니라 다양한 것이다. 그러므로 현실에서의 인민의 의사를 동질적인 것으로 전제한다면 그러한 인민의 의사는 실재라기보다 허구이다.

정치에서 이 점을 어떻게 인식하는가는 정치체제의 근본적인 성격을 결정한다. 진정한 인민의 의사가 존재한다면 유일한 의사만이 존재해야 한다. 즉 그것은 토의되어야 하는 것이 아니라 발견되어야 한다. 그것이 진정한 정치의 역할이다. 그것을 발견할 수 있는 것은 위대한 당이나 위대한 영도자뿐인 것이다.

북한의 헌법제정자들이 헌법초안을 전 인민적 토의에 부쳐야 한다고 주장하면서 동시에 그것을 선전교양 사업으로 인식했던 것은 진정한 인민의 의사는 이미 발견되었기 때문이다. 그러므로 정치는 '토의'가 아니라 '계몽'이 된다. 실제로 전 인민적 토의과정에서 헌법초안에 대한 반대는 거의 없고 만장일치에 가까운 찬성만이 존재했다. 유일사상 체제(mono-archy)와 수령체제는 그렇게 탄생된다. 인민주권의 완전한 구현은 역설적으로 인민주권의 완전한 소멸을 초래하는 것이다.

국민주권주의는 국민의 이익과 의사를 단일한 것으로 보지 않는다. 그러므로 정치체제는 기본적으로 대립적인 이익과 의견들의 불안정한 통합(poly-archy)에 의존하고 있다. 정치의 역할은 이견들을 하나의 견해로 통일시키는 것이 아니라 조정함으로써 정치체의 결정적인 해체를 막는 것이다. 그러므로 '반대'의 허용은 정치체제가 생존하기 위한 근본적인 원칙이다. 그것이 정치적 자유와 평등이다. 그러나 이러한 헌법 원리에도 불구하고 남한에서도 부단히 국민의 이익과 의견의 통일성을 주장하고 이견과 반대를 배제하는 정치체제가 지속되어 왔다. 이승만 대통령의 '일민주의'(一民主義), 박정희 대통령의 '국민총화', '국론통일'은 모두 그러한 인식의 산물이다. 그러나 이러한 시도는 독재적(autocratic)이기는 하지만 전체주의적(totalitarian)이지는 않았기 때문에 최소한의 반대의 자유를 허용했다. 그 자유가 항의를 가능하게 했고, 항의가 궁극적으로 자유를 가져왔다.

이상의 내용을 남북한 헌법제정과 관련하여 그 의미를 살펴보자. 첫째, 헌법제정 과정의 실천을 살펴볼 때 남한의 헌법제정자들은 헌법제정을 '타협'의 관점에서 본 반면 북한의 헌법제정자들은 '진리'의 관점에서 보았다. 북한의 헌법제정 과정은 공산주의 혁명과 체제의 정당성에 대한 경쟁적 찬성, 그리고 남한 헌법과 체제에 대한 비난으로 가득 차 있다. 그런 점에서 남한의 헌법제정자들은 정치를 의견과 이익이 다른 정치세력들 간의 '동의' 내지 타협의 산물로 인식한 반면 북한의 헌법제정자들은 진리를 발견하고 확인하는 행위로 이해하는 경향이 강했다.

이런 견해는 정체와 주권이 어떻게 탄생되는지에 대한 사상과 실천에 직결된다. 남한의 헌법이 제정되기 위해서는 '다수'의 동의가 필요했다. 그러나 북한 헌법이 제정되기 위해서는 '전부'의 동의가 필요했다. 왜냐하면 1인이라도 반대한다면 그것은 최선의 정체 혹은 진리의 정체일 수 없기 때문이다. 그래서 북한의 헌법은 이른바 '전 인민적 토의' 과정을 거쳐 제정되었던 것이다. 남한 헌법은 '대의원들의 토의'로 제정되고 다수 국민의 암묵적 동의에 의해 승인되었다. 이렇게 탄생된 남한 정체(민주공화국)의 주권은 '국민주권'이었던 반면 북한 정체(민주주의인민공화국)의 주권은 '인민주권'이었다. 국민주권은 다수의 동의로 탄생된 것이므로 불완전하고 유동적이며 잠정적인 것인 반면 인민주권은 완전하고 확고하며 항구적이었다.

헌법에 대한 견해는 '자유'의 개념과도 직결된다. 북한의 헌법제정 과정에서 보듯이 완전한 진리를 추구하는 정체에서는 완전한 토의의 자유와 권리가 있지만 반대의 자유는 이론상 존재하지 않는다. 반면 남한의 경우 토의의 자유와 권리가 100% 있지는 않았지만 반대의 자유가 존재했다.

둘째, 헌법 논의의 내용을 보면 '진정한 민주주의'란 무엇인가가 남북한 헌법의 최대 쟁점이었음을 알 수 있다. 북한의 헌법제정자들이 볼 때 그것은 정치적으로 '대표'의 문제였다. 그러나 남한의 헌법제정자들은 '반대'의 문제로 인식했다. 그로 인해 북한에는 일원주의적 유일체제가 탄생했다. 남한에는 불안정하지만 다원적인 체제가 발전했다.

또한 북한의 헌법제정자들은 인민주권의 대표원리가 경제적으로 '재산' 혹은 '소유'(property)의 문제에 직결된다고 생각했다. 당대에 있어서 좀더 구체적으로는 '토지'의 문제였다. 요컨대 토지의 소유행태가 곧 정치체제의 본질이었다. 북한의 헌법제정자들은 사유재산의 소멸을 인민주권을 실질적으로 실현하는 경제적 민주주의라고 이해했으며, 국유제가 곧 반사유제라고 생각했다. 해방직후 급진적 토지개혁이 강행된 것은 재산의 혁명이자 곧 정치의 혁명이었다. 이 때문에 북한의 헌법제정자들은 남한 헌법과 정체에 대해 단순할 정도로 확고한 우월의식과 확신을 표명하고 있다. 그들은 '정의'로운 것이 자유롭고, 실질적인 의미에서 민주주의적이라고 믿었다.

그 반면 남한의 헌법제정자들은 사유재산이 자유의 근거라고 생각했다. 왜냐하면 재산 없는 독립성은 거의 존재하지 않기 때문이다. 특히 국가가 모든 재산을 독점할 경우 개인은 국가에 대해 정신적 독립성은 물론이고 정치적 자유를 지킬 수 없다. 그러므로 그들은 주권자를 '신민'으로부터 해방시켰지만 '인민'이 아니라 '국민'의 수준에 놓아두고자 하였다. 국민은 정치적으로 평등하지만 경제적으로는 불평등하다. 그 때문에 북한의 헌법제정자들은 남한의 헌법과 정체가 실질적으로 민주주의적이지 않다고 주장했다. 그러나 남한의 헌법제정자들은 완전한 민주주의 혹은 정의가 역설적으로 자유를 희생시킨다고 보았다. 그들이 생각한 민주주의는 완전한 민주주의가 아니라 자유와 정의가 부단히 대립하고 부침하는, 항상적으로 불균형 상태에 놓인 가변적 민주주의였다.

이러한 역사와 정치의 역설에 관한 우리의 경험은 현대 한국을 이해하는 데 어떤 시사점을 줄 수 있는가? 그것은 적어도 현실세계에서는 정의보다 자유가 정치적·경제적 선차성(primacy)를 가지고 있다는 사실이다. 그러나 정의 없는 자유를 지속적으로 견딜 수 있는 정치체는 존재하지 않는다. 인류 역사에서 혁명과 전쟁이 사라지지 않는 이유는 이 때문이다. 그러므로 아리스토텔레스가 지적하고 있듯이 절대적 정의나 절대적 자유가 아니라 상대적이고 비례적(proportional)인 정의와 자유가 정치체의 행복에 핵심적인 가치가 되어야 할 것으로 생각된다. 그리고 이러한 관점은 정치를 다른 무엇으로 환원시켜서는 안 된다는 것을 뜻하며, 역사를 동기나 결과 어느 한쪽으로 환원시켜서는 안 된다는 것을 뜻한다. 중요한 것은 균형과 중용이다.

참 | 고 | 문 | 헌

국회사무처.『대한민국국회 제1회 속기록』 제3호. 서울 : 국회사무처, 1948.

북조선인민회의.「북조선인민회의 특별회의 회의록(1948.4.28)」. 국사편찬위원회 편.『북한관계사료집』 제8권. 과천 : 국사편찬위원회, 1988.

북조선민주주의민족통일전선 중앙위원회 서기국 편.「쏘미공동위원회에 관한 자료집」. 국사편찬위원회 편.『북한관계사자료집』 제13권. 과천 : 국사편찬위원회, 1992.

북조선통신사.「조선임시헌법초안인민 토의진행」.『순간북조선통신』 No. 27 (1948).

National Archives. RG 242, SA 2005-5-8. 북조선인민회의 상임의원회.「북조선인민회의 제3차 회의 회의록」(1948).

National Archives. RG 242, SA 2005-5-9. 북조선인민회의 상임의원회.「북조선인민회의 제4차 회의 회의록」(1948).

National Archives. RG 59, "Langdon to Secretary of State." The US Department of State. *The US Department of State Relating to the Internal Affairs of Korea. 1945-1949* ; 아름출판사 편.『미국무성 한국관계문서』 제2권. 서울 : 아름출판사, 1995.

김광운.『북한정치사 연구 I : 건당 · 건국 · 건군의 역사』 서울 : 선인, 2003.

김택영.『조선민주주의인민공화국의 근본원칙』 평양 : 민주조선사, 1948.

박명림.『한국전쟁의 발발과 기원 II』 서울 : 나남출판, 2003.

방선주. "노획 북한필사문서해제(I)."『아시아문화』 제1호(1986).

배훈식. "북한 헌법의 형성과 변천 연구." 부산대학교 석사학위논문, 1990.
서희경. "대한민국 건국기의 정부형태와 정부운영에 관한 논쟁 연구." 『한국정치학회보』 제35집 제1호(2001).
______. "대한민국 건국헌법의 기초와 수정 : 정부형태에 관한 논의를 중심으로." 『공법연구』 제31집 제4호(2003).
______. "현대 한국헌정 등장과 국민통합, 1945-1948 : '단정파'와 '중도파'의 정치노선과 헌정구상." 『한국정치외교사논총』 제28집 2호(2007).
심지연. 『미소공동위원회연구』 서울 : 청계, 1989.
와닌 유리 와실리비치. 전현수 역. "러시아 대외정책문서보관소 소장 해방직후 한국 관계자료." 『역사비평』 제26호(1994, 봄).
유진오. 『헌법기초회고록』 서울 : 일조각, 1980.
윤경섭. "1948년 북한 헌법의 제정 배경과 그 성립." 성균관대학교 대학원 사학과 석사학위논문, 1995.
이영록. "제헌국회의 '헌법 및 정부조직법 기초위원회'에 관한 사실적 연구." 『법사학연구』 제25호(2002).
전현수. "해방직후 북한사 연구의 몇 가지 문제에 대하여-러시아 대외정책문서보관소 소장 북한관계자료의 검토." 『역사와 현실』 제10호(1993).
최상연. "북한신구헌법에 관한 연구 : 헌법원리의 변화를 중심으로." 서울대학교 석사학위논문, 1990.

남북한 정당활동 비교
1945-1948

심지연
국회입법조사처 처장

1. 머리말

1945년 8월 15일 일제의 패망으로 초래된 해방은 한민족에 사상 처음으로 정치활동의 자유를 안겨주었다. 조선왕조의 봉건적 지배와 일제의 식민통치로 인해 금압되었던 정치활동이 해방과 동시에 고삐가 풀려 어느 누구도 제어할 수 없는 상황이 펼쳐진 것이다. 새로운 이념과 노선에 따라 국가를 건설해야 한다는 대의명분에서건 입신양명(立身揚名)이라고 하는 개인의 정치적 야망을 실현하기 위한 수단에서건 간에 수많은 정당과 사회단체가 결성되었고, 이를 매개로 하여 많은 사람들이 정치의 장으로 뛰어들었다. 정치권력의 장악을 위한 경쟁이 본격적으로 전개되는 정치의 시대가 도래한 것이다.

그러나 해방정국에서의 권력투쟁은 분단으로 인하여 그 과정과 양상이 굴절되고 왜곡될 수밖에 없었다. 미·소 양군의 분할주둔과 군정의 실시로 모든 면에서 상이한 여건과 환경이 조성되었고, 직·간접적으로 이들이 권력장악을 위한 정당 간의 경쟁에 개입했기 때문이다. 이로 인해 경쟁은 전국적인 차원에서 이루어진 것이 아니라 남과 북으로 나뉜 상태에서 별도로 전개되었고, 국민의 여망을 진지하게 반영한 권력구조가 형성되기 어렵게 되었다. 정당으로서는 외세와 어떠한 관계를 정립하느냐 하는 문제가 초미의 관심사로 등장할 수밖에 없는 상태가 구조화된 것이다.

분단으로 인한 제도의 차이는 또한 정당의 활동에도 적지 않은 영향을 미쳐 남북의 정당은 크게 대비되는 모습을 보였다. 남한의 경우 집회 및 결사의 자유가 보장되어 기본적으로 정당의 결성이 자유로웠고, 그 결과 출현한 많은 수의 정당들은 자율적인 판단에 따라 활동했다. 이와 반대로 북한의 경우 이러한 자유가 제약되는 바람에 정당의 결성은 물론이고 활동에 있어서도 상대적으로 제약을 받을 수밖에 없었다. 주어진 지침과 명령에 따라 타율적으로 활동해야 하는 여건에 놓인 것이다.

이처럼 해방정국에서 남·북한의 정당은 제반 여건의 차이로 인해 상이한 활동상을 보이게 되는데, 이러한 차이점에 대한 본격적인 비교연구는 부족한 편이다. 개별 정당 차원에서만 연구를 했거나 주로 남한 또는 북한의 정당만을 대상으로 한 차원에서 연구가 이루어졌기 때문이다. 이는 아마도 현대사 연구의 일천(日淺)함과 자료의 부족 때문이라고 생각되는데, 이럴 경우 정당활동의 전모를 파악하는 것이 어렵다는 판단이 든다. 당시 대부분의 정당이 한반도 전체를 무대로 활동했고 남북 정당 간의 왕래가 적지 않았던 측면을 감안한다면 어느 한 지역의 정당 연구만으로는 해방정국을 객관적으로 이해할 수 없기 때문이다.

또한 남·북한의 정당정치는 독자적으로 전개된 것이 아니라 상호 영향을 주고받으며 전개되었고, 이러한 관계는 오늘날까지 지속되고 있다. 바로 이 때문에 해방정국에서 있었던 남·북한의 정당활동을 비교분석하는 것은 단순히 당시의 정치상황을 이해하는 데만 그치는 것이 아니라, 그 이후 이어진 대립과 갈등을 폭넓게 이해할 수 있게 해준다고 할 수 있다. 그러므로 남·북한의 정당활동을 비교하는 것은 한국 현대사를 이해하는 지름길이라고 할 수 있고, 이런 의미에서 연구의 중요성은 아무리 강조해도 지나침이 없는 것이다.

2. 미·소 양군의 정당정책

한반도에 진주한 미·소 양군은 점령방식에 있어 직접통치와 간접통치라는 차이를 나타냈을 뿐만 아니라 정당에 대해서도 전혀 대비되는 정책을 취했다. 미군의 경우 처음에는 정당의 결성을 자율에 맡겼다가 후에 소정의 양식을 갖추어 신고하도록 하는 등록주의를 택했다. 반면에 소련군은 처음부터 기준을 제시하고 그 기준에 부합되는 정당·사회단체의 활동만을 허용하는 허가주의를 견지했다. 이러한 정책상의 차이는 정당의 숫자에 그대로 반영되어 남한의 경우 해방 후 이루 헤아릴 수 없을 정도로 많은 정당이 결성되었는 데 반해 북한에는 단 4개의 정당밖에는 결성되지 못했다.

(1) 소련군의 정당정책 : 허가주의

진주 직후부터 각 도에 자연발생적으로 조직된 인민위원회에 치안권과 행정권을 이양했던 소련군은 정당의 결성에 대해서는 아무런 언급도 하지 않았다. 단지 북한 주둔 소련군 사령관 치스챠코프 대장은 포고문에서 "조선인민 자체가 반드시 자기의 행복을 창조하는 자로 되어야 할 것"이라고 말하고, 이를 실현하기 위한 방안으로 "붉은 군대는 조선 내에 있는 모든 반일적 민주주의적 정당들과 단체들의 광범한 기초위에서 자기 민주주의정부를 수립함에 보조를" 줄 것이므로 "당신들의 해방군인 붉은 군대에 백방으로 방조"할 것을 요구했다.[1)]

북한에 주둔한 소련군이 정당에 관한 지침을 구체적으로 내린 것은 1945년 10월 12일로, 이날 공포된 "소련군 제25군사령관의 명령서"를 통해서였다. 명령서에서 붉은 군대는 약탈자들을 타도하기 위해 왔으며, 조선에 소비에트 질서를 설정하거나 조선지역을 얻으려는 목적을 갖고 있지 않다면서 다음과 같이 명령했다.

> 1. 북조선지역 내에 일본 침략주의의 잔재를 영영히 근절시키며 민주주의의 초보와 공민 자유의 공고(鞏固)를 자기의 과업으로 내세우는 모든 반일(反日) 민주주의 단체들의 결성과 및 그들의 활동을 허

1. 조선중앙통신사, 『조선중앙년감』(평양 : 조선중앙통신사, 1950), p. 21.

가함.

2. 북조선 노동대중에게 자유적 직업동맹, 보험회사, 문화 · 계몽협회의 결성권을 줄 것.
3. 성당들과 기타 교회기관들에서 예배하는 것을 금지할 것.
4. 제1조, 제2조에서 지적한 반일당과 민주주의 단체들은 자기의 강령과 규약을 가지고 와서 반드시 지방자치기관과 군 경무사령부에 등록되어야 하며, 동시에 자기의 지도기관의 인원명부를 제출할 것.
5. 북조선지역 내에 있는 모든 무장대를 해산시킬 것. 모든 무기 탄약 군용물자들을 군 경무사령관에 바칠 것. 평민 중에서 사회질서를 유지하기 위하여 임시 도위원회들은 소련군 사령부와의 협의 하에 기정(旣定) 된 인원수의 보안대를 조직함을 허가함.[2)]

명령서 공포를 계기로 본격적으로 정당결성에 들어가게 되는데, 북한에서 정당의 활동은 소련군의 규제와 간섭을 받지 않을 수 없게 된다. 다양한 이념과 노선에 따라 정당을 결성하는 것이 아니라 '반일민주주의' 라는 전제조건을 충족시켜야 했고, 이를 충족시킨 정당 및 단체에 대해서만 "활동을 허가" 했기 때문이다. 명령서에 제시된 민주주의는 서구사회에서 일반적으로 수용되고 있는 자유민주주의가 아닌 인민민주주의를 의미했고,[3)] 또 신앙의 자유가 금지되었기에 진정한 의미의 집회 및 결사의 자유가 주어지지 않았다. 이 같은

2. 조선중앙통신사(1950), p. 21.
3. 이주하(李舟河)는 인민민주주의에 대한 설명에서 "각 계급 각 계층이 소수 특권 반동분자에게 지배되어 종속되지 않는 경제적 소유관계와 생활의 안정을 보장하는 기본 근거가 경제적으로 정치적으로 확보되는" 체제라고 주장했다. 《조선인민보》, 1946년 6월 30일.

상황에서 정당 및 사회단체의 결성이란 소련군에 '백방으로 방조하는' 활동 외에 다른 활동은 기대할 수 없었다.

정당에 대한 이러한 허가주의가 정당활동을 얼마나 제약했는지 하는 것은 해방정국 당시 북한에 결성된 정당들의 면면을 보아도 충분히 알 수 있다. 그리고 당시 북한에 이 명령에 반대했거나 이 명령을 어기고 출현한 정당이 전혀 없었다는 것과 북한에 정부가 수립된 이후 지금까지 단 하나의 정당도 새로 결성되지 않았다는 사실(史實)에서도 이는 명백히 드러난다고 할 수 있다.

(2) 미군의 정당정책 : 등록주의

조선총독부로부터 치안유지를 의뢰받은 여운형(呂運亨)이 건국준비위원회를 결성한 것을 계기로 남한에는 수많은 정당과 사회단체가 자연발생적으로 결성되었다. 그리하여 해방 한 달 만에는 정당이 50여 개로, 두 달 즈음에는 100여 개로 늘어났다는 자조(自嘲) 섞인 분석이 나올 정도였다.[4] 이러한 현상은 미군의 진주가 소련군보다 한 달이나 늦어 남한에 정치권력의 공백이 초래된 때문에 생긴 것이기도 했지만 해방으로 인해 집회 및 결사의 자유가 기본적으로 보장될 것이라는 판단과 그것이 실제로 보장된데 따른 것이기도 했다.

정당 및 사회단체가 우후죽순처럼 설립되어 일종의 정당 난립 현상마저 나타나게 되자 미군정장관은 1946년 2월 20일 어떤 형식으로든지 정치활동을 목표로 조직된 3인 이상의 단체는 군정청에 등록

4. 진학주(陳學柱), "해방된 정당운동," 『민심』 제1권 1호(1945), p. 65.

할 것을 골자로 하는 군정법령 제55호 "정당에 관한 법칙"을 공포했다. 이는 소련군의 조치보다 4개월 이상이나 늦은 것으로, 정당의 등록을 유도함으로써 정당의 난립을 방지하고 정당정치의 제도화를 이루겠다는 시도에서 나온 것이었다. 세칭 정당등록법이라고 알려진 이 법에 규정된 등록의무자는 다음과 같다.

> 정치적 활동을 행할 목적으로 단체 또는 협회를 조직하여서 어떤 형식으로나 정치적 활동에 종사하는 자로서 된 3인 이상의 각 단체는 이전(以前) 등록 보고한 이외에 정당으로서 등록할 사(事).
>
> 단체 또는 협회의 명의로나 단체 또는 협회가 행한 활동이 공론, 서면 혹은 구두 형식의 일반 선전 또는 일반적 행동을 포함하여 그것이 법률, 정치기구, 역직원(役職員)의 선발, 추천, 선임 급(及) 임면, 시정, 제반 수속, 법률의 제정, 집행, 시행을 포함한 정부의 정책, 대외관계와 국민의 권리, 권력, 의무, 자유 급 특권에 대하여서 통치와 관련하여 영향을 미치는 경향이 있을 때에는 정치적 활동이 됨.
>
> 이러한 정치적 영향을 미치기 쉬운 활동을 은밀히 행하는 단체 또는 협회는 자(玆)에 금지함.

정당등록법이 공포되자 우익진영은 법에 규정된 대로 등록을 했으나 좌익진영은 이 법이 일제 시대 치안유지법 이상으로 인민의 자유로운 정치활동을 제한하는 것이라고 하여 크게 반발했다. 그리하여 1946년 2월 25일에는 인민당 공산당을 포함한 40개의 좌익진영 소속 단체는 회의를 갖고 이를 반대하는 내용의 공동성명을 발표했다.[5] 공동성명에서 이들은 정당등록의 의도가 정당활동의 개요를 알자는 데 불과하며, 정당한 정당활동을 취체하려는 것은 아니라는 것을 알지만 실제로는 민족통일에 참가하고 있는 정당 및 단체의 정치활동의 자유에 대한 제한을 의미한다고 주장했다. 그리고 그 내용이 국제연합 헌장의 기본의도인 인류 전반의 인권 및 기본적 자유의 존중과 유지를 무시하는 것이므로 이 법이 그대로 실시된다면 정당한 정치활동을 의심하는 것으로 인정하지 않을 수 없다고 비판했다. 이와 동시에 대표단을 구성하여 군정당국에 여러 차례 이의 수정을 요구했다.

이처럼 좌익진영의 집단적인 반발이 일자 미군정은 1946년 4월 26일, 이를 수용하여 일부 조항을 폐지하는 조치를 취했다. 미군정은 공보부 발표를 통해 '3조 나항' 을[6] 준수하는 데 있어서 많은 수송과 통신 곤란상태를 고려하여 전문(全文)을 폐지한다고 밝혔다. 미군정이 이 같은 방침을 밝히자 인민당은 감사의 뜻을 표하고 앞으로 군정당국은 중대한 법령을 실시할 경우 미리 민의를 파악하여 오류가 없도록 해줄 것을 요망하기도 했다.

3. 정당의 결성과 활동

기본적으로 집회 및 결사의 자유를 인정한 바탕 위에서 등록주

---

5. 성명서의 전문은《조선인민보》, 1946년 2월 27일 수록.
6. 군정 법령 55호의 '3조 나항' 은 다음과 같다.
"각 정당은 당원 거주지 각 도지사에게 당원의 정확한 주소를 기입함. 해도(該道) 거주 당원의 정확한 명부를 서류우편으로 제출할 사. 차(此) 명부에는 각 당원이 서명 날인할 사. 차 제출은 1946년 3월 31일 이전에 서류로 우송할 사."

의를 택한 미군과 달리 소련군은 '반일민주주의'라는 전제 하에 허가주의를 택했다. 이로 인해 남한에는 다양한 이념성향의 정당이 결성될 수 있었던 반면, 북한에 결성된 정당과 사회단체는 이념적인 획일성을 띨 수밖에 없었다. 미·소 양군의 이러한 정당에 대한 상반된 정책은 정당의 활동에도 영향을 미쳤다. 남한의 경우 의사표현의 자유가 인정되어 군정의 정책에 대한 찬반 의사의 표현이 자유롭게 이루어질 수 있었던 반면, 북한에서는 반대 의견을 공개적으로 나타낼 수 없는 억압적인 상황이 조성된 것이다. 모스크바 3상결정에 대한 정당들의 태도에서 이와 같은 현상은 가장 전형적으로 나타났다.

(1) 정당의 결성

당시 남과 북에 결성된 정당들을 비교할 때 가장 큰 특징으로 들 수 있는 것은 이념적 다양성과 획일성이고, 두 번째로는 경쟁성과 비경쟁성이다. 남한의 경우 다양한 이념을 표방한 정당들이 결성되어 대립과 갈등을 반복하며 정국의 주도권을 장악하기 위해 치열하게 경쟁을 전개했다. 이와 반대로 북한의 경우 '반일민주주의'라고 하는 획일적인 이념만이 용납되는 상황에서 정당들의 서열 또한 정해진 것이나 마찬가지여서 진정한 의미의 경쟁은 이루어질 수 없었다.

1) 남한 : 다양성과 경쟁성

해방이 되자 남한에서 가장 먼저 정당결성에 나선 집단은 공산주의자들이었다.[7] 이들은 일제 시대에 지속적으로 투쟁했고 이로 인해 많은 박해를 받았기에 친일혐의로부터 상대적으로 자유로울 수 있었는데, 이것이 해방 후 누구보다 앞서 정당결성에 나서게 한 근거가 된 것이다. 이들 공산주의자들은 과거에 전개했던 계급운동의 연장선상 또는 이의 재건선상에서 전열을 정비하고 정권장악을 위한 제반 준비에 나섰다. 당의 주도권 문제를 놓고 갈등을 겪기는 했지만 박헌영(朴憲永)을 중심으로 결집한 조선공산당(이하 공산당)은 발족성명에서 프롤레타리아 독재를 통한 노동계급의 완전해방으로써 착취와 압박이 없고 계급이 없는 공산주의 사회의 건설을 최후의 목적으로 하는 인류사적 임무를 주장한다고 밝혔다.[8]

공산당이 활발한 활동을 전개하며 정국을 주도하는 양상을 보이자 이를 견제하기 위해 우익진영이 뒤늦게 정당결성에 나섰는데, 이 중 가장 전형적인 것이 송진우(宋鎭禹), 김성수(金性洙) 등이 주도한 한국민주당(이하 한민당)이었다.[9] 프롤레타리아 독재를 추구하는 공산당의 정치적 진출에 대항하여 보수주의자들이 자신의 정치·경제적 이익을 수호하기 위해 결집한 것인데, 이들은 공산주의자의 망동을 분쇄하고 나라를 세우기 위해서는 민족진영이 한데 뭉쳐야만 한다는 전제 하에서 한민당을 창당하기로 합의했다.[10] 이처럼 공산당에 반대해서 보수적인 인사들이 자유민주주의를 표방하고 한민당

---

7. 공산주의자들이 공산당을 결성해 나가는 과정에 대해서는 김남식, 『남로당 연구』(서울 : 돌베개, 1984), pp. 16–36 참조.
8. 《해방일보》, 1945년 9월 19일.
9. 한민당의 결성과정에 대해서는 심지연, 『한국민주당 연구』 I(서울 : 풀빛, 1982), pp. 46–50 참조.
10. 백남훈(白南薰), "한국민주당 창당 비화," 『진상』(1960), p. 15.

을 결성한 것은, 마치 서구에서 자유주의에 반대하는 기득권층이 뒤늦게 보수정당을 출현시킨 것과 아주 유사한 경로를 밟은 것이라고 할 수 있다.[11)]

이처럼 공산당과 한민당이 정권획득을 목표로 치열하게 경쟁하는 정치의 장(場)에 여운형을 위원장으로 하여 창당된 조선인민당(이하 인민당)이 신규로 진입했다.[12)] 인민당은 반동분자를 제외한 노동자, 농민, 소시민, 자본가, 지주까지도 포괄한 전 인민을 대표한 대중정당을 자처하고 완전독립을 위해 좌익과 우익을 매개하는 역할을 하겠다고 선언했다.[13)] 이는 좌우 어느 한편에 서지 않고 중도적 위치에 서겠다는 것으로 이념적으로는 사회민주주의를 표방한 것이라고 할 수 있다. 특권을 가진 소수가 지배하는 나라가 되어서는 안 되며 민족 전체의 경제적 발전을 이루어야 한다는 것을 주장하는 한편, 중산층의 생활보장과 아울러 애국적인 지주 자본가의 경제부흥 운동도 적극 지지한다고 밝힌 것에서[14)] 이를 확인할 수 있다.

이외에도 국민당 신한민족당 남조선신민당 한국독립당 대한독립촉성협의회 등과 같은 많은 정당과 사회단체들이 결성되었지만 이념적으로는 좌·우·중도 세 가지 범주에서 크게 벗어나지 않는 것이

---

11. 일반적으로 보수당은 두 번째로 결성되는 정당으로 자유주의 또는 급진주의의 도전에 조직적으로 대항하기 위해 생겨난 조직이다. 보수주의는 위협을 받고 있거나 프랑스혁명에서처럼 이미 잃어버린 지위를 지키기 위한 운동이라고 정의되고 있다. Klaus von Beyme, *Political Parties in Western Democracies*(Aldershot : Gower Publishing Co. Ltd., 1985), p. 46.
12. 인민당의 결성과정에 대해서는 심지연, 『인민당 연구』(서울 : 경남대 극동문제연구소, 1991), pp. 7–20 참조.
13. 조선인민당, 『인민당의 로선』(평양 : 신문화연구소출판부, 1946), p. 25.
14. 조선인민당(1946), pp. 24–25.

었다. 해방정국에서 이들은 행동의 통일을 기하기 위해 이념적·인간적 친소관계에 따라 제휴하거나 결합하는 일을 반복했는데, 이는 효율적으로 권력을 장악하기 위한 수단의 하나였다고 할 수 있다.

"8월 테제"에서 미국을 '진보적 민주주의 국가'로 규정한 이래 공산당은 초기에 가급적 미군정과 우호적인 관계를 맺기 위해 노력했다.[15] 이는 박헌영이 미군정에 반대하는 언행을 삼간 것과 미소공위에 임하는 미군정이 열성과 호의를 갖고 노력하고 있는 것에 대해 감사한다고 말한 것을 보아도 알 수 있다.[16] 한편, 한민당의 경우 미군정에 적극 협력할 것을 당론으로 확정한 이후 미군정과 긴밀한 관계를 맺었다. 이는 한민당 출신 인사들이 군정청의 관리로 대거 임용된 사실과 한민당 인사와 군정 관계자의 잦은 만남에서 확인할 수 있다.[17]

이처럼 좌우의 대표적인 정당 모두 미군정과 협조관계를 맺으려고 한 가운데 한민당의 노력이 주효하는 바람에 미군정은 단지 명목상의 중립만 지켰다는 비판이 나오기도 했다.[18] 그러나 그렇다고 해서 미군정이 권력경쟁 자체를 허용하지 않았다거나 특정 정당에 유리하도록 경쟁의 룰을 조작한 것은 아니었다. 어느 정당이라도 집회와 시위, 그리고 언론매체를 통해 자신이 지향하는 이념을 자유롭게 전파할 수 있었으며, 아무런 제약을 받지 않고 통일전선을 결성할

15. 박헌영과 미군정의 관계에 대해서는 김남식·심지연, 『박헌영노선 비판』(서울 : 세계, 1986), pp. 76−81.

16. 《해방일보》, 1946년 4월 28일.

17. 한민당 출신들이 군정청 관리로 임용된 사항에 대해서는 심지연, 『한국현대정당론』(서울 : 창작과 비평사, 1984), pp. 110−114 참조.

18. George McCune, *Korea Today*(Cambridge : Harvard University Press, 1950), p. 43.

수 있었다. 이러한 상태는 1946년 5월 '조선정판사 위조지폐사건'이 발표되기까지 지속되었는데, 이는 적어도 그때까지는 공산당도 정권 장악을 자신할 정도로 자유롭게 경쟁에 참가할 수 있었다는 것을 의미하는 것이다. 그리고 그 이후에도 공산주의자들이 상당 기간 활동의 자유를 누린 것이 사실이었음을 감안할 때 최소한 권력경쟁의 원리가 훼손되었다거나 사전에 정해진 것은 아니었음을 알 수 있다.

이를 볼 때 남한에는 다양한 이념을 가진 정당들이 결성될 수 있었으며, 비교적 자유롭게 경쟁할 수 있는 정치적 여건이 조성되었다고 볼 수 있다. 비록 미군정이 지향하는 정책과 노선에 부합되지 않는다고 할지라도 남한은 정당의 결성과 활동에 있어서는 집회 및 결사의 자유를 비롯하여 기본권은 보장되는 체제였던 것이다.

2) 북한 : 획일성과 비경쟁성

북한에서 최초로 결성된 정당은 조선공산당 북조선분국(이하 북조선분국)이었다. 미군이 진주도 하기 전에 자유롭게 정당이 결성된 남한과 달리 북한에서는 정치활동을 허가하는 소련군 사령관의 명령서가 발표된 다음에서야 정당이 결성되었는데 북조선분국만은 예외였다. 명령서가 발표되기 이틀 전인 1945년 10월 10일 '조선공산당 서북 5도당 책임자 및 열성자대회'가 개최되었으며, 명령서 발표 다음날인 10월 13일 분국 설치가 결정된 것에서[19] 이는 확인된다. 사전에 소련군과 협의했다는 것이 분명하게 드러나는 대목이다. 대회는 '정치노선과 조직 확대강화에 관한 결정서'를 채택했는데, 분

19. 조선중앙통신사, 『조선중앙년감』(평양 : 조선중앙통신사, 1949), p. 715.

국이 정식으로 결성된 것은 10월 20일이었다.[20] 대회 결정서는 볼셰비키화 활동의 민활(敏活)과 사업의 확대 강화를 위해 분국 설치를 결정했으며, 당 조직은 볼셰비키당 조직체계에 따를 것을 규정함으로써 공산주의 조직원리를 충실히 반영했다.[21] 서울에 있는 공산당 중앙의 승인을 받아 설치된 북조선분국은 후일 북조선공산당으로 그 명칭을 바꿈으로써 서울과의 연계를 공식적으로 단절했다.[22]

북한에서 두 번째로 결성된 정당은 조만식(曺晩植)을 당수로 한 조선민주당이었다. 소련군 사령부의 허가를 받아 1945년 11월 3일 창당된 조선민주당은 공산당에 대한 반발로 많은 인민들이 입당한 것으로 알려졌지만,[23] 신탁통치 문제를 계기로 조만식이 연금되면서 당은 최용건(崔庸健)을 비롯한 공산주의자들의 손으로 넘어갔다.[24]

20. 류문화(柳文華), 『해방 후 4년간의 국내외 중요 일지』(평양 : 민주조선사), 1949), p. 12.
21. 《해방일보》, 1945년 11월 5일.
22. 명칭이 정확하게 언제 바뀌었는지에 관한 자료는 없다. 류문화의 『해방 후 4년간의 국내외 중요 일지』를 보면 1946년 4월 20일 발표된 공동성명은 북조선분국 명의로 되어 있으나 5월 18일에는 북조선공산당 명의로 공동성명이 발표되었다. 이로 미루어 보아 1946년 4월 20일과 5월 18일 사이에 명칭을 변경한 것으로 분석된다.
23. 조영암(趙靈巖), 『고당 조만식』(부산 : 정치신문사, 1953), p. 64. 조선민주당 부당수 중 하나였던 이윤영(李允榮)은 창립총회에는 10만 명의 당원이 참석했으며, 창립 2개월 만에 당원은 100만 명에 달했다고 주장했다. 백사(白史) 이윤영(李允榮) 자서전 출판기념회, 『백사 이윤영 회고록』(서울 : 사초, 1984), pp. 114–115.
24. 북한은 조만식이 당원들에게 인민위원회를 배척하라는 지시를 내리고 반동분자와 파괴분자로 당을 영도하려고 획책했기 때문에 당 대열에서 쫓겨났다고 주장했다. 북조선민전 중앙서기국, 『기록』(노동당출판사, 1947), pp. 11–12. 조만식이 연금되자 부위원장인 이윤영을 비롯한 우익 성향의 당원들은 월남, 1946년 4월 25일 서울에서 별도로 조선민주당을 출범시켰다. 조선통신사, 『조선년감』 1948년판(서울 : 조선통신사, 1947), p. 442.

이처럼 정당 최고지도자의 활동을 제한한 조치는 개방사회에서는 전혀 상상도 할 수 없는 일이어서 '반일민주주의'의 본질이 자유민주주의와는 거리가 먼 것임을 드러냈다. 창당 당시에 발표된 강령이나 정책은 집행부가 새로 구성되면서 바뀌었는데, 이 중에는 북한에서 성공적으로 완수한 '민주선거'를 한반도 전체에 실시하며 정권을 인민위원회로 넘기도록 분투한다는 조항도 들어 있어[25] 이념적으로 공산주의에 동조하는 방향으로 바뀌었다는 것을 알 수 있다.[26]

북한의 정당 가운데 빼놓을 수 없는 것은 김두봉(金枓奉)이 이끄는 독립동맹이다. 1945년 11월 말 중국에서 귀국한 독립동맹은 처음에는 시국을 관망하며 겸허하게 지냈는데,[27] 이는 북조선분국이 정국을 주도하고 있는 상황에서 섣불리 정치활동을 전개할 형편이 되지 못했기 때문이다. 이러한 독립동맹이 정치적 입장을 처음 밝힌 것은 3상회의 결정이 발표된 직후인 1946년 1월 2일 김두봉의 평양 방송 연설을 통해서였는데, 여기서 그는 3상결정을 지지하며 조선의 자주독립 완성을 위해 노력할 것임을 분명히 했다.[28] 독립동맹은 1946년 1월 16일 본격적인 정치활동을 선언했는데, 이는 시기적으로 조만식이 연금된 후여서 조만식의 대안으로 김두봉이 나서게 된 것으로 분석된다. 후일 독립동맹은 명칭을 조선신민당(이하 신민당)으로 바꾸었는데, '자산계급성 민주주의' 단계를 설정한 데서 이념적으

25. 조선중앙통신사(1949), p. 90.
26. 조선민주당은 1981년 제6차 대회에서 민족사회주의를 기본 이념으로 하고 자주, 독립, 민주, 평화, 인권옹호를 지향하는 조선사회민주당으로 그 명칭을 개편하기로 결정했다. 조선중앙통신사, 『조선중앙년감』(평양 : 조선중앙통신사, 1982), p. 221.
27. 민주주의민족전선 편, 『조선해방연보』(서울 : 문우인서관, 1946), p. 146.
28. 《조선인민보》, 1946년 1월 10일.

로 공산주의와 친화성이 있는 정당임을 알 수 있다. 이들은 또한 남한에도 조직을 확대하여 독립동맹 경성특별위원회를 조직했는데, 이는 후일 남조선신민당으로 명칭을 바꾸었다.

이 외에 주요 산업 국유화를 정책으로 제시한 1946년 2월 8일 창당한 천도교청우당이 있지만[29] 북한정치에서 그 실체와 활동은 주요 변수가 되지 못했다. 기독교도를 포섭하기 위해 조선민주당 결성을 허가한 것처럼 천도교를 포섭하는 정당으로서 존재했을 뿐이었고, 이로 인해 그 당원들은 북한에 사회주의를 건설해 나가는 과정에서 사회주의적 근로자로 개조되고 말았다고 기록될 정도였다.[30] 이를 볼 때 천도교청우당은 노동당의 노선과 정책을 지지하는 또 하나의 위성정당이었던 것이다.

이처럼 북한에서 활동한 주요 정당들은 이념적인 면에서 공산사회를 지향하는 획일적인 성격을 띠었다. 소련군의 허가를 받아야만 정당의 결성과 활동이 가능한 상황에서 소련이 견지하는 이데올로기와 배치되는 이념을 내세우는 것이 원천적으로 불가능했기 때문이다.[31] 이는 조선민주당 위원장인 조만식을 연금하고 공산주의자

-----

29. 북한 천도교도들이 남한서 월북한 천도교청우당 당원과 합세하여 북한에 별도로 결성한 것으로 당원이 40만 명이나 되었다고 기록되었다. 온낙중(溫樂中), 『북조선기행』(서울 : 조선중앙일보사, 1948), p. 23.
30. 북한 스스로도 "천도교청우당은 조선로동당이 령도하는 민주주의민족통일전선의 한 성원으로써 조국의 평화적 통일과 공화국 북반부에서 반제 반봉건적 민주주의혁명에 참가하였다. … 김일성동지의 현명한 령도 밑에 … 조선로동당의 로선과 정책을 받들고 …"라고 기록하고 있어 경쟁력을 전혀 갖지 못한 정당임을 시인하고 있다. 사회과학원 력사연구소, 『력사사전』(평양 : 사회과학출판사, 1971), p. 743.
31. 소련군은 사령부 내에 민정업무를 담당하는 특별기관인 '민정부'를 설치했는데, "민주적인 사회조직 사업과 사회개혁 방해하는 절대적이고 반인민적인 세력을 용납하지 않았다"는 민정부 책임자의 회고에서 사회주의를 반대

인 최용건을 새로 내세운 것에서 확연히 드러난다.[32)]

북한의 정당은 이념적으로 획일적이었을 뿐만 아니라 서열 또한 결정되어 있었기에 권력을 향한 자유경쟁은 애초부터 용납되지 않았다. 1945년 12월 17일 북조선분국 3차 확대위원회에서 김일성(金日成)이 책임비서로 선출되면서 그를 중심으로 한 권력구조가 형성되기 시작했는데, 이것이 구체적으로 드러난 것은 1946년 2월 8일 북조선임시인민위원회(이하 임시인위)의 창설과 그의 위원장 취임이었다. 북한의 각 정당과 사회단체 지도자들이 모여 중앙행정기관을 조직할 필요가 있다는 데 의견의 일치를 보고, 이러한 의견을 소련군 사령관에게 진정한 결과 반대하지 않고 환영해 주어 임시인위가 출현할 수 있었다면서 북한은 임시인위를 '인민의 정권 창건', '북조선의 최고 정권기관' 등으로 기록했다.[33)]

이 같이 창건된 북한 정권의 최고 책임자로 김일성이 취임하여 북조선분국이 실제적으로나 이론적으로나 북한의 집권당이 됨으로써 북한에서 정당간 권력경쟁은 봉쇄될 수밖에 없었다. "전 인민이 절대한 지도 밑에 김일성위원장이 발표한 20개 정당을 받들고 ⋯⋯ 제 민주개혁을 완수하고 민주건설의 기본토대를 구축하는 거대하고

하는 정당과 사회단체는 존재가 불가능했음을 알 수 있다. N. G. 레베데프, "수행하여야 할 의무를 자각하며," 소련 과학 아카데미 동양학연구소, 『조선의 해방』(서울 : 국토통일원, 1987), p. 125.

32. 조만식이 연금되자 최용건(崔庸健)이 대의원을 제 마음대로 지명하여 모아 놓고 당대회를 열어 조만식을 파면하고 그 자신이 당수가 되었다고 이윤영은 주장했다. 백사 이윤영 자서전 출판위원회(1984), p. 120.

33. 조선중앙통신사(1949), 69쪽. 인민위원회가 창건되자 소련군은 북한의 사회·경제·정치 개혁의 실현을 구체적으로 도왔으며, 소련군을 각 부서에 고문자격으로 보내 지도했다. B. V. 시쳬찌닌, "해방 후 조선에서," 소련과학아카데미 동양학연구소, 『조선의 해방』(서울 : 국토통일원, 1987), p. 325.

도 곤란한 사업을 승리적으로 수행하였다"[34]는 기록에서 보듯이 북조선분국에 대한 도전은 상상조차 할 수 없었음을 알 수 있다. 이는 북조선분국의 지도적 역할 아래 국가정권의 최고기관으로서 임시인위가 수립되었다는 소련군의 회고에서도 확인된다.[35]

이와 동시에 독립동맹의 주석인 김두봉이 임시인위의 부위원장으로 취임, 김일성 다음의 서열을 차지함으로써 독립동맹 역시 북조선분국의 뒤를 이어 정당 서열 2위를 차지했다. 이처럼 정당의 서열이 정해진 상황이었기에 북한의 정당들로서는 권력경쟁을 벌인다는 것이 무의미할 수밖에 없었다.[36] 북한의 권력구조 자체가 경쟁을 전혀 허용하지 않는 비경쟁적인 체제로 굳어졌기 때문이다.

(2) 정당의 활동

해방정국에서 정당의 활동 역시 남북은 커다란 차이를 나타냈다. 남한의 정당들이 미군정의 정책에 대해 비교적 자유롭게 의사를 표현할 수 있었던 반면, 북한의 정당들은 소련군의 정책에 대한 반대가 결코 용인되지 않았다. 이 같은 차이는 3상회의 결정이 발표된 후 남·북한 정당들이 전개했던 활동에 대한 분석을 통해 알 수 있으며,

34. 조선중앙통신사(1950), p. 197.
35. B. V. 시체찌닌(1987), p. 315.
36. 1981년 1월에 개최된 조선민주당 제6차 대회에서 중앙위원회 부위원장은 "조선민주당은 1945년 11월 창당 후 조선로동당의 령도적 역할을 인정하고 그와 련합하여 … "라고 보고했는데, 이를 볼 때 북한에서는 처음부터 권력에 대한 도전이나 경쟁은 결코 용납되지 않았음을 알 수 있다. 조선중앙통신사(1982), p. 220.

소련군에 의한 조만식의 연금에서, 그리고 3상결정을 실현하기 위해 소집된 미소공동위원회(이하 미소공위)에 임하는 양군의 기본입장에서 확인할 수 있다.

1) 남한 : 의사표현의 자유

다양한 이념과 노선이 용인되는 것과 같은 의미에서 남한의 정당들은 미군정의 정책에 대해 자유롭게 자신의 의사를 표현할 수 있었다. 외압에 의해 군정이 추진하는 정책을 지지하거나 반대하는 것이 아니라, 자신의 이념과 노선에 비추어 자율적으로 견해를 밝혔던 것이다. 이는 좌우 양 진영 모두에 해당되는 것으로 좌익진영이 미군정에 대한 반대를 노골적으로 나타냈던 것에서, 우익진영은 신탁통치 반대를 절규한 것에서 아주 극명하게 났다. 그리고 미군정이 의사표현의 자유를 공식적으로 인정한 데서도 알 수 있다.

미군정에 대한 반대의사의 표현으로 가장 대표적이었던 것은 1945년 10월 10일에 있었던 미군정의 인민공화국 부인 발언에 대한 좌익진영의 반론이었다. 이날 군정장관은 '명령의 성질을 가진 요구'라고 하면서 자칭 조선인민공화국이든가 자칭 조선공화국 내각은 권위와 실재가 전연 없는 것이라고 말하고, 무책임한 인물들이 국가의 안녕질서를 위협하는 일이 없도록 해줄 것을 당부했다.[37] 이에 대해 박헌영은 군정장관의 발언을 부인하고 조선인민에게 정권을 넘기라고 요구하며 인공은 해산하지 않을 것이라고 밝혔다.[38] 한편, 인

37. 《조선인민보》, 1945년 10월 10일.
38. 《조선인민보》, 1945년 10월 11일.

공도 인공의 출현은 미군의 진주 이전에 인민대표들의 결의에 의한 것이라고 주장하고 정확한 보고를 기초로 현명하게 판단할 것을 충고한다면서 군정장관의 발언내용을 정면에서 반박했다.[39]

인공을 인정하지 않는다는 미군정의 방침은 확고한 것이어서 그해 12월 12일 하지 사령관은 남한의 유일한 정부는 미군정이므로 인공을 해체하라는 명령을 내렸다. 이에 대해 인공은 하지 사령관의 주관적 기도(企圖)가 어디 있든지 간에 객관적으로는 민중의 의혹을 유발하며 인심의 혼란을 초래할 것이므로 유감을 표하지 않을 수 없다는 내용의 성명서를 발표함으로써[40] 군정의 조치에 다시 정면으로 맞섰다. 이처럼 인공 해체문제와 정당등록법 등으로 좌익진영이 미군정과 마찰을 겪었지만 미소공위가 개최되자 박헌영은 하지 사령관이 개막연설에서 조선문제를 공정하게 해결할 자신을 표명했다고 분석했고,[41] 이후에도 미소공위를 성공시키려는 미군정의 노력을 높이 평가하는 태도를 취했다.

좌익진영만이 미군정의 정책을 반대한 것은 아니었다. 우익진영 역시 반대한 것은 마찬가지였는데, 이 과정에서 의사표현의 자유는 보장된다는 하지 사령관의 발표가 나오기도 했다. 우익진영이 군정에 반기를 든 것은 3상회의에서 신탁통치를 실시하기로 결정했다는 보도가 나온 다음부터였다. 이들은 신탁통치반대 국민총동원위원회를 조직하고 전국적인 반탁시위에 나섰는데, 우익진영의 일부가 반탁운동을 계기로 군정을 접수하려는 움직임을 보여 미군정당국과

39. 《조선인민보》, 1945년 10월 12일.
40. 《조선인민보》, 1945년 10월 14일.
41. 《조선인민보》, 1946년 3월 22일.

마찰을 빚기도 했다.[42)]

한 사람도 빠짐 없이 국민운동을 전개하여 탁치를 반대하지 않으면 안 될 것이라고 주장했던 한민당은 미소공위가 개최되는 기간 내내 미군정과 대립하며 신탁통치 대신 즉시 독립이 민주주의적 요구라고 주장했다.[43)] 이처럼 한민당을 비롯한 우익진영이 반탁운동을 전개하는 가운데 미소공위 5호 성명이 발표되었다. 성명의 내용은 3상결정을 지지한다는 선언서를 제출하는 정당만 미소공위와의 협의에 참가할 수 있다는 것이었는데, 이를 그대로 적용할 경우 탁치를 반대한 우익진영은 정부수립 과정에서 배제될 수밖에 없었다.

5호 성명으로 우익진영의 참여가 배제될지도 모르는 난처한 상황이 초래되자 1946년 4월 22일 하지 사령관은 3상결정의 내용을 신중히 검토하여 미소공위에 협조할 것을 요청했고,[44)] 4월 27일에는 다시 특별성명을 통해 선언서를 제출한다고 하더라도 찬탁과 반탁의 의사표현의 자유는 있다고 밝혔다.[45)] 의사표현의 자유가 보장되므로 선언서를 제출한 후에도 3상결정에 규정된 신탁통치에 대해서 얼마든지 반대할 수 있다는 것이 미군정의 입장이었는데, 이는 소련군의 입장과는 전혀 상반되는 것이었다. 소련군으로서는 3상결정을 반대

42. 임시정부가 미군정 관리는 임정의 지시를 받도록 하라는 포고를 발표하자 하지 사령관은 임정요인들을 추방하는 문제를 고려하기도 했다. 이에 대한 타협책으로 군정의 질서를 지키는 선에서 반탁운동을 하기로 중재가 이루어졌다. 조병옥(趙炳玉), 『나의 회고록』(서울 : 민족사, 1959), pp. 165–168. 한편, 반탁시위가 격렬해지자 미군정장관은 반탁운동은 오히려 신탁통치를 초치하는 것이므로 자중을 요망한다는 내용의 성명을 발표했다. 《조선인민보》, 1946년 1월 20일.
43. 《동아일보》, 1946년 3월 29일.
44. 《동아일보》, 1946년 4월 24일.
45. 《동아일보》, 1946년 4월 28일.

하거나 그 실현을 방해하는 정당이나 사회단체와는 결코 협의할 수 없다는 입장에서 한걸음도 물러서지 않았는데,[46] 이러한 양측의 견해 차이로 말미암아 미소공위는 최종적으로 결렬되고 만다.

이처럼 남한에는 의사표현의 자유가 보장되어 있었기 때문에 정당들은 좌우를 불문하고 미군정의 정책에 대해 자유롭게 자신의 견해를 발표할 수 있었다. 비록 그것이 군정반대라고 하는 군정의 존재 자체를 거부하는 것이었다고 할지라도 어느 정도는 그러한 견해의 발표가 용인되는, 자유로운 분위기가 남한사회를 지배하고 있었던 것이다.

2) 북한 : 의사표현의 제한

북한 정당들의 활동에 관한 기초자료가 많지 않은 상황이기는 하지만 처음부터 소련군은 자신들의 지시에 충실한 인물을 북한의 지도자로 세우려고 했던 것만은 사실이라고 분석된다. 이는 1945년 8월 27일 평양에 진주한 소련군이 조만식을 위원장으로 민족주의자와 공산주의자가 연합하여 결성한 평안남도인민정치위원회에 도정(道政)업무를 이양한 것에서,[47] 그리고 조만식을 자기편으로 만들기 위해 그를 북한의 행정책임자로 옹립하려고 자주 접촉한 데서 분명히 알 수 있다. 그러나 조만식과 소련군 사이에 견해 차이가 나타나기 시작하자 소련군은 그를 대체하고 만 것이다.[48] 이것만 보더라도

46. 반탁운동을 전개한 정당을 배제해야 한다면서 소련 대표단이 발표한 성명은 온낙중(溫樂中), 『조선해방의 국제적 경위와 소미공위사업』(현우사, 1947), pp. 24–29 수록.

47. 森田芳夫, 『朝鮮終戰の記錄』(東京 : 巖南堂書店, 1979), p. 185.

북한에서는 의사표현이 자유롭지 못하고 제한되고 있다는 것을 알 수 있다.

의사표현의 자유가 북한에서 용인되었는지의 여부는 3상결정에 대해 밝힌 정당과 사회단체의 입장에서 가장 구체적으로 나타난다. 우선 남한에서 3상결정의 내용이 보도되고 이에 대한 의사표명이 이루어진 것이 1945년 12월 28일이었는 데 비해 북한에서 처음으로 이에 대한 견해가 표명된 것은 1946년 1월 2일이었다. 이는 남한보다 닷새나 뒤늦은 것으로 그만큼 정보가 통제되어 늦어졌든지, 아니면 소련군과 의견을 조율하느라고 시간이 지체되었기 때문에 늦어진 것이라고 분석된다. 정보통제 때문이건 의견조율 때문이건 간에 닷새 동안이나 아무런 의사도 표시되지 않았다는 것은 북한이 그만큼 의사표현이 자유롭지 못한 사회라는 것을 나타내는 증거라고 할 수 있다.

이에 덧붙여 북한의 당시 일지를 보면 모든 정당과 사회단체가 천편일률적으로 3상결정을 지지한 것으로 되어 있다. 1946년 1월 2일 북조선분국을 비롯하여 노동조합, 농민조합, 여성총동맹, 민주청년동맹, 독립동맹 등이 공동명의로 3상결정을 지지하는 성명을 발표했다. 이들은 성명에서 3상결정은 정의와 성의의 표현이므로 이를 전적으로 동의 지지한다고 밝혔다.[49] 1월 3일에는 북조선 행정국장회의에서 1월 5일에는 평남인민위원회에서 3상결정을 지지한다는 성명서를 발표했으며, 1월 6일에는 10만 명이 참석한 가운데 3상결

48. Andrei Lankov, *From Stalin to Kim Il Sung : The Formation of North Korea 1945–1960* (London : Hurst & Co., 1988), pp. 14–17.

49. 류문화(1949), p. 20.

정을 지지하는 평양시민대회가 개최되었다. 3상결정을 지지하는 시위는 평양에서만 있었던 것이 아니라 원산(1월 9일), 진남포(1월 10일) 등에서도 개최되었다.

이와 같이 3상결정을 지지하는 성명과 시위가 연이은 가운데 1월 8일 민주청년동맹 지방열성자협의회는 3상결정을 반대하는 자는 반동분자로 규정한다는 내용의 결의문을 통과시켰다.[50] 이로써 북한에는 탁치를 반대하는 견해를 결코 표명할 수 없는 분위기라는 것을 분명히 알 수 있다. 독립동맹도 1월 16일에는 성명을 통해 3상결정 지지를 표명했다. 여기서 독립동맹은 3상결정이 조선을 독립국으로 부흥 발전케 하기 위한 방법을 규정한 것임을 인정한다고 주장하고, 민주주의 임시정부수립을 위해 적극 노력하며 반민족적 친일분자를 제외한 민족통일전선 결성에 적극 참가하겠다고 밝혔다.[51]

이처럼 각 정당과 사회단체가 집단적으로 또는 개별적으로 3상결정 지지를 밝혔음에도 불구하고 조선민주당은 이 대열에 참가하지 않았다. 당수인 조만식이 "나는 이 결정들에 찬성할 수 없으며, 따라서 이를 토의의 대상으로 삼지 않을 것이다"[52]라고 말하며 3상결정에 단호하게 반대했기 때문이었다. 여러 차례 소련군으로부터 회유를 받았지만 그는 탁치를 받아들이는 것은 매국행위라면서 끝내 이를 거절했다.

이 같은 사태가 발생하자 미소공위 소련군 대표로 당시 평양에 있던 스티코프는 조만식처럼 3상결정에 반대하는 사람의 수는 수백

50. 류문화(1949), p. 21.
51. 류문화(1949), p. 22.
52. I. M. 치스챠코프, "제25군의 전쟁행로," 소련과학아카데미 동양학연구소, 『조선의 해방』(서울 : 국토통일원, 1987), p. 75.

명에 달하며, 아마 이들이 계속적으로 공세를 취할 것이므로 경계하라고 치스챠코프 사령관에게 충고를 하기도 했다.[53] 이러한 충고가 받아들여져서인지 이후 조만식은 연금상태에 놓여 공식적인 활동을 전혀 할 수 없었다. 소련군이 그를 반동세력으로 규정하고 일체의 정치활동을 금지시켰기 때문이다.[54] 이를 보더라도 북한에서는 3상결정에 대한 반대가 결코 용납되지 않는 사회라는 것이 입증된다. 남·북한 전역에서 3상결정을 지지하는 광범한 군중들의 열광적인 시위가 계속되었음에도 불구하고 민주발전과 자주독립을 원하지 않는 일부 친일파와 미국 앞잡이들만 반탁운동을 전개했다고 주장하는 상황에서[55] 의사표현의 자유는 제한될 수밖에 없었던 것이다.

4. 정당의 재편성

남한에서 의사표현의 자유가 보장되어 의사의 표현이 자유롭게 이루어질 수 있던 반면, 북한에서는 소련군과의 '밀접한 협력'이 강요되다시피 하는 분위기여서 의사표현이 자유로울 수 없었다. 이

53. I. M. 치스챠코프(1987), p. 75-76.
54. 당시 미군 경제고문으로 서울에 왔던 번스는 소련군 정치고문인 발라사노프의 초청을 받아 평양을 방문했다. 평양에 체제하는 동안 그는 김일성, 조만식 등을 면담했는데, 서울에 돌아와 제출한 보고서에서 조만식을 연금한 것은 그가 3상결정을 반대했기 때문이라는 것을 소련군도 시인했다고 기록했다. Arther C. Bunce, "Report of the Visit of Arther C. Bunce with Chancellor Balasanov in Pyongyang," 1946, 10. 16., N.P., p. 2.
55. 조선중앙통신사(1949), p. 35.

런 분위기는 미소공위가 무기 휴회된 이후에도 변함없이 그대로 지속되었는데, 이는 북조선노동당(이하 북로당)의 창립에서 분명히 드러난다. 북조선공산당과 신민당의 합당으로 북로당이 창립됨으로써 이념적 획일성이 더욱 강화되었기 때문이다. 북로당의 출현은 남한의 좌익진영에도 영향을 미쳐 좌익 3당의 합당이 추진되었지만 북한과 달리 다원화된 사회여서 다양한 이념을 하나로 통합하는 작업이 여의치 않아 두 갈래로 합당이 추진되는 상황이 초래되었다.

(1) 북한 : 닫힌 사회 건설

1946년 5월 1차 미소공위가 무기 휴회에 들어간 이후부터 북한에서는 민주기지를 창건하기 위한 작업을 본격적으로 추진했다. 이러한 작업은 기왕에 조직된 임시인위를 통해 이루어졌는데, 토지개혁의 실시라든지 노동법령과 중요 산업 국유화법 등을 제정하면서 사회주의적인 토대를 마련해 갔다. 기본적으로 이러한 조치는 임시인위를 노동자 농민의 독재기관으로 만들고, 정치권력을 동원하여 노동자, 농민, 사무원 등을 지지계층으로 만들려는 전략에서 나온 것이었다.[56] 이와 같은 작업을 해나가는 과정에서 북한에 이들 지지계층을 한데 묶을 수 있는 정당이 요구되었고, 이에 부응하여 북조선공산당과 신민당의 합당이 추진되었던 것이다.

양당의 합당에 대해서는 신민당이 먼저 제안했다는 주장과[57]

56. B. V. 시체찌닌(1987), p. 315.
57. 김일성은 북로당 창립대회에서 보고를 통해 신민당 중앙에서 합당을 제의

북조선공산당이 먼저 했다는 주장이[58] 엇갈리고 있다. 그러나 합당을 누가 먼저 제안했느냐 하는 것은 형식에 불과한 것이고, 실제로는 신민당의 영향력이 증대하는 것을 견제하기 위해 소련군이 양당에 압력을 행사한 것이라는 분석이[59] 어느 정도 설득력을 갖는다. 이를 입증이라도 하듯이 당시 소련군 관계자는 북한의 급속한 민주화는 공산당 앞에 "노동자계급과 농민계급과의 결합의 공고화와 당을 더 대중화하는 문제를 제기하였다"고 분석하고 이러한 상황에 의해서 합당이 초래되었다고 주장했다.[60]

이처럼 양당이 합당을 추진하는 과정에서 소련군이 영향을 미친 것은 틀림없는 것으로 판단되나 구체적으로 소련군이 어떻게 행동했는지에 대해서는 거의 알려진 바 없다.[61] 그러나 양당의 합당이 마르크스·레닌주의의 이데올로기적 및 조직적 원칙의 기초 위에서 이루어졌고, 합당 이후 공산당이 계급적 본질을 잃지 않고 오히려 노동계급과 모든 노동자의 전위로서의 지위를 공고히 했다고 주장하는 것으로 보아[62] 합당으로 인해 북한은 이념적으로 더욱 획일화되는 길을 걷게 된 것만은 분명하다고 할 수 있다.

양당은 1946년 7월 29일 확대연석회의를 열고 합당하기로 최종 결정을 보았다. 이 자리에서 김일성은 양당의 합당은 필연적이고

하고 공산당이 동의해서 합당이 이루어진 것이라고 말했다. 북조선로동당 중앙본부, 『북조선로동당 창립대회』, p. 13.

58. 남한의 민전은 신민당이 북조선공산당의 2당 병합에 대한 안건을 긴급 토의한 후 이에 찬성한다는 회답을 보냈다고 기록, 공산당에서 먼저 제안한 것으로 기록했다. 민주주의민족전선 편, 『조선해방연보』, p. 455.
59. HQ, USAFIK, 『미군정 정보보고서』 제12권(서울 : 일월서각, 1986), p. 211.
60. B. V. 시체찌닌(1987), p. 316.
61. Andrei Lankov(1988), p. 29.
62. B. V. 시체찌닌(1987), p. 317.

전면적인 조치라고 주장했으며, 김두봉은 양당의 불필요한 마찰을 방지하기 위해 합당이 이루어졌다고 설명하고 합당은 한 당이 다른 당을 흡수하는 것이 아닌 역사적 필연에 의한 무조건 합동이라고 주장했다.[63] 양당은 각 지방별로 합당대회를 가진 후 1946년 8월 28일부터 30일까지 창립대회를 개최하고 북로당으로 출발했다.

당시 북로당의 출현에 대해 남한에서는 공산당이라는 이름으로 도저히 민심을 수습할 수 없어 노동당이란 미명(美名)으로 출현하는 것이라거나[64] 필연적 귀결이며 역사적 방향이라는[65] 전혀 상반된 분석이 제기되었다. 그러나 자신의 이념에 입각한 정파적이고 정치적인 평가를 떠나 북로당의 출현은 역사적으로 볼 때 두 가지 의미를 지니는 사건이라고 할 수 있다.

첫째, 이념적인 측면에서 북한을 실질적으로 지배하고 있는 북로당이 마르크스·레닌주의에 입각하여 활동함으로써 이와 배치되는 이념은 북한에서 그 존재근거를 잃어버렸다고 하는 것이다. 이로 인해 북한은 이념적인 획일성을 띨 수밖에 없었고, 이것이 점차 북한을 이념적으로 폐쇄된 사회로, 최종적으로는 주체사상만이 지배하는 체제로 변질시켰다고 할 수 있다.[66] 북로당 출현으로 외부의 이념이나 사상을 거부하며 내부에서 확립된 이념에 안주하는 닫힌 사회가 건설되고 만 것이다.

둘째, 좌익진영의 역학관계라는 측면에서 볼 때 북로당의 출현

63. 《조선인민보》, 1946년 8월 1일.
64. 《동아일보》, 1946년 8월 10일.
65. 《독립신보》, 1946년 8월 4일.
66. 북한에서 지배 이데올로기가 변화해 나간 과정에 대해서는 심지연, "북한 연구에 대한 역사적 접근," 경남대학교 북한대학원 엮음, 『북한연구방법론』(서울 : 한울, 2003), pp. 253-260 참조.

은 북한이 남한보다 우위를 점하는 계기를 만들었다고 할 수 있다. 왜냐하면 남한보다 먼저 좌익정당의 통합을 이루고 민중을 효율적으로 동원하는 체제를 만듦으로써 남한의 좌익진영은 북로당 모델을 지향하지 않을 수 없게 되었기 때문이다. 실제로 북로당은 박헌영을 중심으로 합당하도록 촉구했던 것에서,[67] 그 이후 남한 좌익진영은 북로당의 노선을 답습하기에 급급했다는 점에서 남북의 좌익진영 간에 역학관계의 역전이 이루어졌다고 할 수 있다.

(2) 남한 : 경직된 사회 건설

북로당의 출현은 남한의 공산당, 인민당, 남조선신민당 등 좌익계 정당에 커다란 영향을 미쳤다. 가장 충격을 받은 인물은 박헌영이라고 분석된다. 그는 남한의 3당 사이에도 어느 정도 합당분위기가 있었는데, 이를 먼저 실현하지 못한 것이 유감이라고 발언할 정도였다.[68] 박헌영의 유감 표명을 계기로 3당 사이에 합당작업이 활발하게 추진되게 되었다.

남한에서의 합당은 인민당에 의해 먼저 공식 제기되었다. 인민당은 중앙정치위원회 및 중앙집행위원회를 열고 합당을 제안하기로 결정했다. 민주적 건설을 현 단계의 과업으로 하고 있는 이상 세력을 분산시키고 불필요한 마찰을 가져올 우려가 있는 정당의 별립(別立)

67. 북로당은 박헌영이 중심이 되어 추진하는 남로당의 정치노선이 옳으며, 그에 반대하는 것은 민족반역자를 방조하는 행위라고 비판했다. 《독립신보》, 1946년 11월 27일.
68. 《조선인민보》, 1946년 8월 2일.

은 무의미하므로 '한 개의 거대한 정당'으로 합동하자는 것이다.[69] 인민당의 합당제안에 대해 공산당과 남조선신민당 모두 적극 찬성했다. 공산당은 근로대중 생활의 급속한 향상, 민주개혁의 실시와 자주독립 완수를 위한 투쟁을 전면적으로 강화·발전시키기 위해서 즉시 합당교섭을 개시하자고 회신했다.[70] 남조선신민당도 합당의 취지와 의도가 민주주의 역량을 전면적으로 확대·강화하는 것이므로 찬성한다고 말하고 민주적 협의에 의해 평등한 합당이 될 것을 기대한다고 밝혔다.[71]

이처럼 3당이 합당에 동의함으로써 3당 합당은 순조롭게 진행될 것처럼 보였다. 당시 1차 미소공위의 무기 휴회와 위조지폐사건 발표 등으로 좌익진영, 특히 공산당이 위축될 대로 위축된 상태여서 어떤 방식으로든지 활로를 모색해야 하는 불가피한 측면이 있었기 때문이다. 그러나 합당의 구체적인 절차와 방법 등을 놓고 각 당 내부에서 이견이 대두되면서 합당문제는 난항을 겪게 되었다. 북로당의 모델을 따라야 한다는 당위론에 밀려 합당하기로 합의는 했지만 충분히 내부적인 논의와 민주적인 절차를 거치지 않고 서두르는 바람에 주류와 비주류의 분열만 드러내는 사태를 빚고 만 것이다.[72]

상황이 이렇게 된 것은 남한에서의 합당이 북한처럼 권력을 확고하게 장악한 정당이 주도하는 통합이 아니어서 당내 반대파를 견제하거나 이견을 제재할 수 있는 수단이 없었기 때문이었다. 그리고

69. 《조선인민보》, 1946년 8월 5일.
70. 《조선인민보》, 1946년 8월 6일.
71. 《조선인민보》, 1946년 8월 8일.
72. 합당문제를 놓고 각 당 내부에서 발생한 분열상에 대해서는 김남식(1984), pp. 252–257 참조.

합당을 추진하는 데 있어 소련군의 지도나 후원과 같은 외부적인 도움이 없었던 것도 내분이 장기화되고 확대되는 요인으로 작용했다. 당시 합당문제를 둘러싸고 생긴 각 당의 내분은 지도부에만 그치지 않고 하부 당원에까지 미쳤다. 이로 인해 이주하(李舟河)의 지적처럼 3개의 정당이 1개 정당으로 역량을 집중하는 것이 아니라 3개의 정당이 6개 조직으로 분산되는 지경에 이르게 되었다.[73)]

좌익진영 내의 6개 조직은 시간이 지나면서 박헌영과 여운형으로 양분되는 사태로까지 진전되었는데, 여기서 박헌영을 추종하는 세력은 남조선노동당(이하 남로당) 창립 쪽으로, 여운형을 지지하는 세력은 사회노동당(이하 사로당) 결성 쪽으로 나아갔다. 합당이 이처럼 두 갈래로 추진되어 우열을 가늠할 수 없는 대립이 지속되는 바람에 북로당이 개입할 수 있는 여지가 생겨난 것이다. 이는 양측이 북로당의 지지를 받기 위해 경쟁적으로 노력했기 때문인데, 여기서 북로당이 편을 든 것은 박헌영이 주도하는 남로당이었다.[74)] 이를 계기로 사로당은 열세를 만회할 길이 없어졌고, 남로당은 남한 좌익진영 내의 지도적 지위를 차지할 수 있게 되었다.

그러나 남로당의 주도권 장악이 권력투쟁에서의 승리를 토대로 이루어진 것이 아니라, 북로당의 지원에 의한 것이었기에 많은 문제점을 안고 있었다. 박헌영의 개인적인 노력에 의한 것이 아니어서 리더십 자체가 취약할 수밖에 없었고, 이로 인해 그가 이끄는 남로당은 자율성이 훼손될 수밖에 없었던 것이다. 남로당의 자율성 결핍은

73. 《청년해방일보》, 1946년 9월 2일.

74. 1946년 11월 16일 북로당은 결정서를 통해 박헌영을 중심으로 한 남로당 창건을 절대 지지한다고 말하고, 사로당 조직은 미군정의 반인민적인 통치를 합리화시키는 것이라고 매도했다. 《독립신보》, 1946년 11월 27일.

결과적으로 남로당으로 하여금 북로당의 노선을 추종하도록 만들었는데, 이는 더욱 큰 문제를 낳게 된다. 남로당이 마치 북로당에 전염(傳染)이라도 된 것처럼 북로당의 주장을 그대로 되풀이하다시피 하는 바람에 우익진영으로 하여금 좌익진영 전체를 남로당과 동일시하는 착시현상을 빚게 한 것이다.

이러한 착시현상으로 우익진영은 남로당과는 노선이 다른 좌익진영을 남로당과 구분해야 함에도 불구하고 이를 동일시하는 우(愚)를 범하고 말았다. 비폭력적이고 의회주의를 지향하는 좌익진영을 포용하려 하지 않고 모든 좌익진영을 남로당과 같은 집단으로 매도하는 이념적 경직성과 협애성에서 벗어나지 못한 것이다. 남로당을 북로당과 동일선상에 놓은 것처럼 여타의 좌익진영을 남로당과 동일선상에 놓고 배격한 것이다. 이로 인해 우익진영은 정부수립 과정에서 지지기반을 넓힐 수 있는 기회를 잃고 말았다. 지지의 외연을 넓힐 수 있었음에도 불구하고 알레르기적인 대응을 하는 바람에 중도진영조차 포용하지 못하는 이념적으로 경직된 사회가 출현하게 된 것이다.

5. 정부수립 과정에서 정당의 활동

미소공위가 완전 결렬되고 한반도 문제가 유엔으로 이관되면서 정국의 흐름은 통일정부의 수립과는 반대되는 방향으로 진행되었다. 미·소 간의 냉전이라는 국제정치적인 요인과 정당·사회단체의 대립이라는 국내정치적인 요인이 복합적으로 작용, 남과 북에 별도의 정부가 수립되는 현상이 초래된 것이다. 이 같은 상황에 직면하여 남과 북의 정당들이 보여준 행태 또한 크게 대조되었다. 남한의 경우 이념에 따라 선거에 대한 참여, 기권, 반대 등으로 세 가지 다른 노선이 나타난 반면, 북한의 경우 모든 정당이 빠짐없이 다 참여하는 유일노선만이 제시되었다. 다양성과 획일성이 확연히 구분되는 장(場)이었다.

(1) 남한 : 세 가지 노선

유엔 소총회가 43 대 0으로 선거가 가능한 지역에서만이라도 총선거를 실시하기로 결의함에 따라 미군정은 선거법을 제정하는 등 1948년 5월 10일로 예정된 선거를 실시하기 위해 제반 준비에 나섰다. 선거 실시에 대한 정당 및 사회단체의 반응은 크게 참가, 기권, 반대 세 가지 노선으로 나타났다. 한민당을 비롯한 우익진영은 적극적으로 선거에 참가할 준비를 한 반면, 중도진영은 '불참가 불반대'라는 말이 함의하는 것처럼 기권을 했다. 한편, 좌익진영은 반대의 뜻을 분명히 했는데, 이 중 일부는 선거를 파탄시키기 위해 물리적인 폭력을 행사하기도 했다.

선거일자가 확정되자 한민당은 5 · 10 선거에 의해 국회가 성립되고 이 국회에 의해 정식 중앙정부가 조직되어 국가의 3요소인 영토 · 국민 · 통치조직 3자가 구비됨으로써 국가가 완전히 성립되어 세계 각국의 승인을 얻게 되어 독립이 완성될 것이라고 내다보았다.[75)]

75. 김준연 편, 『한국민주당소사』(서울 : 한국민주당선전부, 1948), p. 77.

그리고 남북을 통한 선거를 하려고 했지만 소련의 반대로 이것이 불가능해졌기 때문에 선거가 가능한 지역에서만 하도록 한 유엔의 결정은 당연하다고 주장했다. 한민당은 또한 선거로 독립 실현이 목전에 다가오는 것을 보고 환호작약하지 않을 수 없다면서 이러한 선거를 반대하는 무리가 혼란을 일으키는 것은 천추(千秋)에 가슴 아픈 일이라고 단언했다. 이어 소련이 선거를 반대하는 것은 약소국에 대한 침략주의적 야욕 때문인데, 이러한 소련에 충성을 다하려는 의도에서 선거를 반대하는 것이라고 공산당을 강력하게 비난했다.[76)]

김규식이 주석으로 있는 민족자주연맹(이하 민련)은 5 · 10 선거에 기권한 대표적인 단체였다. 중도진영으로 구성된 민련은 남북을 통한 총선거를 주장하고 단독선거에 대해서는 반대했는데, 구체적으로는 기자의 질문에 대한 김규식의 1947년 12월 13일의 답변에 잘 나타났다. 그는 미국과 소련이 국제결의에 의해 남북 총선거에 협의하여 통일정부 수립에 공동으로 노력해 줄 것을 바라나 소련의 반대로 북한에서 선거가 치러지지 못할 경우 유엔의 감시 아래 실시된 선거로 수립되는 정부는 단독정부가 아닌 중앙정부가 될 것이라고 말했다.[77)] 비록 자신은 참가하지 않지만 남한에서 유엔 감시 하에 선거가 실시되어 정부가 수립되는 것은 반대하지 않겠다는 뜻을 분명히 한 것이다. 1948년 5월 남북협상 참여 후 귀경길에 김구(金九)와 공동으로 발표한 성명에서 김규식은 남북의 정당 · 사회단체가 단독선거와 단독정부에 반대하기로 의견의 일치를 보았다고 밝혀[78)] 다시

76. 김준연 편(1948), p. 78.
77. 국사편찬위원회, 『자료 대한민국사』 5권(과천 : 국사편찬위원회, 1968), p. 819.
78. 국사편찬위원회, 『자료 대한민국사』 7권(과천 : 국사편찬위원회, 1974), p. 30.

한 번 선거에는 참가할 뜻이 없음을 분명히 했고 실제로 참가하지 않았다.

남로당은 기본적으로 미국이 선거를 통해 단독정부를 수립하고 한반도를 분할 식민지화하려 한다는 인식을 갖고 있었다. 미국의 명령대로 움직이는 친일파들이 반동적인 단독정부를 세워 미독점자본의 상품시장화 또는 군사기지화하려는 것이라고 파악하고 단독정부가 수립되면 국토는 영원히 분단되고 민족은 분열될 것이라는 논리를 폈다.[79] 이처럼 5·10 선거는 한반도를 분할하여 통일과 독립을 지연시키며 미국의 식민지로 만드는 것이라고 인식했기 때문에 이들은 적극적인 반대투쟁에 나섰다. 이 투쟁은 파업과 파괴, 경찰서 습격, 우익진영에 대한 테러, 그리고 선거반대를 위한 선전·선동으로 일관된 것으로 남로당과 그 외곽단체들이 중심이 되어 전개했다.[80]

당시 실시한 여론조사에 선거참가를 공식적으로 밝힌 정당 및 사회단체를 보면 한민당을 비롯하여 조선민주당, 청년총동맹, 서북청년회, 민통총본부, 독촉국민회, 대한독립농민총동맹, 대한독립청년단 등이었고 거부 또는 반대의사를 밝힌 곳은 신진당, 한국독립당, 민주독립당, 근로인민당, 천도교청우당, 전국여성동맹, 민주주의민족전선 등이었다.[81] 이처럼 남한의 정당과 사회단체는 총선거를 앞두고 참가, 기권, 반대와 같이 노선적인 면에서 세 가지 행태를 보였는데, 이는 정부수립 과정에서 정당과 사회단체들이 그만큼 다양하게 활동했음을 나타낸 것이라고 할 수 있다.

79. 《노력인민》, 1948년 4월 3일.
80. 이들이 전개했던 선거 반대투쟁에 대해서는 김남식(1984), pp. 326-333 참조.
81. "총선거와 여론," 『민주조선』 2권 3호(1948), p. 54.

(2) 북한 : 유일노선

1946년 2월 8일 임시인위를 창설함으로써 별도의 정권기관을 출범시켰던 북한은 남한에서 실시되는 5·10 선거를 반대하기 위해 정당·사회단체 대표자연석회의를 1948년 4월 평양에서 개최할 것을 제의했다. 북로당을 비롯한 9개의 정당·사회단체는 5·10 선거에 반대하는 남한의 15개 정당과 사회단체에 보낸 성명에서 선거는 조국을 고의적으로 양단하며 민족을 경제적으로 정치적으로 파열하려는 것이라고 단언하고 연석회의를 개최하여 통일을 촉진시키기 위한 구체적 계획을 채택할 것을 제의했다.[82] 이를 볼 때 당시 북한에서 활동하고 있던 대부분의 정당과 사회단체는 남한의 선거를 반대한다는 점에서, 그리고 북한에 별도의 정부를 수립해야 한다는 점에서 의견이 일치, 유일노선을 견지했다고 할 수 있다.

연석회의가 끝난 후 발표한 공동성명에서 남북의 정당·사회단체 지도자들은 유권자의 절대다수가 반대하는 남한 선거는 설사 실시된다고 하더라도 민족의 의사를 표현하지 못할 것이며 기만에 불

82. 연석회의를 제안한 북한의 9개 정당·사회단체와 초청대상으로 지명된 남한의 15개 정당·사회단체의 명단은 다음과 같다.
* 북한 : 북조선노동당, 북조선민주당, 북조선청우당, 북조선직업총동맹, 북조선농민동맹, 북조선민주여성동맹, 북조선민주청년동맹, 북조선기독교도연맹, 북조선불교연합회.
* 남한 : 한국독립당, 남로당, 민주독립당, 인민공화당, 근로인민당, 신진당, 민주한독당, 조선노동조합정국평의회, 전국농민조합총연맹, 남조선민주여성동맹, 민주애국청년동맹, 남조선청우당, 기독교민주동맹, 전국유교연맹, 문화단체총연맹.
조선중앙통신사(1950), p. 48.

과한 선거로 될 것이라고 주장했다. 여기에는 회의에 참석한 43개의 남·북한 정당과 사회단체가 서명했는데, 이 중 북한의 정당·사회단체는 15개였다.[83] 이로써 남한과 달리 북한에 등록된 정당·사회단체는 하나도 빠짐 없이 유엔 감시 하에 실시되는 남한의 선거에 반대했다는 것을 알 수 있다. 의사표현의 자유가 제한된 상황에서 남한에서 실시되는 선거에 관해 대외적으로 표명된 것은 5·10 선거는 반대한다는 것뿐이었다.

이러한 내용의 성명은 남한에 수립된 정부와는 별도의 정부를 북한에 수립하겠다는 것을 의미한 것이라고 할 수 있다. 이는 단순히 대한민국 정부를 반대한다는 소극적인 대응을 떠나 1946년 2월 8일 창설된 임시인위를 기초로 하여 북한에 별도의 정부를 수립해야겠다는 적극적인 의사를 표명한 것이라고 할 수 있다. 이를 위해 북한은 5·10 선거를 부인한 연석회의에서 한걸음 더 나아가 1948년 7월 초 정당·사회단체 지도자협의회를 소집했다. 지도자협의회는 8월 25일 실시되는 선거에 기초하여 최고인민회의를 창설하고 북한에 남·북한 대표들로 구성되는 중앙정부를 수립할 것을 결의했다.[84]

지도자협의회의 결정에 따라 1948년 8월 25일 북한에서 실시된 최고인민회의선거에는 등록된 북한 유권자의 99.87%가 참가했으며, 98.49%가 찬성투표를 했다고 발표되었다.[85] 이러한 수치는 흑

83. 연석회의에 서명한 북한의 15개 정당·사회단체의 명단 중에서 위에 열거한 9개를 제외한 6개 명단은 다음과 같다.
북조선문학예술총동맹, 북조선공업기술연맹, 북조선농림수산기술총연맹, 북조선보건연맹, 북조선적십자사, 북조선애국투수후원회. 조선중앙통신사(1950), p. 51.
84. 조선중앙통신사(1950), p. 53.
85. 조선중앙통신사(1950), p. 54.

백투표 결과 나타난 것으로 비밀투표가 실시되었더라면 다른 결과가 나타날 수도 있다고 생각되어 발표 그대로 받아들일 수는 없다고 생각된다. 그렇지만 최소한 북한에서 활동이 허가된 정당과 사회단체는 모두 참가했다는 것을 알 수 있다. 한편, 8·25 선거에는 남한 전체 유권자의 77.48%가 참가했다고 박헌영은 보고했는데,[86] 이를 근거로 하여 김두봉은 후일 남한 인민들이 북한에 수립된 민주제도를 얼마나 갈망하며 지지하고 있는지를 알 수 있다고 주장하기도 했다.[87]

북한의 정당과 사회단체가 모두 8·25 선거에 참여했다는 것은 8·25 선거로 구성된 북한 최고인민회의 대의원 구성을 볼 때에 확연히 드러난다. 특히 최고인민회의 대의원이 소속된 정당의 비율을 보면 전체 572명 중 북로당이 102명으로 전체의 17.9%를 차지했고 조선민주당이 35명으로 6.1%, 천도교청우당이 역시 3.5명인 6.1%를 차지, 전체 대의원의 29.3%를 차지했다.[88] 이들을 제외하고 나머지를 보면 북조선민전에 소속된 북한의 사회단체들과 남로당을 비롯한 남한의 정당·사회단체들이 각각 5%미만씩을 차지한 것으로 되어 있다. 북한에 할당된 대의원 비율을 정당별로 보면 북로당이 48.1%, 조선민주당과 천도교청우당이 각각 16.5%를 차지 3개 정당이 대의원 212명의 81.1%를 차지했다.

이러한 수치에서 북한은 다양성을 노정한 남한의 정당과 달리 획일적으로 선거에 참가하여 대부분의 의석을 장악했다는 것을 알

86. 《노력인민》, 1948년 9월 13일.
87. 《함남로동신문》, 1949년 3월 28일.
88. 이에 관한 통계는 국토통일원, 『북한최고인민회의자료집』 제1집(서울 : 국토통일원, 1988), p. 99 참조.

수 있다. 북한의 정당 앞에는 5 · 10 선거 반대와 8 · 25 선거 참가라고 하는 유일노선만이 제시되었을 뿐, 이와 다른 노선은 결코 제시되지 않았으며 제시될 수도 없었던 것이다.

5. 맺음말

지금까지 살펴본 바와 같이 해방정국에서 남 · 북한의 정당은 여러 가지 면에서 차별성을 나타냈다. 기본적으로 이는 남한과 북한에 진주한 점령군의 정당정책에서 기인했다고 분석된다. 등록주의를 택한 미군의 정책과 허가주의를 택한 소련군의 정책이 정당활동의 차이를 낳았으며, 이러한 '등록'과 '허가'라는 정책상의 차이로 인해 다양성과 획일성이라는 전혀 상반된 모습으로 정당들이 해방정국에서 활동하게 되었다는 것이다.

다양성과 획일성은 다시 정당의 수에서도 커다란 차이를 나타냈고, 정당 상호 간의 관계에서는 경쟁성과 독점성이라고 하는 전혀 대립된 관계를 설정했다. 우선 등록이 자유로워 수많은 정당이 결성된 남한과 달리 북한에는 허가를 받아야 했기에 최종적으로는 3개의 정당밖에 존립할 수 없었다. 이와 동시에 많은 수의 남한 정당들이 정권을 장악하기 위해 자유로운 경쟁을 벌였다고 한다면, 북한의 경우 권력을 독점적으로 장악한 정당과 그 정당의 주변에서 단순히 존재하는 정당 사이에 권력을 둘러싼 경쟁이란 애초부터 존립할 수 없었다. 위성정당으로서의 위상에 만족하는 정당만이 존립이 허용된 상황이었기에 경쟁구도 자체가 성립될 수 없었던 것이다.

일반적으로 경쟁이 허용된 체제에서는 의사표현이 자유롭게 이루어지지만 경쟁이 용납되지 않는 독점구조 하에서는 의사표현에 제한이 가해질 수밖에 없는데, 이것이 남·북한의 정당활동에도 그대로 나타났다. 모스크바 3상결정에 대해 자유롭게 찬성과 반대 의사를 표현한 남한의 정당과 달리 북한에서는 오로지 찬성만이 강요되었다. 이는 조만식의 연금과 김두봉의 부상에서 확연히 드러난다. 3상결정에 반대한 조만식이 공개적으로 활동할 수 없었던 반면, 이에 대한 지지를 선언한 김두봉과 독립동맹이 공식 활동을 하게 된 것에서도 알 수 있다.

북한 정당의 획일성은 북로당의 창립으로 더욱 가속화되었는데, 이 영향으로 남한에 남로당이 출현하게 된다. 이는 다시 남한 좌익진영 전반에도 영향을 미쳐 북로당의 지시를 맹목적으로 따르는 집단까지 출현시키고 말았다. 이들은 남한에서 실시되는 선거를 파탄시키기 위한 운동을 전개하는가 하면 북한 정부수립에 직접 참여하기도 했다. 이 바람에 남한에는 정부수립에 있어 참가, 기권, 반대의 세 가지 노선이 나타난 반면, 북한에는 획일적으로 참가해야 하는 유일노선만이 제시되었다.

결론적으로 해방정국에서 나타난 정당활동의 차이는 다양성과 획일성으로 요약할 수 있으며, 이러한 차이는 오늘날까지도 이어진다고 할 수 있다. 그리하여 남한은 체제 자체를 부인하는 이념이나 노선을 표방한 정당도 존립이 가능한 개방적인, 열린 사회가 수립될 수 있었다. 반면에 북한은 이념적 획일성에 기초하여 다른 어떠한 이념이나 노선도 허용하지 않음으로써 최종적으로는 유일사상만이 지배하는 폐쇄적인, 닫힌 사회가 되고 만 것이다.

참 | 고 | 문 | 헌

경남대학교 북한대학원. 『북한연구방법론』 서울 : 한울, 2003.
국토통일원. 『북한최고인민회의자료집』 제1집. 서울 : 국토통일원, 1988.
김남식. 『남로당 연구』 서울 : 돌베개, 1984.
김남식 · 심지연. 『박헌영노선 비판』 서울 : 세계, 1986.
김준연 편. 『한국민주당소사』 서울 : 한국민주당선전부, 1948.
《노력인민》.
《독립신보》.
《동아일보》.
류문화. 『해방 후 4년간의 국내외 중요 일지』 평양 : 민주조선사, 1949.
민주주의민족전선 편. 『조선해방연보』 서울 : 문우인서관, 1946.
백남훈. "한국민주당 창당 비화." 『진상』(1960).
백사 이윤영 자서전 출판위원회. 『백사 이윤영 회고록』 서울 : 사초, 1984.
북조선로동당 중앙본부. 『북조선로동당 창립대회』 1946.
사회과학원 력사연구소. 『력사사전』 평양 : 사회과학출판사, 1971.
소련 과학 아카데미 동양학연구소. 『조선의 해방』 서울 : 국토통일원, 1987.
심지연. 『한국현대정당론』 서울 : 창작과 비평사, 1984.
온낙중. 『조선해방의 국제적 경위와 미소공위사업』 서울 : 현우사, 1947.
______. 『북조선기행』 서울 : 조선중앙일보사, 1948.
조병옥. 『나의 회고록』 서울 : 민족사, 1959.
조선인민당. 『인민당의 로선』 평양 : 신문화연구소출판부, 1946.
《조선인민보》.
조선중앙통신사. 『조선중앙년감』 평양 : 조선중앙통신사, 1949.

조선중앙통신사. 『조선중앙년감』 평양 : 조선중앙통신사, 1950.
조선중앙통신사. 『조선중앙년감』 평양 : 조선중앙통신사, 1982.
조선통신사. 『조선년감』 1948년판. 서울 : 조선통신사, 1947.
조영암. 『고당 조만식』 부산 : 정치신문사, 1958.
진학주(陳學柱). "해방된 정당운동." 『민심』 1권1호(1945).
《청년해방일보》.
《함남로동신문》.
《해방일보》.

HQ, USAFIK. 『미군정 정보보고서』 제12권. 서울 : 일월서각, 1986.
Lankov, Andrei. *From Stalin to Kim Il Sung : The Formation of North Korea 1945–1960*. London : Hurst & Co, 1988.
McCune, George. *Korea Today*. Cambridge : Harvard University Press, 1950.
von Beyme, Klaus. *Political Parties in Western Democracies*. Aldershot : Gower Publishing Co. Ltd, 1985.
森田芳夫. 『朝鮮終戰の記錄』 東京 : 巖南堂書店, 1979.

남북한 군대 창설과정 비교
1945-1948

한용원
한국교원대학교 명예교수

1. 서론

남북한의 창군과정은 1945년 8월 광복으로부터 1950년 6월 전쟁발발 직전까지 전개되었다. 그러므로 38선을 경계로 남한과 북한에 주둔한 미·소 양 점령군은 그들의 점령정책의 목적에 따라 남북한의 군대창설을 각각 지원하였고, 점령군을 철수시킨 후에는 군사고문단 내지 군사사절단을 통해 미국은 남한군대의 건설을, 소련은 북한군대의 건설을 각각 지속적으로 지원하였다. 따라서 탈식민지 사회의 국가기구 형성이 중심부 국가의 권력과 자금에 의해 급진적으로 형성된다는 점을 감안한다면 미군정이 남한군대를 창설하고,

소민정이 북한군대를 창설할 때에 미·소 양 점령군의 역할 특성이 많이 작용할 수밖에 없었다.

그런데 미·소 양군 역할의 특성은 미·소의 점령정책, 군정통치정책, 군사정책과 군사력 건설, 전력증강 지원 및 간부양성에 의해 좌우된 것으로 볼 수 있을 것이다. 즉 점령정책, 군정통치정책, 군사정책면은 남북한 군대창설의 환경여건을 형성하고, 군사력 건설과 전력증강 지원은 남북한 군대창설의 전개과정을, 간부양성면은 남북한 군대간부의 특성 형성을 각각 좌우한 요소로 볼 수 있을 것이다. 다시 말하면 이러한 요소들은 남북한의 군대창설을 좌우한 요인과 남북한 군대의 특성을 형성한 요인이 될 뿐만 아니라 군대창설의 환경요인 및 전개과정과 그 맥락을 같이 하는 것이다. 따라서 이러한 요소들을 남북한의 군대창설 방향과 군대창설의 전개과정 및 군대간부의 양성과정을 포함한 남북한의 창군과정을 비교하는 기준으로 삼을 수 있을 것이다.

미·소 점령군의 남북한 군대의 창설과정을 비교하려면 미국의 남한군대의 창설방향과 소련의 북한군대의 창설방향을 비교한 연후에 남북한 군대창설의 전개과정과 군대간부의 양성과정을 비교하는 것이 바람직할 것이다. 그런데 남북한 군대창설의 환경여건을 형성한 주요한 요인인 미·소의 점령정책, 군정통치정책, 군사정책 등은 미국의 대한정책과 소련의 대북정책을 좌우하는 요인이 되어 미국의 남한군대 창설과 소련의 북한군대 창설의 방향을 좌우하는 요인으로 작용하였다.

우선 미·소의 대한반도 점령정책은 대조되는 목표 특성을 지니고 있었다. 미국은 당초 한반도에 통일한국의 단일정권 수립을 목표로 삼았으나 미·소 공위가 실패로 돌아가자 1947년 9월 한국문제를 유엔으로 이관시킨 후에는 남한에 친미적인 단독정권을 수립하는 정책으로 전환하였다. 이에 반해, 소련은 스탈린의 지령에 따라 북한에 친소적인 단독정권부터 수립하고, 이를 기반으로 무력통일을 통해 전 한반도에 공산 단일정권을 수립하는 정책으로 전환시키려 기도하였다.[1] 그러므로 이러한 미·소의 대조적인 점령정책은 남북한의 군대창설에 각각 대조적인 영향을 주어 그 방향을 좌우하였다.

그리고 미·소의 대한반도 군정통치정책과 군사정책도 대조되는 목표 특성을 지니고 있었다. 즉 미국은 남한에 좌익세력의 활성화를 저지키 위해 반혁명전략을 추진한 데 반해, 소련은 북한에 공산세력의 활성화를 도모하기 위해 혁명전략을 추진했으며, 미국은 소련의 팽창주의를 저지하기 위해 봉쇄정책을 추진한 데 반해, 소련은 혁명수출을 도모하기 위해 팽창주의를 지향했다. 그러므로 이러한 대조적인 미·소의 군정통치정책과 군사정책은 남북한의 군대창설에 각각 대조적인 영향을 준 것으로 보아야 할 것이다.

다음으로 남북한 군대창설의 전개과정과 군대간부의 양성과정을 비교하기 위해서는 군사력의 건설과 전력의 증강 지원, 그리고 간부 양성에서의 대조되는 목표 특성이 분석되어야 할 것이다. 미군정은 남한의 치안유지를 위해 경비대를 창설한 데 반해, 소민정은 혁명수출을 위한 무장력으로서 정규군을 북한에 창설했다. 그리고 미·소 양군이 철수한 후에 미국은 극동방위선에서 한국을 제외시켜 전력

1. 스탈린은 1945년 9월 20일자 비밀지령에 의해 북한에 부르주아 민주주의 정권을 수립하라고 점령군에게 지시하여 북한에 친소적 단독정권이 수립되자 점령군의 철수를 계기로 소련국방부는 북·중·소 3국 군사대표자 회의를 개최하고, 18개월 내에 북한의 군사력을 남침에 충분하게끔 증강시키도록 결정하여 한반도의 공산화 통일을 기도하였다.

증강 지원을 외면한 데 반해, 소련은 북·중·소 군사대표자 회의를 통해 북한의 남침 전력증강 지원에 최대의 노력을 경주했다.[2)]

또한 미군은 군사영어학교 및 경비사관학교와 육군사관학교에서 남한군대의 간부를 양성하여 경비대 출신을 선호함으로써 군영 출신과 경비사 출신이 장교단의 헤게모니를 장악케 한 데 반해, 소군은 평양학원과 중앙보안간부학교에서 북한군대의 간부를 양성하는 한편, 소련 국적 한인들의 정치적 지원과 보안대의 무장력을 배경으로 김일성이 북한의 권력을 장악하도록 뒷받침함으로써 빨치산파가 장교단의 헤게모니를 장악케 하였다. 이상과 같은 미·소의 군사력 건설면, 전력증강 지원면, 간부양성면에서의 대조되는 목표 특성이 남북한 창군의 전개과정과 간부의 양성과정에 영향을 주어 군대와 간부의 특성을 대조적으로 형성되게 했으며, 따라서 남한군은 기술군대의 특성을, 북한군은 혁명군대의 특성을 각각 지니게 되었을 뿐만 아니라 남한군의 간부는 비계획적·분산적·소극적으로 육성된 데 반해, 북한군의 간부는 계획적·조직적·전투적으로 육성되었다고 할 수 있을 것이다.

이상에서의 논의와 그 맥락을 같이 하여 이 글은 미·소의 남북한의 창군과정을 비교하는 기준으로 점령정책, 군정통치정책, 군사정책과 군사력의 건설, 전력의 증강 지원, 간부의 양성 등으로 설정하여 남북한 군대창설의 방향과 남북한 군대창설의 전개과정 및 남북한 군대간부의 양성과정을 재조명함으로써 남북한의 창군과정을 비교하려고 한다.

2. 북한연구소, 『북한군사론』(서울 : 북한연구소, 1978), p. 226 ; "소련은 어떻게 북한 인민군을 건설했는가?", 『북한』, 1988년 6월호, pp. 51–65.

2. 미 · 소의 남북한 군대창설 방향

(1) 미국의 대한정책

미국과 소련이 전후 한반도 점령시에 미국의 대한정책과 소련의 대북정책은 미 · 소의 점령정책, 군정통치정책, 군사정책에서 주로 구현되었다. 그러므로 미국의 대한정책과 소련의 대북정책은 미 · 소의 점령정책, 군정통치정책, 군사정책 등을 통해서 비추어 볼 수 있는 것이다.

1) 미국의 대한점령정책

하지(John R. Hodge) 장군은 한반도에 진주한 후에도 상부로부터 군정에 관한 지침을 받지 못하자 일본 총독부 체제를 잠정기간 유지시켜 이를 관리 · 감독하다가 일정기간 경과 후 미국인으로 그 직무를 대행케 하면서 점차 한국인으로 대체시켜 군정체제를 발전시켜 나가겠다는 복안을 수립하였다.[3] 그러나 일본인 관리들을 유임시킨 처사에 대해 한국인들의 반발이 심하자 1945년 9월 12일 군정청을 발족시켜 미군이 직접 관장하는 군정업무를 시작하게 되었으며, 1945년 10월 17일 미국의 「기본군정지침」이 3성조정위원회(SWNCC)에

3. James F. Schnabel, *Policy and Direction : The First Year* (Washington D.C. : U.S.G.P.O., 1972), pp. 14-15.

서 합동참모본부(JSC)를 경유하고 맥아더(Douglas A. MacArthur) 장군을 거쳐 하지 장군에게 하달되었다.

> 한국에서 미국의 최종목표는 자유독립국가를 수립하고, 나아가 책임 있고 평화를 애호하는 국가의 일원이 될 수 있는 여건을 형성하는 것이다. … 미·소에 의한 잠정군정기로부터 미·소·영·중에 의한 신탁통치를 거쳐 최종적으로 유엔 회원국으로서 독립국가에 이르는 단계적 발전을 계획하고 있는 미국의 정책을 유념해야 한다.[4)]

그러므로 전후 미국의 대한점령정책은 1945년 10월 13일자 「기본군정지침」이 내포한 의미에 의하면 전 한국에 걸쳐 미·소·영·중 4대국에 의한 신탁통치를 실시하여 독립적이고 민주적인 통일국가를 수립하는 데 두었다. 따라서 3성조정위원회는 하지 장군에게 신탁통치 교섭이 타결될 때까지 미·소군정의 통일을 꾀하도록 지시하였다.[5)] 그러나 미·소가 남북을 분할점령한 상황에서 미국의 의도대로 미·소군정의 통일을 실현할 수 없었기 때문에 1945년 12월 모스크바에서 3상회의를 개최, 미·소 공동위원회를 구성하여 한국의 민주적 제정당·사회단체와 협의해 한국 임시정부를 수립하고 신탁통치를 실시키로 결정하였다.

그러나 미군정은 한국의 우익의 반탁운동으로 인해서 지지세력을 결여하여 난관에 봉착한 데다가 1946년 3월 20일 개최된 제1차 미·소 공위에서 소련측이 "3상회의 결정에 반대하는 정당은 협의대

4. Schnabel(1972), p. 19.
5. 최상용, "분할점령과 신탁통치," 『현대한국정치론』(서울 : 법문사, 1986), pp. 117–121.

상에서 제외시키자"고 주장하여 궁지에 몰리게 되었다. 그리고 1947년 5월 21일 개최된 제2차 미·소 공위에서도 소련측이 반탁위원회에 참여하고 있는 우익정당의 배제를 끈질기게 요구했다. 그러므로 1946년부터 1947년까지 미·소 공위를 진행하면서 미국은 결론 없는 협상과 이에 수반된 남한 사회 내부의 갈등관리에 전념한 반면에 소련은 북한지역의 분리를 진행시켜 단독정권을 수립할 시간을 벌게 되는 결과를 초래하게 되었다.[6)]

이에 미국 행정부는 소련과의 협력을 통해 한반도에 통일된 정부(단일정부)를 수립하겠다는 기존의 방침을 포기하고 1947년 9월 17일 한국의 독립문제를 유엔 제2차 총회에 제기하였다. 그러므로 1947년 10월 유엔총회에는 "조선에서 미·소 양국 군대를 1948년 초 동시에 철거하자"는 소련안과 "유엔의 감시 하에 남북 총선거로 통일정부를 만들고 그 통일정부 스스로 치안군을 편성한 후 그 치안군이 전 한국의 치안을 보장하기를 기다려 미·소 양군이 철퇴하자"는 미국안이 동시 상정되었으며,[7)] 1947년 11월 14일 유엔총회는 소련안을 부결시키고 미국안을 가결하여 유엔한국임시위원단(UNTCOK)을 구성, 한국에 파견하였다. 하지만 이는 미·소의 협조가 완전히 붕괴되어 한반도에 통일된 단일정부를 수립할 수 없게 되었기 때문에 미국은 기존의 '분할통치'에 의한 세력균형을 선택하지 않을 수 없게 되었고,[8)] 따라서 미국은 점령정책을 종료해야 할 시점에서 남한

6. 이지수, "1945년 8월 15일-1948년 9월 9일 : 북한에서는 무슨 일이 벌어졌던가,"《조선일보》, 2006년 8월 15일자.
7. 신복룡 편, 『한국 해방전후사 논저』 1 (서울 : 선인문화사, 1998), p. 390.
8. 김계동, "한반도 분단·전쟁에 대한 주변국의 정책," 『한국정치학회보』 제35집 1호(2001), p. 355.

에 친미·반공 단독정권을 수립하는 정책방향으로 전환시키지 않을 수 없었다.

2) 미국의 군정통치정책

일본이 1945년 8월 10일 무조건 항복 의사를 표명해 옴에 따라 3성조정위원회는 한반도에 대한 군사작전을 군사점령으로 변경시키고 38선을 경계로 미·소가 분할점령하도록 결정했다.[9] 그러므로 1945년 9월 8일 인천에 상륙한 미 제24군단은 77,000여 명의 소수병력을 축차적으로 투입하여 10월 20일까지 남한 전역에 대한 군사적 점령을 완료했다. 따라서 미군의 군정통치 실시절차는 전술부대가 지방행정 기능을 접수하면 군정청에서 도 단위 군정지사를 임명하고 군정요원을 파견하는 형식을 취하였다.

한국에 파견된 미군정요원은 일본에서 군정요원으로 활용키 위해 육성된 자들이 중심이 되었다. 즉 미육군 군정학교에서 일본어 교육과 일본지역 연구를 해온 2,000여 명의 장교들은 맥아더 장군이 1945년 9월 초 일본에서는 군정을 설치하지 않기로 결정함에 따라 그 일부가 대한군정을 위해 한국으로 오게 되었다.[10] 그러므로 미군정요원들은 정보의 부족 등으로 인해서 기존 단체들에 의존하여 질서를 유지하고, 점차 이들 요원들을 군정경찰과 군정경비대 조직으로 흡수하는 전략을 구사했다.[11] 그러나 미점령군은 소점령군에 비

9. Leonard Hoag, *American Military Government in Korea—War Policy and the First Year of Occupation—1941–1945*(Washington D.C. : U.S.G.P.O., 1970), p. 46.
10. Bruce Cummings, *The Origins of the Korean War, Liberation and Emergence of Separate Regimes, 1945–1947*(Princeton, N.J. : Princeton, Univ. Press, 1981), p. 128.

해 늦게 진주한 데다가 병력도 절반에 불과하여 통치권의 접수가 늦어졌기 때문에 38선 이남에 정치적·행정적 공백의 장기화로 인해 좌익세력의 성장기회를 제공하게 되었다.[12] 그러므로 미군정은 남한사회의 혁명적 상황의 확산을 방지하고 진정시키기 위해 반혁명전략을 추진하는 데 역점을 두게 되었다.

미군정은 좌익세력을 약화시키기 위해 자생적 권력기구인 치안대와 군사단체를 해체시키고 그들의 에너지를 군정경찰과 경비대로 흡수하는 한편[13] 좌파 신문인 인민보, 자유신문, 현대일보를 폐간처분하고 정판사 위폐사건을 적발·분쇄했는데, 특히 위폐사건의 수사를 통해 공산당이 소련당국과 결탁했다는 것을 보여주는 문서들을 많이 적발하자[14] 공산당과 그 외곽단체의 불법행위에 대한 규제를 강화하기 시작했다. 그리고 미군정은 우익세력의 신장을 위한 정책을 구사하여 ① 보수주의자 중심으로 행정고문을 임명하고, 이들이 추천하는 자들을 미군정의 관리로 임용하였고, ② 임정요인들을 개인 자격으로 귀국을 허용하여 정치세력의 통합운동을 촉진시켰을 뿐만 아니라 중간파를 동원하여 좌익을 약화시킬 좌우 합작운동을 추진하였으며,[15] ③ 좌익세력에 대항할 우익세력의 조직화도 지원하였다.

---

11. John P. Lovell, "The Military and Politics in Postwar Korea," *Korean Politics in Transition*(Seattle : Washington Univ. Press, 1975), p. 155.
12. 미점령군은 소점령군에 비해 진주는 1개월 정도 늦었고 통치권의 접수는 2개월이 늦어졌다.
13. Robert K. Sawyer, *Military Advisors in Korea : KMAG in Peace and War*(Washington D.C. : U.S.G.P.O., 1962), p. 10.
14. 이정식·스칼라피노, "미군정기의 한국공산주의," 서대숙 편, 『한국현대사의 재조명』(서울 : 돌베개, 1982), p. 286.

나아가 미군정은 남한에 대소방파제를 구축하기 위해 경제적으로 미국을 중심으로 한 세계 자본주의 체제에 남한을 편입시키고, 정치적으로 미국식 자유민주주의 체제의 수립 토대를 마련했다. 이를 위해 남한 내 총자산의 80%에 달하는 일본인 소유 농지, 공장, 기업을 적산으로 접수·관리하면서 친미 상공인들에게 불하하여 자본축적의 기회를 부여했고, 한민당 등 우익세력과 협력하여 군정정책을 집행하면서 이들의 세력신장을 지원했다. 그리고 비록 혁명적 상황의 대두를 예방하기 위해 토지개혁, 친일파 처리 등 민중의 개혁요구를 외면했으나 좌익에 대항할 우익청년단의 훈련을 지원하여 남한에 친미·반공정권 수립의 토대를 형성했다.

3) 미국의 대한군사정책

전후 미국은 소련의 팽창주의에 대처하기 위해 트루먼독트린(Truman Doctrine)과 마샬플랜(Marshall Plan)은 물론 봉쇄정책(Containment Policy)을 수립·적용하였다. 소련문제 전문가인 케난(George F. Kennan)은 소련의 행동이 전통적인 팽창주의와 공산주의 이데올로기에서 비롯된 것이라 단정하고 소련의 침투 징후가 보이는 모든 곳에서 그것에 맞서도록 설계된 봉쇄정책을 채택할 것을 제안하였다.[16] 미국의 봉쇄정책은 주로 경제원조와 군사고문단을 지원하는 방식으로 수행되어 왔으나 점차 소련의 위협이 가중되어 가자 군사적인 지

15. 하지 장군은 여운형을 좌우합작 추진에 이용하여 박헌영과 유리시킴으로써 좌익세력의 약화를 기도했다.
16. George F. Kennan, *Memoirs, 1925–1950*(New York : Pantheon Books, 1967), pp. 354–367.

원 성격으로 발전하게 되었다.

트루먼 대통령은 1948년 11월 24일 "미국의 위협대상인 소련이 세계 지배를 획책하고 있기 때문에 봉쇄정책의 원리를 적용하여 소련과 국경을 맞대고 있지 않은 다른 지역에서도 소련의 지배를 차단할 것"이라고 강조했다.[17] 그리고 아시아의 반공지도자들이 NATO 결성에 자극받아 태평양동맹의 결성을 주장했으나[18] 트루먼 행정부는 이를 반대했을 뿐만 아니라, 공산주의의 팽창에 맞서 자유민주주의 체제를 보호하기 위해서는 소련의 주변지역에 미국의 전략 공군기지를 설치하고 대소우위의 공군력과 핵무기를 이용하여 소련의 세력 확대를 봉쇄한다는 전략을 채택했다.[19] 이러한 전략 개념은 미국의 합동참모본부가 1947년에 작성한 극동에서의 대소 전쟁계획인 문라이즈(MOONRISE) 계획에 이미 내포되어 있었다.[20]

이처럼 극동에서의 미국의 군사전략이 확립되어 가는 와중에 미국의 군부에 의해 한국에 대한 전략적 평가가 이루어졌다. 즉 1947년 중반에 미합동참모본부 산하 합동전략분석위원회와 웨드마이어(Albert C. Wedemeyer) 조사단에 의해 한국에 대한 전략적 평가가 이루어졌다. 합동전략분석위원회는 미국의 지원을 필요로 하는 우선순위

17. NSC 20/4, "U. S. Objectives with Respect to the USSR to Counter Soviet Threat to the U. S. Security" (Nov. 23, 1948), *FRUS 1948*, Vol. 1 Part 2, pp. 662–669.
18. 국방부 군사편찬연구소, 『6 · 25 전쟁사 1 : 전쟁의 배경과 원인』(서울 : 국방부 군사편찬연구소, 2004), pp. 107–111.
19. James F. Schnabel, *History of the Joint Chiefs of Staff : The Joint Chiefs of Staff and National Policy 1945–1947*(Washington D.C. : Office of the Chairman of the Joint of Staff, 1996), p. 69.
20. Kenneth W. Condit, *History of the Joint Chiefs of Staff : The Joint Chiefs of Staff and National Policy 1947–1949*(Washington D.C. : Office of the Chairman of the Joint of Staff, 1996), pp. 159–163.

에서는 한국이 16개국 가운데 5위를 차지하나 미국 안보의 중요성에서 본 우선순위에서는 한국이 16개국 가운데 15위에 불과하다고 평가하여 한국은 미국의 국가안보의 중요도에서 주변지역으로 분류하였다.[21] 그리고 웨드마이어 조사단은 전쟁이 일어난다면 주한미군은 군사적 부담이 될 가능성이 많다고 하면서 소련과 협상하여 미군이 소련군과 동시에 철수하는 방안을 강구하도록 건의하였다.[22] 따라서 이 같은 한국에 대한 전략적 평가는 미국무부의 한국문제의 유엔 이관과 그 궤를 같이하여 국무, 육군, 해군, 공군의 4성정책조정위원회(SANACC)가 주한미군의 철수정책을 수립하는 데 많은 영향을 주었다.

주한미군의 철수정책은 1948년 4월 2일 국가안전보장회의에 제출되어 「한국에 관한 미국의 입장」이라는 문서(NSC-8)로 채택되어 4·8 트루먼 대통령의 최종승인을 받았는데, 동문서에는 주한미군의 철수에 따른 악영향을 최소화하기 위해 ① 한국에 대한 미국의 공약의 경감을 촉진키 위해 실질적으로 달성 가능한 범위 내에서 남한에 수립될 정부에 대한 지원을 확립하고, ② 한국의 안전을 수호할 능력을 갖출 수 있도록 한국군대의 훈련 및 장비에 관해 필요한 조치를 취하며, ③ 한국 경제의 붕괴를 방지하기 위해 한국에 대한 경제원조를 제공해야 한다고 규정하였다.[23]

주한미군이 철수를 개시한 와중에 1948년 10월 19일 여순사건

---

21. Report by Joint Strategic Survey Committee, “U. S Assistance on Other From the Stanpoint of National Security,” *FRUS 1947*, Vol. VI, pp. 736–750.
22. Albert C. Wedemeyer, “Report to the President : Korea,” P. Ⅲ(Washington D. C. : U.S.G.P.O., 1951),
23. 국방부 군사편찬연구소(2004), p. 120.

이 발생함으로써 철수완료 시한은 NSC-8이 규정한 1948년 12월 31일에서 1949년 6월 30일로 연기되었으나[24] 1949년 1월 15일 미제 24군단은 해체되어 7,500명의 1개 연대 전투단과 임시군사고문단(PMAG)만 남긴 채 철수하였고, 주한미군의 철수가 완료된 1949년 7월 1일 임시군사고문단은 주한미군사고문단(KMAG)으로 발족하였다. 그런데 미국은 주한미군 철수정책을 수립하는 과정에서 미국의 한국에 대한 군사목표를 설정했는데, 미국은 기본적으로 외부의 대규모 침공에 대처하는 군사력이 아니라 내부의 치안유지와 38선에서의 무력충돌 등과 같은 소규모 국경분쟁에 대처할 수 있는 수준의 한국군 육성을 군사목표로 설정하였다. 그러므로 주한미군 철수 이후 미국은 한국군의 중무장 요청을 거부하고 방어형 무기 및 장비를 지원하는 데 그쳤다.

(2) 소련의 대북정책

1) 소련의 대북점령정책

소련이 한반도에 대한 신속한 통제체제를 구축한 데는 소련 태평양함대가 결정적인 역할을 수행하였으며, 북한에 진주한 제25군[사령관 치스챠코프(Chischakov)]은 1945년 8월 25일 전투작전을 종료하고 북한 전역에 113개의 위수사령부를 설치하여 점령업무를 수행하였다. 그리고 스탈린의 명령에 의해 북한의 민간행정을 지휘하

24. 국방부 군사편찬연구소(2004), p. 121.

게 된 태평양함대 군사위원회 위원 스티코프(T. F. Shtykov) 장군은 1945년부터 1947년까지 북한에서 사실상 최고지도자의 역할을 수행하였고,[25] 이는 스탈린이 1945년 가을에 '38선 이남으로의 소련 영향력 확대'를 위한 교두보로서 북한을 준비시키려는 결정을 내림으로써[26] 더욱 가중되었다.

그러므로 북한의 교두보 역할 수행을 위해 북한에 친소체제를 구축할 뿐만 아니라 북한을 소련의 새로운 군사동맹국으로 확실히 준비시키는 것이 소점령군의 과제가 되었다. 소련군 총사령관 스탈린은 참모장 안토노프(Antonov)와 공동명의로 연해주 군관구 및 제25군 군사평의회에 1945년 9월 20일 지령을 통해 소련군의 점령지역에 부르주아 민주주의 정권을 수립하라고 지시하였다. 동비밀지령에는 ① 소비에트 질서를 도입치 말 것, ② 반일적인 민주주의 정당조직의 광범한 연합에 기초를 둔 부르주아 민주주의 정권을 수립할 것, ③ 연해주 군관구 군사평의회가 북조선에서의 민간행정을 지휘할 것 등이 포함되었다.[27]

스탈린은 동유럽에서처럼 북한에서도 소비에트화를 실현하려고 했으나 북한의 상황이 지역 공산주의자들에 의지하여 소비에트화 정책을 추진했던 동유럽의 상황과는 상이했기 때문에[28] 북한에

25. 안드레이 란코프 저, 김광린 역, 『소련의 자료로 본 북한 현대정치사』(서울 : 오름, 1995), p. 59.
26. 가브릴 코로트코프 지음, 어건주 옮김, 『스탈린과 김일성』(서울 : 동아일보사, 1992), p. 234.
27. 이정식, "이승만의 단독정부론 제기와 그 전개," 『한국사 시민강좌』 38호(서울 : 일조각, 2006), p. 52 ; 서동만, 『북조선 사회주의 체제 성립사 1945–1961』(서울 : 선인, 2005), p. 60.
28. 안드레이 란코프 저, 김광린 역(1995), p. 64.

수립할 단독정권을 소비에트 정권도 아니고 사회주의 정권도 아닌 부르주아 민주주의 정권으로 설정하였다. 이에 소련군 총정치사령관 슈킨(Joseph Schikin)은 1945년 12월 25일 「북한의 정치상황」이라는 비밀보고서를 통해 북한에 세워질 부르주아 민주주의 정권은 소련의 정치·경제·군사·사회적 이익을 영구적으로 지킬 인물들로 구성된 정권이며, 이러한 정권을 수립하기 위해서는 공산당을 블록의 중심으로 하는 인민민주주의 정권에 반대하는 세력을 제거하기 위해 토지개혁, 중요산업 국유화를 실시하고, 각도 인민위원회를 총괄하는 중앙조직을 건설해야 한다고 주장했다.[29] 그러므로 소련당국은 스탈린의 비밀지령과 슈킨의 비밀보고에 의해 모든 점령지에서 소련의 이익에 복무할 위성국가를 건설하는 단일한 목적을 추구하게 되었다.

따라서 북한에 주둔한 소점령군은 북한의 단일적 중앙정권 형성을 위해 북조선 임시인민위원회를 창립하고 인민민주주의의 실현에 저항하는 지주와 자본가를 제거하기 위해 토지개혁과 중요산업 국유화 조치를 단행하였다. 그리고 스티코프 장군은 한국을 소련에 우호적인 공산주의 국가로 재건코자 하였다. 스티코프는 1946년 3월 20일 개최된 제1차 미·소 공위에서 "미래의 한국 임시정부는 모스크바 3상회의 결정을 지지하는 모든 민주정당과 단체의 폭넓은 통일의 기초 위에 수립되어야 한다"고 주장한 이래 미·소 공위에 임하는 기본입장을 신탁통치에 반대하는 정당·단체를 공위의 협의대상에서 배제시킴으로써 한반도에 소련에 우호적인 공산주의 국가를 건

29. 이지수, "북한체제 형성과 소련의 영향," 『한국행정학회 2001년도 창립 45주년 기념 국제학술대회 발표논문집』(2001), p. 333.

설하려고 기도했다.

이상과 같이 소련 점령정책의 목표는 점령지 북한을 남한에서 떼어내어 북한에 그들의 체제를 이식하는 것이었다.[30] 즉 와다 하루키 교수가 미국과 소련의 한반도정책을 비교한 것처럼 남한을 점령한 미국은 자신의 정책목적에서 당초부터 전 한반도에 깊은 관심을 표명하고 있는 데 반해, 소련은 처음부터 자신의 정책목적에서 북한에만 관심을 집중시킨 것이 대조적이었다.[31] 그런데 소련은 미·소 공위를 통해서 북한에 단독정권을 수립하는 데 시간을 벌 수 있었을 뿐만 아니라 38선 이남으로의 영향력 확대를 위한 교두보로서 북한을 발전시킬 수 있었다. 이는 북한에 먼저 사회주의 체제를 확립하고 북한을 전진기지로 삼아 남한의 사회주의 혁명을 수행한다는 '민주기지론'에 다름 아닌 것이었고, 그 같은 목적을 달성하기 위한 수단으로 소점령군은 스탈린의 지시에 따라 북한에 군사조직을 창설·육성하였다.[32]

스탈린은 한국문제를 해결하기 위해서는 '군사적 힘'이 가장 중요한 무기라고 믿고 있었기 때문에[33] 1946년 7월 '북한의 변혁을 위해 소민정이 채택해야 할 수단들'에 관해 보고차 모스크바로 온 스티코프 장군에게 김일성과 박헌영을 크레믈린으로 소환케 하여 이들에게 조선군대의 조속한 창설과 붉은 군대의 경험 전수의 필요성을 역설하였다.[34] 그리고 북한으로부터 소점령군의 철수를 계기로

30. 황수익, "5·10 총선거의 재조명," 『한국사 시민강좌』 38호(서울 : 일조각, 2006), p. 82.
31. 와다 하루키, "소련의 대북한정책 1945-1946," 『분단 전후의 현대사』(서울 : 일월서각, 1983), p. 263.
32. 가브릴 코로트코프 지음, 어건주 옮김(1992), p. 236.
33. 가브릴 코로트코프 지음, 어건주 옮김(1992), p. 145.

1948년 12월 중순 불가닌(N. A. Bulganin) 국방상의 주재로 북·중·소 3국의 군사대표자 회의를 모스크바에서 개최하여 18개월 이내로 북한군을 남침에 충분한 수준으로 증강·지원하기로 합의하였다.[35)]

2) 소련의 군정통치정책

제25군이 북한으로 진군할 때 이 부대에는 한반도 문제에 정통한 전문가가 없었을 뿐만 아니라 북한주둔 임무조차도 받지 못했으나[36)] 15만 명의 대병력으로 1945년 8월 13일 북한에 진주를 개시하여 1945년 8월 25일 군사적 점령을 완료함으로써 정치적·행정적 공백을 최소화시켰다. 제25군은 1945년 8월 26일 평양에 소련군사령부를 설치하고 북한 전역에 걸친 군정체제를 수립하였으며, 군정실시기관으로 민정관리총국을 설치하였다. 그러나 소련군 장교로 구성된 민정요원들의 북한 현지인들과의 의사소통 문제가 제기되자 소련국적의 한인들을 입북시켜야 했다. 1945년 8월 말 강미하일 소좌 등 전선참모부에 배속되어 있던 12명의 한인집단이 제25군에 배속되어 점령군과 현지인의 통역을 담당하였고, 1945년 9월 초에는 일단의 한인들이 소련 군정당국이 한국어로 발간하던 조선신문의 제작업무를 담당하였으나 수요를 충족시킬 수가 없었기 때문에 1945년 9월 소련군사령부는 통역관과 고문관의 필요를 절감하여 중앙아시아에

34. 가브릴 코로트코프 지음, 어건주 옮김(1992), p. 237.
35. Kyrio Kalinov, "How Russia Built The North Korea Army," *The Reporter*, Sep. 26. 1950 ; "소련은 어떻게 북한인민군을 건설했는가?" 『북한』, 1988년 6월호, pp. 51–65.
36. 안드레이 란코프 저, 김광린 역(1995), pp. 61–62.

사는 한인들을 징집하여 북한으로 파견, 제25군 소속 통역관으로 활용한다는 결정을 내렸다.[37)]

그러므로 1945년 10월부터 1946년 말까지 입북한 소련 국적 한인들(깔로)은 징집된 소련군인의 신분이었다. 그러나 이들은 소련군정의 일을 돕기 위해 파견된 통역관과 고문관뿐만 아니라 북한의 당 및 국가기관을 이끌어 나갈 잠재적인 간부들로 간주되기 시작했다. 한편, 교사 및 민간전문가로 구성된 한인집단이 1946년 말부터 입북하게 되자 1947년 초부터 한인들의 선발을 군인 신분이 아니라 민간인 신분으로 전환되었으며,[38)] 북한에서 활동한 소련 국적의 한인들의 숫자는 총 427명으로 산정되고 있다.[39)] 민정관리총국은 식민지로부터 해방된 북한주민들에게 혁명전략을 수행하여 공산주의를 확산시켜 나갔는데, 소점령군의 북한에 대한 혁명전략의 수행은 연해주군관구 군사평의회 스티코프 장군의 지도 하에 레베데프(N. G. Liebediev), 제25군 군사위원과 로마넨코(A. A. Romanenko) 소비에트 민정청장이 주도하였다.

스티코프 장군은 주로 소련공산당 중앙위의 정책을 북한공산당에 전달하는 역할을 수행하면서 북한에 가장 큰 영향력을 행사하였고, 레베데프는 북한지역에 각급 인민위원회를 조직케 하고 각 도별 인민위원회가 일본인 관료로부터 행정기관, 경찰관서, 경제기구 등 모든 국가기관을 접수하고 행정권을 인수토록 하는 등 초기 점령정책의 수행에 주요 역할을 담당하였으며, 로마넨코는 구체적인 점

37. 안드레이 란코프 저, 김광린 역(1995), pp. 140–141.
38. 안드레이 란코프 저, 김광린 역(1995), p. 142.
39. 안드레이 란코프 저, 김광린 역(1995), p. 144.

령정책을 집행하는 책임자로서 민정요원들을 관장하여 김일성을 북한의 지도자로 만들어 북한에 친소정권을 수립토록 하는 데 핵심적 역할을 수행했다. 소민정은 북한에 반제·친소정권을 수립하기 위해 식민지·반봉건 사회로부터 해방된 북한주민들의 혁명적 열망을 소비에트화로 유도하는 데 점령정책의 중점을 두었다. 그러나 1945년 북한의 상황은 소련이 지역 공산주의자들에 의지하여 소비에트화 정책을 추진했던 동유럽 국가들의 상황과는 상이했다.

즉 북한에는 공산주의 운동이 아주 미약했던 데다가 소련공산당과의 연계가 별무했으며, 대부분의 공산주의자들이 남한에서 활동하고 있었기 때문에 평양에서의 우익의 영향력은 서울에서보다도 현저하게 강했던 상황이었다.[40] 그러므로 소민정은 책임 있는 직책을 맡길 만한 현지 공산주의자가 없다는 점을 고민하는 처지가 된 일방, 우익성향의 민족주의 지도자 조만식(曺晩植)을 5도행정국의 책임자로 선출하지 않을 수가 없었다. 그러나 소련 국적의 한인들과 망명했던 공산주의자들이 1945년 8월 말부터 평양으로 귀환하게 되자 북한의 정치정세는 본질적으로 변화하게 되었다.

입북하여 처음에 통역관으로 근무하던 소련 국적의 한인들은 1946년 초부터 새로이 형성되기 시작한 북한의 당 및 국가기구에서 일하며 북한에 친소체제를 수립하기 위해 그들의 모든 힘과 에너지, 그리고 경험을 쏟아부었다.[41] 그리고 소민정은 충분히 신뢰할 수 없었던 현지 공산주의자들보다는 외국 망명지에서 귀환한 공산주의자

40. Erik van Ree, *Socialism in One Zone : Stalin's Policy in Korea, 1945–1947*(Munich : Berg, 1989), p. 87.
41. 안드레이 란코프 저, 김광린 역(1995), p. 159.

들에게 의지하여 그들을 김일성의 지도자 부각과 토지개혁 및 중요 산업 국유화 추진 등에 동원하였다. 더욱이 소민정은 반탁운동을 계기로 하여 조만식을 감금하고 1946년 1월 6일 각지에서 찬탁대회를 개최하도록 조종하여 김일성 정권이 탄생할 수 있는 여건을 조성했다.

나아가 소민정은 지방정부를 갖지 못했기 때문에 지방수준의 민정활동을 도 단위의 고문(정치위원)을 통해 위수사령부의 활동을 지도하는 형식으로 이루어 나갔고, 따라서 소민정은 북한 전역에 걸친 치안유지는 물론 각급 인민위원회를 지배할 수가 있었다. 1945년 11월에 조선의용군 선발대 1,500여 명이 신의주에 도착하여 입북하려고 하자 소점령군은 3만 여 명의 병력을 보유한 정치세력이 들어오게 되면 북한의 정치적 불안뿐만 아니라 소련의 대북점령정책 수행에 악영향이 미칠 것을 우려했다.

그러므로 소련 제25군의 참모장 밴코프스키 중장은 1945년 11월 말 동선발대의 입국은 허가하되 평북 위수사령부에 대해 도강 당일 무장해제시키라는 지시를 하달했다. 따라서 조선의용군 선발대는 평북보안부장 한웅이 지휘하는 보안대에 의해 기습적으로 무장해제를 당하고 다시 안동으로 축출당했다. 이처럼 소민정은 도 단위의 고문을 통해 위수사령부의 활동을 지도하는 형식으로 지방의 치안을 유지했을 뿐만 아니라, 각급 인민위원회에는 소련군 장교를 고문역에 임명하고 소련 국적의 한인을 요직에 배치하여 인민위원회를 지배하도록 하였으며, 따라서 각급 인민위원회는 민족진영 세력이 점차 배제되고 공산주의 세력에 의해 장악되었다.

3) 소련의 대북군사정책

종전 이후 표면화되기 시작한 동서냉전은 양 진영 간의 정치·군사적 경쟁을 초래했다. 소련은 미국이 1947년에 추진한 트루먼독트린과 마샬플랜에 대해 중대한 위협이라고 비난하는 한편, 이에 대처하기 위해 1947년 코민포름(Cominform : 국제공산당정보기관)을 창설한 데 이어 1948년 코메콘(Comecon : 경제상호원조회의)을 발족시켜 동유럽국가들을 경제적으로 결집, 미국의 봉쇄정책에 적극적으로 대항하기 시작했다.[42] 한편, 소련은 850만 명의 사병과 하사관을 동원해제하여 민간산업 분야에 우선적으로 투입해 왔으나 1946년 2월 2일 당중앙위원회는 선언문을 통해 국방력 강화를 위한 물적·기술적 기반의 지속적 강화, 과학기술의 발전성과를 이용한 국방력 강화, 대외상황을 고려한 군의 감축 및 재조직 등 군사정책의 기본원칙을 천명하여 재무장으로 급선회했다.[43]

북한점령군사령관 치스차코프 장군은 "새로운 정권이 각도에 성립한 후에 통일정부를 세울 것이나 신정부의 소재지는 반드시 경성에 한하지 않으며, 또한 북위 38도선은 미·소 양군 진주의 경계선에 불과한 것이지 결코 정치적 의미가 있는 것이 아니다"[44]라는 성명을 통해 조선인을 앞세워 북한을 점진적으로 개혁할 것처럼 선전해 왔으나 소련군은 1945년 9월 20일 스탈린의 비밀지령서와 1945년

42. 김학준, 『러시아사』(서울 : 대한교과서주식회사, 1971), pp. 308-309.
43. 국방군사연구소, 『소련군사정책, 1917-1991』(서울 : 국방군사연구소, 1997), pp. 343-345.
44. 조선중앙통신사, 『조선중앙년감』(평양 : 조선중앙통신사, 1949), pp. 57-58.

12월 25일 슈킨의 비밀보고서에 근거하여 소련군이 점령·확보한 38선 이북지역에 사회주의 체제를 구축하기 위해 매진하는 한편, '38선 이남으로의 소련 영향력 확대'를 위한 교두보를 북한에 건설하기 위해 북한의 군사력 건설을 지원하여 새로운 군사동맹국으로 만드는 데 진력했다.[45] 그러므로 소련은 장차 한반도에 수립될 정부는 소련에 우호적인 정부가 되어야 한다고 공공연하게 주장했다.

이렇게 해서 소련이 북한에 소위 '민주기지'를 구축하여 공산기반을 강화하였음은 물론 충분한 군사력을 육성함에 따라 미국이 미·소 공위의 결렬을 이유로 한반도 문제를 유엔에 상정하는 사태가 발생하자 소련은 "유엔은 한국에 대한 관할권이 없으며, 외국군은 통일정부 수립 전에 철수해야 한다"고 주장하여[46] 주한미군의 철수를 압박하고 나섰다. 그리고 한국문제의 유엔이관과 단독정부안이 가시화되자 소련은 김일성에게 1948년 2월 8일 정규군 창설 선언과 함께 조선인민군으로의 개편과 북한군총사령부의 설치를 발표케 하였다.[47] 소련군은 점령 초기에 북한인민위원회에 대하여 질서유지를 담당할 보안대는 승인했지만 기본적인 일체의 무장부대의 존재를 승인하지 않았으나 국민당 군대에 대처키 위한 한만국경의 경비와 철도의 경비는 물론 소요사태에도 대응키 위해 기존 질서유지의 보안대와는 별도의 보안대를 창설키로 1945년 11월 27일 결정하였고, 특히 1946년 1월 11일 장차 정규군으로 전환시킬 목적 하에 본부를 평양에 둔 각 도별 철도보안대를 창설하였다.

45. 가브릴 코로트코프 지음, 어건주 옮김(1992), p. 234.
46. 장준익, 『북한인민군대사』(서울 : 서문당, 1991), pp. 484–487.
47. 육군본부, 『북괴의 6·25 남침 분석』(1970), pp. 39–41.

한편, 스탈린은 스티코프 장군이 한국전 종전 후 10년이 지나 코로트코프(G. Korotkov)와의 인터뷰에서 밝힌 바에 의하면 1946년 7월 김일성과 박헌영을 비밀리에 모스크바로 소환하여 "조선군대를 조속히 창설하여 붉은 군대의 경험을 전수받도록 하라"고 지시하고, 평양에 스미르노프(Smirnov)를 단장으로 한 '경험 많은 군사고문관' 들을 파견하였다[48]고 한다. 이에 모스크바로부터 귀환한 김일성은 빨치산파 및 연안파의 간부들과 협의하여 1946년 8월 15일 보안간부훈련대대부를 설치, 정규군의 편성방향으로 보안훈련소와 철도경비대의 통합개편을 추진한 데 이어 1947년 5월 17일 보안간부훈련대대부를 북조선인민집단군사령부라는 정규군의 명칭으로 개편하고 1948년 2월 8일 조선인민군의 창설을 선포했다.

소점령군인 제25군은 병력규모가 축소됨에 따라 사령관의 계급구조가 대장에서 중장, 소장으로 낮아져 왔으나 소련 정부는 1948년 9월 북한 정권의 외군 철수 요구를 받아들이는 형식으로 소련군이 12월 말까지 철군을 완료할 것이라고 발표하고, 미국도 이에 상응한 조치를 취할 것을 요청하면서 10월 19일부터 철군하기 시작했다. 그러나 카리노프(Kyrio Kalinov) 중령이 폭로한 바에 의하면 1948년 12월 중순 모스크바에서는 불가닌 국방상 주재 하에 북·중·소 3국 군사대표자 회의를 개최하고 소점령군 철수 후 북한군의 전력증강 문제를 논의하여 "18개월 내에 북한군을 남침에 충분하게끔 증강시킨다"는 목표를 설정하고 이를 달성하기 위해 스티코프를 단장으로

48. 당시 김일성과 박헌영의 통역을 담당했던 샤브시나 서울 부총영사도 란코프(Andrei N. Lankov)와의 인터뷰에서 "북한이 상어밥이 되지 않으려면 열심히 소련을 배워야 한다"는 스탈린의 지시사항을 상기했다.

하는 특별군사사절단을 평양에 파견한 것이라고 한다.[49] 그리고 소련은 1948년 12월 25일 북한에 주둔한 소련군의 최종 철수를 보도한 바 있으나 1990년대 소국방성이 밝힌 자료에 의하면 4,000여 명이 북한에 잔류하여 북한군의 전쟁준비를 지원했다고 한다.

소련의 북한군 증강 지원은 1949년 3월 김일성·박헌영 일행이 모스크바를 방문한 것을 계기로 본격화되었다.[50] 그리고 당시 스탈린은 김일성이 제의한 무력통일안에 대해 "북한군이 한국군에 대해 절대적인 우위를 확보하지 못한 상황에서 선제공격을 해서는 안 된다"는 입장을 취하여 미군 개입의 빌미를 제공하지 않으려고 했다. 그러나 소련이 핵실험에 성공하자 스탈린은 1950년 4월 김일성에게 선제 타격공격을 허용하였다. 하지만 김일성의 무력통일안이 모택동(毛澤東)의 동의를 받게 되자 소련은 전쟁이 발발할 경우 소련의 개입 흔적을 남기지 않기 위해 북조선에 있는 해군기지와 공군기지를 폐쇄시키도록 지침을 하달하는[51] 치밀함도 시현하였다.

(3) 남북한 군대창설의 방향 비교

미·소가 남북한의 군대창설을 좌우한 환경여건이었던 미·소

49. 소련특별군사사절단의 일원으로 활동한 바 있던 카리노프 중령은 1949년 서방세계로 탈출하여 이 같은 사실을 폭로했다.
50. 1949년 3월 17일 조소 간 '경제·문화협정'이 체결된 것으로 발표되었으나 공개된 크레물린 문서에 의하면 당시 협정은 군사력지원에 중점을 두었다고 한다.
51. "모스크바 새 증언(1)," 《서울신문》, 1995. 5. 15일자.

〈표 1〉 환경여건이 군대창설에 미친 영향

비교의 요소	대조되는 목표 특성(미국/소련)	군대창설에의 영향(남한/북한)
점령정책면	미군정은 당초 한반도에 신탁통치 실시 후 독립적·민주적인 통일한국의 수립을 목표로 삼았다가 미·소 공위가 실패하자 한국문제를 유엔으로 이관시키고 남한에 친미·반공정권을 수립하는 정책으로 전환	미군정의 경비업무를 분담할 25,000명 규모의 경비대를 창설·유지해 왔으나 한국문제를 유엔으로 이관하면서 경비대를 50,000명 수준으로 증편
	소민정은 점령지역에 부르주아 민주주의 정권을 수립하라는 스탈린의 지령에 따라 북한에 공산정권부터 수립하고, 이를 기반으로 하여 무력통일을 통해 전 한반도에 친소·반제정권 수립을 기도	소련군은 북한점령 직후부터 북한의 정규군 창설을 지원해 왔으며, 1948년 소련군의 철수를 계기로 남침에 충분한 군사력으로 증강조치를 단행
군정통치 정책면	좌익세력이 활성화된 상황에서 미·소 공위를 성공시켜야 했던 미군정은 한민족이 자생적으로 결성한 단체들을 해체시키고 새로운 기구와 단체를 결성하여 반혁명 전략을 추진	고로 미국은 소련의 오해를 사지 않을 무장력이면서 내부의 전복활동에 대처할 무장력(즉 경찰예비대)의 건설을 지향
	지역 공산주의자들에 의존하여 소비에트화 정책의 추진이 곤란했던 소민정은 귀환한 망명 공산주의자들을 규합하는 한편 동원한 소련 국적 한인들을 활용하여 혁명전략을 추진	고로 소련은 북한에 혁명의 수출기지 육성을 위해 군사·기술원조를 제공하고 군사고문단을 파견하여 강력한 정규군을 육성
군사정책면	미국은 소련의 팽창주의를 저지하기 위한 봉쇄정책의 일환으로 도서방위전략을 채택·추진	고로 미국은 한국의 군사력을 소규모 국경충돌 내지는 치안유지에 적합한 지상군 중심의 방어형 성격의 무장력으로 건설
	소련은 군사력의 능동적이고 집중적인 활용으로 팽창주의를 지향	고로 소련은 북한의 군사력을 혁명수출을 위한 무장력으로 육성하기 위해 최신식 공격용 무기를 제공

의 점령정책, 군정통치정책, 군사정책 등은 대조적인 목표 특성을 지니고 있었으며, 따라서 이러한 환경여건은 남북한의 군대창설에 각각 대조적인 영향을 주어 그 방향을 좌우하게 되었다. 〈표 1〉을 참고

로 한다면 미·소 간 대조되는 목표 특성이 남북한의 군대창설에 대조적인 영향을 미쳤음을 알 수 있을 뿐만 아니라 남북한 군대창설의 방향을 좌우했음을 알 수 있는 것이다.

우선 미·소의 점령정책면에서 보면 미국은 일본군 무장해제 후 미·소·영·중 4개국에 의한 신탁통치를 실시하여 독립적이고 민주적인 통일한국의 단일정권 수립을 목표로 삼았으나 미·소 공위의 실패로 인해 1947년 9월 한국문제를 유엔에 이관시킨 후에는 남한에 친미적인 단독정권을 수립하는 정책으로 전환한 데 반해, 소련은 일본군 무장해제 후 스탈린의 지령에 따라 북한에 친소적인 단독정권부터 수립한 연후에 이를 기반으로 무력통일을 통해 전 한반도에 공산 단일정권을 수립하는 정책으로 전환시키려 기도했다.

다음 미·소의 군정통치정책면에서 보면 미국은 식민지·반봉건 사회로부터의 해방으로 인해 좌익세력이 활성화된 남한에서 미·소 공위를 성공시켜야 했기 때문에 한민족이 자생적으로 결성한 단체들을 해체시키고 새로운 군정기구와 지지단체를 결성하여 좌익세력의 활성화를 저지키 위한 반혁명전략을 추진한 데 반해, 소련은 북한지역의 공산주의자들에 의존하여 소비에트화 정책의 추진이 곤란했기 때문에 귀환한 망명 공산주의자들을 규합하고 동원한 소련 국적의 한인들을 활용하여 좌익세력의 활성화를 도모하기 위한 혁명전략을 적극적으로 추진하였다.

끝으로 미·소의 군사정책면에서 볼 때 미국은 소련의 팽창주의를 저지하기 위해 봉쇄정책을 추진하고 그 일환으로 도서방위전략을 채택·추진한 반면에, 소련은 혁명수출을 도모하기 위해 군사력의 능동적이고 집중적인 활용으로 팽창주의를 지향했다.

이와 같은 미·소의 점령정책, 군정통치정책, 군사정책의 대조되는 목표 특성으로 인해서 미·소의 양 점령군은 남한과 북한의 군대창설에 대조적인 영향을 미치게 되었다. 우선 점령정책의 목표 특성으로 인해 미국은 1946년 1월 미군정의 경비업무를 분담할 25,000명 규모의 경찰예비대(경비대)를 창설하는 정책을 추진해 왔으나 1947년 9월 한국문제를 유엔으로 이관하면서 경비대를 50,000명 수준으로 증편하는 조치를 단행하였고, 소련은 북한을 점령한 직후부터 혁명수출을 위한 무장력으로 북한의 정규군 창설을 지원해 왔으며, 소점령군의 철수를 계기로 남한침략에 충분한 군사력으로 증강 조치를 단행하였다.

다음 군정통치정책의 목표 특성으로 인해 미국은 소련의 오해를 사지 않을 무장력이면서 내부의 전복활동에 대처할 수 있는 무장력인 경찰예비대의 건설을 지향하였고, 소련은 북한에 혁명의 수출기지 육성을 위해 경험 많은 소련의 군사고문단을 파견함과 동시에 군사·기술원조를 적극적으로 제공하여 정규군의 육성을 지향했다.

끝으로 군사정책의 목표 특성으로 인해 미국은 한국의 군사력을 소규모 국경충돌 내지는 치안유지에 적합한 방어형 성격의 무장력 건설에 두어 공격용 무기가 아닌 방어용 무기를 지원하였고, 소련은 북한의 군사력을 혁명수출을 위한 무장력으로 육성하는 데 두어 방어용 무기가 아닌 최신식 공격용 무기를 지원하였다.

3. 남북한 군대창설의 전개과정

(1) 남한 군대창설의 전개과정

1) 남한군 창설과정의 전개

1945년 광복 직후부터 1950년 6·25 전쟁발발 직전까지 1940년대 후반기를 남한의 창군기로 볼 수 있으며, 창군과정은 창군운동기, 경비대창설기, 경비대증편기, 국군 창설기 순으로 전개된 것으로 볼 수 있을 것이다. 이처럼 남한군의 창군과정이 4단계로 진행되었다고 볼 때 ① 민족자생의 창군 운동과정에서 국군의 이념과 정신이 형성되고, ② 미군정의 경비대 창설 및 증편과정에서 국군의 조직과 훈련이 이루어짐으로써 ③ 대한민국 정부의 국군창설 과정에서 정신과 조직의 변증법적 통일을 성취할 수 있었으며,[52] 따라서 창군운동 과정과 경비대 창설 및 증편과정은 국군 창설의 준비과정에 해당하는 것이다.

일제의 강압으로 1907년 8월 1일 대한제국의 국군이 해산되자 〈그림 1〉과 같이[53] 일부는 '독립전취론'을 견지하고 독립투쟁전선의 광복군으로 활약하였고, 다른 일부는 '독립준비론'을 견지하고 반독립투쟁전선의 일본군 및 만주군으로 복무했으나 그들은 해방공간에

52. 한용원, "국군 50년 : 창군과 성장," 『국방연구』 제41권 제1호(1998), p. 7.
53. 한용원(1998), p. 8.

서 함께 만나 창군운동을 전개하였다. 창군운동 과정에서 일본군 및 만주군 출신들도 "광복군을 모체로 국군을 편성해야 한다"는 데 '공동의 동의'를 하는 분위기가 성숙되어 갔으나 미군정이 경비대를 창설하면서 30여 개에 달하는 민족자생의 창군단체들을 해체시키자[54] 창군운동 세력은 분열되었다.

즉 "광복군을 모체로 국군을 편성해야 한다"는 중견층의 명분론과 "경비대는 장차 국군이 될 것"이라는 소장층의 실리론으로 분열되어 소장층은 제도권 내의 경비대에 입대했으나 중견층은 제도권 밖에서 〈참전동지회〉(후에 육 · 해 · 공군출신동지회로 개칭)를 결성하여 국군이 창설되기를 기다렸다. 1948년 8월 15일 대한민국 정부가 수립되어 국군이 창설되자 경비대가 국군에 편입되고 〈육 · 해 · 공군출신동지회〉 회원들이 국군에 입대함으로써 창군운동 세력은 다시 대한민국 국군으로 합류하였다.

〈그림 1〉 창군과정의 전개

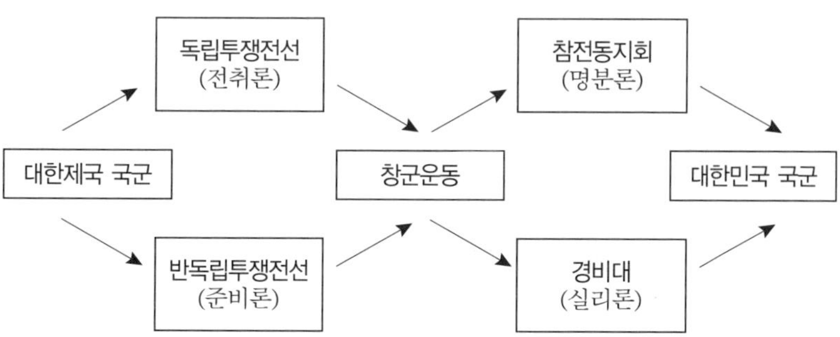

54. 미군정법령 第28호(1945. 11. 13)에 의해 1946년 1월 15일 미군정경비대를 창설하면서 1946년 1월 21일 민족자생의 창군운동 단체들을 해체시켰다.

그러나 미점령군이 그들의 점령정책의 목표에 따라 남한에 창설한 군대는 치안유지를 위한 경비대에 불과했다. 미점령군은 그들의 경비업무를 분담할 25,000명 규모의 경찰예비대를 창설·유지해 오다가 1947년 9월 한국문제를 유엔으로 이관하면서 경비대를 50,000명 수준으로 증편했다. 즉 미군정은 자유주의 국가가 그러했듯이 군대창설을 안전보장 및 질서유지의 수단으로 간주했고, 따라서 남한의 치안유지를 위한 경비대의 창설에 만족했으며, 한국문제를 유엔으로 이관하면서도 경비대의 숫자를 배로 증가시켰을 뿐 정규군으로 전환시키지는 않았다.

그러므로 대한민국 정부는 국군 창설시에 경비대 체제를 정규군 체제로 전환시키는 과제를 떠맡게 되었다. 그런데 한국군 태동시 경비대는 때마침 리더십 문제와 사상문제로 인해 개편론이 대두되고 있었고, 이의 치유를 위한 방편이 곧 경비대 체제를 정규군 체제로 전환시키는 방편이 될 수가 있었다. 즉 군사경험이 풍부한 광복군·일본군 출신 중진 군사경력자들을 충원시켜 군내의 리더십 문제를 해결하고 반탁·반공운동에 앞장섰던 우익청년단 단원들을 충원시켜 군내의 사상문제를 해결함으로써 한국군은 정규군 체제로 전환될 수가 있었다.

2) 미군정의 경비대 창설 및 증편

한국의 국방을 위한 준비작업이 미군정이 수행해야 할 우선적 임무 중 하나라고 인식한 미점령군의 지도부에서는 1945년 11월 20일 50,000명 규모의 한국군 편성안을 작성, 상부에 건의했으나[55] 3성조정위원회가 "한국의 정규군은 한국이 독립할 때 창설될 문제인 데다가 미·소 공위가 개최되고 있는 시점에서 소련의 오해를 받지 않도록 계획결정을 연기한다"고 통보해 왔다. 이에 미군정은 맥아더 사령관의 지시로 이미 검토해 온 경찰예비대(Police Constabulary)의 창설 계획을 추진했는데, 국방사령관 대리 참페니(Champeny) 대령은 군의 기능보다 경찰의 기능에 가깝게 병력과 장비를 축소한 경찰예비대의 창설안(Bamboo Plan)을 추진하였다.[56]

경비대의 연대 창설작업은 1946년 1월 15일 서울에서 제1연대 창설을 시초로 하여 1946년 4월 1일 춘천에서 제8연대가 창설되었으나 입대전 소속 군사단체 간의 대립·갈등으로 인해 탈영자가 속출하여 일면 충원, 일면 탈영현상이 상당기간 반복되었다.[57] 그리고 도 단위 경비대에는 지방군사단체 요원들이 많이 응모했기 때문에 지방색이 농후했고, 군사훈련은 총검술을 포함한 폭동진압 훈련을 위주로 하였으며, 미군시설 및 미군기지의 경비임무를 주로 수행했다. 그러나 1946월 9월 11일 경비대에 대한 지휘권이 한국인 장교로 일원화되면서[58] "경비대는 장차 국군이 될 것"이라는 신념을 가진 한국인 장교들이 부대를 지휘하게 됨에 따라 경비대의 성격도 경찰예비대보다는 군대로서의 면모를 갖추기 시작했다.[59]

이러한 때에 제2차 미·소 공위가 실패하자 미국이 1947년 9월 17일 한국문제를 유엔으로 이관시킴에 따라 통위부(부장 유동열)에서는 군의 지휘통솔상의 이유를 내세워 1947년 12월 1일 서울에 제1

55. Sawyer(1962), p. 10.
56. 육군본부, 『창군전사』 병서연구 제11집(서울 : 육군본부, 1980), pp. 312-314.
57. 한용원, 『창군』(서울 : 박영사, 1984), pp. 91-93.
58. 초대경비대사령관(대리)에는 이형근(李亨根) 참령이 1946년 9월 28일에 임명되었다.
59. Sawyer(1962), p. 30.

여단(준장 송호성 ; 제1 · 7 · 8연대로 편성), 대전에 제2여단(대령 원용덕 ; 제2 · 3 · 4연대로 편성), 부산에 제3여단(대령 이응준 ; 제5 · 6 · 9연대로 편성)을 각각 창설했다. 그리고 주한미군의 철수에 대비하여 미합참이 1948년 3월 10일 조선경비대의 증강(25,000명에서 50,000명으로)을 승인하자[60] 1948년 4월 29일 수색에 제4여단(대령 채병덕), 광주에 제5여단(대령 김상겸)을 증설(2개 여단)하고 1948년 5월 1일부터 4일 사이에 강릉에 제10연대, 수원에 제11연대, 군산에 제12연대, 온양에 제13연대, 여수에 제14연대, 마산에 제15연대를 각각 창설(6개 연대)했다.[61]

이렇게 하여 경비대는 정부수립 당시까지 5개 여단 15개 연대의 병력을 보유하여 장교 1,403명, 사병 49,087명으로 구성되었다. 한편 미군정청 교통국 소속의 해방병단이 1946년 1월 14일 국방사령부에 편입되어 조선해안경비대로 개칭되고, 근해안 및 도서 순찰과 해안경비에 필요한 경찰권 행사를 할 수 있게 되자 미해군으로부터 상륙정, 소해정 등 36척을 인수했을 뿐만 아니라[62] 진해기지에 특설기지사령부를 설치한 데 이어 목포기지, 묵호기지, 군산기지, 부산기지를 각각 설치했다. 또한 해안경비대는 조병창에서 충무공정을 건조하여 1947년 광복절을 맞아 인천 앞바다에서 충무공정을 기함으로 11척을 동원한 편대훈련도 실시했는데, 정부수립 당시 해안경비대는 병력 3,000명과 함정 105척을 보유했다.[63]

60. Sawyer(1962), p. 29.
61. 한용원(1984), pp. 95–97.
62. 해군본부전사편찬관실, 『대한민국해군사(행정편, 제1집)』(해군본부, 1954), p. 31.
63. Sawyer(1962), p. 91.

3) 대한민국 국군의 창설과 미국의 전력증강 지원

1948년 7월 17일 대한민국 헌법이 공포된 동일자에 정부조직법(법률 제1호)이 공포됨으로써 국방부가 설치되었고, 1948년 8월 16일 취임한 초대 국방장관 이범석(李範奭)은 국방부훈령 제1호를 통해 "금일부터 아(我)육해군 각급장병은 대한민국의 국방군으로 편성되는 영예를 획득하게 되었다"고 공포함으로써[64] 조선경비대 및 조선해안경비대가 대한민국 국군에 편입되었다. 정부수립을 앞두고 서북청년회나 대동청년단 등 청년단체의 간부들이 경비대 내의 좌익분자들을 구실로 삼거나 광복군모체론을 내세워 경비대의 전면해산을 국군 재조직의 선행조건으로 해야 한다고 정계에 압력을 가했다.

그러나 정부에서는 경비대가 미군정의 한국화 작업의 산물일 뿐만 아니라 민주군대로 육성되었음을 감안하여 대한민국 국군에 편입시켜야 한다는 입장을 견지하였고, 아울러 경비대의 결함인 리더십 문제와 사상문제를 극복하기 위해 군사경험이 풍부한 〈육·해·공군출신동지회〉 회원들과 반탁·반공운동에 앞장섰던 우익청년단 단원들을 충원·보강시켜 체질적 개선을 해야 한다는 입장을 견지하고[65] 경비대의 체질을 정규군의 체질로 개선하는 정책을 구사했다. 한편, 1948년 말과 1949년 전반기에 걸쳐 미군이 철수하면서 이들의 장비의 일부를 이승만 대통령과 하지(J. R. Hodge) 장군 간에 체

64. 육군본부군사감실, 『육군역사일지 : 1945−1950』(서울 : 육군본부, 1954), p. 239.

65. 한용원(1998), p. 15.

결된 군사협정에 의거하여 한국군에 이양했다.

그러나 미군이 철수하면서 이양한 장비는 6개 사단분인 데다가 방어용으로 한정되었기 때문에 6개 사단의 장비로써 8개 사단을 편성하고 훈련시키기에는 애로가 많았을 뿐만 아니라, 방어용 장비로 무장함으로써 군사적 실효성을 거두기가 곤란하였다. 더욱이 주한미군이 철수를 개시한 와중에 1948년 10월 19일 여·순 반란사건과 1948년 11월 및 12월과 1949년 1월에 제6연대(대구) 반란사건이 연발하여 진압작전과 더불어 숙군작업을 전개해야만 했다. 그러므로 군은 1949년 후반기에 하루 평균 3회에 해당하는 총 542회에 걸친 게릴라 소탕작전에 39개 대대가 투입됨으로써 훈련받을 시간조차도 없는 실정이었고,[66] 여·순 반란사건 발생 직후 추진한 숙군작업은 6·25 전쟁발발 전까지 4차에 걸쳐 추진되어 국가보안법에 의거해 처리된 자만 해도 1,327명에 달했다.[67]

이러한 와중에서도 유사시에 대비한 예비병력을 확보하기 위해 1948년 11월 20일 호국군을 창설하였고, 육군은 연대 및 사단 창설을 추진하여 1949년 6월 20일 8개 사단 22개 연대를 보유하였으며,[68] 해군은 1949년 4월 15일 해병대를 창설하였고, 공군은 1949년 10월 1일 육군으로부터 분리하여 독립하였다. 그러나 1949년 8월 6일 병역법이 공포되자 상비군 성격의 호국군 4만 병력이 해체되고 1950년 1월 초 대한청년단을 주축으로 한 청년방위대를 새로이 창설

66. Sawyer (1962), p. 74.

67. 국군보안사령부, 『대공 30년사』(1978), pp. 36–37. (숙군작업은 전쟁 중 2차, 전쟁 후 1차가 추가되어 총 7차에 걸쳐 이루어졌고, 국가보안법에 의거 처리된 자는 총 1,667명이었다.)

68. 한용원(1984), pp. 105–112.

했는데, 20만 명에 달하는 대원으로 편성했으나 군사훈련을 실시할 시간이 없어 전시에 아무런 쓸모가 없게 되었다.[69] 한편, 미국 정부는 제5연대 전투단을 제외한 주한미군의 철수를 완료한 1949년 3월 ① 한국군에 기본장비 보급, ② 한국 해군에 무기 및 함정의 추가 공급, ③ 한국 경찰에 무기 및 탄약 공급, ④ 한국 육·해군 및 경찰의 비축용으로 6개월분의 군수물자 공급, ⑤ 군사고문단(KMAG)을 설치하여 한국군의 훈련과 원조의 효과적인 활용업무를 담당하기로 결정하였다.[70]

그리고 제5연대 전투단이 철수하자 1949년 7월 1일 설치된 주한미군사고문단은 대한민국 국군을 한국 경제력의 범위 내에서 발전시키되 외부의 대규모 침공이 아니라 내부의 전복활동이나 소규모의 국경분쟁에 대처할 수 있는 수준의 방어형 성격의 무장력을 육성하는 데 목표를 두었다.[71] 그러므로 미국은 한국에 공격용 무기가 아닌 방어용 위주의 군사원조를 실시했다. 그러나 한국 정부는 북한군이 전차·항공기 등을 중심으로 전력증강을 꾀하자 미국 정부에 대해 전차, 155미리 곡사포 등 중장비의 지원을 요청했으나 미국 정부는 중장비에 대한 원조는 당초부터 미국의 대한군사원조계획에 포함되어 있지 않다는 이유로 거절했다. 더욱이 한국의 해군과 공군은 전력증강이 지연되자 함정건조기금거출운동과 애국기헌납모금운동을 전개하여 구잠함과 연습기를 구입하기조차 하였다.

69. 한용원(1984), pp. 119-121.
70. Dept. of State, *The Conflict in Korea : Events Prior to the Attack on June 25, 1950* (Washington D.C. : U.S.G.P.O., 1951), p. 9.
71. 국방부 군사편찬연구소(2004), p. 123.

(2) 북한 군대창설의 전개과정

1) 북한군 창설과정의 전개

북한군의 창설과정은 민족자생의 무장단체 해산, 보안대의 창설, 보안간부훈련대대부 창설 및 인민집단군 창설, 조선인민군 창설 등 4단계로 전개된 것으로 볼 수 있을 것이다. 소점령군은 보수계 민족세력이 조직한 자위대와 토착 공산세력이 조직한 치안대를 포섭하여 치안유지에 활용하는 한편, 소련 국적의 한인 공산당원들이 각 도청 소재지에 편성한 적위대를 소련군이 접수한 일본군의 무기로 무장시켜 자위대와 치안대를 압도케 함으로써 무장단체의 장악능력도 부여했다. 그러다가 북한의 치안질서가 어느 정도 확립되자 1945년 10월 12일 소점령군은 포고를 통해 각종 무장단체를 해산시키고 병기·탄약과 군용물자 등을 소련 위수사령부에 제출하도록 하였다.[72]

그러한 연후 소점령군은 1945년 10월 21일 진남포에 2,000명의 평민을 선발하여 보안대(중앙의 보안대)를 창설하는 한편, 도 단위 인민위원회에 대하여 보안대를 조직하여 치안유지에 활용하도록 허용했다. 그러므로 1946년 초까지 북한의 6개 도에 '도보안대'가 설치되어 치안과 시설경비를 담당하게 되었으며, 보안대의 보충과 훈련을 위해 개천, 신의주, 정주, 강계 등지에 보안훈련소도 설치하였다. 그러나 로마넨코 민정청장은 국·공 내전 중인 국민당 군대가 한·만 국경을 넘어올 것에 대비하여 1945년 11월 27일 보안대의 보

72. 조선중앙통신사(1949), p. 58.

완·증강을 결정하되 국경경비와 철도경비를 위한 보안대를 기존 치안용 보안대와는 별도로 창설하기로 방침을 확정했다.[73)]

이 같은 방침에 따라 본부를 평양에 둔 각 도별 철도보안대가 1946년 1월 11일 창설되었고, 철도보안대의 병력과 규모가 커지자 정규군으로의 전환을 위해 1946년 7월 13일 각 도에 설치된 철도보안대를 통합하여 북조선철도경비대로 개편하였다. 철도경비대는 사령부를 평양 역전에 설치하고 예하에 13개 중대를 편성하여 북한 전역의 주요 철도, 교량, 터널 등을 경비하는 한편 정규군의 편성에 대비키 위해 나남과 개천에 각각 '철도경비훈련소'를 설치하고 대규모로 대원을 모집하여 충원시켰다.[74)]

한편, 스탈린이 1946년 7월 김일성과 박헌영을 모스크바로 소환하여 조선군대의 조속한 창설과 소련군대 경험의 전수를 역설함에 따라 김일성은 김책, 무정, 최용건, 박일우 등과 논의하여 정규군의 건설과 유관한 부대들을 통합 지휘할 기구인 〈보안간부훈련대대부〉부터 1946년 8월 15일 설치키로 결정하였으며,[75)] 소련군대의 경험을 전수할 소련군사고문단[단장 스미르노프(Smirnov) 소장]이 1946년 9월 북한에 도착하자 이들을 훈련소와 군사학교에 배치하여 정규군의 편성을 촉진시키도록 하였다.

보안간부훈련대대부(사령관 최용건)는 철도경비대와 보안훈련소를 통합·개편하여 1946년 11월 10일 개천사단, 나남사단, 철도경비사령부를 창설하였고, 1947년 1월 소련제 무기가 도착하여 북한

73. 국방부 군사편찬연구소, 『한국전쟁사의 새로운 연구 1』(서울 : 국방부 군사편찬연구소, 2001), p. 9.
74. 국방부 군사편찬연구소(2004), p. 232.
75. 장준익, 『북한인민군대사』(서울 : 서문당, 1991), p. 53.

군에 보급됨으로써 북한군의 정규군 모습이 부각되자 북조선인민위원회는 1947년 5월 17일 보안간부훈련대대부를 북조선인민집단군사령부라는 정규군의 명칭으로 개편하였다.[76] 그러나 김일성은 남한의 정계에 충격을 주기 위한 목적으로[77] 공식 정부도 수립하기 전인 1948년 2월 8일에 조선인민군의 창설선포식을 가졌다.

2) 소민정의 보안대 및 인민군 창설 지원

소점령군은 1945년 10월 21일 일체의 무장단체들을 해산시켰음에도 1945년 10월 25일 '신의주항공대'의 발족을 승인하였다. 즉 이활(李闊) 등 항공계 인사 50여 명이 주동이 되어 신의주항공대를 발족시키자 소련점령군사령부는 이를 승인하여 평양, 함흥, 청진, 회령 등지에도 〈조선항공협회〉가 결성되게 유도했다. 조선전사에서는 이 같은 조치에 대해 항공기술을 널리 보급하기 위함이었다고 주장하나[78] 항공계에 종사한 경험이 있는 자들을 규합하여 항공대를 창설하기 위한 것으로 볼 수 있을 것이다. 이러한 맥락에서 소민정이 1945년 11월 27일 기존 치안용과는 별도의 국경경비 및 철도경비를 위한 보안대의 창설 결정은 장차 정규군으로의 전환을 위한 것으로 볼 수 있을 것이다.

특히 1946년 1월 11일 창설된 철도보안대에는 소련군 출신 한

76. 북조선인민위원회는 1948년 2월 8일 인민군창설선언 시까지 대외적으로 인민집단군으로의 개편사실을 공개하지 않았다.
77. 장준익(1991), pp. 77–79.
78. 북한사회과학원, 『조선전사』 제24권(평양 : 과학백과사전 출판사, 1981), p. 131.

경수, 박영순, 김문섭 등과 조선의용군 출신 주연, 유용구, 조소향 등이 간부로 참여하여 일반 보안대보다 군대의 성격이 강했으며,[79] 철도보안대는 1946년 7월 13일 북조선철도경비대로 개편하여 정규군으로의 전환에 대비하였다. 이러한 가운데 스탈린으로부터 조선군대의 조속한 창설을 지시받고[80] 귀환한 스티코프 장군과 김일성 및 박헌영은 1946년 8월 15일 군사력 건설과 유관한 부대들을 통합 지휘할 기구로 보안간부훈련대대부부터 설치하였다. 보안간부훈련대대부는 평양학원, 중앙보안간부학교, 철도경비대, 보안훈련소 등을 예하부대로 두었으며, 예하부대 중 철도경비대와 보안훈련소는 몇 차례의 증·개편을 통해 정규사단의 모체로 변모되어 갔는데,[81] 이 과정에서 소련군사고문단의 역할은 매우 컸다.[82]

이렇게 되자 소민정은 1947년 5월 17일 보안간부훈련대대부를 〈북조선인민집단군사령부〉로 개칭하였고, 아울러 전 장병에게 소련군 계급장을 모방하여 만든 계급장 수여식을 일제히 거행하고 1947년 1월 도착한 소련제 무기를 각 부대에 보급해 줌으로써 각급 부대는 정규군의 모습이 부각되었다. 한편, 신의주항공대는 1946년 6월 평양학원의 항공중대로 편입되었는데, 1947년 5월 17일 인민집단군사령부가 창설되자 평양학원에서 독립하여 정규비행대를 창설하였다. 그리고 1945년 10월 창설된 〈수상보안대〉는 1945년 12월 해안경

79. 장준익(1991), p. 46.
80. 안승환, "주북한 소련군사고문단의 북한군 지원활동(1946-1953)," 군사편찬연구소, 『한국전쟁사의 새로운 연구 2』(서울 : 국방부 군사편찬연구소, 2002), p. 404.
81. 장준익(1991), p. 55.
82. 소련군사고문단은 신병교육과 간부교육을 지도했을 뿐만 아니라 소련의 무기와 군복을 북한으로 수송해 와서 예하부대에 지급하기도 했다.

비대사령부로 개칭하여 내무성 관할 하에서 존속하다가 1949년에 가서야 민족보위성 예하로 예속 변경(1949년 8월 20일)되어 인민군 해군으로 발족하였다.

3) 조선인민군 창설과 중·소의 전력증강 지원

제2차 미·소 공위가 실패로 돌아가자 미국은 1947년 9월 한국문제를 유엔으로 이관시켜 남북한 통일문제를 해결코자 하였고, 소련은 미·소 양군이 철수하고 남북한 스스로의 해결에 맡기자는 주장을 제기한 와중에서 북한당국은 1948년 2월 8일 조선인민군의 창설을 선포했다. 정부를 수립하기도 전에 인민군대의 창설을 선포한 데 대해 「조선전사」는 다음과 같이 서술하고 있다.[83]

> 1947년 말부터 1948년 초까지 우리나라에 조성된 정세는 조선인민혁명군을 정규무력인 조선인민군으로 강화·발전시키는 것을 잠시도 미룰 수 없는 절박한 과업으로 제기되었다.

이처럼 조선인민군의 창군이 절박했다고 본 배경은 ① 남한의 절반밖에 안 되는 인구로 남북 동시선거를 실시하자는 유엔의 결의를 도저히 받아들일 수 없었기 때문이며, ② 남한에 단독정부가 수립되기 전에 인민군을 창설하여 그 위용을 과시함으로써 남한에 있는 공산당원들의 사기를 높일 수 있을 뿐만 아니라 남한의 중도 정치인들을 회유하는 데도 유리하기 때문이고, ③ 북한이 먼저 강력한 군대

83. 북한사회과학원(1981), p. 133.

를 보유해야만 북한을 기지로 하여 남한을 무력통일 할 수 있을 것으로 판단했기 때문인 것으로 보인다.

북한의 지도자 김일성은 창군선포식 연설을 통해 인민군을 '조선인민의 혁명적 무장력'이라고 강조하여[84] 한반도의 공산화를 이룩하겠다는 의지를 분명히 했다. 그리고 조선인민군 창설 이후 북한 당국은 군사력을 강화하기 위해 군에 대한 훈련을 적극적으로 실시했으며, 특히 항일유격대 출신 인물들을 기간으로 편성한 북한군에 소련군 편제를 모방하여 문화부를 설치, 정치교육을 강화시켜 장병들을 김일성의 지지자로 육성했다. 조선인민군은 총사령관에 최용건, 부사령관 겸 문화부사령관에 김일 등 빨치산파를 요직에 보직하였고, 인민집단군 제1보병사단은 조선인민군 제1사단으로, 인민집단군 제2보병사단은 조선인민군 제2사단으로, 인민집단군 제3독립혼성여단은 조선인민군 제3독립혼성여단으로 각각 발족하였고, 제3혼성여단은 1948년 9월 9일 북조선민주주의인민공화국이 선포되자 조선인민군 제3사단으로 승격되었다.[85]

한편, 칼리노프(K. Kalinov) 중령이 폭로한 바에 의하면 1948년 12월 중순 모스크바에서는 불가닌 국방상 주재 하에 북·중·소 3국 군사대표자 회의를 개최하여 북한군의 전력증강 문제를 논의한 끝에 "18개월 이내로 북한군을 남침에 충분하게끔 증강시킨다"는 목표를 설정하고, 이를 달성하기 위해 스티코프 대장을 단장으로 하는 40여 명의 소련특별군사사절단을 평양에 파견키로 결정했다고 한다.[86] 이 사절단은 북한으로 오는 도중 만주에서 조·중 실무진과 만나 한국계

84. 『김일성선집 1』, pp. 21–23.
85. 장준익(1991), pp. 87–88.
86. Kyrio Kalinov(1950) ; 군사편찬연구소(2004), p. 533.

중공군의 파북문제를 협의하였고, 평양에 도착해서는 조·소 회의를 개최하고 북한 측으로부터 공군의 확장문제를 강력히 요청받고 이를 본국에 보고하였다.

우선 중공의 대북한 전력증강 지원에 관해 살펴보면 중국인민해방군 총사령부의 명령에 의해 입북한 중공군 166사단은 1949년 7월 25일 북한군 제6사단으로 재편성되었고, 중공군 164사단은 1949년 8월초 북한군 제5사단으로 재편성되었으며, 중공군 제156사·제113사·제15병단은 1950년 3월 20일 북한군 제12사단으로 재편성되었고, 중공군 제47군 한인독립단 5,000여 명도 1950년 4월초 북한군 제18연대로 재편성되는 등 중공군 소속 조선의용군 5만여 명이 북한군에 편입되었다. 이처럼 중공군 소속 한인부대의 대거 입북이 가능했던 배경은 국공내전이 종결되어 조선의용군을 복원시켜야 할 입장에 처했던 중국당국이 한편으로 군사비를 삭감시키면서 다른 한편으로 북한군 내부에 친중인사를 부식시키고자 했기 때문인 것으로 보인다.

다음으로 소련의 대북한 전력증강 지원에 관해 살펴보면 소련특별군사사절단이 평양도착과 동시에 북한 군사대표와의 회의에서 공군의 확장문제를 강력히 요청받았음을 감안하여 스탈린은 1949년 3월 모스크바에서 개최된 김일성과의 회담에서 항공기 150대의 추가지원을 확실히 약속하였다.[87] 그리고 조·소 간에 북한의 전력증강을 위한 군사비밀협정이 1949년 3월 17일 체결됨으로써 ① 북한은 1949년 5월 1일 소련에 전차, 야포, 함정, 항공기 등 전쟁물자 110여 종의

87. 전투기 100대, 폭격기 30대, 정찰기 20대 등 150대를 제공하기로 함에 따라 북한공군은 항공부대를 확장하고 교육요원을 소련에 파견했다.

지원을 요청하였고, ② 1949년 중반부터 특별군사사절단은 공군장비와 기갑장비의 현대화를 위해 집중적인 노력을 기울였다.

그러나 특별군사사절단은 3국군사대표자 회의에서 결정했던 "500대의 전차를 공급하여 2개 기갑사단을 편성키로 한 계획"을 한국의 지형이 산악지대와 하천이 많다는 이유를 내세워 그 반수로 줄였다. 그런데 김일성이 1949년 3월 스탈린에게 제기한 '무력에 의한 조선통일방안'에 관해서는 스탈린이 원칙적으로 동의는 했으나 그 방법은 남한의 도발을 유도한 후 다시 받아치는 방안을 선택하라고 권유했지만, 1950년 4월 김일성이 모스크바로 극비리에 스탈린을 방문시에는 스탈린이 중공의 건국과 소련의 핵무기 개발로 인해 국제환경이 유리하게 전개되고 있다고 하면서 북한에 의한 선제남침을 개시하는 데 동의한 것으로 알려지고 있다.[88]

(3) 남북한 창군의 전개과정과 군대의 특성 비교

미·소 점령군이 남북한 군대창설의 전개과정을 형성한 주요한 요인은 군사력의 건설과 전력의 증강 지원에 있었는데, 〈표 2〉에서 볼 수 있듯이 미국과 소련이 남한군대와 북한군대를 각각 창설시 군사력의 건설과 전력의 증강 지원의 목표가 대조적이었기 때문에 남북한 군대의 특성이 대조적으로 구현되었다.

우선 군사력의 건설 목표면에서 볼 때 미국은 자유주의 국가가 그러하듯이 군대창설은 안전보장 및 질서유지의 수단, 즉 자위와 치

88. 국방부 군사편찬연구소(2004), pp. 547-553.

〈표 2〉 창군의 전개과정과 군대의 특징

비교의 요소		대조되는 목표 특성(미국/소련)	창군전개과정에의 영향(남한/북한)
군사력 건설면	목표	• 미국은 남한의 군사력 건설의 목표를 치안유지에 둠	• 미국은 남한의 치안유지만을 목표로 경비대를 창설
		• 소련은 북한의 군사력 건설의 목표를 혁명의 수출에 둠	• 소련은 북한의 혁명수출을 위한 무장력으로 정규군을 창설
	수준	• 미국은 남한의 군사력을 내부의 전복활동에 대처하여 치안을 유지할 수 있는 수준으로 육성	• 남한군대를 내부의 전복활동에 대처할 수 있는 수준으로 육성
		• 소련은 북한의 군사력을 혁명수출을 위한 무장력으로서 충분한 수준으로 육성	• 북한군대를 혁명수출에 충분한 수준으로 육성
	과정	• 미국은 남한의 군사력으로 경비대를 창설하여 증편과정을 거쳤을 뿐 정규군 체제로 미전환	• 남한군대는 경비대 체제를 정규군 체제로 전환시켜야 할 과제를 부담
		• 소련은 1946년부터 북한의 군사력을 정규군 체제로 전환	• 북한군대는 정규군으로서 전쟁 원동력의 축적이 가능
전력증강 지원면	철군 전	• 미국은 남한군의 창군과정에서 전쟁원동력을 부여하는 데 관심이 없었기 때문에 군수산업 육성에도 관심이 별무	• 미국은 남한군대의 전쟁원동력 부여에 매우 소극적
		• 소련은 북한군의 창군과정에서 전쟁원동력을 적극 부여키 위해 군수산업 육성 지원에도 적극성을 시현	• 소련은 북한군대의 전쟁원동력 부여에 매우 적극적
	철군 시	• 미국은 남한군에 방어용 무기를 제공하는 데 국한	• 미국은 남한군대가 방어군대로 성장하도록 기도
		• 소련은 북한군에 공격용 무기를 적극 제공	• 소련은 북한군대가 공격군대로 성장하도록 기도
	철군 후	• 미국은 남한이 미국의 극동방위 선에서 제외되자 사실상 전력증강 지원을 외면	• 미국은 군사고문단을 잔류시키고서도 남한군의 전력증강 지원을 외면
		• 소련은 북·중·소 3국 군사 대표자 회의를 통해 북한군이 남침을 하는 데 충분한 수준으로 전력을 증강키로 합의했을 뿐만 아니라 특별군사사절단을 파견 전력증강을 지원	• 소련은 특별군사사절단까지 파견하여 북한군의 남침전력증강 지원 제공에 진력

안의 수단으로 간주한 데 반해, 소련은 공산주의 국가가 그러하듯이 군대창설을 권력의 창출 및 이념의 확대 수단, 즉 기존 질서의 파괴 수단으로 간주하는 대조되는 목표 특성을 지니고 있었다.

그리고 군사력 육성수준면에서 볼 때 미국은 남한의 군사력을 내부의 전복활동에 대처할 수 있는 수준으로 육성하는 데 목표를 둔 반면, 소련은 북한의 군사력을 혁명수출을 위한 무장력으로서 충분한 수준으로 육성하는 데 목표를 두었다. 또한 군사력의 건설과정에서 볼 때 미국은 한국인의 창군운동단체 해산, 미군정 경비대의 창설, 경비대의 증편, 대한민국 국군창설 과정 순을 거친 데 반해, 소련은 한국인의 무장단체 해산, 보안대의 창설, 보안간부훈련대대부 창설 및 인민집단군 창설, 조선인민군 창설의 과정 순을 거쳤다.

다음으로 미·소 점령군의 철군 전 남북한의 전력증강 지원면을 볼 때 미국은 남한군의 창군과정에서 전쟁원동력을 부여하는 데 관심이 없었기 때문에 군수산업의 육성에도 관심이 별무했던 데 반해, 소련은 북한군의 창군과정에서 전쟁원동력을 적극 부여하기 위해 군수산업의 육성에도 적극성을 시현하였다. 그리고 철군시 미·소 점령군의 남북한에 대한 전력증강 지원면을 볼 때 미국은 남한군대에게 방어용 무기를 제공하는 데 국한시킨 반면에 소련은 북한군대에게 탱크와 같은 공격용 무기를 제공하였다. 또한 철군 후 미·소 점령군의 남북한에 대한 전력증강 지원면에서 볼 때 미국은 남한이 미국의 극동방위선에서 제외되자 사실상 전력증강 지원을 외면한 데 반해, 소련은 북·중·소 3국군사대표자 회의를 통해 북한군이 남한을 침략하는 데 충분한 수준으로 전력을 증강키로 합의했을 뿐만 아니라 북한에 특별군사사절단을 파견하여 전력증강을 지원했다.

이상과 같은 미·소의 군사력 건설목표면, 육성수준면, 건설과

정면에서의 대조적인 특성과 점령군의 철군 전, 철군시, 철군 후의 전력증강 지원면에서의 대조적인 특성으로 인해 남북한의 창군 전개 과정에 대조적인 영향을 주어 남북한 군대에 독특한 특성을 형성시켰다.

우선 군사력 건설면에서 볼 때 미국은 남한의 군사력 건설의 목표를 치안유지에 두었기 때문에 경비대를 창설한 데 반해, 소련은 북한의 군사력 건설의 목표를 혁명의 수출에 두었기 때문에 정규군을 창설하였다. 그리고 미국은 남한의 군사력을 치안유지의 수준으로 건설코자 했기 때문에 내부의 전복활동에 대처할 수 있도록 육성한 데 반해, 소련은 북한의 군사력을 혁명수출을 위한 무장력으로 건설코자 했기 때문에 혁명수출에 충분한 수준으로 육성하였다. 또한 미국은 남한에 경비대를 창설하여 유지해 오다가 증편과정만을 거쳤을 뿐 정규군 체제로 전환시키지 않았기 때문에 남한군대는 경비대 체제를 정규군 체제로 전환시켜야 할 과제를 떠맡게 된 데 반해, 소련은 북한에 창설한 보안대를 보안간부훈련대대부 및 인민집단사령부의 창설을 통해 정규군 체제로 전환시켰기 때문에 북한군대는 상당한 수준의 전쟁원동력을 축적시켜 왔던 것이다.

다음으로 전력증강 지원면에서 볼 때 미·소 점령군의 철군 전에는 미국이 남한군대의 창군과정에서 전쟁원동력을 미부여한 데 반해, 소련은 북한군대의 창군과정에서 전쟁원동력을 적극 부여하였고, 철군시에는 미국이 남한군대에 방어용 무기를 제공하여 방어군대로 성장을 기도한 데 반해, 소련은 북한군대에 공격용 무기를 제공하여 공격군대로 성장을 기도하였다. 그리고 철군 후에 미국은 남한이 미국의 극동방위선에서 제외되자 군사고문단을 남한에 잔류시키고서도 남한의 전력증강 지원을 외면한 데 반해, 소련은 북한군의 무력통일을 위한 남침 전력증강 지원을 위해 별도의 특별군사사절단을 파견하여 군사고문단의 역할을 보강하였다.

4. 남북한 군대간부의 양성과정

(1) 남한군대의 간부양성

1) 남한군대의 간부자원

미군정은 "한국의 정규군은 한국이 독립할 때 창설될 문제"임을 분명히 하고 경비대를 창설하였다. 그러므로 대한민국 정부가 수립되어 대한민국 국군이 창설될 때에 국군의 간부자원은 ① 미군정의 경비대에 입대하여 복무하다가 정부수립 후 대한민국 국군에 편입된 군영 출신과 경비사 출신, ② 해방직후 창군운동을 전개하다가 국군의 창설을 기다려 입대, 리더십을 확립한 광복군·일본군·만주군 출신 중진 군사경력자들, ③ 국군이 창설되자 "건군의 초석이 되겠다"는 신념으로 입대한 이남의 청년단 단원들과 월남한 이북의 청년단체 회원들로 구성되었다.

다시 말하면 ① 미군정의 경비대에 복무하다가 국방부훈령 제1호에 의해 대한민국 국군에 편입된 군사영어학교 출신 110명과 경비사관학교 제1기로부터 제6기까지의 출신자 1,254명, ② 〈육·해·공군출신동지회〉를 조직하여 창군의 날을 기다리던 광복군·일본군·만주군 출신 중진들로서 육사 7기 특기와 8기 특기로 입대한 1,200

여명, ③ 광복군의 수뇌들이 육성한 광복청년회, 민족청년단, 대동청년단 등 청년단의 단원들과 월남한 이북의 서북청년회, 대동강동지회, 압록강동지회 등 청년단체의 회원들로서 육사 정규 7기로부터 정규10기에 이르기까지 입대한 2,500여 명 등으로 구성되었다.[89)]

그러므로 창군의 간부요원은 ① 광복군 출신, ② 일본군 출신, ③ 만주군 출신 등 군사경력자들과 ④ 이남의 청년단 단원들, ⑤ 월남한 이북의 청년단체 회원들 등 민간인 출신들로 구성되었고, 창군의 간부요원의 범위는 군영 출신, 경비사 출신, 육사 출신으로 산정되고 있다. 그런데 미군정은 군의 기술주의를 중시하여 군사경력자를 중시하였으며, 따라서 군영 출신은 물론 경비사 출신도 제1기로부터 제4기까지를 군사경력자로 충원하였다.

그러나 미군정의 이 같은 군사정책은 경비대의 장교단에 일본군 출신이 대종을 이루게 만들었다. 해방공간에서 일본군 출신 군사경력자들은 일본육사 출신 90여 명, 일군학병 출신 4,400여 명, 일군지원병 출신 20,000여 명에 달하였다.[90)] 그러므로 미군정이 군사영어학교를 설치하여 군사경력자들을 입교시키되 일본군 출신, 만주군 출신, 광복군 출신 간에 균형을 유지하여 입교시키려 했으나 일본군 출신은 일본육사 출신 13명, 일군학병 출신 68명, 일군지원병 출신 6명 등 총 87명이었고, 만주군 출신은 21명이었던 데 반해, 광복군 출신은 단 2명에 불과했다.

그리고 미군정이 간부요원들의 출신별 파벌형성을 방지하기 위해 20-30대의 소장층을 선호한 데다가 경비대원에 대한 신원조회

89. 한용원(1984), pp. 82-83.
90. 이선근, 『대한국사』 10권(서울 : 신태양사, 1973), pp. 330-335.

를 하지 않고 충원시켰기 때문에 1947년부터 경비대 내의 리더십 문제와 사상문제가 심각하게 전개되었다. 이에 1947년 4월에 귀국하여 대동청년단을 육성시키고 있던 이청천(李靑天) 장군은 1947년 9월 초 하지 장군에게 서한을 보내 경비대를 국방군으로 개편하자고 역설하기에 이르렀다.[91]

이러한 와중에 한국문제가 유엔으로 이관되고 미·소 양 점령군이 한반도에서 철군하게 되자 미군당국에서는 경비대를 정규군으로 개편함이 없이 25,000명의 경비대를 50,000명 규모로 증편하는 조치를 단행했다. 이러한 상황에서 대한민국 국군을 창설해야 했던 이승만 정부의 지도부에서는 군사경험이 풍부한 광복군·일본군·만주군 출신 중진들을 우선적으로 등용하여 군내의 리더십 문제를 해결하고, 광복군의 수뇌들이 육성한 청년단원들과 월남한 이북의 청년단체 회원들을 충원하여 군내의 사상문제를 해결코자 하였으며, 그러한 충원과정과 지휘체계를 통해 경비대의 체질을 정규군의 체질로 전환시키려고 하였다.

따라서 광복군·일본군·만주군 출신 중진들이 경비대 시절에 육성된 간부의 숫자만큼 육사 7기 특기와 8기 특기로 충원되었고, 광복군 수뇌들이 육성한 청년단원들과 월남한 이북의 청년단체 회원들이 육사 정규 7기로부터 정규 10기에 이르기까지 경비대 시절에 육성된 간부의 배수만큼 충원되었다.

91. *G-2 Summury*, HQXXIV Corps(1947. 9. 7-14).

2) 남한군의 간부양성기관

남한군 창군시 주요한 간부양성기관은 군사영어학교, 경비사관학교, 해방병학교 등이었다. 우선 군사영어학교는 미군정이 경비대를 창설, 미국식으로 조직·훈련해야 하기 때문에 군사영어를 교육하는 기관을 만들어 간부를 양성하기 위해 1945년 12월 5일 냉천동에 개설하였다. 군사영어학교의 입교자격은 일본군·만주군·광복군 출신 장교 및 준사관 중에서 중학교 이상을 졸업하고 영어에 대한 약간의 지식을 구비한 자로 제한하여 일본군 출신은 이응준, 만주군 출신은 원용덕, 광복군 출신은 조개옥이 각각 입교적격자를 추천해주도록 의뢰하였다.

그러나 광복군 출신은 법통성을 내세워 입교를 외면한 반면에 일본군 출신 지원자가 절대다수를 차지하였고, 1946년 4월 30일 동교가 폐교될 때까지 200명이 입교하여 110명이 임관하였다. 군사영어학교(군영) 출신 110명을 분석해 보면[92] ① 출신별로는 일본군 출신이 87명으로서 80%를 차지하여 대종을 이루었고, ② 연령별로는 23세로부터 30세까지가 97명에 달해 소장층이 대종을 이루었으며, ③ 승진별로는 임관자의 71%에 달하는 78명이 장성으로 승진한 데다가 참모총장 13명과 합참의장 9명을 배출하였고, ④ 이념적으로 대부분이 친미적·반공적 성향을 견지했으나 숙군작업의 전개결과 10% 수준은 친공적 성향을 지닌 것으로 판명되었다.

다음으로 경비사관학교는 군사영어학교가 1946년 4월 30일 폐

92. 한용원, 『한국의 군부정치』(서울 : 대왕사, 1993), pp. 104-114.

교되자 1946년 5월 1일 태릉에 창설되었으며, 경비사관학교에서는 제1기생으로부터 제6기생에 이르기까지 총 1,254명의 장교를 배출하였다. 제1기로부터 제4기까지는 귀국이 늦어진 일본군·만주군·광복군 출신 군사경력자들이 대종을 이루었으며, 제2기생 일부는 민간인을 공개모집하기도 했다. 제5기는 민간인을 대상으로 학력이 5년제 중학졸업 이상인 자로 자격을 규정했는데도 응시자가 많아 15대 1의 경쟁을 시현했으며, 합격자의 2/3는 이북 출신이었다. 그리고 제6기는 각 연대의 우수 하사관 및 병을 대상으로 모집했는데도 역시 이북에서 월남한 자들이 대종을 이루었다.[93)]

경비사 출신을 분석해 보면 ① 경비대장교단의 절반 이상이 일본군 출신이었고, ② 하급기로 내려갈수록 진급압력이 심화되었으며, ③ 6·25 전쟁시 제1기생 연대장으로부터 제6기생 중대장에 이르기까지 경비사 출신이 주로 지휘관으로 참전하여 30%가 희생됨으로써 참전세력의 중추를 형성했다.[94)] 경비사관학교는 정부수립을 앞두고 학교 명칭을 육군사관학교로 변경하고, 1948년 8월 9일 육사 정규 7기를 입교시킨 이래 1949년 7월 15일 육사 정규 10기를 입교시켜 전쟁발발 직전까지 4개기에 걸쳐 3,708명을 임관시켰다.

끝으로 해방병학교는 해방병단이 군정청 국방사령부에 편입되자 간부양성을 위해 1946년 1월 17일 진해기지에 설치하였다. 동교는 1946년 6월 15일 조선해안경비사관학교, 1946년 8월 10일 해안경비대학, 1946년 8월 14일 해사대학, 1948년 11월 16일 해군대학, 1949년 1월 15일 해군사관학교로 명칭이 각각 변경되어 왔으며, 1950년 2

93. 한용원(1984), pp. 81–85.
94. 한용원(1993), pp. 114–115.

월 25일까지 3개기에 걸쳐 168명의 간부를 배출하였다. 한편, 정부수립을 목전에 두고 해군의 확장이 요구되자 1948년 6월 29일 사관후보생 과정인 특교대(特敎隊)를 설치하여 군사경력자와 항해 유경험자를 단기 교육시켜 임관시켰는데, 6·25 전쟁 직전까지 9개기에 415명의 사관을 배출했으며, 1949년 해병대가 창설되자 1949년 7월 15일 해병 간부후보생 과정을 설치하여 1950년 8월 1일까지 2개기에 71명의 사관을 양성했다.[95)]

3) 남한군 간부양성의 특성

초대 국방장관이 된 이범석 장군은 "국군을 육성시킴에 있어 국군의 정신은 광복군의 독립투쟁 정신을 계승토록 하고, 장교의 질은 일본육사 출신을 비롯한 군사경험이 풍부한 중진들을 우선적으로 등용하여 향상시키는 데 둘 것이다"고 천명했다. 그러므로 군의 리더십에서는 우선 호국의 간성을 육성하는 육군사관학교의 교장에 광복군 출신을 임명하여 광복군의 독립투쟁 정신을 본받도록 하였다. 즉 1948년 7월 29일 광복군 출신 최덕신 중령을 육사 제6대 교장으로 임명한 이래 제7대 교장(1949년 1월 15일–1950년 6월 10일)에 김홍일 장군, 제8대 교장(1950년 6월 10일–1950년 7월 8일)에 이준식 장군, 제9대 교장(1951년 10월 30일–1952년 11월 10일)에 안춘생 장군을 각각 임명했다.[96)]

다음으로 군의 리더십에서는 "광복군을 모체로 국군을 편성해

95. 한용원(1984), p. 88.
96. 육군사관학교, 『대한민국 육군사관학교 30년사』(1978) 참조.

야 한다"는 명분론을 내세워 경비대에 입대하지 않고 제도권 밖에서 〈육·해·공군출신동지회〉를 조직하여 국군이 창설되기를 기다렸던 군사경험이 풍부한 일본육사 출신을 비롯한 군사경력자들을 육사 7기 특기와 8기 특기로 임관시키거나 특별임관시켰다. 이로 인해 장교단의 질을 향상시키고 리더십을 확립토록 했을 뿐만 아니라 부대의 체질을 경비대의 체질로부터 정규군의 체질로 개선하는 데 기여할 수 있었다.

남한군 간부양성의 특성은 첫째 미군정이 경비대의 간부를 양성하면서 기술주의와 불편부당을 강조하였고, 특히 신원조회를 하지 않았으며, 둘째 출신별 균형을 유지하여 경비대의 간부를 양성·충원코자 했으나 군사경력자의 인적 자원면에서 일본군 출신이 풍부하여 경비대의 장교단은 일본군 출신이 대종을 이루었고, 셋째 경비대의 체질을 정규군의 체질로 개선하기 위해 군사경험이 풍부한 중진 군사경력자들과 사상이 투철한 남북한 청년단원들을 국군의 장교로 충원했으며, 넷째 미군정의 경비대가 대한민국 국군으로 전환되자 미군사고문단이 경비대 출신을 선호함으로써 군영 출신과 경비사 출신이 장교단의 헤게모니를 장악하게 된 것 등이다.

특히 군사원조를 무기로 하여 한국군의 발전방향을 좌우했던 미군사고문단이 경비대 출신을 선호한 데다가 6·25 전쟁 후 독립운동 세력을 대체하여 참전·반공 세력이 사회의 헤게모니 세력으로 등장되자 군영 출신은 〈창군동우회〉를 조직하여 "군대는 정통성 못지않게 기술성이 중요하다"는 이데올로기를 확산시키면서 국군의 경비대모체론을 기정사실화시켜 군영 출신이 1968년까지, 경비사 출신이 1980년까지 각각 군의 수뇌부를 형성하였다.[97] 그리고 남한군 창군시 인적 자원면에서 일본군 출신이 풍부했기 때문에 해방 전의 군사경력자 중에서 국군에 입대하여 장군 승진자는 일본군 출신 226명(일본육사 출신 26명, 일본학병 출신 95명, 일군지원병 출신 105명), 만주군 출신 44명, 광복군 출신 32명이었다.[98]

(2) 북한군대의 간부양성

1) 북한군대의 간부자원

김일성의 주도 하에 북한에 친소정권을 수립하는 초기 과정에서 김일성의 빨치산파는 소련 국적 한인들의 지원을 받아 소점령군의 행위주체를 보조하는 준행위자적 역할을 수행해야 했다.[99] 당시 빨치산파의 대다수는 보안대의 간부가 되어 김일성의 권력장악을 뒷받침하였고, 소련 국적의 한인들(깔로)은 200여 개의 당 · 정 요직에 배치되어 기구운영에 중추적 역할을 수행하면서 김일성을 지원하였다. 그러므로 북한의 김일성의 권력장악은 소련파의 정치적 지원과 보안대의 무장력을 배경으로 이루어진 것이었다.[100]

소점령군은 북한에 치안질서가 어느 정도 확립되자 1945년 10월 12일 민족주의자 계열의 자위대, 국내파 공산주의자 계열의 치안대, 소련 국적 한인계열의 적위대 등 무장단체를 해체시키고 1945년 10월 21일 평민 중심으로 2,000명의 보안대를 조직하면서 도 단위

97. 한용원(1993), p. 125.
98. 한용원, "국군," 『현대사 속의 국군』(서울 : 전쟁기념사업회, 1990), p. 329.
99. 한용원, 『북한학』(서울 : 오름, 1998), p. 91.
100. 서대숙, 『북한의 지도자 김일성』(서울 : 청계연구소, 1989), p. 94.

인민위원회가 보안대를 조직하여 치안유지에 활용하도록 허용했다. 그러나 국민당 군대에 대한 대비 등 국경의 경비문제와 터널 · 교량의 경비는 물론 물자의 원활한 수송을 위한 철도 경비문제가 제기되자 소민정은 1945년 11월 27일 보안대의 보완 · 증강을 결정하는 한편, 국경경비와 철도경비를 위한 보안대를 기존 치안용 보안대와는 별도로 창설키로 하였으며,[101] 이러한 결정에 따라 1946년 1월 11일 장차 정규군으로 전환시킬 목적 하에 본부를 평양에 둔 각 도별 철도보안대를 창설하였다.

북한군의 창군과정에서 고위장교의 대부분은 항일빨치산 부대와 중국공산당 군대의 장교 출신들이었고, 소련 국적의 한인들은 수적으로 적었을 뿐만 아니라 전투부대 장교 출신이 드물었다.[102] 우선 항일빨치산 계열의 김일성, 최용건, 김책, 강건, 안길 등은 간부양성기관인 평양학원과 중앙보안간부학교를 장악했을 뿐만 아니라 군의 지휘 · 통솔기관인 '보안간부훈련대대부'를 장악하였다. 평양학원은 김책이 초대원장을 맡는 등 김일성 직계의 빨치산파 출신 30여 명이 장악하였고, 중앙보안간부학교는 항일빨치산파 출신 손종준, 최병열 등과 연안파 출신 박효삼, 김강 등 30여 명, 그리고 평양학원 단기과정 출신 10여 명이 주축을 형성했으며, 주요 간부는 연안파 출신(학교장 박효삼, 정치부교장 김웅 등)이 차지했으나 핵심적 자리에는 항일빨치산 출신이 임명되었다.

그리고 스탈린의 지시에 의해 1946년 8월 15일 군사력 건설과 유관한 부대들을 통합 지휘할 기구로 보안간부훈련대대부를 창설하

101. 장준익(1991), pp. 45–46.
102. 안드레이 란코프 저, 김광린 역(1995), pp. 147–149.

고 훈련대대부사령관 최용건, 문화부사령관 김일, 총참모장 안길 등 항일빨치산 출신들을 대거 간부로 기용했다. 다음으로 연안파 조선의용군 계열의 무정, 김웅, 박일우, 박효삼, 이상조 등은 해방직후 개별적으로 입북하여 북한군의 창설에 참여했거나 중국의 해방전에 참전한 후 입북하여 북한군으로 편성되었다.

끝으로 소련군 출신 계열의 최표덕, 이동화, 강미하일, 오기찬, 박길남, 황호림 등은 대부분 일제 시대에 소련으로 이주하여 소련군에 입대한 한인교포 2세들이었다. 그러나 소련 국적의 한인들 중에는 1937년부터 1938년까지 탄압과정에서 희생자가 많이 나왔기 때문에[103] 북한군을 창설하는 과정에서 빨치산파나 연안파에 비해 큰 역할을 수행하지 못하였다. 하지만 소련파는 북한군 창설시 간부학교의 교관, 소련군 통역관, 민족보위성의 주요 참모부서에서 활약하였고, 6·25 전쟁이 발발하자 군대에 징집되거나 자원입대하여 수적인 증대를 가져왔다.

그리고 〈북한인민군대사〉 등에서 "북한의 창군의 주역은 소련군·중국군 출신들이었고, 일본군이나 만주군 출신들은 철저히 배제하였다"고 단정하고 있으나[104] 일본군과 만주군 출신 군사경력자들도 북한군의 창설에 활용되어 참여했다. 하지만 빨치산파가 권력을 장악하자 북한군당국은 1946년 후반기부터 이들의 성분불량을 내세워 군에서 점차 도태시켜 나갔다. 북한군 창설시 소련군사령부와 북한당국의 일본군 및 만주군 출신 군사경력자 활용정책의 유형을 살펴보면 첫째, 신의주항공대의 경우 북한공군의 창설 모체로 이용할

103. 안드레이 란코프 저, 김광린 역(1995), p. 149.
104. 장준익(1991), p. 24.

것을 고려하여 고문관을 파견하고 지원을 제공했다.

일본 나고야(名古屋) 항공학교 출신 이활(李闊)을 중심으로 일본항공학교 출신 20명, 중국비행학교 출신 10명, 만주군 출신 및 기타 각 항공계에서 근무한 기술자 20여 명을 포함한 50여 명이 주동이 되어 1945년 10월 25일 소련점령군사령부의 승인을 받아 〈신의주항공대〉를 조직하자 소련군은 이를 장차 북한공군의 창설 모체로 이용할 것을 고려하여 맥심 공군소좌를 고문관으로 파견하여 지도하였고, 신의주비행장 주둔 소련군사령관 막시노프 소좌는 일본군이 사용하던 일제95식 연습기를 지원하였다. 이렇게 해서 신의주항공대가 3개월 과정의 제1·2기생 240명을 졸업시키자 1946년 6월 7일 신의주항공대는 평양학원의 항공중대로 편입되었고 그후 항공대로 독립하였다.

둘째, 1945년 말 북한당국에서는 북한군의 창설에 군사경력자들의 참여를 적극 권장하였다. 김백일(金白一, 봉천군관학교 5기, 만군대위 출신)은 김일성으로부터 "북한군 창설을 위해 함께 일하자"는 제의를 받은 바 있고, 한신(韓信, 일본학병소위 출신)은 함남인민위원회로부터, 이기건(李奇建, 신경군관학교 1기, 만군대위 출신)은 평북인민위원회로부터 각각 군대창설에의 참여를 제의받았다. 그러나 김백일과 한신은 월남하여 군영과 경비사에 입대하였고, 이기건은 북한군 창설에 참여하여 소령으로 임용되어 북한군 제1사단 포병대 부대장이 되었다.[105]

셋째, 일부 군사경력자들은 집단을 이루어 자발적으로 북한군

105. 이기건도 1948년에 월남·귀순하여 육사 7기 특기로 입대, 소령으로 임관하였다.

창설에 참여하기도 했다. 즉 해방공간에서 〈조선국군준비대〉의 부위원장을 역임한 박승환(朴承煥, 만주군항공중위 출신)은 만주군 출신 박창암(朴蒼岩) 등 14명과 더불어 북한군의 창설에 참여하여 대위로 임용되었다고 한다. 그러나 북한군당국에서는 1946년 후반기부터 "일본군·만주군 출신들은 성분이 불량하다"는 이유를 내세워 14명의 대변인 역할을 하던 박승환은 처형되고 나머지 13명은 북한군에서 도태되었다고 한다.[106)]

2) 북한군의 간부양성기관

북한군 창군시 주요한 간부양성기관은 평양학원, 중앙보안간부학교, 해안경비대간부학교 등이었다. 우선 김일성대학의 전신인 평양학원은 북한군 건설의 기초작업으로 1945년 11월 17일부터 구체적으로 준비되었고, 공식적으로는 1946년 2월 23일 개교하였다. 그러나 공산정권을 수립하는 데 소요되는 당·정·군 정치간부의 양성이 시급하여 북한 각 지역에서 선발된 600여 명을 1946년 1월 3일 입교시켜 4개월 코스의 단기 교육과정부터 시작했는데, 동교에서는 당·정·군 간부들에 대한 통일적인 정치사상 교육을 실시할 수 있는 장점을 지니고 있었다.

동교는 초대원장 김책을 비롯하여 안길, 조정철, 심태산, 김중동, 주도일 등 30여 명의 항일유격대 집단에 의해 육성되었기 때문에 내면적으로 김일성에 대한 절대적 지지를 사명으로 삼고 있었다.[107)]

106. 박창암은 임종시 백선엽 장군에게 북한군 창설에 단체로 참여하여 도태된 사실을 진술했다고 한다.

그러므로 빨치산 출신들은 그들 세력의 저변확대를 위해 각 지방을 순회하면서 각급 인민위원회에서 핵심분자들을 선발하여 입교시켰다. 동교는 소련군 출신 한인과 소련군 교관에 의해 노어를 비롯한 공산당사와 소련군 군사교리 등을 교육했는데, 군사교육보다는 정치사상 교육에 중점을 두었으며, 그러기 위해 소련군 정치사령부의 조종을 받는 소련군 출신 한인교관들에게 정치교육을 맡겼다.[108] 1946년 6월 초 단기 교육과정을 마친 일부는 북조선중앙보안간부학교의 창설요원, 철도경비대의 간부요원, 개천·나남·평양의 보안훈련소 간부요원으로 발령이 났다.

1946년 6월 26일 15개월 코스의 정규과정이 신설되어 정규과정 제1기생 800여 명을 선발, 입교(노어중대 200, 통신중대 100, 항공중대 100, 여성중대 300, 대남반 100)시켰고, 이들 중에서 선발된 20명은 하바로브스크 극동군관학교에 파견되어 소련 군사교육을 이수케 하였다. 소련군 출신 한인들이 대종을 이루었던 평양학원의 교관들은 훗날 북한 정부기관에 핵심요원으로 등용되었고, 평양학원은 정치반과 군사반으로 구성·운영되어 후에 정치반은 〈북조선공산당중앙당학교〉로, 군사반은 〈북조선중앙보안간부학교〉로 각각 분화·발전함으로써 북한 정치군사 분야의 간부양성의 중심으로 자리매김하였다.

그러나 대남간첩 및 유격대 요원을 양성하던 평양학원의 대남반은 강동정치학원에 예속시켰고, 평양학원에 예속되었던 항공중대는 북한공군의 모체가 되어 독립하였다. 그리고 평양학원의 제2대원장은 빨치산파의 안길(安吉)이 역임했으며, 1949년 1월 북한군 제2군

107. 장준익(1991), pp. 48–49.
108. 국방부 군사편찬연구소(2004), p. 235.

관학교로 개칭되어 평양 만경대로 이전되면서 제3대 교장에 소련파의 기석복(奇石福)이 임명되었다. 평양학원은 1948년 초까지 제1·2기생을 배출했으며, 제2군관학교로 개칭된 후 전쟁발발시까지 제3·4·5기생을 배출하여 총 2,500여 명을 양성했다.109)

다음으로 북조선중앙보안간부학교는 보병, 포병, 통신, 공병을 비롯한 여러 병종의 지휘관들을 전문적으로 양성할 목적으로 1946년 7월 8일 임시인민위원회의 결정에 따라 강서군 대안리에 설치하였다. 이 학교에는 항일유격대 출신 손종준, 최병열 및 연안파 출신 박효삼, 김강 등 30여 명의 군사경력자들과 평양학원 단기과정 출신 10여 명이 주축을 형성했으며, 주요 간부인 학교장 박효삼, 정치부교장 김웅 등은 연안파 출신들이었으나 군사부교장(최용진) 등 핵심자리에는 항일유격대 출신이 임명되었고 각 중대장들은 전부 소련군 출신 한인들이었다.110)

이 학교의 정원은 500명이었고, 수업기간은 12개월이었으며, 입학자격은 각급 인민위원회의 추천을 받은 신체 건강한 30세 이하의 자로서 중등학교 1학년 수료 이상의 학력으로 제한하였고, 교과과정은 소련국방성총정치국의 지시에 따라 제25군 정치부가 작성하여 군사회의가 승인했으며, 교원은 소련군사령부 소속 인원 가운데서 초빙했다. 그런데 이 학교는 소련의 대북영향력을 강화시키기 위해 스티코프 장군이 특별히 구상한 것으로 알려졌다.111)

중앙보안간부학교는 스티코프가 계획하고 스탈린이 승인함으

109. 국방부 군사편찬연구소(2004), p. 238.
110. 이정희,『북한요론』(서울 : 문현사, 1987), p. 245.
111. 안승환, "주북한 소련군사고문단의 북한군 지원활동," 국방부 군사편찬연구소(2002), p. 404.

로써 구체화되어 교육훈련 준비가 완료된 1946년 10월 22일 보안간부 제1기생 300명이 입교하였다. 이들은 각 지방의 보안대 및 인민위원회의 요원들 중 북조선공산당중앙위원회가 엄선한 투철한 공산주의자들로서 보병중대 120명, 포병중대 120명, 통신중대 60명 등 3개 중대로 편성되었다. 각 중대의 중·소대장은 소련군 출신 한인들이었고, 이들은 교관도 겸임했다. 제1기생은 1947년 10월 26일 졸업했는데, 대부분 보안간부학교의 교관, 소대장 등으로 잔류·보직되었고, 제1기생 배출 후 학교편제는 종합군관학교의 규모로 확장되어 위생중대, 경리중대, 공병중대 등이 증편되었다. 그리고 동교는 1948년 12월 초 평양 사동으로 이전하여 '제1군관학교'로 개칭되었다가 1950년 10월 '강건종합군관학교'로 개칭되었는데,[112] 전쟁발발 전까지 2,000여 명을 배출했다.

끝으로 해안경비대의 간부는 창군 초기에 평양학원과 중앙보안간부학교 출신자를 기용했으나 해상근무에 대한 전문지식의 부족을 표출시킴으로써 전문적인 해안간부의 양성을 위해 1947년 7월 8일 해안경비대간부학교를 창설·운영하였다. 그리고 조선인민군의 창설을 계기로 해안경비대간부학교는 북한군해군군관학교로 개칭(초대교장 김광연, 부교장 김원무, 정치부교장 소정철)하여 1949년 9월 제1기생 250명, 1950년 5월 제2기생 750명을 각각 졸업시켰다. 이외에도 남한에서 지하투쟁을 전개할 요원의 양성을 위해 1947년 9월 강동정치학원(교장 박병률)을 설립하여 2,500여 명의 유격대원을 양성하여 남파시켰다.

112. 국방부 군사편찬연구소(2004), p. 242.

3) 북한군 간부양성의 특성

북한군 간부양성의 특성은 첫째 빨치산파가 간부양성기관의 헤게모니를 장악하거나 핵심적 자리를 차지하여 간부양성을 주도하였고, 둘째 간부양성기관을 장악한 빨치산파는 각 지방의 각급 인민위원회에서 핵심분자들을 선발·입교시켜 그들 세력의 저변확대를 도모했으며, 셋째 간부양성기관에서 교관과 중대장 역할을 맡은 소련군 출신 한인장교들은 스탈린이 북한의 지도자로 선정한 김일성이 권력을 장악할 수 있도록 정치적 지원을 하기 위해 입교자들을 공산주의의 지지자인 동시 김일성의 지지자로 육성시켰다.

아울러 소련군사령부는 북한에 친소정권을 수립하기 위한 방편으로 간부양성기관의 교과과정을 지도·관리하였다. 즉 간부양성기관의 교과과정은 소련국방성총정치국의 지시에 따라 제25군 정치부에서 작성하여 군사회의의 승인을 얻도록 함으로써[113] 소점령군은 소련에 우호적인 정부가 북한에 수립될 수 있도록 지도·관리하였다. 이 같은 소점령군의 대북한군 간부양성정책은 북한인민군이 김일성의 권력인수와 정권수립의 도구가 되게 만들었을 뿐만 아니라, 북한에 소련의 이익을 위해 봉사할 수 있는 공산정권이 수립될 수 있는 토대를 형성하는 데 기여토록 하였다.

소민정은 보안대의 간부를 양성하면서 해외 군사경력자들을 선호하였고, 따라서 소련군 및 중국군 출신은 물론 일본군 및 만주군 출신들도 보안대의 창설에 참여했다. 그러나 김일성의 빨치산파가

113. 국방부 군사편찬연구소(2001), p. 20.

보안대의 창설을 주도하게 된 데다가 소련 국적 한인들의 정치적 지원에 힘입어 정치권력을 장악하게 되자 보안대의 당군(党軍) 성격이 부각되었고, 이로 인해 일본군 및 만주군 출신들은 점차 도태되었으며, 따라서 북한군에는 당·군관계의 중시 전통이 정착되기에 이르렀다.[114)]

김일성은 1948년 2월 8일 조선인민군의 창설을 전 세계에 선포하면서 "인민군대는 자본주의 국가의 군대와는 근본적으로 다른 새로운 형태의 군대"로서 "조선의 노동자·농민·근로자의 아들·딸로 구성되었고, … 항일무력전쟁에서 일본 제국주의자들에게 불 같은 분노로 갚아주었던 진정한 조선 애국자들이 그 핵심을 이루고 있다"고 강조하였다.[115)] 그리고 김일성은 동선포식 연설을 통해 조선인민군을 '조선인민의 혁명적 무장력'이라고 주장하여 한반도 전역에 걸쳐 공산화를 이룩하겠다는 의지를 분명히 했으며, 이는 결국 동족상잔의 전쟁으로 비화되는 요인을 형성했다.

(3) 남북한 군대간부의 양성과정과 그 특성 비교

미·소 점령군이 남북한 군대의 간부를 양성한 과정은 〈표 3〉에서 잘 드러나고 있다. 미·소가 남북한 군대 창설시에 군대간부의 양

114. 실례로 최용건 민족보위상은 인민군창립 2주년 경축대회에서 "김일성 장군 빨치산 부대에서 일생을 반일 유격투쟁을 바쳐온 진정한 애국자, 혁명자들은 우리 인민군대 창건의 골간이 되었으며, 그들의 고귀한 혁명전통과 투쟁 경험과 애국정신은 인민군 창건의 토대가 되었다"고 주장했다.
115. 가브릴 코로트코프 지음, 어건주 옮김(1992), pp. 196–197.

〈표 3〉 군대간부의 양성과정과 그 특성

비교의 요소		대조되는 목표 특성(미국/소련)	간부 양성과정에의 영향(남한/북한)
간부 양성면	양성 목표	• 미국은 경비대의 치안유지 능력 배양에 중점을 둔 데 반해 소련은 정규군의 혁명수출 역량 배양에 중점	• 미군정은 간부요원의 군사기술주의를 강조한 데 반해 소민정은 간부요원의 사상과 기술을 공히 강조하되 사상을 더욱 중시
	간부 자원	• 미·소 공히 군사경력자를 선호했으나 미국은 일본군·만주군·광복군 출신 순으로 간부자원을 확보한 데 반해 소련은 빨치산파·연안파·소련파 출신 순으로 간부자원을 확보	• 미군정은 인적 자원면에서 풍부한 일본군 출신 중에서 다수의 간부자원을 확보했으나 소민정은 북한사회의 권력형성 측면을 감안하여 빨치산파의 저변확대를 위한 간부자원의 확보
	양성 기관	• 미국이 군사영어학교를 기간으로 경비사관학교와 해방병학교에서 간부를 양성한 데 반해 소련은 평양학원을 기간으로 중앙보안 간부학교와 해안경비대간부학교에서 간부를 양성	• 남한에서는 군영 출신이 〈창군동우회〉를 조직하여 경비대의 정통성을 강조하는 상황이 전개 된 데 반해 북한에서는 빨치산파의 항일혁명 전통을 모든 간부들이 신봉하는 상황 전개
	헤게 모니	• 미군사고문단이 경비대 출신을 선호함으로써 군영 출신과 경비사 출신이 한국군의 헤게모니를 장악한 반면에 소민정은 김일성의 권력장악을 뒷받침함으로써 빨치산파가 북한군의 헤게모니를 장악	• 남한에서는 군영 출신과 경비사 출신이 군부의 헤게모니를 장악한 데 반해 북한에서는 빨치산파가 헤게모니를 장악
	이념 측면	• 미군정은 경비대를 비이념적으로 육성키 위해 불편부당과 기술주의를 강조한 데 반해 소민정은 보안대를 철저히 이념적으로 육성키 위해 ML주의 사상 교양을 강화	• 미군정은 남한군대를 비이념적으로 육성했을 뿐만 아니라 정규군의 체질로 개선하지 못한 데 반해 소민정은 북한군대를 철저히 이념적으로 육성했을 뿐만 아니라 정규군의 체질로 개선

성목표와 양성수단이 대조적이었기 때문에 남북한 군대간부의 특성이 대조적으로 구현될 수밖에 없었다.

우선 군대간부 양성의 목표면에서 볼 때 미국은 경비대의 치안유지 능력 배양에 중점을 둔 데 반해, 소련은 북한군의 혁명수출 역량 배양에 중점을 두었다. 그리고 군대간부의 자원면에서 볼 때 미·

소 공히 군사경력자를 선호했으나 미국은 남한사회의 인적 자원면에서 풍부한 순서에 준해 일본군·만주군·광복군 출신 순으로 간부자원을 확보한 데 반해, 소련은 북한사회의 권력형성면을 감안하여 빨치산파·연안파·소련파 출신 순으로 간부자원을 확보하였다.

또한 군대간부의 양성기관면에서 볼 때 미국은 군사영어학교를 기간으로 하여 경비사관학교와 해방병학교를 중심으로 군대의 간부를 양성한 데 반해, 소련은 당·정·군의 간부를 육성하는 평양학원을 기간으로 하여 중앙보안간부학교와 해안경비대간부학교를 중심으로 군대의 간부를 양성하였다. 그런데 미군사고문단은 미군정의 경비대 출신을 선호하여 이들을 뒷받침함으로써 군영 출신과 경비사 출신이 남한군의 헤게모니를 장악했으나 소민정은 스탈린이 북한의 지도자로 선정한 김일성이 권력을 장악하도록 뒷받침하였고, 그 결과 김일성의 빨치산파가 북한군의 헤게모니를 장악케 되었다.

나아가 창군의 이념적 측면에서 볼 때 남한군의 경우 미군정기에는 군대간부를 비이념적으로 육성하기 위해[116] 기술주의를 강조하고 불편부당을 강조했으나 한국군이 창설되면서 광복군의 독립투쟁정신을 본받도록 강조되었다. 이에 반해, 북한군의 경우 소민정기부터 군대간부를 철저히 이념적으로 육성하기 위해 마르크스-레닌주의에 입각한 정치사상 교양을 강화시킴으로써 유물론적 사고방식이 확산되고 당성·계급성·인민성·집단주의가 제고되었으며,[117] 특히 간부양성기관의 교과과정은 소련국방성총정치국의 지시에 따라 제

116. 미군정에서는 좌우사상의 대립 속에서 경비대의 비이념적 육성을 위해 '불편부당'을 고집함으로써 공산주의사상이 군내에 오염되는 결과를 초래하였다. 한용원(1984), p. 51.

117. 한용원(1998), p. 47.

25군 정치부에서 작성토록 함으로써 소련에 우호적인 정부가 북한에 수립될 수 있도록 지도·관리하였다.

이상과 같은 미·소의 남북한 군대간부 양성에서의 대조적인 특성은 양성과정에 있던 남북한 군대간부에게 대조적인 영향을 주어 남북한 군대간부의 독특한 특성을 형성하였다. 우선 군대간부의 양성 목표면에서 볼 때 미국은 경비대가 치안유지 능력을 확보할 수 있도록 간부요원의 군사기술주의를 강조한 데 반해, 소련은 북한군의 혁명수출 역량을 배양할 수 있도록 간부요원의 사상과 기술을 공히 강조하되 사상을 중시하였다.

그리고 군대간부의 자원면에서 볼 때 미·소 점령군은 공히 남북한 군대를 창설할 초창기에 군사경력자들을 선호했다. 즉 미점령군은 경비대의 간부를 양성하면서 군사기술주의를 내세워 군사경력자들을 선호했으나 경비대에는 일본군 및 만주군 출신 소장층들이 주로 참여하였고, 군사경험이 풍부한 중진 군사경력자들은 한국군이 창설되자 육사 7기 특기 및 8기 특기와 특별임관으로 군에 참여하였다.[118] 이에 반해, 소점령군은 보안대의 간부를 양성하면서 해외 군사경력자들을 선호했기 때문에 소련군 및 중국군 출신은 물론 일본군 및 만주군 출신도 참여했으나 간부양성기관을 장악한 빨치산파가 그들 세력의 저변확대를 도모하여 보안대의 당군(党軍) 성격이 부각되고 김일성이 정치권력을 장악하게 되자 일본군 및 만주군 출신들은 성분불량의 낙인을 찍어 점차 도태시켰다.

또한 장교단의 헤게모니 장악면에서 볼 때 미점령군이 철수한

118. 중진군사경력자들은 "광복군이 국군의 모체가 되어야 한다"는 명분론을 내세워 경비대의 입대를 외면하고 한국군이 창설되기를 기다렸다.

후 남한에 잔류케 된 미군사고문단은 미군정이 육성한 경비대 출신을 선호함으로써 군영 출신과 경비사 출신이 장교단의 헤게모니를 장악하게 되었고, 따라서 군영 출신이 1968년까지, 경비사 출신이 1980년까지 각각 남한군의 수뇌부를 형성하였다. 이에 반해, 소점령군은 보안대의 간부양성기관을 장악한 빨치산파가 그들 세력의 저변확대를 도모하도록 뒷받침했을 뿐만 아니라 소련 국적 한인들의 정치적 지원과 보안대의 무장력을 배경으로 하여 김일성이 북한의 정치권력을 장악하도록 뒷받침함으로써 빨치산파가 북한군 장교단의 헤게모니를 장악하게 되었다.

나아가 군대의 체질개선 측면에서 볼 때 남한에서는 단정수립 후 사회적 요구를 군대가 수용하는 형식으로[119] 군사경험이 풍부한 중진 군사경력자들과 반공사상이 투철한 청년단원들을 한국군의 장교로 충원하여 리더십 문제와 사상문제를 극복케 함으로써 경비대의 체질을 정규군의 체질로 전환시켰다. 이에 반해, 북한에서는 스탈린의 지시에 따라 소점령군의 주둔기에 이미 보안간부훈련대대부의 창설을 통해 보안대의 체질을 정규군의 체질로 전환시킨 데다가 사상 교양을 통해 이념적으로 투철한 군대를 육성하였다.

119. 1947년부터 경비대는 리더십 문제와 사상문제로 인해 개편론이 대두되었고, 이는 정부수립을 앞두고 경비대의 해체론으로 비화되었기 때문에 군당국은 이러한 사회적 요구를 수용할 필요가 있었다.

5. 결론

38선을 경계로 남한과 북한에 주둔한 미·소 양 점령군은 그들의 점령정책의 목적에 따라 남북한의 군대창설을 각각 지원하였다. 그런데 미·소의 점령정책, 군정통치정책, 군사정책은 사실상 남북한 군대창설의 방향을 좌우하는 환경요인을 형성하였고, 미·소의 남북한 군사력의 건설과 전력의 증강 지원은 남북한 군대창설의 전개과정을 좌우하는 요인을 형성했으며, 미·소의 남북한 간부 양성목표, 간부자원, 헤게모니 등은 남북한 군대간부의 양성과정을 좌우하는 요인을 형성하였다.

이러한 맥락에서 미국의 대한정책과 소련의 대북정책부터 미·소의 점령정책, 군정통치정책, 군사정책 등을 통해 비추어 볼 필요가 있는 것이다. 우선 ① 점령정책면에서 미국은 당초 한반도에 신탁통치를 실시한 후 통일한국의 수립을 목표로 삼은 데 반해, 소련은 점령지역에 부르주아 민주주의 정권을 수립하라는 스탈린의 지령에 따라 북한에 공산단독정권의 수립을 목표로 삼았다. 그리고 ② 군정통치정책면에서 미국은 좌익세력의 활성화로 인해 반혁명전략을 추진한 데 반해, 소련은 공산세력의 활성화를 도모하기 위해서 혁명전략을 추진하였다. 또한 ③ 군사정책면에서 미국은 소련의 팽창주의를 저지하기 위해 봉쇄정책을 추진한 데 반해, 소련은 혁명수출을 도모하기 위해 군사력을 활용한 팽창주의를 지향하였다.

이상과 같은 미·소의 대조되는 정책적 특성으로 인해 미·소는 남한군대와 북한군대의 창설에 대조적인 영향을 미치게 됨으로써 미·소의 남북한 군대창설의 방향을 좌우하게 되었다. 우선 ① 점령정책의 목표 특성으로 인해 미국은 남한에 치안유지를 위한 경비대를 창설한 데 반해, 소련은 북한에 혁명수출을 위한 정규군을 창설했으며, ② 군정통치정책의 목표 특성으로 인해 미국은 남한에 내부의 전복활동에 대처할 수 있는 무장력을 육성한 데 반해, 소련은 북한에 혁명의 수출기지 강화를 위한 무장력을 육성하였고, ③ 군사정책의 목표 특성으로 인해 미국은 남한에 방어형 성격의 무장력을 건설하기 위한 지원을 한 데 반해, 소련은 북한에 공격형 성격의 무장력을 건설하기 위한 지원에 진력하였다.

다음으로 남북한 군대창설의 전개과정을 좌우한 주요한 요인은 미·소의 남북한 군사력의 건설과 전력의 증강 지원에 있었다. 우선 군사력의 건설목표면에서 볼 때 미국은 남한에 안전보장의 수단·질서유지의 수단으로 군대를 창설한 데 반해, 소련은 북한에 권력의 창출수단·이념의 확대수단으로 군대를 창설하였다. 그리고 군사력의 육성수준면에서 볼 때 미국은 남한의 군사력을 내부의 전복활동에 대처할 수 있는 수준으로 육성하는 데 목표를 둔 반면, 소련은 북한의 군사력을 혁명수출을 위한 무장력으로서 충분한 수준으로 육성하는 데 목표를 두었다.

다음으로 미·소 점령군이 남북한에 주둔시에 미국은 남한군의 창군과정에서 전쟁원동력을 부여하는 데 관심이 없었기 때문에 군수산업의 육성에도 관심이 별무했던 데 반해, 소련은 북한군의 창군과정에서 전쟁원동력을 적극 부여하기 위해 군수산업의 육성에도 적극성을 시현하였다. 그리고 미·소 점령군 철군시에 미국은 남한군대에게 방어용 무기만을 제공 한데 반해, 소련은 북한군대에게 공격용 무기를 제공하였고, 미·소 점령군 철군 후 미국은 남한이 미국의 극동방위선에서 제외되자 전력증강 지원을 사실상 외면한 데 반해, 소련은 북한군이 남한을 침략하는 데 충분한 군사력 수준으로 전력증강을 지원하였다.

끝으로 남북한 군대간부의 양성과정을 좌우한 주요한 요인은 미·소의 남북한 군대간부의 양성목표, 간부자원, 양성기관, 헤게모니, 이념측면 등에 있었다. 우선 군대간부의 양성목표면에서 볼 때 미국은 경비대의 치안유지 능력 배양에 중점을 둔 데 반해, 소련은 북한군의 혁명수출 역량 배양에 중점을 두었다. 그리고 군대간부의 자원면에서 볼 때 미·소 공히 군사경력자를 선호했으나 미국은 남한사회의 인적 자원면에서 풍부한 순서에 준해 일본군·만주군·광복군 출신 순으로 간부자원을 확보한 데 반해, 소련은 북한사회의 권력형성면을 감안하여 빨치산파·연안파·소련파 출신 순으로 간부자원을 확보하였다.

또한 간부의 양성기관면에서 볼 때 미국은 군사영어학교를 기간으로 경비사관학교와 해방병학교에서 간부를 양성했으나 소련은 평양학원을 기간으로 중앙보안간부학교와 해안경비대간부학교에서 간부를 양성하였다. 나아가 장교단의 헤게모니 장악면에서 볼 때 미군사고문단은 미군정의 경비대 출신을 선호하여 이들을 뒷받침함으로써 군영 출신과 경비사 출신이 남한군의 헤게모니를 장악한 데 반해, 소민정은 스탈린이 북한의 지도자로 선정한 김일성이 권력을 장악하도록 뒷받침하였고, 그 결과 빨치산파가 북한군의 헤게모니를 장악하게 되었다. 끝으로 간부의 이념적 측면에서 볼 때 미군정은 경비대를 비이념적으로 육성키 위해 불편부당과 기술주의를 강조한 데 반해, 소민정은 보안대를 철저히 이념적으로 육성하기 위해 마르크스-레닌주의 사상 교양을 강화시켰다.

따라서 해방 3년간 미점령군은 남한에 1775년 미국 독립전쟁 당시의 미군수준에 불과한 경비대를 건설한 데 반해[120] 소점령군은 북한에 최신예 탱크사단 및 항공사단을 구비한 현대식 정규군을 건설하는 결과를 초래하였다. 그러나 6·25 전쟁을 통해 한국군은 65만 명의 현대식 군대로 급성장한 데다가 최신예무기로 장비한 정규군으로 성장한 데 반해, 북한군은 1950년대 후반 중공군에 안보를 의존하고 1960년대에도 노후화된 장비로 무장한 30만 명 수준의 군사력을 장기 유지하는 정체현상을 시현하였다.

120. Sawyer (1962), pp. 70–77.

참 | 고 | 문 | 헌

Acheson, Dean G. *Present at the Creation : My Years in the State Department*. New York : W. W. Norton, 1969.

Condit, Kenneth W. *History of the Joint Chiefs of Staff : The Joint Chiefs of Staff and National Policy 1947–1949*. Washington D.C. : Office of the Chairman of the Joint Chiefs of Staff, 1996.

Cummings, Bruce. *The Origins of the Korean War : Liberation and Emergence of Separate Regimes 1945–1947*. Princeton New Jersey : Princeton Univ. Press, 1981.

Hoag, C. Leonard. *American Military Government in Korea—War Policy and the First Year of Occupation—1941–1945*. Washington D.C. : U.S.G.P.O., 1970.

Kennan, George F. *Memoirs 1925–1950*. New York : Pantheon Books, 1967.

Meade, E. Grant. *American Military Government in Korea*. New York : King's Crown Press, 1951.

van Ree, Erik. *Socialism in One Zone : Stalin's Policy in Korea 1945–1947*. Munich : Berg, 1989.

Sawyer, Robert K. *Military Advisors in Korea : KMAG in Peace and War*. Washington D.C. : OCMH at Department of the Army, 1962.

Schnabel, James F. *Policy and Direction : The First Year*. Washington D.C. : U.S. G.P.O., 1972.

______. *History of the Joint Chiefs of Staff : The Joint Chiefs of Staff and National Policy 1945–1947*. Washington D.C. : Office of the Chairman of the Joint Chiefs of Staff, 1996.

Truman, Harry S. *Memoirs : Year of Decision*. New York : Doubleday and Company, 1967.

US Department of State. *The Conflict in Korea : Events Prior to the Attack on June 25. 1950*. Washington D.C. : U.S.G.P.O., 1951.

______. *Foreign Relations of the United States 1943 : The Conferences at Cairo and Teheran*. Washington D.C. : U.S.G.P.O., 1961.

______. *Foreign Relations of the United States 1947, Vol. VI : The Far East*. Washington D.C. : U.S.G.P.O., 1973.

______. *Foreign Relations of the United States 1950, Vol. VII : Korea*. Washington D.C. : U.S.G.P.O., 1976.

Wedemeyer, Albert C. *Report to the President : Korea 1947*. Washington D.C. : U.S.G.P.O., 1951.

가브릴 코로트코프 지음, 어건주 옮김. 『스탈린과 김일성』 서울 : 동아일보사, 1992.

국군보안사령부. 『대공 30년사』 1978.

국방군사연구소. 『소련군사정책 1917–1991』 서울 : 국방군사연구소, 1997.

국방부 군사편찬연구소. 『한국전쟁사의 새로운 연구 1』 서울 : 국방부 군사편찬연구소, 2001.

______. 『건군사』 서울 : 국방부 군사편찬연구소, 2002a.

______. 『한국전쟁사의 새로운 연구 2』 서울 : 국방부 군사편찬연구소, 2002 b.

______. 『한미군사관계사 : 1871–2002』 서울 : 국방부 군사편찬연구소, 2002 c.

______. 『6 · 25 전쟁사 1 : 전쟁의 배경과 원인』 서울 : 국방부 군사편찬연구소, 2004.

김학준. 『러시아사』 서울 : 대한교과서주식회사, 1971.

북한사회과학원. 『조선전사』 제24권. 평양 : 과학백과사전 출판사, 1981.

서대숙. 『북한의 지도자 김일성』 서울 : 청계연구소, 1989.

서동만. 『북조선 사회주의 체제 성립사 1945–1961』 서울 : 선인, 2005.

신복룡 편. 『한국 해방전후사 논저 1』. 서울 : 선인문화사, 1998.

안드레이 란코프 저, 김광린 역. 『소련의 자료로 본 북한현대정치사』 서울 : 오름, 1995.

육군본부. 『육군발전사(상)』 1969.

______. 『창군전사 : 병서연구』 제11집, 1980.
육군사관학교. 『대한민국 육군사관학교 30년사』 서울 : 삼화인쇄주식회사, 1978.
이정희. 『북한요론』 서울 : 문현사, 1987.
이응준. 『회고 90년 : 1890- 1981』 서울 : 산운기념사업회, 1982.
장준익. 『북한인민군대사』 서울 : 서문당, 1991.
조선노동당출판사. 『조국의 통일독립을 위한 조국통일 민주주의 전선의 문헌집』 평양 : 조선노동당출판사, 1951.
조선중앙통신사 편. 『조선중앙년감』 평양 : 조선중앙통신사, 1949.
한용원. 『창군』 서울 : 박영사, 1984.
______. 『한국의 군부정치』 서울 : 대왕사, 1993.
______. 『북한학』 서울 : 오름, 1998.
해군본부 전사편찬관실. 『대한민국 해군사 : 행정편』 제1집. 서울 : 계문사, 1954.
해병대사령부. 『해병발전사』 서울 : 해병대 사령부, 1961.

미국과 소련의 경제정책 비교[*]
1945-1948

이승현
국회 입법조사처 조사관

1. 머리말

미 · 소는 해방직후 한반도를 분할 점령했다. 미 · 소는 점령군이었기 때문에 군정통치의 목적을 갖고 있었고, 지배하는 데 주력하였다. 미 · 소군정[1)]에게 항구적이고 일관된 정책을 기대하거나 한민족

* 이 글은 『통일연구』 제11권 제1호에 게재한 바 있다.

1. 미국은 정식으로 군정청을 설치하고 군정을 통해 직접 통치하는 방식을 채택하였고 소련은 정식으로 군정청을 설치하지 않고 조선인의 통치체제를 인정해 주었지만 내용적으로는 경무사령부, 민정국, 그리고 고문관제를 도입하여 간접통치형 군정을 실시하였다. 소군정은 간접통치 형식을 취했기 때

의 의사를 고려할 것을 기대하기 어려운 상황이었다.[2] 그들이 선의를 갖고 정책을 편다면 다행이지만 그렇지 않다고 해서 선의를 가지라고 강제할 수 없는 수동적인 상황[3]이었다.

분할 점령된 외적 환경 속에서도 한민족은 통일국가를 수립하려는 열망을 갖고 있었다. 현지에 주둔하고 있던 미·소군정의 책임자들도 한민족의 통일열망을 잘 알고 있었다. 예컨대 하지는 "미국과 소련이 공동으로 지지하는 임시정부를 하루 빨리 수립할 필요성이 있다"고 주장[4]하기도 했고, 스티코프는 "나라는 반드시 통일되어야 한다"[5]고 일기에 적기도 했다. 미·소군정은 조선인들은 40년간 일제의 속박 하에 있었기 때문에 신탁통치에 찬성하지 않으며, 이 때문에 신탁통치를 두려워하고 있다는 점을 잘 알고 있었다. 그리고 조선인에게는 다시 신탁통치가 필요 없다는 점도 어느 정도 이해하고 있었던 것으로 보인다.[6]

그러나 미·소는 각각 한반도 전체를 통할하면서 자국에게 우

문에 대부분의 정책들은 북조선 임시인민위원회 등의 이름으로 실시한 바 있다. 미군정의 성격과 관련한 쟁점은 이완범, "해방3년사의 쟁점,"『해방전후사의 인식 6』(서울 : 한길사, 1989)에 정리되어 있고, 소군정의 성격과 관련한 쟁점은 김명섭, "해방전후 북한현대사의 쟁점,"『해방전후사의 인식 6』(서울 : 한길사, 1989)에 정리되어 있다.

2. 장화수, "주한미군정청(정부)의 점령 경제정책,"『중대논문집』제26집(1982), p. 468.
3. 그러나 이런 수동적인 상황 아래세도 미·소군정에 대한 항의의 표시는 있었다. 예컨대 어린아이들조차도 항의의 표시를 하기도 했다. 브라운은 "어린아이들이 자주 내 차에 돌을 던진다"고 말하기도 했다.『쉬띄꼬프 일기』, 1947년 7월 16일.
4. Hodge, "Memorandum to MacArthur" (September 24, 1945), *FRUS*, 1945, Vol. VI (Washington D.C. : U.S.G.P.O., 1969), pp. 1054–1055.
5. 『쉬띄꼬프 일기』, 1947년 7월 15일.
6. 『쉬띄꼬프 일기』, 1947년 7월 18일.

호적인 국가를 수립한다는 최대 목표를 갖고 있었다. 예컨대 소련은 승전국들 간의 협의를 통해 "한반도에 자신의 영향력이 최대한 보장되는 친소 우호국가를 건설"하겠다는 대한정책 목표를 갖고 있었다.[7] 미국도 소련과 마찬가지의 의도를 갖고 있었다. 미·소 양국 중 한쪽이 최대 목표를 달성하면 다른 한쪽은 아무것도 가질 수 없는 상황이었기에 이러한 최대 목표는 현실적으로 가능하지 않았고, 한반도 문제는 현실적으로 가능한 쪽으로 수렴될 가능성을 갖고 출발했다.

미국과 소련이 각각 한반도 전체를 통할하는 우호국가를 수립하려 했기 때문에 미국과 소련이 우호적인 관계를 유지하고 상호 협력한다는 이상적인 상태가 유지되면 한반도에는 양국에게 모두 우호적인 통일국가가 등장하는 바람직한 상황이 도출될 수 있었다. 그러나 현실 속에서는 미국과 소련이 갈등하고 냉전에 들어감으로써 한반도에서는 미·소에게 각각 우호적인 분단국가가 등장하는 결과를 초래했다.

한반도의 상황은 처음부터 미국과 소련이 대결과 갈등의 모습을 보여주었을까? 이런 의문과 관련하여 미·소의 협력가능성이 완전히 깨지지 않았을 때 소군정 아래서 조만식의 활동이 가능했다는

7. 이 목표를 달성하기 위해 소련은 한편으로는 북한에 대한 군사적 점령을 바탕으로 내정에 간여하면서 지지세력을 육성·재편·동원하고, 다른 한편으로는 다자 간 국제 신탁통치 구상에 적극적으로 참여했다. 즉 소련의 대한정책은 북한 점령정책과 한반도 전체를 대상으로 하는 외교정책으로 나눌 수 있는데, 소군정의 정책은 "북한 점령정책"을 담당한 것으로 볼 수 있다. 물론 양자가 상호 밀접하게 연계되어 있었다. 이재훈, "해방전후 소련 극동정책을 통해 본 소련의 한국인식과 대한정책," 『사림』 제20호(2003), pp. 39, 54, 58, 59, 70, 72.

점을 주목할 필요가 있다.[8] 즉 초기에는 미·소의 협력가능성이 여전히 남아 있었고, 이를 활용할 여지도 남아 있었던 것이다.

현지 주둔군으로서 미·소군정 갈등관계만 있었던 것은 아니며 상호 교류한 측면도 있다. 사적인 행위로 간주할 수도 있지만 미·소군정이 교류한 흔적이 일부 남아 있다. 예컨대 스티코프와 레베데프가 하지의 해군 메달 수여식에 참석하기도 했고,[9] 스티코프가 브라운의 집에서 저녁식사를 하고 만족해하는 기록을 남기기도 했다.[10] 하지와 스티코프는 몇 번의 서신을 교환하기도 했다. 예컨대 하지는 남한의 농민들을 위해 북한으로부터 비료를 받고 싶다는 편지를 스티코프에게 보내기도 했다는 기록이 남아 있다.[11] 현재의 사고 기준으로는 상상하기 어려운 상황이지만 당시에는 실제로 그런 일들이 있었던 것이다.

미·소의 협력 아래 한반도 전체에 자국에 우호적인 국가를 수립하는 것이 가능하다면 그렇게 하는 것이고, 이것이 불가능할 경우 미·소는 각각 절반의 영토 위에라도 우호적인 국가를 수립한다는 것이 현실적인 목표였을 것이다. 미·소는 이상적인 목표와 현실적인 목표를 놓고 처음부터 결정을 내리고 접근한 것은 아니다.

양국은 자신들이 계획했던 최대 목표는 이루지 못했지만 현실적인 목표를 달성했고, 그 결과 한반도는 남북으로 분단되어 미·소 냉전의 최전선이 되었다. 이후 60여 년의 세월이 흘러 세계수준의 냉

8. 제한된 공간 내에서의 조만식의 활동에 대해서는 이승현, "해방직후 북한우익의 노선과 활동," 『국사관논총』 제54집(1994), pp. 175-203 참조.
9. 『쉬띄꼬프 일기』, 1947년 7월 12일.
10. 『쉬띄꼬프 일기』, 1947년 7월 26일.
11. 『쉬띄꼬프 일기』, 1948년 7월 30일.

전은 종식되었으나 한반도만은 냉전의 섬으로 남아 있다. 동해상에는 미사일이 날아다니고 서해상에서는 간헐적인 해전이 벌어지며, 북한 핵문제가 남아 있는 한반도의 냉전을 완전히 녹여내기까지는 여전히 긴 여정이 남아 있다.

(1) 연구목적

남북분단이 시작된 미·소군정기 연구는 매우 중요하다. 특히 냉전의 섬으로 남아 있는 남북한의 현실로 인해 그 중요성은 조금도 줄어들지 않고 있다. 미·소군정의 정책을 연계하여 비교·분석하는 작업은 남한과 북한에서 진행된 국가 형성과정을 복원하기 위한 기초작업 중 하나이다. 이런 기초작업들은 한반도에 평화체제를 구축하는 작은 노력이기도 하다. 미군정기에 관한 연구를 이 시기의 북한 연구, 즉 소군정에 관한 연구와 통합하여 진행해야 할 필요성은 오래전부터 지적되어 온 바 있다.[12] 그러나 이를 상호 통합하여 진행한 연구는 많지 않다. 가장 큰 이유들 중 하나는 연구범위가 너무 넓다는 점일 것이다. 연구주제와 관련이 있는 1차 자료를 검토하는 데만도 너무나 많은 물리적 시간과 인력이 필요할 것이다. 이런 이유로 이 분야 연구는 지금까지도 공백으로 남아 있고, 이 글은 이러한 공백을 메우려는 시도 중의 하나이다. 연구의 주제는 미·소군정의 정책 중에서 경제분야에 초점을 맞추고 있다.

12. 김기원, "미군정의 경제정책에 관한 연구," 『한국방송통신대학 논문집』 제5집(1986), p. 330.

이 글은 크게 두 부분으로 되어 있다. 첫째, 미·소군정의 경제정책의 내용은 무엇인가? 둘째, 경제정책의 결과는 무엇이고, 이를 수행한 미·소군정의 역할을 어떻게 평가할 수 있는가? 크게 이 두 가지 질문을 제기하고 이에 대한 대답을 찾아가는 것으로 글을 구성해 보았다.

이와 같은 연구목적을 달성하기 위해 1차 자료를 분석하는 데 중점을 두기보다는 기존연구를 조사하여 현재까지의 성과를 종합하고 재검토하는 데 주력했다. 하지만 제한된 여건에도 불구하고 1차 자료를 가능한 많이 살펴보도록 노력했다. 예컨대 미·소군정의 책임자들이 남긴 기록들이 있다면 최소한 이를 살펴보려고 했다. 본 연구에서는 미군정의 책임자인 하지와 관련한 1차 자료를 많이 살피지는 못했다. 그러나 소군정의 책임자인 스티코프의 일기 전체를 꼼꼼하게 하나하나 살펴보았다.

기존연구를 충분히 활용하려 하였다. 주요 사안을 중심으로 비교분석하는데 필요한 기존연구들을 수집·분석하였고, 일정한 한계가 있지만 일단 연구를 시작하는 것도 의미 있는 작업이라 생각했다. 본 연구는 여러 한계를 가진 채 마무리하였다. 한 가지 의미를 갖는다면 향후 1차 자료를 중점적으로 분석한 새로운 연구, 그리고 경제분야의 하위정책을 각론적으로 비교하는 연구의 발판이 될 수 있는 총론적 검토를 해보았다는 점일 것이다.

(2) 기존연구 검토

미·소군정의 경제정책에 관한 기존연구들은 비교적 다양한 편이다. 미·소군정의 경제정책을 비교하여 진행한 것은 많지 않지만 미·소군정의 개별적인 경제정책들을 단독 주제로 진행한 연구는 많이 있다. 여기서는 연구의 전반적인 방향에 대한 검토를 주로 할 것이다. 각 연구들이 정책에 대해 분석한 성과들은 본 논문 중의 해당 내용을 기술 할 때 반영할 것이다.

이 글의 주제와 관련된 성과들로는 김성보,[13] 전현수,[14] 최봉대,[15] 기광서,[16] 김기원,[17] 장화수,[18] 정성화[19] 등의 연구가 있다. 위의 연구들은 대부분 미·소군정 중 한쪽의 특정한 정책에 초점을 맞추어 진행한 것들로서 본 연구에 많은 암시와 자양분을 제공했다.

위의 연구들을 크게 두 가지로 분류할 수 있을 것이다. 첫째는 미·소군정을 상황관리자 또는 현상유지자의 측면에서 접근한 연구들이다. 둘째는 미·소군정을 새로운 경제제도를 만들어 나가는 제도형성자의 측면에서 접근한 연구들이다.

먼저 미·소군정이 역점을 두었던 "상황관리"에 주목하는 연구들이다. 이런 맥락의 연구들은 단기간 동안 존재하며 과도적인 역할에 주력하는 군정 본연의 역할에 주목한다. 극단적인 경우에는 군정

3. 김성보, 『남북한 경제구조의 기원과 전개 : 북한 농업체제의 형성을 중심으로』(서울 : 역사비평사, 2000).
14. 전현수, "산업의 국유화와 인민경제의 계획화 : 공업을 중심으로," 『현대북한연구』제2권 1호(1999).
15. 최봉대, "미군정의 농민정책에 관한 연구-농민층 통합과 한국 국가의 기반형성과정을 중심으로," 서울대학교 박사학위논문(1994).
16. 기광서, "스티코프, 해방 후 북소관계의 실력자," 『역사』 제24호(2006).
17. 김기원(1986).
18. 장화수(1982).
19. 정성화, "적산의 처리를 통해서 본 미국의 대한정책 1945-1948," 『경희사학』 16·17 합본호(1991).

의 행위를 정책이 아니라고 평가하기도 한다. 예컨대 미군정의 경제정책을 정책이 아니라고 까지 주장하는 견해도 있다. 미군정이 한국에 있었던 기간은 3년여에 불과한 짧은 시기이기 때문에 "정책"이라 부를 만한 것을 실시하기 어려웠던 "경제정책 이전의 시대"[20)]였다는 것이다. 혹은 "미군정의 점령경제정책은 처음부터 부재상태 속에 정치적 방향에 뒤따라가는 시책", 즉 "당면한 점령통치에 필요한 조치에 국한될 수밖에 없었다"는 것이다.[21)] 미군정의 역할을 현상유지자 또는 상황관리자로 보는 시각이라 할 수 있다. 미군정은 많은 법령과 시행규칙을 발표하는 등 실질적인 정책들을 발표하고 실시하였기 때문에 넓은 의미에서 경제정책으로 보아도 무방하고 이를 추적해 볼 필요가 있지만[22)] 미군정은 제도개혁보다는 "현상유지"에 많은 힘을 기울였다고 보는 것이다.

미·소군정이 상황관리자로서 임기응변적인 조치와 경제운용에 필요한 원칙적인 문제들을 정책으로 추진했을 것이다. 상황관리자 또는 경제운용자로서 미·소군정의 역할은 당시 남북한의 어려운 경제가 파국으로 치닫지 않도록 하는 데 매우 중요했다.

두 번째는 미·소군정이 새로운 제도를 만들거나 새로운 제도의 초석을 놓은 점에 주목하는 연구들이다. 예컨대 전현수의 연구가 있다.[23)] 그는 "북한의 경제발전에 거대한 영향을 끼친 소군정의 공업정책"에 주목하여 "소군정 통치의 조건에서 전개된 사회혁명의 모순

20. 한국산업은행조사부, 『한국산업경제15년사』(서울 : 한국산업은행조사부, 1955), p. 8.
21. 장화수(1982), pp. 458-459.
22. 김기원(1986), p. 331.
23. 전현수(1999).

을 이해"하는 작업의 일환으로 산업국유화와 인민경제 계획화를 분석한 바 있다. 산업국유화를 통해 개인 소유가 아닌 국가소유의 제도를 만들어낸 점과 시장원리에 입각한 경제가 아닌 계획경제를 도입한 측면을 분석하고 있다. 이는 소군정이 북한지역에 새롭게 제도를 만들어내려 했던 점에 주목하고 있는 것이다.

이 글은 미·소군정의 이 두 가지 측면에 모두 주목하려고 한다. 미·소군정의 경제정책의 내용과 결과를 비교하고 분석하여 경제관리자로서의 군정과 제도형성자로서의 군정의 역할을 추적해 볼 것이다.

2. 경제정책의 내용

미국과 소련이 한반도를 분할 점령하고 추진한 경제정책은 다양하다. 다양한 경제정책들은 궁극적으로 한반도에 자국에 우호적인 국가를 수립하기 위한 수단이었다. 이 정책들이 실패한 것도 있고 성공한 것도 있지만 모두 남북한 사람들에게는 직접적이고 실질적인 영향을 끼쳤고 남북한 경제에는 구조적인 영향을 끼쳤다.

(1) 해방직후 남북한의 경제상황

미군정과 소군정이 정책을 펼쳐야 했던 당시 남북한의 경제적 상황이 일반적으로 갖고 있는 특징을 파악해 볼 필요가 있다. 당시

<표 1> 전국의 자소작농 비율(1943)

		전국
자작농	호수	536,098호
	비율	17.6%
자작 겸 소작농	호수	435,414호
	비율	15.98%
소작 겸 자작농	호수	499,001호
	비율	16.38%
소작농	호수	1,481,357호
	비율	48.63%
고용농	호수	44,231호
	비율	1.83%

출처 : 조선 은행 조사부, 『조선경제연보』(서울 : 조선 은행조사부, 1948).

남북한은 일제로부터 물려받은 토지문제를 비롯하여 많은 경제구조적 문제를 안고 있었다. 예컨대 <표 1>에서 볼 수 있듯이 토지 소유가 집중되어 있어서 자작농의 비율이 높지 않고 소작농의 비율이 매우 높은 상태였으며, 이를 개선해야 한다는 점에 대해서는 좌우를 막론하고 공감하고 있었다.

이와 같은 경제상황을 개괄적으로 정리하면 첫째, 남북한의 경제는 "열악하다"는 점에서 공통점이 있었다. 남북한의 열악한 경제상황은 하나의 경제권이 둘로 나뉨으로써 더욱 나빠졌다.[24] 남북한

24. 예컨대 전현수는 "미·소의 분할 점령에 의한 신용기구의 남북분단은 북한의 신용공황을 더욱 심화시켰다"고 분석한 바 있다. 전현수, "1947년 12월 북한의 화폐개혁," 『역사와 현실』 19권(서울 : 역사비평사, 1996), p. 178.

이 둘로 나뉨으로써 "남북한 어느 지역도 '경제적 구조상' 독자적으로 지탱할 수 없다"는 점을 미군정을 책임지고 있던 하지도 인정한 바 있다.[25] 경제상황이 열악하다는 점에서는 북한도 마찬가지였고, 소군정도 미군정과 크게 다르지 않은 인식을 갖고 있었다. 당시 슈킨이 북한의 경제상황을 본국에 보고한 내용과 스티코프의 일기를 보면 그 실상을 짐작할 수 있다.

슈킨은 (북한의) "정치정세와 민심이 심각한 경제상황에 영향을 받고 있다. 북조선 기업의 절대다수가 가동되지 않고 있다. 대중적 실업이 발생하였다. 각종 산업, 운수노동자 70만 명 가운데 실제 일하는 사람은 10만에 불과하다. 재정체계는 혼란상태에 있다. 화폐유통이 조정되지 못하고 있다 … 세금납부가 무질서하다. 물가가 급상승하고 있다. 투기가 심해지고 있다. 만주에서 한인 난민들이 북조선으로 넘어 오고 있다"[26]고 적고 있다.

스티코프도 "재정부문에서 우리는 추가적으로 약 6억 엔이 필요하다. 생필품이 부족하기 때문에 자체적으로 자금을 동원할 가능성이 제한되고 있다 … 주민들 사이에서 생필품 부족으로 부정적인 여론이 조성되고 있다. 물가가 치솟고 있다"[27]고 적고 있다.

둘째, 미국과 소련이 일제로부터 물려받은 경제상황은 동일했지만 양국의 정치적 입장에 따라 전혀 다른 결과를 가져올 수 있었다. 예컨대 남북한은 모두 일제로부터 자본주의에 가까운 경제체제[28]를

25. 차상철, "존 하지(John Reed Hodge)와 미군정 3년," 『동방학지』 89·90호 (1995), p. 464.
26. 슈킨 보고서는 이지수, "북한체제 형성과 소련의 영향," 『한국행정학회 2001년도 추계학술대회 발표논문집』(2001)에 실려 있다.
27. 『쉬띄꼬프 일기』, 1947년 1월 3일.
28. 일본 제국주의가 조선을 식민지로 삼고 일본에 동화 통합시키기 위해 분야

물려받았지만 이는 미·소의 정치적 입장에 따라서 한쪽은 자본주의를 지향하는 기반이 되었고, 다른 한쪽은 사회주의를 지향하는 출발점이 되었다.

셋째, 이런 상황아래서 미·소군정이 각기 시행한 경제정책의 내용을 비교하는 일은 쉽지 않다. 정책을 시행한 주체가 다르기 때문에 동일한 수준에서 비교하는 것은 애초에 불가능하기 때문이다. 이런 한계에도 불구하고 비교 가능한 부분도 있을 것으로 판단된다. 예컨대 당시 미·소군정이 상호 영향을 주고받았을 것이라는 점에서 볼 때 경제정책도 상호 영향을 주고받은 점을 비교할 수 있을 것이다. 미군정이 실시하거나 실시할 계획을 갖고 있다는 정보에 따라 소군정이 이에 대응한 것이 있을 수 있고 그 반대도 있을 것이다. 서로 영향을 받아서 실시한 정책으로는 토지정책과 화폐정책을 들 수 있다.

미·소군정의 상호 영향 또는 협력은 공식적인 협정에 의한 것도 있고 일방이 실시한 정책에 다른 일방이 영향을 받는 경우도 있었다. 공식적인 협정에 의한 것은 모스크바 3상회의에서 규정한 것을 지적할 수 있다. 모스크바 3상회의는 "미·소공동위원회의 주관 하에 남한지역의 미군정과 북한지역의 소군정 사이에 긴급문제를 심의하고 행정상·경제상 사항에 관한 항시적 연락을 취하도록" 규정하였다. 또한 미·소공동위원회 예비회담(1946.1.16)에서 발표한 성명 3호

별로 많은 정책을 펼쳤다. 경제에서도 시장경제의 기반을 구축하는 정책을 시행한 바 있다. 은행, 회사의 설립과 관련한 회사령, 일본 회사법의 적용, 은행령, 금융조합령, 조선식산은행령, 시장규칙의 실시, 그리고 상품거래소, 증권거래소 등을 도입하기도 했다. 일본 자본이 주도하는 상공업이 등장함으로써 노동자 계급이 등장하기도 했다. 식민지 지주제에 따른 전근대적인 요소, 전시경제로 인한 통제 경제적인 요소 등이 혼재하였으나 일제가 남겨준 조선의 경제체제는 사회주의보다는 자본주의에 더 가까웠다.

(1946.2.8)도 있다. 이 성명은 "미·소 양 군정의 양 지역 간에 여행, 우편물, 방송전파 그리고 경제 및 행정상 일치협력문제"를 결의하였다.[29] 남북한이 하나의 경제권이라는 것을 미·소군정이 인식하고 분할 점령에 따른 문제점을 해소하기 위해 최소한의 협력을 규정한 것으로 보인다. 그러나 최소한 수준의 경제협력도 제대로 이행되지 못했던 것으로 보인다.

미·소군정이 시행한 경제정책의 구체적인 내용을 검토하기에 앞서 미·소군정의 성격이나 위상과 관련한 특징도 짚어볼 필요가 있다.[30] 첫째, 미·소군정기는 과도적 성격을 띤 시기라는 점이다. 둘째, 현지 군정과 본국 사이에 견해차이가 존재한다. 군정은 궁극적으로 본국의 정책을 집행하는 위치에 있다는 점과 현지의 상황을 고려해야 한다는 복합적 위치에 있다는 점을 유의할 필요가 있다. 물론 궁극적으로는 본국의 정책이 우선순위를 가질 것이다. 셋째, 3년이라는 기간 동안 미·소군정이 실시한 정책의 주요 흐름을 파악해 둘 필요가 있다. 이 세 가지 사항은 미군정을 연구하는 과정에서 도출된 것이지만 소련측 상황을 반영하여 위와 같이 정리하면 미·소군정에 모두 적용할 수 있을 것이다.

29. 장화수(1982), p. 458.
30. 이 내용은 미군정의 경제정책을 연구한 김기원의 견해이지만 소군정의 경제정책을 연구함에 있어서도 의미를 갖고 있다고 보기 때문에 인용하였다. 김기원(1986), p. 333.

(2) 토지 관련 정책

각 분야별로 미·소군정이 진행한 경제정책의 내용을 정리해 볼 것이다. 먼저 토지 관련 정책이다. 토지 관련 정책은 소작료 및 소유권과 관련한 정책, 그리고 토지로부터의 산출물인 식량수급 문제로 정리해 볼 수 있다. 먼저 소작료 문제이다. 미군정은 3.1제를 실시하였고 소군정은 3.7제를 시행하였다. 이 과정에서 미군정은 소군정의 정책으로부터 영향을 받은 흔적이 있다. 미군정은 1945년 10월 5일 포고령 9호를 통해 소작료가 수확량의 1/3을 넘지 않도록 공포하였는데,[31] 이보다 좀 앞선 9월 21일 경에 소련군이 정식으로 3.7제 채용을 선포[32]한 기록이 남아 있다. 1945년 12월 초에 이르면 북한의 경우 광범위한 지역에서 3.7제가 관철된 것으로 보인다.[33] 물론 미군정이 3.1제를 도입한 이유는 소군정의 정책이 끼친 영향 이외에도 "남한의 급진세력의 움직임"에서도 찾을 수 있다. 미·소군정 모두 지주-소작관계를 인정한 것으로 점령 초기에 상황을 관리하는 차원에서 토지개혁보다는 훨씬 강도가 약한 현상유지적인 정책을 시행한 것이다.

31. Ordinance 9 prohibited the charging of rents which exceeded one-third of the "natural crops, produce and fruits of such land cultivated and tended" by the tenant, USAFIK, *HUSAFIK 4*.(서울 : 돌베개, 1988), p. 424.
32. 이날부터 군표도 사용하기 시작한 것으로 연표에는 나와 있다. 김천영, 『연표한국현대사』(서울 : 한울림, 1984), p. 30. 스티코프는 이날 미군정의 군표 발행과 조선 원화의 교환에 대해 레베데프와 논의한 바 있다. 『쉬띄꼬프 일기』, 1946년 9월 21일.
33. 서동만, 『북조선사회주의 체제 성립사』(서울 : 선인, 2005), p. 129.

미·소군정 토지정책의 출발은 소유권을 접수하는 것이었다. 미·소군정은 일제 소유의 토지를 자신들의 관할 아래로 이전하였다. 미군정은 일본의 동양척식회사가 소유하고 있던 토지를 1945년 10월 17일경에 접수했다. 이후 1945년 11월에 신한공사[34]를 만들어 이 토지를 관리했다. 미군정은 지방인민위원회나 농민들의 자치적인 토지 소유 및 관리를 자신들의 방침과 배치된다고 판단하여 법령 33호를 통해 일본인 사유 토지를 미군정의 수중에 장악해 나갔다. 1945년 12월 19일에는 관재령 3호를 공포하여 신한공사가 일본인 사유 토지를 관할하도록 하였다.[35] 미군정은 우여곡절 끝에 1948년 4월 3일에야 일본인 소유의 농경지를 소작농에게 매각하는 유상분배 토지개혁을 시작했다.[36] 소군정도 토지를 접수하여 직접 관리한 점에서 유사한 정책을 폈다. 이렇게 접수한 토지를 군정이 직접 또는 간접적으로 관리하다가 소유권을 조선인에게 넘기는 정책을 실시한 점에서도 유사했다.

미·소군정이 토지개혁정책을 추진한 과정은 공통점도 있었고 차이점도 있었다. 먼저 토지개혁의 대상에서 차이가 난다. 소군정의 토지개혁은 한국인 지주의 토지까지도 몰수했다. 당시 북한지역에서 실시한 토지개혁은 자경하지 않고 소작을 주던 땅은 면적에 관계없이 무조건 몰수대상[37]으로 하는 급진적 측면이 있었다. 사유재산권을 인정한 미군정은 한국인 지주의 토지는 개인 소유권을 인정하였

34. 신한공사는 미군정의 경제정책을 연구함에 있어서 매우 중요한 기구임에도 불구하고 정확한 조직도조차도 아직 발견하지 못하고 있다.
35. SCAP, *Summation*, No. 3 (1945. 12), p. 199.
36. 정성화(1991), p. 444.
37. 이순근, "토지개혁 법령에 관한 세칙," 제2장 제5조.

다. 몰수보다는 지주 스스로의 방매를 통해 토지 재분배가 이루어지도록 하였다.

미군정은 직접 토지불하를 추진한 데 비해 소군정은 외형적으로나마 조선공산주의자들과 협의하는 모양을 유지했다. 예컨대 소련군 사령관 명령에 의해 토지면적 조사를 실시했고,[38] 민정부가 토지개혁 법령을 작성했지만 조선공산당 북조선 분국이 중심이 되어 토지개혁을 실시했으며, 임시인민위원회가 토지개혁에 대한 통제권을 행사[39]하는 방식이었다. 미군정은 토지불하 과정에서 유상분배 방법을 채택하였으나 소군정은 무상몰수 무상분배[40] 방법을 채택하였다. 분배 상한선에도 차이가 있었다. 소군정은 5정보를 상한선으로 하였으나 미군정은 2정보를 상한선으로 하였다.

토지의 소유권에 관한 한 미·소군정은 모두 개인 소유를 인정했다. 미군정이 개인 소유를 인정한 것은 자연스러우나 소군정이 개인 소유를 인정한 점은 설명이 필요하다. 소군정이 농민들의 토지 소유를 인정해야 했던 이유는 무엇일까? 북한의 공식적인 입장은 농촌에서 오랫동안 실시된 토지 사유의 전통이 있었다는 점과 명목적 토지 소유권에 대해 농민들이 집착하고 있었다는 점, 그리고 소련 및 사회주의를 반대하는 일본 제국주의의 사상교육 때문에 농민들이 토지를 즉각적으로 국유화하는 것을 이해할 수 없었다는 것이다.

38. 치스챠코프, "북조선 내 토지면적조사 진행에 대한 북조선 주둔 소련군 사령관 명령서."
39. 안드레이 란코프, 『소련의 자료로 본 북한 현대 정치사』(서울 : 오름, 1995), p. 86.
40. 소련 중앙정부인 외무성의 무상몰수·유상분배에 의한 토지 사유화 방안과 소련군정의 직속 상급기관이라 할 수 있는 연해주군관구의 무상몰수·무상분배에 의한 토지국유화 방안이 대립하기도 했다. 김성보(2000), p. 140.

토지 사유를 인정했던 것은 인민민주주의 독재권력인 공산당이 지주계급에는 독재적이고 농민들에게는 민주적이라는 계급정책을 보여주려는 의도라고 볼 수 있다. 이에 덧붙여 토지를 갖고자 하는 농민들의 오랜 갈망을 고려하여 토지를 국유화하는 단계까지는 이르지 못했던 점도 지적할 수 있겠다. 이런 이유 때문에 사고 파는 것을 금지하기는 했지만 농민들의 토지 소유라는 사유재산제도를 인정했던 것이다. 사고 파는 것, 소작 주는 것을 금지함으로써 부농이 자라나는 것을 막고 사유재산제가 확대되는 것을 막으면서 동시에 소작제가 되살아나는 것을 막는 수준이 당시 소군정과 공산당이 할 수 있는 최대치였던 것으로 볼 수 있다.[41)]

3.7제(3.1제 포함)의 실시와 마찬가지로 토지개혁(농지불하)도 미군정이 소군정의 영향을 받으면서 실시한 측면이 있다. 미군정이 소군정 또는 북한의 정책에 대응한 것이라는 점은 귀속농지 불하 결정과정에서 잘 나타나 있다. 1946년 1월 미군정이 귀속농지 불하를 검토하기 시작했을 때도 그 주요한 목적의 하나는 미·소공동위원회에서 미국측의 입장을 강화하려는 것이었다. 1946년 3월 5일 소군정이 토지개혁을 단행하자 미군정은 3월 7일과 19일에 귀속농지의 매도의사를 발표함으로써 민심을 수습하려 했던 데서도 이러한 영향관계를 추론할 수 있다.[42)]

미·소군정은 당장 시급한 과제로 식량수급의 책임을 지고 있었다. 각기 점령지역의 경제를 붕괴시키지 않기 위한 가장 기초적인

41. 이승현, "전쟁 전 북한의 사회·경제 개혁," 『북한해방8년사연구』(서울 : 백산서당, 1999), p. 90.
42. 김기원(1986), p. 344.

문제였다. 미군정은 쌀수급과 관련하여 일반고시 제1호를 발표한 바 있다. 미곡의 자유시장을 규정한 일반고시 제1호를 통해 일제하의 쌀 배급제 및 공출제 등을 완전히 철폐하였고 쌀의 자유판매를 허용하였다. 미군정은 조선생필품 회사를 통해 54킬로그램 쌀 한 가마를 32원으로 매입하는 제도를 실시함으로써 1945년 8월 시중 쌀가격의 하락을 유도하기도 하였다. 예컨대 1등품 한 가마가 2,100원 에서 자유판매제를 실시한 후 1945년 11월에는 640원으로 하락하기도 했다. 그러나 1945년 11월 19일에는 일반고시 제6호, 미곡통제를 발표하여 일반고시 제1호, 미곡의 자유시장을 전면 개정했다. 1946년 1월 25일에는 미군정법령 제45호, 미곡수집령을 발표하여 강력한 통제와 수집으로 정책을 전환했다.

미군정은 "광범한 기아, 영양부족, 질병, 민심불안을 제거하기 위하여 미군정청이 38도선 이남의 미곡을 수집하되 적당한 가격을 지불함. 단 농가에서 1석의 100분의 45를 가족 인원수로 곱한 수량의 백미 또는 현미"를 보유할 수 있다고 하였다. 1947년 4월 19일부터는 보리쌀도 수집하였다. 1946년 5월 29일 중앙식량행정규칙 제1호, 하곡 수집, 1946년 8월 12일 중앙식량행정규칙 제2호, 미곡수집, 그리고 1947년 3월 26일 제3호, 1947년 5월 8일의 제4호 등을 거치면서 수집량을 할당하고 공출하는 법적 근거를 마련하였다.[43] 하지는 1946년 9월 30일에는 곡물의 자유판매를 허용하는 보도문을 발표하기도 했다.[44] 자유시장경제였지만 식량에 관해서는 일정한 통제를 실시한 것이다.

43. 장화수(1982), pp. 461–463.

44. 『쉬띄꼬프 일기』, 1946년 10월 1일.

소군정은 자신 주둔군의 식량공급과 북한 주민들의 식량수급을 위해 농산물의 유통을 관리하였다. 토지개혁 이후 북조선임시인민위원회를 통해 발표한 "농업현물세에 관한 결정서"를 통해 25%의 농업생산물을 현물로 징수하였다.[45] 소군정은 농민들이 대체적으로 25% 현물세에 찬성하고 있는 것으로 파악하고 있었다. 그러나 농민들이 분배받은 토지의 등급(비옥도)이 다르고, 비옥하지 않은 토지를 받은 농민들 사이에서는 불만이 있다는 점도 파악하고 있었다.[46] 이렇게 수급한 식량은 노동자, 사무원의 식량을 안정적으로 공급하고 동시에 소련 주둔군의 식량도 안정적으로 공급하는 원천으로 활용되었다. 예컨대 1946년 수확량을 바탕으로 1947년도에는 노동자는 600-700g을 지급하고 사무원은 500g을 지급하기로 계획했다.[47] 군대에 대해서도 쌀 4만 톤, 밀 1만 1천 톤, 감자 1만 8천 톤 등을 지급하였다.[48] 스티코프는 빠쁘시스를 호출하여 관구 병사들의 급식사정을 묻는 등 주둔군의 식량상황을 직접 점검하였다.[49] 심지어 북한과 근접한 소련 본국의 군대식량으로도 일부 사용하기도 하였다.[50] 소 군정의 최고 책임자인 스티코프는 당시 농민들의 동향을 "좋은 편"이라고 자평하고 있었다. 그는 토지개혁과 수확의 25%를 납부하는 농

45. 농업현물세제 시행의 전후 과정은 김광운, 『북한정치사 연구 I』(서울 : 선인, 2003), pp. 293-304 참조.
46. 『쉬띄꼬프 일기』, 1946년 10월 22일.
47. 당시 남한에서 대한 노총의 진성회원들에게 배급된 정량이 하루 150g이고 이 중 절반이 쌀로 배급된 것으로 스티코프는 적고 있다. 『쉬띄꼬프 일기』, 1947년 7월 17일.
48. 『쉬띄꼬프 일기』, 1946년 12월 12일.
49. 『쉬띄꼬프 일기』, 1946년 9월 17일.
50. 김성보, "북한의 토지개혁과 농업협동화," 연세대학교 박사학위논문(1996), pp. 174-176.

업현물세에 대한 반응이 일부 불만이 있지만 전체적으로 볼 때 좋은 편이라고 판단[51]했던 것이다. 이러한 판단에도 불구하고 스티코프는 나중에 농업현물세의 세율을 현실을 고려하여 조정하는 문제를 협의하게 된다. 소출이 비교적 많은 남부지역에서는 현물세를 올리고 그렇지 않은 북부지역에서는 내리도록 하였으며, 이 문제를 농민동맹의 발의로 시작하도록 결정하였다.[52]

미·소군정의 이념적 차이에도 불구하고 식량수급이라는 긴급한 과제를 해결해야 한다는 절박함은 동일했다. 정치적 이념은 다를지라도 의식주의 기본문제를 해결하는 과정은 유사한 점이 있었다.

(3) 적산 처리 정책

미국과 소련은 남북한에서 각각 적산을 처리하는 정책을 실시하였다. 그러나 적산문제는 전쟁 배상문제, 임시정부의 국제적 인정문제와 연계된 국제문제로서의 성격도 갖고 있어서 미·소 간의 긴밀한 협의가 필요한 문제였다.[53] 그러나 미·소는 협의보다는 독자적인 방식으로 처리해 나갔다. 미·소의 협력은 통일국가 건설의 외적 환경이었으나 미·소의 개별적인 행동은 분단으로 가는 외적 환경을 조성했다. 토지 이외의 적산을 미군정은 귀속재산 불하의 형식으로 처리하였고, 소군정은 중요산업을 국유화하는 방식으로 처리하였다.

51. 『쉬띄꼬프 일기』, 1946년 9월 6일.
52. 『쉬띄꼬프 일기』, 1947년 1월 4일.
53. 정성화(1991), p. 444.

중요산업의 국유화는 소련의 민정부가 처음부터 마지막까지 준비하고 조선공산당 북조선 분국이 실행하는 형식을 취하였다.[54] 미군정은 개인에게 소유권을 넘겨주었고 소군정은 국유, 즉 전체 인민에게로 소유권을 넘겨주었다.

귀속재산 처리를 "급진세력과 미군정 사이의 정치투쟁의 일환"으로 평가할 정도로 매우 민감한 문제였다. 왜냐하면 이 재산을 누가 장악하고 어떻게 운영하는가 하는 것은 남북한 경제의 진로를 결정하는 문제이기 때문이다.[55] 일본은 1945년 8월 기준으로 남한지역에 22억 7천5백53만 5,422달러, 북한지역에 29억 7천95만 9,614달러의 공공재산을 갖고 있었고, 양을 측정할 수 없는 사유재산과 군사재산을 갖고 있었다. 대개 한반도 내 총재산 평가액의 85% 지분을 보유하고 있었던 것으로 보인다.[56]

이때 검토해야 할 것은 첫째 패전국 소속재산의 동결 및 이전 제한의 건을 규정한 군정법령 2호(1945년 9월 25일)이다. 둘째 재조선 일본인 재산의 권리 귀속에 관한 건을 규정한 군정법령 33호(1945년 12월 6일)이다. 미군정은 법령 2호를 통해 일본인 사유재산에 대해 소유권을 인정하였고 따라서 판매도 허락했다. 그러나 법령 33호를 발표하여 2호에서 인정했던 일본인 사유재산권을 부정하고 모든 일본인 재산을 미군정에 귀속시켰다. 물론 이는 노동자 및 좌익측의 움직임을 억누른다는 1차적 의도를 갖고 있었으나 이 법령의 시행을 통해 일본인 재산에 대한 입장을 번복하는 결과를 가져왔다.[57] 국제적으

54. 안드레이 란코프(1995), p. 87.
55. 김기원(1986), pp. 335-338.
56. 정성화(1991), p. 418.
57. 김기원(1986), p. 337.

로는 조선 내 일본인 재산을 미군정청에 귀속시킨다는 폴리의 추천이 정책전환의 계기가 되었다. 일본의 전쟁 배상문제가 한반도 내 일본, 일본인 재산과 연계되어 있었기 때문이다.[58] 당시 조선이 연합국의 일원도 아니고 그렇다고 패전국의 일원도 아닌 애매한 위치에 있었기 때문에 이런 문제들이 정리되는 맥락과 적산정책이 연계되어 있었다.

미군정이 적산을 불하하는 기본원칙은 관재령 8호와 관재령 9호에 잘 나타나 있다. 관재령 8호는 귀속사업체의 관리와 통제에 관한 책임을 미국인 고문관에게 부여한 바 있다. 그러나 이는 많은 반발을 불러왔고 관재령 9호를 통해 한국인 장관에게 관리권과 운영권을 넘기는 방식으로 개정하였다. 미군정은 군정통치를 한국인에게 넘겨주는 과정에서조차 귀속재산에 대한 지배권을 약화시키지 않으려고 시도했다.[59] 이와 같은 일련의 과정은 "적산"을 일정한 원칙아래 적절히 "관리"하는 데 중점을 두고 있었다.

북한에 진주한 소련군 부대들은 자신의 점령지역에서 일본군이나 일본인 소유의 공장·기업소, 원료, 설비, 기타 전리품을 접수하고 이의 보관과 이용에 대한 일체의 권한을 장악해 갔다.[60] 소군정이 직접 관리하던 적산을 나중에 중요산업 국유화 과정을 거쳐 인민의 소유로 넘겨주었다.[61] 소련 민정부가 준비해 온 계획에 따라 공산당은 8월 10일 "산업, 교통, 운수, 체신, 은행 등의 국유화에 관한 법령"

58. 정성화(1991), p. 428.
59. 김기원(1986), pp. 338–339.
60. 전현수(1999), p. 70.
61. Erik van Ree, *Socialism in One Zone : Stalin's Policy in Korea, 1945–1947*(Oxford : Berg, 1989), pp. 154–155.

을 발표하고 산업 국유화를 단행했다.[62] 당시 소군정이 파악하고 있었던 중요산업의 가치를 살펴보면 중공업 기업소 121개의 가격을 1,436,333,629루블로 추산하였다. 북한에 양도하는 산업기업소와 철도·운수기관의 가격을 약 50억 루블로 추산하고 있었다.[63] 1945년 가격으로 6천1백만 엔에 달하는 6개 기업소를 양도하였으나 1946년 9월까지도 흥남 화학 꼼비나뜨와 같이 중요한 재산의 양도를 미루었다.[64] 약 1개월 후인 1946년 10월에도 스티코프가 불가닌에게 전화하여 북조선임시인민위원회에 산업기관을 양도하는 문제에 대해 보고하였으나 여전히 양도하지 말라는 지시를 받았다.[65] 1946년 12월 11일에도 스티코프는 하급자로부터 북조선임시인민위원회로의 산업기관 이관결과를 보고받고 있다.[66] 양도과정은 완료되지 않았으며 여전히 진행형이었다.

중요산업 국유화는 토지개혁에 비하여 커다란 반발 없이 진행되었는데, 그 이유는 몰수대상의 범위를 제한했다는 점에서 찾을 수 있을 것이다. 소군정은 중요산업 국유화 조치를 통해 북조선임시인민위원회에 점유·처분·소유 권한을 넘긴다는 조치를 취하였다.[67] 그러나 이러한 조치에도 불구하고 모든 권한이 북조선임시인민위원회에 바로 넘어간 것은 아니다. 스티코프는 8월의 조치 이후에도 산업기관들의 이양상황에 대해 계속해서 점검했던[68] 기록을 남기고 있

62. 조선민주주의인민공화국 과학원 력사연구소, 『조선통사(하)』(1958년판) (서울 : 오월, 1989), pp. 311–312.
63. 『쉬띄꼬프 일기』, 1946년 9월 8일.
64. 『쉬띄꼬프 일기』, 1946년 9월 11일.
65. 『쉬띄꼬프 일기』, 1946년 10월 30일.
66. 『쉬띄꼬프 일기』, 1946년 12월 11일.
67. 전현수(1999), 65쪽.

다. 또한 중요산업 국유화에 대하여 김일성과 협의를 지속해 나가고 있었다.[69] 중요산업 국유화는 북한의 새로운 경제제도를 만드는 과정에서 중요한 조치였다.

(4) 화폐정책

미·소군정의 화폐정책도 검토해 볼 필요가 있다. 미군정은 화폐정책에 대해 매우 심각하게 생각했다. 하지는 "완전히 새로운 통화제도를 실시하지 않는 한 1945년 8월 15일 수준으로 물가와 임금을 효과적으로 안정시키는 것은 사실상 불가능하다"고 판단했다.[70] 미군정은 미군점령 경제권을 형성하기 위해 조선 은행권과 A 군표를 공식 화폐로 삼았다. 미군정은 일본인의 화폐와 자산을 통제하기 위해 일본 은행과 식민지 은행 간의 개인은 물론 공적인 거래를 중단시켰다. 남한에서 일본 은행권과 대만 은행권의 유통을 정지시키고 조선 은행권만을 법정통화로 삼았다.[71] 그 근거는 맥아더 사령부 포고 제3호인데, "미점령군이 발행한 'A' 자 기호가 있는 보조군용원통화 군표는 북위 38선 이남지역에서 공사의 변제에 사용하는 법화로 정"하였고, "북위 38선 이남의 조선 내에 현행법화인 정규원통화는 차별없이 액면대로 통용할 수 있다"고 규정했다.[72]

68. 『쉬띄꼬프 일기』, 1946년 10월 21일.
69. 『쉬띄꼬프 일기』, 1946년 10월 22일.
70. 차상철(1995), p. 464.
71. 정성화(1991), p. 423.
72. 장화수(1982), p. 460.

소군정의 화폐정책은 기존의 화폐를 폐지하고 새로운 화폐를 만들어내는 것이었다.[73] 소군정은 점령 초기에 미군정과 마찬가지로 군표를 발행하고 구조선 은행권을 함께 유통시켰다. 소련군의 군표는 북한주둔 소련군의 유지비를 공급하는 역할을 했다.[74] 그러나 군표 발행의 정치경제적 부담이 쌓여가자 새로운 화폐를 발행하여 이를 대체하였다. 이 과정에서 소군정이 미군정의 군표발행을 참고하면서 재정개혁(화폐개혁포함)을 실시한 흔적이 남아 있다.[75] 군표 발행으로 부담을 느끼고 있던 소군정이 그 해법을 미군정의 정책 속에서 찾은 것이다. 스티코프는 9월 21일경 미군정의 군표 발행과 조선원화의 교환에 관한 정보를 입수하고 레베데프와 논의하였으며, 9월 23일에는 소련 재무상 즈베레프에게 보고하여 북한에서의 재정개혁을 협의하였다는 기록을 남기고 있다.[76] 로마넨코가 은행의 양도에 대해 보고하는 등[77] 소련 민정청의 주도로 북조선인민위원회가 화폐교환 법령과 규정을 채택하는 방식으로 1947년 12월 화폐개혁을 단행했다. 스티코프는 화폐개혁 실시에 대해 소련 정부에 보낼 제안서

73. 화폐개혁에 대한 북한측 입장은 1946년 북조선 중앙은행 제3차 지배인 회의에서 행한 김찬, 『화폐개혁과 금후의 과업에 대한 보고』(발행지 불명 : 북조선중앙은행, 1948) 참조.

74. 전현수는 군표를 소련군 유지비, 소련정부기관 경비, 대북한 차관 제공, 남한 좌파세력의 활동 자금 지원 등 다양한 용도로 사용된 것으로 분석한 바 있다. 전현수(1996), p. 195.

75. 전현수는 "스티코프는 1946년 9월 하순 미군정이 군표를 발행하여 조선은행권과 교환을 실시할 계획이라는 정보에 접하자 소련 재무상에게 이에 대해 보고하고 북한에서도 조선은행권을 소련군사령부 군표나 예금통장 혹은 영수증으로 교환하는 재정개혁을 실시할 것을 제안"한 것으로 보고 있다. 전현수(1996), p. 197.

76. 『쉬띄꼬프 일기』, 1946년 9월 21일, 23일.

77. 『쉬띄꼬프 일기』, 1946년 10월 22일.

를 작성하도록 지시하였고 1946년 12월 19일에 서명하였다.[78] 소군정의 입장에서는 군표 발행의 부담을 정리하는 계기로 화폐개혁을 활용하였고, 북조선 인민위원회 입장에서는 화폐 발행권과 관리권을 경험해 보는 계기였다.[79]

3. 경제정책의 평가

미·소군의 경제정책에 대한 구체적인 평가에 앞서 군정을 책임졌던 책임자가 군정기간의 경험을 어떻게 생각하고 있는지 살펴볼 필요가 있다. 미·소군정 중에서 편의상 하지의 경우를 살펴보자. 하지는 당시 남한사회를 "공산당 천하"로 넘어갈 가능성이 높다고 보았다. 김성수가 하지에게 총선거 이야기를 했더니 선거하고 나면 남한이 "공산당 천하"가 되지 않겠냐는 반응을 보인 바 있다.[80] 이런 기본 인식 아래서 하지는 군정기간의 경험을 최악의 직무로 평가한 바 있다.

하지는, "미군정의 최고 책임자로서의 직책은 내가 지금까지 맡았던 직책들 가운데 최악의 직무였다. 만약 내가 정부의 명령을 받지 않는 민간인의 신분이었다면 1년에 1백만 달러를 준다고 해도 그 직책을 결코 맡지 않았을 것이다"[81]라고 평가했다. 당시의 열악한 상

78. 『쉬띄꼬프 일기』, 1946년 12월 19일.
79. 전현수(1996), p. 203.
80. 유진오, 『헌법기초회고록』(서울 : 일조각, 1980), p. 13.
81. 차상철(1995), p. 457에서 재인용.

황과 개인차원의 고충을 드러낸 것이라 할 수 있다. 그러나 점령통치를 당했던 한국인의 입장에서는 미·소군정의 경제정책을 부정적으로 보는 시각이 많이 있다. 예컨대 장화수는 "주한미군정은 점령경제정책에 관한 아무런 성과도 거둔 바 없이 혼란과 졸속을 남겼다"고 평가한 바 있다. 미군정은 근본적인 원인처방 없이 물가통제를 시행하여 혼란만 초래했다는 것이다. 당시 물량이 부족하고 생산가동이 낮은 상태에서 경제통제를 실시하여 부작용이 나타난 점을 지적한 것이다. 자유경제의 경쟁에 따른 장점이 나타난 것이 아니라 통제과정에서 단점도 드러났다. 미군정의 통제로 인해 특권과 독점 및 비리를 조장한 경우도 있었다.[82)]

경제정책의 평가는 경제정책의 결과에 대한 평가와 미·소군정의 역할에 대한 평가로 나누어 살펴볼 것이다.

(1) 경제정책의 결과

미·소군정이 추진한 경제정책은 거시적이고 장기적인 관점에서 볼 때 분단체제가 등장하고 고착화하는 데 응고제 역할을 하였다고 평가할 수 있다. 예컨대 미·소군정이 추진한 화폐정책은 남북한이 서로 다른 통화를 사용하는 결과를 가져왔다. 하나의 경제권으로 살아온 남북한이 경제적으로 분단을 더욱 가속화하는 데 화폐개혁과 같은 제도변경도 일정한 영향을 끼친 것이다. 특히 소련은 새로운 화폐를 발행함으로써 이런 결과에 대해 좀더 명시적인 원인을 제공

82. 장화수(1982), pp. 458, 467.

했다.

미국의 대한정책이나 미군정청의 점령정책을 부정적으로 보면 정책부재와 졸속을 면치 못했다는 평가를 내릴 수 있다. 그러나 대한민국의 건국이라는 입장에서 볼 때 그 출발점을 제공했다고 평가할 수 있다. 미·소의 대립하는 이데올로기 밑에서 남북의 두 지역은 상이한 경제체제로 출발할 수밖에 없었다. 이 시기는 북한이 사회주의 경제체제, 그리고 대한민국이 자본주의 경제체제를 수용하고 발전시키는 토양을 제공했다는 점은 명확하다.

미군정이 계획적인 목표나 과제를 책정한 바 없이 과도적이고 현상유지적인 점령통치를 위해 경제정책을 실시한 것이라 하더라도 대한민국이 경제구조면에서 개인 소유제를 확립하고 자유시장경제를 도입하는 데 토양을 제공한 것 또한 명확하다. 그러나 미군정이 택한 자본주의 체제 하의 자유시장경제가 빠른 시간 안에 소생하지는 못했다. 미군정은 1946년 말부터 경제정책의 기조를 통제경제로 전환하였고 배급제와 기간산업의 국가관리를 실시하였다. 미군정청은 경제정책을 통제경제에만 의존할 수밖에 없었으나 근본적으로 생산력, 자본, 기술, 원료 그리고 항구적인 정책목표까지 결핍된 경제정책으로는 남한경제를 활성화할 수 없었다.[83] 미군정이 자본주의 경제로 한걸음도 나아가지 못하고 오히려 후퇴하는 모습을 보였음에도 불구하고 장기적으로 볼 때 이는 실패가 아니었다. 미군정 입장에서 남한이 "공산당 천하" 또는 사회주의로 가지 않도록 제한하고 현상을 유지하는 것은 현재의 기준으로는 최소한의 목표일 수 있지만 당시 기준으로는 현실적으로 최대한의 목표일 수 있다.

83. 장화수(1982), pp. 468-469.

이에 비해 소련주둔군 사령부는 이미 1946년 말경에 한편으로는 김일성에게 조언하는 형식을 통해, 그리고 다른 한편으로는 자신들이 주도적으로 인민경제계획을 수립하기 시작했다. 김일성과의 회담에서 김일성이 스티코프에게 "우리에게는 국가 경제계획을 수립해 본 경험이 없기 때문에 1947년의 인민경제 발전계획을 세우는 데 많은 어려움을 겪고 있다"[84]고 토로했고, 이에 대해 스티코프의 지시를 받은 꼬르꿀렌꼬, 슬라뜨꼬프스끼 등이 공업생산계획 작성방법을 가르쳐 주기도 했다. 1946년 12월 23일에는 표도세예프 중좌에게 조선경제의 계획화에 대해 훈령을 내리기도 했다.[85] 1948년 7월 30일에는 김일성과 박헌영에게 2개년 경제계획 수립의 원조와 관련한 소련 정부의 결정을 알려주기도 했다.[86]

또한 소련군 지도부 사이에서는 북한의 공업발전 방향을 놓고서 소련측에 유리한 입장에 서 있던 메레츠꼬프, 슬라뜨꼬프스끼와 북한의 어려운 상황을 고려해야 한다는 입장에 서 있던 스티코프와의 사이에 논쟁이[87] 붙을 정도로 매우 구체적인 수준의 논의가 있었다. 예컨대 슬라뜨꼬프스끼는 소련에 북조선의 목재와 비료를 공급하는 협정을 체결하자고 제안했으나 스티코프는 북조선이 사용하기에도 부족한 상태이므로 많은 비료를 가져가는 것에 반대했다.

미 · 소군정의 경제정책은 한반도에 미국과 소련이 원하는 경제체제를 구축할 수 있는 계기를 제공했다. 미국은 남한에 자본주의의

84. 『쉬띄꼬프 일기』, 1947년 1월 3일.
85. 『쉬띄꼬프 일기』, 1946년 12월 23일.
86. 『쉬띄꼬프 일기』, 1948년 7월 30일.
87. 중앙일보사, 『발굴자료로 쓴 한국 현대사』(서울 : 중앙일보사, 1996), p. 277 ; 『쉬띄꼬프 일기』, 1946년 12월 18일.

기틀을 마련하였고 소련은 사회주의의 기틀을 마련하였다. 기광서가 "북한주둔 소련군은 북한 체제의 형성과 발전에 지대한 영향력을 행사했고, 그것이 오늘날 북한사회의 모습에 기틀을 제공한 것은 틀림없는 사실"이라고 적고 있듯이[88] 대개가 동의할 수 있는 평가이다.

미·소군정은 토지개혁을 통해 지주－소작관계에 변화를 가져왔다는 점에서는 유사점을 보여주었으나 변화의 수준에서는 차이점을 보여주었다. 소군정의 토지개혁뿐만 아니라 이에 자극받은 미군정의 토지정책은 한반도 전체에 걸쳐 지주－소작관계에 중대한 변화를 가져왔다. 소군정의 토지개혁은 지주의 반발이 있었음에도 불구하고[89] 북한지역에서 지주－소작관계를 거의 없앴다. 미군정의 토지개혁은 남한지역에서 지주－소작관계를 현저히 약화하였다. 특히 미군정의 토지개혁은 부분적으로 실시하였음에도 불구하고 지주의 토지 방매를 촉진함으로써 전근대적인 지주－소작관계가 해체의 길로 접어들도록 촉진하였다. 지주－소작관계를 해체하여 광범한 자작농 체제를 창출한다는 것은 대소 반공보루로서의 안정적인 남한을 확보한다는 정치적 고려도 반영된 것이었다.[90]

미군정의 적산처리가 가져온 결과는 복합적이다. 긍정적인 면에서는 자본주의 체제가 들어설 수 있는 민간경제 부문의 씨앗을 뿌렸다는 점이다. 미군정은 적산처리를 통해 남한의 자본주의 발전을

88. 기광서, "해방 후 소련의 대한반도정책과 스티코프의 활동," 『중소연구』 제26권 제1호(2002), p. 161.
89. 토지개혁 이후인 1946년 가을에도 지주들은 여전히 저항하고 있었다. 예컨대 분배한 "토지들을 다시 몰수할 것이라는 선전을" 농민들에게 하고 있었다. 『쉬띄꼬프 일기』, 1946년 10월 7일.
90. 최봉대, "미군정의 농민정책에 관한 연구－농민층 통합과 한국 국가의 기반형성과정을 중심으로," 서울대학교 박사학위논문(1994).

도모하는 적극적인 행보보다는 상황관리에 치중하는 모습을 보여주었다. 이 점에서는 새로운 소유제를 만드는 등 적극적인 행보를 보인 소군정과 대비된다 할 수 있다.

소군정의 적산처리 결과 북한지역에는 새로운 소유제도가 탄생했고 김일성도 이 결과[91]를 인정한 바 있다. 소군정은 귀속재산을 개인에게 불하했던 미군정과 달리 인민위원회에 이양함으로써 개인소유가 아닌 국가소유, 인민 소유로 만들었다. 중요산업 국유화 방식으로 귀속재산을 처리함으로써 개인소유제와는 성격이 다른 국가소유제를 만들어낸 것이다.[92] 이는 아직 한반도의 분단이 고착되지 않은 상황에서 토지개혁과 더불어 남북한의 경제적인 이질성을 심화시키는 결과를 갖고 왔다.[93]

미군정이 실시한 화폐정책은 공과 과의 두 측면을 모두 갖고 있다고 평가할 수 있다.[94] 첫째, 구조선 은행권을 통용시킴으로써 새로운 통화개혁이나 화폐제작에 따라 발생할 수 있는 혼란이나 비용을 줄일 수 있었다. 둘째, 한반도에 민주적인 단일 독립국가 수립의 전제라 할 수 있는 단일 경제권을 구축하지 못하였다. 물론 미군정이 전국에 걸친 화폐제도를 확립하기 위해 소련측과 협정을 체결하고자

91. 결과에 대한 자세한 내용은 김일성, "북조선로동당 제2차 대회에서 한 중앙위원회 사업 총화보고," 『김일성 저작집』 제4권(조선로동당출판사, 1979), pp. 218-219 참조.
92. 좀더 자세한 내용은 「중요산업국유화 독본」(1948년 2월 10일)의 제5장을 참조.
93. 이완범, "에릭 반 리(Erik van Ree)의 Socialism in One Zone : Stalin's Policy in Korea, 1945-1947(한 지역에서의 사회주의 : 한국에서의 스탈린 정책, 1945-1947) (Oxford : Berg, 1989) 해설," 연세대학교 현대한국학 연구소 제65회 해외한국학 평론 콜로키엄(2007.4.26) p. 13.
94. 장화수(1982), p. 460.

노력하기도 했지만 결과적으로 실패[95]했고 단일 경제권을 구축하지 못하였다.

미군정의 화폐정책보다 한걸음 더 나아간 소군정은 아예 화폐개혁을 단행함으로써 두 개의 화폐와 두 개의 중앙은행이 병존하는 상황을 결과했다. 남북한을 통할하는 단일 통화권은 소군정의 화폐개혁 정책으로 인해 두 개의 통화권으로 분할된 것이다.[96] 남북한이 독립적인 경제권으로 분리되는 과정에서 소군정이 적극적으로 화폐개혁을 추진함으로써 경제적 분단을 가속화하였다.

미군정은 최초에는 자유시장 경제원칙을 바탕으로 남한의 경제를 운용하려 하였다. 그러나 점차적으로 통제경제 방식을 혼용해 나갔다. 그 예는 미곡정책, 석탄정책, 그리고 석유정책 등에서 찾아볼 수 있다. 이러한 미군정의 경제정책은 남한의 경제제도가 자유시장 경제를 기본으로 하되 "혼합경제 체제"의 성격을 강하게 갖도록 만드는 토양이 되기도 했다.[97] 소군정의 경제정책은 북한의 경제제도가 사회주의 계획경제를 기본으로 하되 부분적으로 "개인 소유제"와 소상공업을 허용하는 방식으로 운용하였다.

(2) 미·소군정의 역할

미·소군정은 한반도에서 자국의 국익을 관철하기 위한 첨병[98]

94. 장화수(1982), p. 460.
95. 전현수(1996), p. 181.
96. 전현수(1996), pp. 214–216.
97. 장화수(1982), p. 462.

으로서의 역할을 수행했다. 따라서 그들이 수행한 경제정책도 그에 따라 성격이 결정되었다. 미·소가 협력하는 경우 미·소군정의 역할과 미·소가 대결하는 경우 미·소군정의 역할이 달라질 수 있는 여지가 있었다. 특히 1947년 이후 미·소의 대립과 경쟁은 미·소군정의 역할을 경쟁관계로 몰아넣었고 경제정책도 일정한 영향을 받았다.

미·소군정은 각각 남북한 경제를 원활하게 돌아가도록 하는 운용자 역할과 새로운 제도를 만들어내는 제도형성자 역할을 수행하였다. 미·소군정이 만들어내고자 했던 경제제도는 자본주의와 사회주의라 할 수 있다. 미군정은 자본주의에 입각한 시장경제 체제를 만들고자 하였고, 소군정은 사회주의에 입각한 계획경제 체제를 만들고자 하였다. 미·소군정이 각기 남한과 북한의 경제를 유지·운용하기 위해 펼친 정책들은 결국 남북한이 별개의 경제권을 구성하고 남북한이 각기 살아가도록 하는 결과를 가져왔다. 경제적인 통합 보다는 경제적인 분단 쪽으로 나아간 것이다.

미군정은 적극적으로 제도를 만드는 역할보다는 기존의 시장경제 체제를 유지하는 역할 또는 공산화를 저지하는 역할에 무게 중심을 두었다.[99] 당시 남한의 상황은 개혁 또는 혁명을 희구하는 흐름

98. 예컨대 이완범은 이러한 첨병의 역할을 비유하여 "사실상 분단의 집달리는 주한미군 사령관을 지낸 하지 중장이다"라고 지적하기도 했다. 이완범, "미군도 점령군, 소련군도 점령군," (대담) 『한겨레 21』 2005년 10월 25일.
99. 미군정이 실시한 경제관계 포고령 및 법령의 특징을 두 가지로 정리한 장화수의 연구결과는 이러한 역할을 잘 정리하고 있다. 첫째, 점령군 통치의 일환으로서 경제권한을 장악하고 국민생활을 안정시키려는 목적을 갖고 있었다. 둘째, 당면한 경제부면, 즉 통화, 물가, 식량, 에너지, 무역, 적산처리 그리고 이를 위한 자유시장경제와 경제통치의 혼용시책이라는 특징을 갖고 있었다. 장화수(1982), p. 459.

이 강했다. 이런 상황 아래서 미군정은 자본주의를 강화하는 새로운 제도를 만들 필요가 있다는 점과 동시에 사회주의로 이행할 수 있는 제도를 만들지 않아야 한다는 점도 인식하고 있었다. 특히 귀속재산 처리과정에서 미군정의 현상유지자로서의 역할을 찾아볼 수 있다. 군정 초기만 해도 적산처리 문제는 연합국과 협의하여 처리해야 하는 국제정치적인 성격이 해결되지 않아서 현상유지에 머무른 측면도 있긴 하다. 하지만 미군정의 기본목표는 "남한에 급진적인 체제가 들어서지 않도록 하는 데"에 있었기 때문에 소유권만 확보한 채 관망한 것이다. 미군정은 남한이 "공산당 천하"가 되지 않도록 하는 역할[100]을 수행하였다. 미군정은 현상유지에만 치중했을 뿐, 한 걸음 더 나아가서 "자본주의가 성장 발전하도록 돕고자 하지"는 않았던 것으로 보인다.[101]

소군정은 미군정에 비하여 제도창조자로서의 역할에 좀더 무게 중심을 두었다. 예컨대 소군정의 경제정책은 소유제의 형태를 개인 소유제의 단일한 제도로부터 개인 소유와 국가 소유의 복합적인 형태를 만들어냈다. 그리고 이는 북한 내 계급투쟁과 밀접하게 연결되어 있었다.[102] 소군정 시절에 도입한 국가 소유제는 후일 김일성이 토지의 국가 소유 또는 협동 소유를 통해 사회주의로 갈 수 있도록 하는 징검다리 역할을 하게 되었다.

미·소는 한반도에 자국의 제도를 본받는 경제체제를 확립하려는 의도를 갖고 있었다. 군정 3년간 이러한 의도를 관철하고자 하였

100. 정성화(1991), pp. 420, 427, 445.
101. 김기원(1986), p. 339.
102. 계급투쟁의 관점에서 사회경제 개혁을 분석한 것으로는 이승현(1999) 참조.

으며, 미군정보다는 소군정이 좀더 효율적이었다. 미군정은 본국의 의도에도 불구하고 자본주의 체제를 한 걸음 더 진척시키진 못했다. 급진적인 체제가 수립되지 않도록 하는 데 치중하였다. 미군정이 급진적인 체제의 수립을 좌절시킴으로써 향후 남한에 자본주의 체제가 자리잡을 수 있는 기반을 마련했다.

4. 맺음말

미국과 소련이 한반도에서 직면한 경제상황은 물리적으로는 동일했으나 정치적으로는 동일하지 않았다. 일제로부터 식민지 경제를 물려받았다는 점에서는 동일했으나 미국과 소련이 각각의 점령지역에서 정치적으로 지향하는 바가 달랐기 때문에 동일한 경제상황이 동일하지 않은 출발점으로 작동했다. 일제로부터 해방된 조선의 경제상황은 완벽한 자본주의 경제체제는 아니었지만 자본주의 시장경제에 좀더 유사한 체제라 할 수 있었다. 일제가 전시동원 체제를 유지하기 위해 통제경제정책을 실시하기는 했으나 당시 조선의 경제체제는 시장경제에 입각한 자본주의 체제에 더 가까웠다. 미국은 자본주의 체제를 지향하고 있었기 때문에 혁명적인 조치를 필요로 하지 않았다. 그러나 소련은 사회주의 체제를 지향하고 있었기 때문에 필요에 따라 혁명적인 조치를 취해야 했다. 소련은 북한을 부르주아 민주주의 혁명의 대상으로 삼았기 때문에 더 많은 부담을 갖고 있었다. 소련은 자국의 이익을 관철하기 위해서는 더 많은 계획 더 치밀한 계획이 필요했다. 미국보다 소련이 더 치밀하게 개혁적인 조치들을 추진한 것은 소련의 국익을 관철하는 데 필요한 조치였다.

소유제에 대하여 미·소군정은 각기 다른 정책입장을 보여주었다. 미군정은 개인 소유제를 기본으로 하는 정책을 펼친 반면 소군정은 인민 소유제, 즉 국유화를 기본으로 하는 정책을 펼쳤다. 이는 토지문제와 적산처리 과정에 그대로 적용되었다. 미군정은 개인 소유제가 흔들리는 것을 막기 위해 노력했다. 소군정은 국유제를 기본으로 정책을 추진하였으나 토지의 경우 농민들의 개인 소유를 인정했다. 절대적인 권력을 소지하고 행사했던 소군정이었지만 북한에서 토지의 국유제를 만들어내지는 못했다. 이와 같은 상황은 향후 남한이 자본주의 시장경제로 나아가는 발판을 제공했고, 북한이 사회주의 계획경제로 나아가는 계기를 제공했다.

경제운용과 관련하여 미·소군정은 각기 다른 모습을 보여주었다. 미군정은 현실상황을 정리하고 유지하는 데 급급한 반면 소군정은 인민경제계획을 수립하여 계획경제를 실시하는 수준에 이르렀다. 미국이 지향하는 경제는 자본주의 시장경제였고 소련이 지향하는 경제는 사회주의 계획경제였기 때문에 초래된 결과였다. 시장경제에 모든 것을 맡기지 않고 필요에 따라서 통제경제를 실시하기도 했지만 미군정 하의 남한 경제는 전근대적인 속성과 개인 소유제와 시장경제를 기본질서로 하는 자본주의적 속성을 이미 갖고 있었다. 마찬가지로 북한의 경제도 식민지 유산으로 인해 전근대적인 속성과 자본주의 시장경제의 속성을 함께 갖고 있었다. 소련은 당장은 아니더라도 장차 북한을 사회주의로 개조한다는 방향을 갖고 있었기 때문에 북한 경제제도를 혁명적으로 바꾸어 나가야 했다. 경제정책에 국한에서 볼 때 미군정의 역할이 현상유지에 무게 중심이 있었던 반면 소군정의 역할은 새로운 제도를 형성하는 데 무게 중심이 있었다.

참|고|문|헌

강정구. 『좌절된 사회혁명－미군정하의 남한, 필리핀과 북한 연구』 서울 : 열음사, 1989.

국사편찬위원회. 『소련군정문서, 남조선 정세 보고서 : 1946－1947』 과천 : 국사편찬위원회, 2003.

기광서. "해방 후 소련의 대한반도정책과 스티코프의 활동." 『중소연구』 제26권 제1호(2002).

______. "소군정은 실재했는가." 『역사비평』 통권 73호(2005).

______. "스티코프, 해방 후 북소관계의 실력자." 『역사』 제24호(2006).

______. "소련의 대한반도－북한정책 관련기구 및 인물 분석 : 해방－1948. 12." 『현대북한연구』 11월호(1998).

김광운. 『북한정치사 연구 I』 서울 : 선인, 2003.

김기원. "미군정의 경제정책에 관한 연구." 『한국방송통신대학 논문집』 제5집(1986).

김명섭. "해방 전후 북한현대사의 쟁점." 『해방전후사의 인식 6』 서울 : 한길사, 1989.

김성보. "소련의 대한정책과 북한에서의 분단질서 형성, 1945－1946." 『분단 50년과 통일시대의 과제』 서울 : 역사비평사, 1995.

______. "북한의 토지개혁과 농업협동화." 연세대학교 박사학위논문, 1996.

______. 『남북한 경제구조의 기원과 전개 : 북한 농업체제의 형성을 중심으로』 서울 : 역사비평사, 2000.

김성호 외. 『농지개혁사연구』 서울 : 한국농촌경제연구원, 1989.

김일성. "북조선로동당 제2차 대회에서 한 중앙위원회 사업 총화보고." 『김일성 저작집』 제4권. 평양 : 조선로동당출판사, 1979.
김찬. 『화폐개혁과 금후의 과업에 대한 보고』 북조선중앙은행, 1948.
김천영. 『연표한국현대사』 서울 : 한울림, 1984.
러시아연방국방성중앙문서보관소. 『소련군정문서, 남조선 정세보고서 1946-1947』 과천 : 국사편찬위원회, 2003.
백학순. "북한에서의 '단일적 지도력'의 확립과 당·국가 건설." 『현대북한연구』 제2권 1호(1999).
서동만. 『북조선사회주의 체제 성립사』 서울 : 선인, 2005.
신병식. "한국의 토지개혁에 관한 정치경제적 연구." 서울대 박사학위논문, 1992.
『쉬띄꼬프 일기』 1946년 9월 6일-1946년 11월 13일, 1946년 12월 2일-1947년 2월 4일, 1947년 7월 7일-1947년 10월 4일. 1948년 7월 26일-1948년 10월 2일.
아.엔. 란코프. "1945-1948년의 북한 : 해방부터 조선민주주의인민공화국 창건까지." 『한국과 국제정치』 제19집(1994).
안드레이 란코프. 『소련의 자료로 본 북한 현대 정치사』 서울 : 오름, 1995.
유인호. "해방 후 농지개혁의 전개과정과 성격." 『해방전후사의 인식』 서울 : 한길사, 1980.
유진오. 『헌법기초회고록』 서울 : 일조각, 1980.
이순근. "토지개혁 법령에 관한 세칙." 제2장 제5조.
이승현. "해방직후 북한우익의 노선과 활동." 『국사관논총』 제54집(1994).
______. "조선로동당의 계급투쟁과 경제건설 전략 : 북한 사회주의 건설에 미친 영향을 중심으로." 『동서연구』 9권 1호(1997).
______. "전쟁 전 북한의 사회경제 개혁." 『북한해방8년사연구』 서울 : 백산서당, 1999.
______. "김일성의 국가건설 사상." 『국가건설사상 3』 고양 : 인간사랑, 2006.
이우재. "미군정기 농민운동의 전개과정." 『한국현대정치사 I』 서울 : 실천문학사, 1989.
이완범. "북한 점령 소련군의 성격." 『국사관논총』 제25집(1991).
______. "해방3년사의 쟁점." 『해방전후사의 인식 6』 서울 : 한길사, 1989.
______. "에릭 반 리(Erik van Ree)의 Socialism in One Zone : Stalin's Policy in Korea, 1945-1947(한 지역에서의 사회주의 : 한국에서의 스탈린 정책,

1945-1947) (Oxford : Berg, 1989) 해설." 연세대학교 현대한국학 연구소 제65회 해외한국학 평론 콜로키엄(2007.4.26).

______. "미군도 점령군, 소련군도 점령군." (대담) 『한겨레 21』 2005년 10월 25일.

이재훈. "해방전후 소련 극동정책을 통해 본 소련의 한국인식과 대한정책." 『사림』 제20호(2003).

______. "해방직후 북한민족주의세력에 대한 소련인식과 정책." 『역사비평』 통권 70호(2005, 봄).

이지수. "북한체제 형성과 소련의 영향." 한국행정학회 추계학술대회 논문집(2001).

장화수. "주한미군정청(정부)의 점령 경제정책." 『중대논문집』 제26집(1982).

전현수. "1947년 12월 북한의 화폐개혁." 『역사와 현실』, 19권(1996).

______. "산업의 국유화와 인민경제의 계획화 : 공업을 중심으로." 『현대북한연구』 제2권 1호(1999).

______. "해방직후 북한의 농업생산과 분배, 1945-1948." 『한국민족운동사연구』 제31집(2002).

______. "해방직후 북한의 토지개혁." 『대구사학』 제68집(2002).

______. "한국현대사와 소련의 역할(1945-1948) '쉬띄꼬프 일기' 연구." 『경북사학』 제27집(2004).

정성화. "적산의 처리를 통해서 본 미국의 대한정책 1945-1948." 『경희사학』 16 · 17 합본호(1991).

______. "종전 후 점령지 재산에 관한 미국의 대외정책 소고 ; 1945-1948." 『명지사론』 6권(1994).

조선민주주의인민공화국 과학원 력사연구소. 『조선통사(하)』(1958년판). 서울 : 오월, 1989.

조선 은행조사부. 『조선경제연보』 서울 : 조선 은행조사부, 1948.

중요산업 국유화 독본(1948.2.10).

중앙일보사. 『발굴자료로 쓴 한국 현대사』 서울 : 중앙일보사, 1996.

차상철. "미국의 냉전정책과 한국 : 분단체제와 극우 반공이데올로기의 정치경제학." 『역사비평』 2월호(1992).

______. "존 하지(John Reed Hodge)와 미군정 3년." 『동방학지』 89 · 90호(1995).

치스챠코프. "북조선 내 토지면적조사 진행에 대한 북조선 주둔 소련군 사령관 명령서." 국사편찬위원회. 『북한관계사료집』 25권. 과천 : 국사편찬위원회, 1996.

최봉대. "미군정의 농민정책에 관한 연구–농민층 통합과 한국 국가의 기반 형성과정을 중심으로." 서울대학교 박사학위논문, 1994.

______. "미군정의 식량공출 정책과 한국의 국가형성 문제 : 식량공출 관련 법규와 지주제의 연관성을 중심으로." 『사회과학논총』 제12집(1996).

한국산업은행조사부. 『한국산업경제15년사』 서울 : 한국산업은행조사부, 1955.

Hodge. "Memorandum to MacArthur." (September 24, 1945) *Foreign Relations of The United States 1945*, Vol. VI. Washington D.C. : U.S.G.P.O., 1969.

van Ree, Erik. *Socialism in One Zone : Stalin's Policy in Korea, 1945–1947*. Oxford : Berg, 1989.

USAFIK. *History of the United States Armed Forces in Korea (HUSAFIK) 1–4*. 서울 : 돌베개(영인본), 1988.

SCAP. *Summation*. No. 3(1945.12).

미국과 소련의 철군과정 비교 (1)*
1945-1948

이지수
명지대학교 사회과학대학 북한학과 부교수

1. 머리말

애초 이 글은 해방과 더불어 38도선 이북에 진주했던 소련군이 철수하는 과정과 이에 대한 38도선 이남의 미군정의 대응을 주제로 연구·기획되었다. 그러나 연구를 진행하는 과정에서 우선 소련군 철수에 관한 부분을 먼저 다루고 이에 대한 미군정의 대응부분은 별도

* 이 글은 한국정치학회 연례 학술대회(2006.12.8)에서 발표된 것을 큰 수정 없이 명지대『사회과학논총』에 게재되었던 것을 다시 약간의 수정을 거쳐 단행본의 글로 출판하게 된 것임을 밝혀둔다. 애초 한국정치학회에서 기획하기를 당시 일련의 발표 글을 모아 책으로 출판하려고 했던 약속이 드디어

의 후속 연구작업으로 미루게 되었다. 그 이유는 소련군의 철수과정에 대한 1차적 자료나 이에 대한 별도의 연구가 거의 전무하기 때문에 우선 이 부분에 대한 연구 자체만으로도 많은 시간이 요구되기 때문이다.[1] 앞으로 이 부분에 대한 별도의 연구가 자료 발굴 노력에 더하여 좀더 여러 연구자들에 의해서 제기되었으면 하는 바람도 있다.

어쨌든 이 글에서는 먼저 구소련의 공개된 자료와 북한의 언론, 회고들과 기존 연구들 가운데 철군과정과 관련된 부분들을 비교·검토하여 철군과정을 재구성해 보고 철군과정에서 드러난 배경과 정황

실현된 셈이다. 본문에서 밝혔듯이 제목과는 다르게 미군 철군과정이 누락되었다. 이에 대해서는 이미 훌륭한 연구들이 많다. 필자는 미군 철군과정에 대한 기존의 연구들을 바탕으로 소련군의 철군과정과 비교 연구를 후속 연구, "미국과 소련의 철군과정 비교(2)-미국의 철군과정과의 비교"(가제)로 기약한다. 미국 철군과정에 대한 기존의 연구는 이철순, "이승만 정권기 미국의 대한 정책 연구(1948-1960)," 서울대 대학원 박사학위논문, 2000을 인상적으로 읽었다. 그 외 이원덕, "주한 미군 철수에 관한 연구 : 1947-1949의 경우를 중심으로," 서울대 대학원 석사학위논문, 1987과 조이현, "1948-1949년 주한미군의 철수와 주한미군사고문단의 활동," 서울대 대학원 석사학위논문, 1995 등이 있다. 기왕의 미군 철수에 관한 훌륭한 성과들과 필자가 연구한 바를 가지고 비교해 보는 것 또한 충분한 의의가 있을 것 같다.

1. 이외에도 사실 북한과 남한에 있어서의 당시 상황을 나란히 놓고 바라본다는 사실에 대해서는 재고의 여지가 많다. 첫째, 당시 남과 북의 상황이 너무나 비대칭적이었다. 둘째, 당시 소련은 자신들의 전략적 목표, 즉 최소한 한반도 이북에서만이라도 소련의 단독 위성정권을 수립해야 한다는 방침에서 추호의 후퇴 없이 미국 정부를, 미군정당국을, 남한의 조선인들을 대했고 사업을 진행시켜 갔다. 이에 비해 당시 미국이나 미군정, 남한의 조선인들은 대부분 이러한 사태의 본질에 대한 인식이 없었다. 만일 조금이라도 이에 대한 주의가 있었다면 그들의 대소련 정부, 대소련 주둔군, 대북한 인민들과의 관계는 크게 달랐을 것이다. 즉 소련군의 철수는 당시 미국, 미군정, 남조선 인민들의 행위에 대한 반응에 의해 결정되었다기보다는 그들 자체의 나름대로의 계획대로 진행된 것이므로 이에 대한 미군정의 대응은 다분히 독립적이었다고 볼 수도 있다.

들을 중심으로 철군의 의미를 추정해 본다. 그리고 당시 소련의 한반도 이북에서의 일련의 사업들이 당시 상황변화 혹은 상황인식에 맞추어 일일이 대응한 측면보다는 애초에 입안된 계획들을 일방적으로 적용해 간 측면이 더 많았다는 전제 하에 철군과 6·25 전쟁의 관계를 설명해 본다. 마지막으로는 소련군의 철수행태를 어떤 맥락에서 이해해야 하는가를 당시 소련의 북한에서의 행태의 맥락에서 파악해 보고자 한다.

2. 소련군 철수로 가는 과정

먼저 1946년 당시 방북한 여운형과 로마넨코의 9월 27일자 대담록에 보면 철군에 관한 소련의 인식의 일단이 드러나 있다. 직접 인용하면 다음과 같다.

> … 4. 38선
>
> 38선은 소련과 미국의 군대 때문에 존재하고 있습니다. 반동들이 이북에 정탐꾼들과 테러리스트들을 파견하기 때문에 소비에트 사령부는 어쩔 수 없이 38선을 폐쇄할 수밖에 없었습니다. 그것은 또한 조선인들을 위한 것이기도 합니다.
>
> … 만약 정부 조직 이후에 조선 인민이 미·소 양국의 철퇴를 요구한다면 우리는 언제라도 떠날 준비가 되어 있지만 미국인들도 떠나게 하는 것이 좋습니다.
>
> 미·소 양군이 중국과 만주로부터 철수한다는 협정이 맺어진

바 있습니다. 그에 따라 소련군은 중국과 만주에서 철수했지만 미군은 그러지 않았으며, 오히려 중국에서 내정을 격화시키고 있습니다. 소련은 미국이 조선에서 똑같은 행동을 하는 것을 용납하지 않을 것입니다… .[2)]

이 대담이 이뤄진 당시, 즉 1946년 북한의 상황은 어떠했는가에 유의할 필요가 있다. 소련군은 1945년 중반 북한에 진주한 이후 이미 정치적으로는 실질적인 단독정부를 수립했고(1946년 1월), 경제적으로는 이른바 토지개혁을 통해 이미 북한지역의 경제적인 토대를 사회주의적인 형태로 바꾸어 버렸다(1946년 2월). 그리고 농민, 노동자, 청년, 여성, 문화예술인 등을 각각 사회단체에 편입시켜 전 인민을 전국적 단위로 중앙권력의 편제 하에 두는 작업을 완료하였다(1945년). 이는 1945년 12월의 모스크바 3상회의의 합의, 즉 장차 남북한 조선인들에 의한 자치 임시정부 수립을 무시한 것으로 이미 소련이 점령한 북한지역에서는 정치 · 경제 · 사회적으로 별도의 체제와 제도를 도입하여 당시 남한사회와는 이질적인 토대를 구성해 놓은 것이다. 이런 일련의 사업이 진행된 시점에서 미소 철군론이 언급된 점에 유의할 필요가 있다.[3)]

한편, 철군과 관련해서 당시 25군 사령관이었던 스티코프 장군의 일기를 살펴보면 다음과 같다. 그의 일기 가운데 제일 먼저 철군에 대해 언급한 부분이 나타나는 것은 1947년 7월 23일자이다. 2차 미소공동위원회에서의 방침을 언급한 데서 철군문제를 거론하고 있다.

2. 국사편찬위원회, 『쉬띄꼬프 일기』(서울 : 국사편찬위원회, 2003), p. 186.
3. 이에 대해서는 본문 12쪽의 소련군 행위에 대한 이해에서 자세하게 설명한다.

… 앞으로 공동위원회 사업을 어떻게 전진시킬 것인지 계획을 짜다.

… 2. 레베제프에게 소련대표단의 최종적인 성명을 숙고해서 준비하게 한다. 이 성명에는 다음과 같은 제안들이 담겨야 한다. … 4. 정해진 기한내에 조선으로부터 소련군과 미군을 완전히 철수시킨다.[4]

미·소공동위원회는 1945년 12월의 모스크바 3상회의의 합의에 따라 남북한 임시자치정부를 구성하기 위한 일련의 준비작업을 논의하는 것을 주요 목표로 삼았다. 그러나 정작 논의과정은 남북한 통합 자치임시정부 구성을 위한 것에서 한 발짝도 못나간 채 공동위원회의 참여자격을 두고 대립된 채로 공전하고 있었다. 소련측은 모스크바 3상회의 결과에 찬성하는 진영만을 공동위원회에 참여시키자고 주장했고, 미군측은 이에 반대했다. 애초 모스크바 3상회의 결정에 찬성하는 진영은 소련군 점령지역과 남한의 좌파진영들이었고, 남한의 민족진영은 반대했다. 소련측은 초기 반대를 이유로 민족진영의 참여를 반대한 것이다. 이런 상황에서 다른 무엇에 앞서 소련측이 미·소 양군이 철군해야 한다는 주장을 강조한 것은 실은 실질적인 자치임시정부 수립보다는 미·소 양군의 철군을 통해 이미 정치, 사회, 경제, 그리고 무엇보다 군사적으로 탄탄한 토대를 단독으로 구성한 북한의 힘의 우위상황을 초래하겠다는 것으로 해석할 수밖에 없다.

어쨌든 북한에 주둔한 소련군의 철수에 대한 공식적인 문제 제

4. 국사편찬위원회(2003), p. 110.

기는 48년 5월 22일, 소련이 3월 26일을 기하여 소련군이 북한에서 만주로 철수하였다고 발표했으며, 1948년 12월 25일에는 소련군이 완전히 철수하였다고 주장했다는 기록에서 찾을 수 있다.[5)]

앞의 자료에 의하면 이미 소련군은 1948년 3월 26일을 기하여 만주로 철수를 시작했다고 스스로 주장했는데, 저간의 사정은 다음과 같다. 즉 1948년 4월 23일 당시 평양에서 열린 이른바 남북조선 정당 사회단체 대표자 연석회의 4일째 회의에서 참석자들은 남한단독선거 반대와 미·소 주둔군의 철수 등을 결의하였다. 같은 날 김일성은 북조선로동당 중앙위원회 사업 총괄보고에서 흥미 있는 언급을 하였다. 북조선로동당 제2차 전당대회에서의 북조선로동당 중앙위원회 사업총괄보고의 김일성이 보고한 대목 가운데에서이다. 그는 1948년 4월 23일 보고에서 소련이 이미 1946년에 노르웨이, 덴마크, 이란, 중국 등 동맹국들의 영토에서 자기의 군대를 철수함을 들어 소련의 대외정책이 약소민족의 독립과 자유를 존중하며 전후의 국제평화와 안정을 보장하는 전통적 정책임을 강조하고 있다. 전문의 일부는 다음과 같다.

> … 제2차 세계대전이 끝난 이후에 국제정치세력 배치에서는 커다란 변화가 있었습니다. 이 변화는 우선 자본주의 체계, 즉 제국주의 반동진영이 약화되고 소련을 위시한 국제민주진영이 강화된 것입니다. … 위대한 레닌당이 지도하는 소련의 대외정책은 약소민족의 독립과 자유를 존중하며 전후의 국제평화와 안정을 보장하는 전통적

5. 문희석, "조선노동당의 6·25남침", 공보부 편,『현대사와 공산주의 제1집-한국에 있어서의 공산주의』(서울 : 공보부, 1968), p. 150.

정책입니다. … 소련은 이미 1946년에 노르웨이, 덴마크, 이란, 중국 등 동맹국들의 영토에서 자기의 군대를 철수하였습니다. … 소련의 대외정책은 언제나 미제국주의의 반동적 침략전쟁을 폭로하고 평화와 민주, 자유와 독립을 위한 정의로운 전쟁에 나선 인민들에게 무한한 용기를 주고 있습니다 … .[6)]

여기서 김일성은 공공연하게 미국을 엄연한 제국주의 반동국가로 규정하고 소련을 위시한 이른바 '국제민주진영' 이 강화된 점을 들어 장차 한반도도 미군이 철수하고 신속하게 이른바 '국제민주진영' 으로 들어가야 한다는 점을 강조하고 있음을 읽을 수 있다. 모스크바 3상회의 결과에 따른 조선인들의 자치임시정부 구성에 관한 남북 상호 간 혹은 좌우 진영 간의 합작 정부구성을 촉구하기보다는 제국주의 미국 군대의 철수를 우선으로 강조하고 있는 셈이다. 이는 앞서 1947년 7월의 스티코프의 일기에서 드러난 미·소 양군 동시철군 방침과 같은 맥락에서 해석된다. 즉 미·소 양군 철수방침은 김일성이 1948년에 요구하기 전인 1947년에 이미 소련군에 의해 미군측에 제기된 점에 유의할 필요가 있다.

그리고 이어서 같은 날 평양에서 열린 이른바 남북조선 정당 사회단체 대표자 연석회의 4일째 회의에서 참석자들은 양국 군대 철수 결의사항을 재확인하고 미·소 양국 정부에게 보내는 호소문을 채택하였다. 여기서는 소련이 제의한 미·소 양국 주둔군의 동시철군안을

6. 『김일성선집』 제1권(노어판), 평양, 1970, 215-216, 221-222, 223쪽. С.Р. Тихвинский(отв. Редактор), Отношения Советского Союза с народной Кореей 1945-1980 : Документы и материалы(Москва : Наука, 1981) pp. 45-46에서 재인용.

지지하고 있다. 내용은 다음과 같다.

> … 조선 인민의 기대와 희망은 수포로 돌아가고 나라는 지금까지 인위적으로 분단되어 조선 인민의 정치·경제·사회생활에 악영향을 끼치고 있다. 조선의 현 정세를 분석하면서 우리는 만장일치의 결론을 내리고 그 결론을 솔직하게 선언하는 것을 우리의 의무라고 생각한다. 그 책임은 조선의 임시분단을 고정화시키려는 목적으로 남조선에서 단독선거 실시를 시도하는 미국 지배층에 있으며, 이것이 나라의 통일과 독립회복을 지연시키고 있다. 우리는 남조선에서의 단독선거 실시를 반대하며 또 조선 인민의 참가 없이 결정한 유엔 총회나 유엔 상임위원회의 어떤 결정도 불법이며 이에 반대하고 항의한다. … 우리는 유엔 임시위원회가 조선의 분열에 이용되고 있다는 이유로 조선에서 즉시 추방할 것을 요구한다. … 현재 조성된 상황 속에서 가장 합리적이고 올바른 조선문제의 해결책은 조선에서 동시에 외국군대의 철수를 요구한 소련 제안의 실천뿐이며. … 연석회의는 조선에서 자기군대를 동시에 철수시킬 것을 미·소 정부에 강력히 요구하며 … .[7)]

이에 대해 1948년 5월 7일 소련군 사령관은 김일성에게 소련군은 미군과 동시에 언제라도 철수할 수 있다는 입장을 전달했다. 이와 관련해서 이튿날 소련 공산당 기관지인 프라우다 신문에 게재된 소련 정부의 성명은 다음과 같다.

7. Правда, 1948. 4. 28일자. С.Р. Тихвинский(отв. Редактор) (1981), pp. 47–48에서 재인용.

> 소련 정부는 조선에서 자기의 군대를 철수해달라는 간절한 청원과 조선 인민으로 하여금 자유롭게 외국의 간섭 없이 총선을 실시하여 전 인민적인 민주정부를 세우고 통일 민주독립국가를 수립하겠다는 남북조선 제정당 사회단체 연석회의의 호소문을 받았다. … 소련 정부는 조선에서 미·소 양군의 동시 철수의 필요성을 주장하면서 조선인의 자유로운 의사표시를 보장하는 것이 의무라고 강조한 바 있다. 아시다시피 소련 대표단은 이미 1947년에 이와 같은 제안을 미소 공동위원회에 상정하였고, 1948년 초를 철군시한으로 정하자고 제의하였다. 이 제안은 소련 대표단에 의해서 1947년 10월 유엔 총회 회의에서 제기되었으나 부결되었다. 소련 정부는 조선에서 철군할 용의는 지금도 변하지 않고 있으며 동시에 미군 철수도 이루어져야 한다고 주장한다 … .[8)]

이어서 1948년 6월 7일 소련은 한반도 북부의 소련주둔군을 축소할 것이며, 동시에 사령관 코로트코프 상장의 귀국과 메로크로프 소장의 취임을 발표하였다.[9)]

유감스럽게도 발굴된 스티코프 일기는 위에서 살펴본 1948년 상반기, 즉 이른바 남북조선 정당 사회단체 대표자 연석회의에서 철군문제를 제기하고 이에 대한 소련의 반응이 드러났던 시기를 빠트리고 있다.[10)] 그러나 이미 공개적으로 1948년 5월 7일 김일성에게 소

8. Правда, 1948. 5. 8일자. С.Р. Тихвинский(отв. Редактор) (1981), pp. 48–49에서 재인용.
9. 중앙일보 특별취재반, 『비록 조선민주주의인민공화국(상)』(서울 : 중앙일보사, 1993), p. 414의 연표.

련군은 미군과 동시에 언제라도 철수할 수 있다는 입장을 전달했다고 한 것으로 미루어 그의 1948년 7월 이후의 일기는 어쨌든 철군을 염두에 둔 상황에서 쓰여진 것임을 짐작할 수 있다. 1948년 7월 26일자 일기에는 코민포름 뷰로의 결정에 대한 조선로동당의 반응에 대한 조사자료를 준비중인 레베데프의 작업을 점검했다는 대목이 있다.[11] 코민포름 뷰로의 결정이 무엇인지에 대해서는 이후의 일기를 통해 추정해 볼 수밖에 없다.

이후의 일기 가운데 소련군 철수를 대비하는 것에 관한 부분을 찾아보면 크게 북한군의 시급한 정비에 관한 부분과 기타 사회부분에 대한 정비를 언급한 부분들이 있다. 먼저 군 관련한 부분은 다음과 같다.

1948년 7월 28일자 일기에 의하면, 조선군 부대와 소련 군사고문의 배치에 대해 검토했으며, 셀라찌코프가 조서에 따라 조선인들에게 비행장을 넘겨주라는 명령을 받았다는 사실을 통보하고, 세르쥬끄에게 수리공장을 정리하라고 지시한 것으로 적고 있다. 이어서 다음날인 7월 29일에는 조선인 군부대에서 활동할 소련 군사고문단들에 대해서, 전차병들과 비행사들에 대해서 검토하고 극동주둔 소련군을 위해 조선으로부터 공급받아야 할 물품목록을 검토했다고 적

10. 일기 원본 자체를 발굴하고 원문과 함께 번역한 점은 비록 원문 중 누락된 부분이 있다 해도 대단히 의미 있는 작업이라고 해도 과언이 아니다. 다만 필자가 확인해 본 결과 영인본과 노어 활자본 및 번역문의 내용이 일치하지 않는 부분을 확인했다. 가령 영인본의 1948년 7월 17일자 부분은 활자본과 번역본에 누락되어 있고 반대로 활자본, 번역본의 1948년 7월 26일자와 27일자는 영인본에는 보이지 않는다. 또 1948년 7월 2일의 내용 가운데 영인본의 1, 2, 3의 항목은 활자본과 번역본에 누락된 채 4항목부터만 소개되어 있다. 1948년 8월 2일자의 영인본 1쪽을 활자본, 번역본은 누락시키고 있다.
11. 국사편찬위원회(2003), p. 157.

고 있다.[12)]

철군을 대비하는 듯 철군 전에 해결해야 할 문제들에 대한 사회 전반적인 점검에 관한 부분들을 언급한 대목을 인용하면 다음과 같다.

1948년 7월 30일

북조선 체류기간에 해결해야 하는 문제들은 다음과 같다.

1. 35명의 지도적인 일꾼들의 소련 파견에 대해 준비한다. 8월 14-16일 평양에서 출발시킨다. 열차 한 량을 준비하도록 지시하다.
2. 남북조선 로동당들의 비합법적인 중앙위원회의 창설을 준비한다.
3. 정부 조직 및 각료 인선문제를 마무리한다.
   1) 내각 성원 인선　　2) 최고인민회의 회의 장소
   3) 최고인민회의 상임위원회 청사　4) 내각 청사
   5) 제1차 최고인민회의 선언문　　6) 정부 선언문
   7) 파벌 배제의 필요성 문제에 대해 검토한다. 어떠한 질서를 유지할 것인가. 남북조선 정당들의 통일전선을 창설하는 것이 필요할지도 모른다.
4. 당의 여러 문제들, 당의 교육과 교과서 문제를 해결한다.
5. 다음과 같은 경제문제들을 해결한다.
   1) 2개년 계획 수립　　2) 기술원조 협정 초안 작성
   3) 산업기술연수를 위한 조선인 전무가들의 소련 파견 준비
   4) 소련 대외무역성과의 조약체결 건에 대한 점검
   5) 조선 무역대표단의 모스크바 파견

12. 국사편찬위원회(2003), pp. 157-158.

6) 위원회의 업무계획에 대해 검토한다. 위원회의 작업방식과 협정 초안 및 일체문서들의 준비상태를 점검한다. 문서들의 준비를 위해 조선측에서 위원회를 조직할 필요성에 대해 검토한다.[13)]

이어서 1948년 8월 30일자에는 미 · 소 양군의 철수에 대해 미 · 소 양국 정부에 보내는 성명서와 호소문 문제에 대해 논의하였다고 적어놓고 있다.[14)]

이어서 이미 철군과 함께 북한군의 정비는 전쟁을 준비하는 일련의 과정으로 이해할 만한 언급이 눈에 띈다. 1948년 9월 3일의 일기와 9월 6일의 일기이다.

1948년 9월 3일

박헌영이 대담에서 남조선에서 토지개혁을 어떻게 실시할 것인지 문제를 제기하다. 농민들로 하여금 폭동을 일으키게 하여 지주들로부터 토지를 몰수해서 몰수토지를 분배하게 하는 것이 어떻겠는가 묻다. … 심사숙고하도록 충고하다.

레베제프와 함께 최고인민회의 회의자료와 정부 성명서 및 조선으로부터의 외국군대 철수에 대한 호소문을 검토하다(171, 172쪽).

1948년 9월 6일

김(일성)과 박(헌영)에게 다음 사항에 대해 설명하다.

1. 남조선 군대의 장악에 대해, 방법과 실천방안

13. 국사편찬위원회(2003), pp. 158–159.
14. 국사편찬위원회(2003), pp. 169.

2. 경찰의 장악에 대해

3. 탄약공장에 대해

4. 인민들에게 소련 정부의 결정을 해설하는 문제에 대해

5. 조선 인민군 부대의 추가적인 편성에 대해

6. 군대에서 지휘관과 정치활동가의 선발에 대해

7. 남북조선에서 공장들과 농촌에서 무장혁명부대를 창설하는 문제에 대해

8. 경찰의 무장훈련을 강화하다.[15]

위의 내용은 미군이 철수한 이후 남한지역을 남한의 그 어떤 집단과의 논의 없이 북한이 '장악' 하겠다는 점을 분명히 하고 있다.

한편, 남한에 이어서 북한에 단독정부가 수립된 이튿날, 1948년 9월 10일 조선최고인민회의는 소련과 미국 양국 정부에게 다시 한 번 주둔군 철수에 대한 호소문을 공표했다.

> … 조선 영토 내에서는 아직까지 미·소 양국 군대가 주둔하고 있으며, 이 때문에 조선은 38도선으로 나뉘어 분단상태에 있으나 조선은 민족구성상으로나 경제·사회구조면에서 불가분의 단일한 형태를 지니고 있다. 미국군이 주둔하고 있는 남쪽의 농업지대와 소련군이 주둔하고 있는 북쪽의 공업지대는 인위적으로 갈라져 있다. 조선에서 계속되는 외국군의 주둔은 조선을 분열시킬 뿐 아니라 조선 사람에게 막대한 경제난을 초래하는 동시에 보다 큰 정치적인 위험을 주고 있다. 양국 군이 조선에 주둔한다는 것은 어떤 이유로도 해명할

15. 국사편찬위원회(2003), pp. 171-173.

수 없고 정당화할 수 없다. 북조선 최고인민회의 대의원 선거에서는 북조선 유권자의 99.97%가, 남조선에서는 총유권자의 77.52%가 참가하였다. … 그러므로써 남조선에서 1948년 5월 10일 소위 유엔감시위원회의 감시 하에 실시된 불법선거를 인정하지 않는다는 것을 똑똑히 보여주었으며, 그 선거결과 수립된 남조선의 국회와 정부도 인정하지 않음을 보여주었다. … 조선최고인민회의는 조선 인민의 자유로운 의사에 의하여 수립됨으로써 사실상 인민의 유일한 합법적 입법기관인 것이다. 전체 조선 인민의 열망과 의지를 담아 조선최고인민회의는 소련과 미국 정부에게 조선으로부터 즉각, 그리고 동시에 군대를 철수할 것을 강력히 요청하며, 일찍이 소련이 1947년 9월 26일 미 · 소 양군을 조선에서 철수시키자는 제의를 했고, 이후에도 만일 미국이 소련군과 더불어 조선에서 동시에 철수하면 소련은 즉각 자기 군대를 철수시킬 용의가 있다는 것을 여러 차례 재확인한 데 대해 이 기회를 빌려 심심한 감사를 표한다 … .[16)]

이에 대한 답으로 1948년 9월 18일에 소련최고소비에트 상임위원회가 조선최고인민회의 상임위원장에게 보낸 서한의 내용은 다음과 같다.

… 소련최고소비에트 상임위원회는 남북조선 절대다수 주민의 의사를 대변하는 남북조선 사회단체 대표들로 구성된 단일 조선정부와 최고인민회의 창립 등에 관한 조선최고인민회의의 성명을 참작

16. Правда, 1948. 9. 14일자. С.Р. Тихвинский(отв. Редактор) (1981), pp. 49–52에서 재인용.

하여 그러한 조치들이 조선에서 외국군이 철수할 때나 철수한 후에도 완전한 질서와 사회안전이 유지된다는 것을 확신한다.

소련최고소비에트 상임위원회는 조선최고인민회의의 서한을 심의한 후 이 서한에서 요청한 것을 받아들일 가능성이 있음을 인정하고 소련군의 철수를 금년 12월 말로 완료하도록 적절한 지령을 소련 내각에 하달하였다.

이와 동시에 소련최고소비에트 상임위원회는 미국 정부도 미군을 이 기간 안에 조선에서 철수시킬 것에 동의할 것을 희망한다.

소련최고소비에트 상임위원회위원장 엔. 슈베트니크

소련최고소비에트 상임위원회서기장 에이. 고르킨[17]

같은 내용과 관련하여 소련 외무성의 공식발표는 보다 구체적이다.

소련최고소비에트 상임위원회의 결정을 집행하기 위하여 소련 내각은 다음과 같이 의결한다.

1. 북조선에 남아 있는 소련군을 소련영토로 철수한다.
2. 북조선에서의 소련군 철수를 소련국방성이 책임을 지고 늦어도 1948년 10월 하순 이전에 시작하여 1949년 1월 1일까지 종결토록 할 것.[18]

17. Правда, 1948. 9. 21일자. С.Р. Тихвинский(отв. Редактор) (1981), pp. 52–53에서 재인용.
18. Известия, 1948. 9. 21일자. С.Р. Тихвинский(отв. Редактор) (1981), pp. 53–54에서 재인용.

이어서 1948년 12월 31일자 프라우다 신문은 동년 12월 25일자(우리 날짜로는 12월 26일에 해당한다필자 주)로 북조선에서 소련군의 철수가 완료되었다는 성명서를 발표하도록 소련의 관영 통신인 타스 통신이 위임받았다는 기사를 통해 소련군의 완전철수를 공식적으로 확인하고 있다.[19] 그러니까 공식적인 발표에 따르면 소련군은 우리 달력으로 1948년 12월 26일 철군을 완료한 셈이다.

이상 살펴본 바에 따르면 소련군의 철수시점이 일정치가 않음을 발견하게 된다. 공식적인 소련의 자료에 따르면 1948년 9월 10일 조선민주주의인민공화국의 최고인민회의의 결의와 호소문에 응답하여 동년 9월 18일 소련최고소비에트 상임위원회가 북한에 보낸 공식회답에는 늦어도 10월 하순 이전에[20] 시작하기로 하고는 결과적으로는 동년 12월 25일 완료한 셈이다. 그러나 당시 사정을 회고하는 증언기록은 이와는 조금 다르다.

김석형[21]의 회고에 의하면 1948년 9월 이전에 소련군 철수를 직접 목격한 것으로 나와 있다. 그의 회고에 따르면 그는 1948년 3월의 어느 시점부터 당시 내무부 38경비대대 정보계로 해주 근무를 하

19. Правда, 1948. 12. 31일자. С.Р. Тихвинский(отв. Редактор) (1981), p. 57에서 재인용.

20. 공식적인 발표에 의하면 1948년 10월 19일 개시한 것으로 나와 있다. 최대석, “북한의 대남 통일정책 : 현재적 의의를 중심으로,” 고유환 편, 『로동신문을 통해 본 북한의 변화』(서울 : 선인, 2006), p. 187.

21. 1914년 평안북도 박천군 덕안면에서 태어난 그는 해방과 더불어 이듬해 자신의 고향인 덕안면당위원장을 시작으로 평북지역에서 군 행정일을 담당하다가 1948년 3월부터 해주에서 38선 경비를 맡는 일에 종사하다가 동년 9월부터는 사리원에서 근무한다. 1948년 11월 30일 함경남도 정치보위부에 발령을 받아서 근무하다 전후 1960년에 남파되었다가 2년 뒤 검거되어 1991년까지 복역한다. 출소 후 1994년 10월부터 이듬해 4월까지, 1998년 2월부터 동년 6월까지 생애사 구술채록 작업을 통해 기록을 남겼다.

였는데, 이때 38선에서 철수하는 소련군과의 38선 경비임무 인수인계 사업에 직접 참가하였다고 한다. 이 일은 그가 1948년 9월의 어느 시점부터 사리원에서 38여단 정보과에 근무하기 이전이라고 회고하고 있다.[22] 그리고 자신이 함경도로 파견되는 날인 1948년 11월 30일 스티코프의 철군 마지막 열차편에 자신도 같은 열차에 동승한 점을 회고하고 있다.[23] 그의 회고에 따르면, 조선민주주의 인민공화국이 공식적으로 수립되어 최고인민회의에서 공식적으로 외국군대 철수를 요구하고 이에 대해 소련이 공식적으로 확답한 데에 따라 늦어도 10월 하순(10월 19일)이 아니라 그 이전부터 철군은 진행된 셈이다. 회고의 정확성을 의심해 볼 만한 대목이다.

게다가 그는 스티코프가 탄 마지막 철군 열차가 정확히 자신이 함경남도 도당에 부임하던 날, 1948년 11월 30일이었음을 회상하였다. 그렇다면 기억의 부정확 때문일까?[24] 유감스럽게도 누락된 부분

22. 김석형 구술, 이향규 녹취 정리, 『나는 조선노동당원이오!』(서울 : 선인, 2001), p. 262.
23. 김석형 구술, 이향규 녹취 정리(2001), pp. 273–274. 김석형은 38선에서 인수인계 작업 중 소련군이 인수인계 명부에 없다 하여 자신의 반대에도 불구하고 38선 경계를 위해 목재로 지어진 보호막(초소 비슷한 것필자 주)까지 걷어갔었는데, 마침 스티코프 사령관의 마지막 철군열차에 그 보호막들이 실려 있음을 목격했다고 한다. 한편, 스티코프는 1949년 주 평양 소련대사로 근무하면서 소련군 철수 이후 끊임없이 남한군이 도발하고 있음을 모스크바에 보고하고 있는데, 보호막 회수라는 에피소드는 자칫 스티코프의 이와 같은 보고와 더불어 소련 및 북한의 남침을 부정하는 근거로 쓰일 법하다. 혹은 소련은 장차의 남침을 은폐하기 위하여 위장책의 일환으로 38선의 경계 보호막까지 해체해 버렸다라고 해석할 가능성도 배제하기 어렵다. 이렇게 역사의 작은 장면들은 때론 당시의 큰 흐름과는 전혀 무관한 해프닝으로 인식될 수 있다는 점을 확인할 수 있는 대목이다. 오히려 여기서 흥미 있는 점은 김석형은 소련군의 그러한 행위에 대해 교조주의—여기서는 관료주의인듯 필자 주—의 예라면서 너그럽게 인식하고 있다는 점이다.

이 있지만, 1947년 10월 4일 이후가 누락되었다가 다시 이어지는 1948년 7월 26일부터 동년 10월 2일까지의 스티코프의 일기를 보면 소련군 철수에 대비하여 인수인계와 관련한 장면들이 시종 언급되어 있다. 그것은 이미 1948년 3월부터 9월의 어느 기간에 38선에서 소련군과 경계업무를 인수인계했다는 김석형의 회고와 일치한다. 그렇다면 소련은 언제부터 실질적인 철군에 대비한 인수인계 작업을 진행한 것인가? 스티코프의 일기에 의하면 1947년 10월 4일 이전의 공개된 기록에서는 인수인계와 관련한 부분을 찾아낼 수 없다. 그렇다면 문제의 누락된 부분, 즉 1947년 10월 5일부터 1948년 7월 25일 사이에 철군작업은 개시된 것으로 보아야 할 것 같다. 이미 1947년의 2차 미소공동위원회에서 소련은 철군을 제기한 바 있고, 미소공동위원회가 결렬된 후 구체적으로 실행에 옮겼을 가능성이 짙다.

인수인계 외에도 구체적인 철군 대비작업 착수시점은 위에 추정한 시점, 즉 1947년 7월 이전일 수도 있다. 스티코프의 일기는 1947년 2월 5일부터 1947년 7월 6일치가 누락되어 있는데, 이 시점에 스티코프가 스탈린에게 보낸 흥미로운 전문이 있다. 즉 1947년 5월 12일, 북한 주재 소련 대표부의 메레츠코프와 스티코프는 스탈린에게 다음과 같은 긴급요청 전문을 보낸다.[25]

〈메레츠코프, 스티코프 → 스탈린〉

24. 소련이 공식적으로 철군을 완료한 날짜는 우리 날짜로 1948년 12월 26일이고, 이를 공식 확인한 날은 12월 31일(한국 시간으로는 1949년 1월 1일, 정월 초하루)이므로 김석형이 이를 11월의 말일인 30일과 혼동할 여지는 적다.
25. A.V. 토르쿠노프 저, 구종서 역, 『한국전쟁의 진실과 수수께끼』(서울 : 에디터, 2003), pp. 33-34.

1946년 7월 26일자 소련 정부의 결의에 따라 귀하는 1946년 12월 18일자 암호전보 제15327호에서 산업 및 철도 수송망의 재건과 발전을 위해 북한 인민위원회를 지원할 소련인 전문가 82명을 파견하는 문제에 관하여 자기 명의로 스스로의 견해를 제시했다.

그러나 오늘에 이르기까지 북한에는 단 한명의 소련 전문가도 파견되지 않았다.

우리는 대외무역성에 수차례에 걸쳐 소련 전문가 파견을 의뢰했으나 소련의 전문가 파견 문제는 외무성 소관이라는 것이었다. 그러나 외무성에서는 이 문제는 국방성 소관이라고 표명했고, 국방성은 국방성 관할이 아니므로 이 문제에 관해 적절하게 대처할 수 없다고 해명했다. 따라서 북한에서 일할 소련인 전문가의 구성이나 파견에 관한 문제는 실제로 아무것도 해결되지 않았다.

북한의 긴급한 상황은 조속한 시일 내에 소련인 전문가가 파견되기를 요망하고 있다.

1946년 7월에 스탈린이 지시한 바가 이행되지 않음을 1년이 지나가는 1947년 5월에 제기하고 있는 것을 어떻게 이해해야 하는가? 소비에트 관료제도의 비효율성으로 이해해야 할 것인가. 아무튼 1948년 2월 8일의 북한군 창군은 확실히 소련군 철수에 대비한 사전 작업의 일환으로 이해할 수 있다.

아무튼 소련의 철군은 공식적인 발표, 즉 1948년 10월 19일부터 시작하여 1948년 12월 25일에 완료된 것이 아니라 이미 그 이전부터 진행되어 이미 1948년 12월 이전에 끝났을 가능성이 높다. 그렇다면 왜 이러한 불일치가 생긴 것일까? 몇 가지 가능성을 생각해 본다.

첫 번째 가능성은 행정적인 형식과 실질적인 내용의 간극에서 오는 차이일지 모른다. 어쩌면 소련군의 주둔기간은 결과적으로 진주 이후부터 철군준비에 착수했다고 이해될 수도 있다. 이것은 애초 스탈린의 한반도 정책과 관련이 있는데, 1945년 12월 25일자 당시 소련군 총정치사령관 슈킨의 보고서에 따르면 당시 소련은 북한지역에 소련의 정치·경제·군사적 이익을 지켜줄 인물들로 구성된 정권을 수립하고자 한 것으로 나타난다. 여기서 소련의 군사적 이익이란 자국군이 아닌 북한군에 의한 국방업무 담당으로 이해되어야 할 것이다. 이것은 스탈린의 일국사회주의론에 따라 소련을 둘러싼 위성국가들로 하여금 소련의 울타리(완충지대)를 삼으려 했음과도 부합된다. 결국 공식적인 일자 확인은 그야말로 형식적인 어떤 행정적 절차에 의한 것이 아닌가 추정된다.

두 번째 가능성은 실제 소련의 일련의 계획—위성정권 수립과 전쟁 도발—을 꾸준히 추진하는 과정에서 그때 그때의 외부상황에 따라 일련의 단계를 공포한 것으로 이해할 수 있다. 그러니까 위성정권의 내부기반을 다질 때까지는 단일정부 합의를 위한 노력 경주의 모습(미소공동위원회) 단계를 거쳐, 정권의 대내적 기반이 조성된 이후에는 대외적 기반 조성으로 철수에 대비한 인수인계 작업과 이후 국방력 강화에 힘쓰면서 남북 연석회의나 남한 정부수립, 북한 정부수립 등의 상황변화에 따라 시점을 빌려 적절하게 철수문제 제기의 수위를 높여나갔던 것은 아닌가. 그런 의미에서는 북한측 혹은 소련측의 그 어떤 대외적인 제안이나 성명도 실은 실질적인 내용을 가지고 있다고 보기 어렵다.

다음에는 소련군 철수는 어떤 의미를 갖는가에 대해 살펴본다.

3. 소련군 철수의 의미

소련군 철수에 대해서 국내 연구진들의 전통적 견해는 소련군 철수에 대해 소련이 공언한 바 그대로 조속한 남북 단일정부 구성을 남북 인민들에게 맡기려고 했다는 점은 부정한다. 이를 두 가지 의미로 나누어 볼 수 있는데, 첫째는 그러니까 소련군이 철수했다고 해서 소련이 자신의 영향력이나 국가이익을 포기하고 순수하게 자주독립 국가로 북한을 대하려 했다는 주장을 부정한다. 이 부분에서 소련이란 표현을 스탈린으로 바꾸고 싶기도 한데, 아무튼 이 견해에 따르면 소련군 철수는 대외적인 선전효과를 노린 것에 불과하며, 소련은 이미 자신들의 이익 관철 구조를 확립해 놓았다는 점을 주장한다. 두 번째는 실제 철군의 의미를 폄하하는데, 막상 철군을 했다지만 대다수의 소련군은 고문이라는 명목 하에 잔류하고 있었으며, 무장의 대부분을 이양하였다는 점을 강조한다. 1948년 12월 중순 모스크바에서 당시 국방상 불가닌이 의장이 되어 마렌코프(정치국원), 반슬립스키 장군, 코나프 장군, 해군육전대 참모장 가스로프와 중공, 북한 대표가 참석한 가운데 북한군 기계화 문제, 북한군 유류지원 문제, 18개월 내 (군사)훈련을 완료하는 문제 등을 논의하고, 12월 말에는 스티코프 소련대사를 수반으로 하는 장갑전술전문가 및 수륙양용부대의 전문가 등 정보장교 약 20명이 북한에 도착하고, 1950년 2월 말 적진 돌입 및 적 배후에의 침투라는 과제로서 합동연습을 실시하는 일련의 과정[26]을 보아도 소련군 철수는 액면 그대로 받아들여서는 안 된다는 것이다. 미군이 철수한 상황과 비교해 보면 확실히 양국 군대의 철수는 정치군사적 의미가 다르다는 것이다.

이에 대한 반론은 소개하지 않겠다. 소련군 철수의 의미만을 따로 다룬 연구는 의외로 찾아보기 힘들다. 전체적 맥락에서 소련군의 철수를 전통적 입장과는 달리 소련측의 주장을 액면 그대로 받아들인 주로 구소련의 저작들은 신뢰를 잃은 것이 현실이다.

소련군 철수를 이후에 전개되는 6·25 발발과 연관지어서 생각해 볼 수 있다. 소련군 철수과정 자체를 전쟁준비의 단계로 보는가 그렇지 않은가이다. 6·25에 관한 많은 최근의 연구들은 스탈린과 김일성에 의한 한국전쟁의 준비는 소련군이 철수한 이후 제기된 것이 아니라는 데에 일치하고 있다. 필자도 이에 동의한다. 철수를 전후한 일련의 과정들은 단지 철수 이후의 북한 자체 국방력 강화에 머물지 않음을 보여주고 있다.

1949년 1월 만주의 하르빈에서는 동북의용군의 입북에 관한 회담이 열린 결과 제1차로 중공군 166사단이 입북 개시하여 약 1만 2천 명 내지 1만 6천 명이 신의주 안주지구에 입북 완료했고, 제2차로 중공군 164사단 약 1만 명이 회령을 경유하여 나남에 도착하였다. 한편, 스탈린그라드 전투에 참가했던 소련군 출신도 약 5천 명이 입북하였다. 이어서 1949년 3월 17일, 김일성 일행은 모스크바에서 조소군사비밀협정[27]을 체결하였다. 그리고 이튿날[28] 소련 주재 하에 조중상호방위협정이 체결되었다.[29] 이러한 일련의 과정이 소련군 철수

---

26. 공보부 편(1968), pp. 250-251.
27. 토르쿠노프는 이에 대해 조소경제문화 협조 협정이 체결되었다고 하지만 실제는 그렇지 않다. A.V. 토르쿠노프 저, 구종서 역(2003), p. 32 연표 참조.
28. 토르쿠노프는 조중상호방위조약의 시점을 1948년 3월 16일로 표기하고 있으나 이는 오기이다. 당시 중국은 아직 존재하지 않았다. A.V. 토르쿠노프 저, 구종서 역(2003), p. 31 연표 참조.

이후에 급작스럽게 제기된 것으로 이해하는 것은 무리가 있다. 이미 철군과정과 전쟁준비는 겹치는 것으로 이해하는 것이 자연스럽다.

4. 소련의 행위에 대한 이해[30)]

과연 소련의 한반도 진주 이후 철수까지의 행태를 어떻게 이해해야 하는가. 이 문제를 이해하기 위해서는 1945년 9월 20일자의 스탈린 지령서와 이를 직접 언급한 1945년 12월 25일자 슈킨 보고서[31)]를 전제로 해야 한다. 많은 논란의 여지에도 불구하고 소련은 슈킨 보고서에 나타난 전략적 기조를 가지고 일방적으로 진주, 정권수립, 철수(전쟁준비, 도발)의 과정을 밟았다고 보여지기 때문이다. 그러나 소련이 대외적으로 보여준 모습들은 이 보고서의 내용을 무색하게 하는 점이 다분히 있다. 즉 소련은 진주 당시부터 철군시기까지 일관되게 조선의 단일한 자주독립국가 성립을 지지한다고 언명하고 그렇게 대화에 임한 것으로 비쳐진 것이 사실이다. 그러나 과연 가령 예를 들면, 1945년 12월 25일 작성된 슈킨 보고서의 내용을 포기하고 1945년 12월 28일 공표한 모스크바 3상회담의 합의에 따르려고 했던가. 2-3일 만에 정책이 바뀐 것일까? 과연 소련은 모스크바 합의에 따라 임시 조선 인민의 정부 구성에 노력을 기울였는가. 그 노력에도

29. 공보부 편(1968), pp. 248-250.
30. 이지수, "이정식, 『대한민국의 기원』을 읽으면서 : 조선민주주의인민공화국의 성립부분과 관련하여," 『한국정치연구』 제15집 2호(2006)에 자세하다.
31. Архив Внешней Политики, Ф.013, оп.7, п.4, д.46, л.л.3-13.

불구하고 미국의 반대에 부딪혀 결국 미소공동위원회는 무위로 끝나고 결국 각기 단독정부가 수립되었는가. 이 모든 질문에 대해 사료와 상황적 증거들은 아니다라고 대답한다. 소련은 모스크바 3상회담의 합의에 따라 이듬해 1월 16일 덕수궁에 대표단을 파견하여 역사적인 미소공동위원회를 시작하기는 한다. 또한 조선공산당은 1월 2일 모스크바 3상회담을 지지한다고 하여 신탁통치에 찬성하였다. 그러나 북한에서는 실제 어떤 일이 벌어졌는가.

1946년 2월 8일에는 예의 슈킨 보고서가 언급한 대로 북조선임시인민위원회가 구성되어 명실상부한 '단일한 행정 중앙'을 구축하였고, 이어서 3월에는 일사천리로 토지개혁을 단행했다. 앞서의 임시인민위원회가 별도의 정부조직이었다면 후자의 토지개혁은 경제체제를 천지개벽식으로 바꾼 셈이다. 즉 무상몰수에 무상분배라는 구호 아래였지만 내막은 토지의 국유화와 다름 없었다. 즉 무상분배한 토지는 마음대로 사고 팔고 할 수도 상속할 수도 없었다. 다만 경작권만 분배된 것이다. 더구나 분배된 토지도 정확하게 어떻게 분배되었는지가 명확하지 않다. 국내 어떤 연구자에 따르면 인민들의 이해와 요구의 수준에 따라 정의롭게 분배되었다고 하는데, 이는 대단히 비과학적인 주장이다. 실제 소련에서도 1917년 혁명 이후 이 문제가 골치였다. 가구당 일률적으로 나눌 것인지, 혹은 가구 구성원 숫자에 따라 분배할지, 가구 구성원 가운데서도 가용 노동력에 따라 나눌 것인지 등등이 골칫거리였다. 게다가 어느 집에는 집 근처의 땅을, 누구에게는 멀리 있는 땅을 줄 수도 없었다. 지목도 문제였다. 누구에게는 운 좋게 비옥한 땅을, 누구에게는 척박한 땅을 주기도 애초 무리였다. 결국 어느 지역에서는 공평하게 나눈다는 것이 지목마다 나누어 지목별로 1미터 너비의 땅을 골고루 나누다 보니 경작을 위해서는 여기 저기 옮겨다니면서 경작을 해야 하는 어처구니 없는 일이 생기기도 했다. 어쨌든 북한에서는 이러한 초기 소련이 겪은 문제점을 어떻게 해결했는지가 불분명한 채 사회주의식 토지개혁이 단행된 셈이다. 그러나 남한에서는 이러한 사실이 왜곡되어 전파되었다. 따라서 일부에서는 당시 북한의 토지개혁을 선망의 눈으로 바라보는 사람들도 있었다. 그러나 사회주의 역사에 정통한 사람이라면 이러한 토지개혁에 고개를 갸우뚱할 만했다.

실제로 결국 1917년 혁명을 단행한 소련에서는 토지개혁의 결과 경작권만을 분배하고 농업생산물을 각종 명목으로 국가에서 강제로 거두어 가고 배급제를 통해 농민들을 경영하는 것이 효율적이지 않음을 이유로 해서 30년대 집단농장화 체제로 들어갔다. 그러한 역사적 경험을 무시하고 왜 북한에서 바로 집단농장화를 단행하지 않았는가. 동구에서도 마찬가지였지만 일단 공산정권이 안정되면서 예외 없이 집단농장화가 실시되었다. 북한의 경우는 6·25 전전에 발의되었다가 6·25 전쟁 후에 실시되었다. 즉 예의 보고서가 언급한 대로 초기부터 무리하게 소비에트적 질서(여기서는 집단 농장)를 도입하지 말라는 방침에 따른 것이다. 게다가 무엇보다 당시 북한의 토지개혁은 다른 소련 점령지역에서 그랬듯이 무상분배가 목적이 아니라 무상몰수가 주요 목적이었다. 왜 그럼 초기부터 아예 소비에트적 질서구축을 피했을까? 필자는 이에 대해 시간 벌기였다고 주장한다. 여러 가지 장애요인과 방해와 국제여론의 비난을 피해 보고서에 언급되었듯이 소련군대가 철수한 이후에도 소련의 국가이익을 확고하게 지켜줄 교두보를 만드는 데 필요한 시간 벌기였다. 그러니까 한편으로는 모스크바 3상회담의 결정에 따라 미소공동위원회에 나가면서 이런 저런 문제제기를 통해 회담을 2여 년이나 질질 끌면서 다른 한편으론 북한 내부에서 자신들의 국익을 대표하는 정권수립을 차근차근 준비해 나간 것이다.

당시의 이런 소련의 입장을 잘 이해한 남한의 지도자는 이승만이었다. 소련의 또 다른 비밀보고서에 의하면 이승만에 대해 상세한 인물분석을 하고 있다. 그 보고서에 의하면 이승만은 독립운동 기간을 통해 지속적으로 반소, 반공산주의 경향을 노골적으로 드러내며 활동한 것으로 묘사된다. 미국의 정계 지도자들에게 소련과의 연합은 반드시 후회할 것이라며 당장 소련과의 연합관계를 청산해야 한다고까지 하였다고 묘사되고 있다. 대부분 사실이다. 이승만의 소련과 공산주의에 대한 식견이 어떻게 형성되었는가는 또 하나의 대단히 흥미 있는 연구거리이다. 그와 소련에 관련된, 혹은 소련의 그에 대한 평가에 관련된 부분은 다음과 같다(이 문서가 작성된 시점은 적어도 1945년 8월 23일 이전이다).

> … 1921년 5월 이승만은 대한민국(Korean Republic) 대통령으로서의 자신의 서명이 담긴 신임장을 휴대한 사절을 소련에 파견했다. 사절은 모스크바에 머물렀지만 영접받지 못한 채 1922년 상하이로 돌아갔다 … .

> … 조선의 정치망명객들 중에서도 이승만은 훨씬 더 반동적인 인물이다. 최근(이 문서는 1945년 8월 23일자로 쥬코프 원수가 스탈린에게 보낸 문서이다필자 주) 몇 년간 그는 미국에서 공개적으로 반소적인 성명을 수차례 발표했다 … .

> … 소련의 대일전 참전을 이승만은 소련이 조선반도와 만주지

역을 장악할 것이라는 위기감과 불쾌감으로 대했다. 그는 다음과 같이 공언하였다(1943년 7월에[필자 주]). "미영은 이 전쟁에 소련을 끌어들이려고 최선을 다했다. 몇몇 사람들은 이를 두고 외교의 승리라고 하나, 미래의 세대들은 이에 대한 값을 치르게 될 것이다. 보건대, 소련은 만주와 조선을 장악할 것이고 이 지역에 군사항구를 가지게 될 것이다" (따옴표 안은 이승만이 말한 내용임[필자 주]) … .[32)]

이승만에 대한 소련의 적대적인 평가와 또한 점령지 동유럽에서 공산당에 반대하는 세력을 무자비하게 탄압하고 1946년 1월 이미 조만식 선생을 감금하고 있는 소련과의 대화와 타협을 기대했던 김구 선생과 미국의 태도를 어떻게 이해해야 하겠는가.

구소련의 비밀문서 가운데는 김일성과 몇몇 사람들과의 대화 기록도 있다. 대화 기록에 따르면 김일성은 당시 남한의 대부분의 지도자들을 맹렬히 비난하고 있다. 특히 김구 선생에 대해서는 테러리스트라고 비난하면서 자신의 일가인 강양욱의 아들, 딸 암살에 직접 관련이 있다고 주장하는 대목이 나온다. 다음은 1946년 10월 6일 북조선임시인민위원회 위원장의 사무실에서 있었던 대담 기록이다. 이 중 김일성의 발언만을 간추리면 다음과 같다.[33)]

32. Архив Внешней Политики, Ф.013, оп.7, п.4, д.46, л.л.14-16.
33. 이 기록은 북조선임시인민위원회 위원장 사무실에서 1946년 10월 6일 있었다고 기록하고 있는 '반스'와 김일성의 대담 내용을 발라사노프가 기록하여 당시 소련 외무성의 차관이었던 말리크에게 10월 9일자 보낸 보고서의 내용이다. 같은 내용의 보고서는 면담 당일인 10월 6일 당시 소련군정 사령부의 메레츠코프와 스티코프에게 보고된 또 다른 사본으로도 존재한다. 두 기록은 정확히 일치하지는 않으나 대체로 동일한 내용을 담고 있다. 이 자리에는 두 사람의 당사자와 기록을 담당한 발라사노프 외에도 문일, 프로스토프, 샤브신이 동석한 것으로 기록되어 있다. 이외에도 흥미로운 내용을 담고 있지

… 무엇보다 민주주의적인 요인들에 테러를 자행하는 친일 요인들을 제거해야 합니다. 강양욱 목사의 아들과 딸이 테러분자들에게 죽임을 당했습니다. 이들 테러분자들 손에는 김구의 서명날인이 있는 문서들이 있었습니다 … .

… 어떻게 조선 인민들과 유리되어 조선을 뒤로 퇴보시키려는 이승만, 김구와 같은 반민주주의 요인들과 통합이 가능하다는 말입니까? 통일은 오로지 애국세력들 간에만 이루어질 수 있습니다. 김구와 이승만 같은 요인들과는 두말할 나위도 없이 통일이 불가합니다 … .

과연 김일성이 이후 1948년 방북한 김구 선생과 어떤 생각을 가지고 대화에 나선 것일까에 대해서는 독자의 상상에 맡긴다.

소련의 미소공동위원회에 임한 태도는 다분히 이중적이었다고 판단할 수밖에 없다.[34] 즉 만일 소련의 제안대로 모스크바 3상회담의 합의에 동의하는 세력만으로 임시정부를 구성한다면 그 정부는 아마 친소 공산정권일 것이다. 좌익만이 3상회담 합의에 찬성했으므로. 그렇다면 한반도에는 친소 공산주의 단일정부가 수립되었을 것이다. 미국으로서는 우익, 친미인사들이—비좌파 가운데 모스크바 3상 합의를 지지한 세력이 없는 것으로 보아서는 어쩌면 그때까지는 친미세력이 미미했거나, 아니면 친미세력조차 미국이 합의한 사항을 반

만 생략한다. Архив Внешней Политики, Ф.102, оп.6, п.2, д.3, л.л.3–10.

34. 2차 미소공동위원회 소련군 대표단에 보내는 훈령 별첨 참조.

대했던 것 같다—제외된 임시정부는 동의할 수 없었을 것이다. 그 때문에 분단이 되었다는 주장도 있지만 오히려 현재 대한민국 국민으로서는 결과적으로 감사할 일이다. 그러니까 소련은 미국과의 대화에서 상대방이 절대로 들어줄 수 없는 조건을 내걸고 회담을 공전시키면서 그 사이에 국제적인 여론의 눈길을 피해 북한 내부에서 친소정권 수립을 착착 진행시킨 셈이다.

김일성 또한 속으로는 남조선의 우익 민주인사들을 적대시하면서 한편으로는 대화에 임하는 것이 소련의 태도와 대동소이했다. 소련과의, 김일성과의 대화와 타협을 둘러싸고 남한에서는 심각한 남남갈등이 전개되었다. 즉 대화와 타협경주론과 대화무용론의 대립이다. 후자의 대표자가 이승만이었다. 미국에서도 여론의 양분은 마찬가지였음은 불문가지일 것이다. 이른바 열린 사회와 닫힌 사회의 대화에서 흔히 벌어지는 진풍경들이다. 한쪽은 일사분란하게 대화에 열심히 응하는 척하면서 다른 한편으로는 역시 일사분란하게 자신만의 실익을 추구하는데, 다른 쪽은 대화에 연연해하면서 한편으로는 협상자세나 전망을 둘러싸고 끊임없는 자중지란을 연출해낸다. 혹은 대화당위론과 대화무망론이 대결하기도 한다. 당시 소련의 행태는 전통적인 의미의 이중의 구조속에서 읽어야 한다. 소련군 철수도 마찬가지이다.

5. 결론

지금까지의 논의를 요약하면 다음과 같다.

첫째, 소련군의 철군과정은 공식적으로 소련당국이나 북한당국에서 공표한 것과 증언들이 일치하지 않는다. 그러나 실질적인 개시 일시는 1948년 10월 19일 훨씬 이전부터 시작되었으며, 완료 또한 12월 25일 아니라 이미 11월 말에 완료된 것으로 보인다.

둘째, 이와 같은 혼동이 생긴 이유는 회고나 기록의 부정확성 때문이 아니라 실제 진행되는 현실과 겉으로 공표되는 공식발표의 불일치성에 기인하는 듯하다. 즉 북한과 소련은 소련군 진주 이후 대내적으로 독자위성 정권의 기반을 구축하기까지는 단일민주정부 수립을 위한 대미 대화, 미소공동위원회의 참여행태를 보여주었고, 일단 소련의 국가이익이 보장된 정권의 대내적 기반이 어느 정도 완성된 이후에는 전쟁을 대비한 군사적 기반을 구축하기까지 단일정부 수립을 위한 대남 대화, 남북지도자 연석회의를 주도하는 모습을 보여주었다. 외국군 철수에 대한 요구는 다분히 형식적인 것으로 이해된다. 왜냐하면 소련은 이미 자체적으로 북한군 스스로 소련의 군사적 이익을 담당케 할 준비를 진행시키고 있었기 때문이다. 1948년 9월 18일의 소련 정부의 공식적인 철군일정 천명은 남과 북에서 단독정부가 수립된 이후 선언적인 의미 이상도 아니고 그 이하도 아니다.

셋째, 당시 한반도에서 보여준 소련의 행태는 이중적인 구조, 즉 실제와 외부 행태의 불일치로 파악되며, 소련군 철수 또한 이런 맥락에서 이해될 수 있다.

별첨

러시아연방 외무성 문서보관소(Ф.7, оп.21, п.22, д.316)

(필자 주 : 원본의 줄바꾸기 형식을 그대로 살려 국문 기재한 것임. 굵은 표시는 필자 가필)

전 소련공산당(볼세비크)중앙위원회 결정

조선에서의 소미공동위원회 사업에 대하여 공동위원회 사업이 중단됨으로써 조선에 조성된 정세를 감안하여 전소련공산당(볼세비크) (중앙위원회는 다음과 같이 결정한다 :

1. **공동위원회 사업 재개 문제에서 외무성과 붉은군대 사령부는 이니셔티브를 발휘하지 말 것, 왜냐하면 위원회 회담 파탄의 이니셔티브는 미국인들이 발휘하였기 때문임.**
2. 위원회 사업초기에 공동위원회 내 소련측대표단은 정당 사회단체 및 그 대표들과의 협의(상담) 조건 문제를 놓고 **종전의 입장을 고수할 것.** 즉 위원회는 모스크바 결정을 무조건 전적으로 지지하는 민주 정당 사회단체 등과만 상담(협의)을 할 수 있으며 정당 사회단체는 모스크바 결정과 동맹군(또는 동맹군 일방)을 적극 반대함으로써 명예가 훼손된 대표자들을 공동위원회와의 상담 대상으로 추천해서는 안 된다고 주장해야 한다.
3. 남조선 좌익단체들에 대한 미국인들의 탄압을 어느 정도라도 완화하기 위해 외무성에 다음과 같은 임무를 부과한다. 즉
   a) 남조선에서 **미군정과 조선반동자들이 행하는 좌익단체들에 대한 각종 탄압, 테러 기타 박해 형태를 체계적으로 언론**(소련, 북조선, 외국, 주로 미국)**에 공개하기 시작할 것.**
   b) **남조선에서 미국인들이 행하는 반동정치의 본질을 북조선 임시인민위원회가 실시하는 전면적 민주개혁**(토지개혁 등등)**과 비겨하여 신문과 라디오로 폭로할 것.**
4. 민주자치형태로서의 인민위원회를 공고히 할 목적으로 일제기

반으로부터의 해방의 날인 8월 15일 지방정권기관, 즉 군, 도, 인민위원회 선거를 실시할 것. 선거는 전반적 직접적 평등 비밀투표로 한다.

5. **북조선에서 우리의 영향력을 고착시키기 위해** :

a) 북조선에 있는 일본산업을 조선 인민(국가)의 소유로 넘겨줄 것. 북조선임시인민위원회에 조서로(문서) 연계할 것을 연해주군구 군사참의회에 위임할 것. 이 조치를 북조선 신문과 우리 중앙 신문들에 광범히 보도할 것.

b) 기업소를 신속히 가동시키는데 있어서 북조선임시인민위원회에 도움을 주기위해 300명의 소련기사를 2-3년간 파견하여 기업소 및 트레스트의 지도적 지위에 등용할 것. 전문가 선정은 소련공산당(볼) 중앙위원회 간부국에서 2개월 내로 진행하도록 위임할 것.

6. 소련대외무역성에 위임할 것 :

a) 북조선기업에 연료, 콕스탄 및 기업고 가동에 필요한 각종 원료 공급을 계약체결의 방법으로 조치할 것. 대신 조선에서 공업제품을 가져올 것[생동(조동), 흑연, 아연, 텅스텐, 수연 농축물 등].

b) 조선의 북도 지방의 굶주린 주민 등에게 줄 6만 통의 식량(곡물 : 밀, 수수, 좁쌀, 그리고 설탕 등)을 임시인민위원회 수중에 제공할 것.

이조치는 붉은군대사령부의 예비에서 도와주는 명목 하에 단행할 것. 이를 위해 조선 주둔 제25군 사령관의 수중에 있는 예비(재고)와 대련시 창고 등에 있는 재고 그리고 일부는 소련에서 반출하여 이용할 것.

c) 북조선 주민들에게 일부 공산품(작물, 등유, 윤활류, 휘발류 등)을 제공할 것.

d) 북조선 산업을 위해 인민위원회에 300대의 국산 자동차를 판매할 것.

7. 꼼쏘몰스크 시에서 ET-4750형 7.5킬로와트 출력 단파 라디오

방송국을 북조선임시인민위원회 수중에 인계할 것을 내무성(크루글로브 동지)에 위임할 것.

8. 조선 청년 300명을 소련 기술, 교원, 의학, 및 재정 대학에 입학시킬 것.
고등교육생(까프따노브동지)과 연해주군구 군사회의에 상기 대학생 들을 전문 및 교육기관 별로 분리하도록 위임할 것.

9. 조선인들로 다음과 같은 부대를 편성하자는 연해주군구 군사회의의 제안을 수용할 것 :
   a) 철도 경비대
   b) 만주와의 국경선을 보호하기 위해 국경경비사단 편성
   c) 민족 지취간부를 양성하기 위한 군관학교(500명수용)
   d) 철도경비대, 국경경비대 및 군관학교를 무장하기 위해 필요한 양의 소련군 무기를 북조선 인민위원회에 판매할 것.

10. 북조선주민등에 대한 의료봉사를 위해 연해주 군구 군사회의 및 소련군 군사의료총국에 다음과 같은 과업을 위임한다. :
   a) 붉은군대 병원에서 필요 없는 의료기구를 사용하여 1,500 침대의 25개 병원을 조직할 것.
   b) 모스크바에서 3개월 동안에 30명의 조선의사들을 재교육시킬 것.
   c) 소련군 병원들에서 1,000명의 간호원을 양성, 재양성할 것.
   d) 준의 및 의료 일군을 위한 필수서적을 조선말로 번역, 출판할 것.
   e) 북조선 인민위원회로 하여금 조선주민들의 보건과 치료를 보장하는데 필요한 도움을 줄 수 있도록 50명의 의사를 예비로 군구 위생국산하에 두도록 연해주군구 군사회의에 허락할 것.

참 | 고 | 문 | 헌

고유환 편. 『로동신문을 통해 본 북한의 변화』 서울 : 선인, 2006.

공보부 편. 『현대사와 공산주의 제1집-한국에 있어서의 공산주의』 서울 : 공보부, 1968.

구종서 역. 『한국전쟁의 진실과 수수께끼』 서울 : 에디터, 2003.

국사편찬위원회. 『쉬띄꼬프 일기』 과천 : 국사편찬위원회, 2003.

______. 『소련군정문서, 남조선 정세보고서, 1946-1947』 서울 : 국사편찬위원회, 2003.

김석형 구술, 이향규 녹취 정리. 『나는 조선노동당원이오!』 서울 : 선인, 2001.

김영호. 『한국전쟁의 기원과 전개과정』 서울 : 성신여자대학교 출판부, 2006.

김창순. 『한국독립전쟁사 : 남한의 시각』 서울 : 삼광, 1989.

______. 『공산주의 민족이론과 정책비판 : 전환기의 사상』 서울 : 북한연구소, 1982.

______. 『북한 50년사』 서울 : 지문각, 1951.

김학준. 『한국전쟁 : 원인, 과정, 휴전, 영향』 서울 : 박영사, 1989.

______. 『민족통일론의 전개』 서울 : 형성사, 1986.

박태균. 『한국전쟁』 서울 : 책과함께, 2005.

신상초. 『사상과 여론과 정치』 서울 : 사초, 1983.

______. 『중국공산주의 운동사』 서울 : 집문당, 1988.

양호민. 『38선에서 휴전선으로』 서울 : 생각의나무, 2004.

______. 『한반도 분단의 재인식 : 1945-1950』 서울 : 나남, 1993.

양호민 · 강구진. 『북한사회의 재인식』 서울 : 한울, 1987.

양호민 외. 『한국 민족주의의 이념』 서울 : 아세아정책연구원, 1977.

이지수. “이정식, 『대한민국의 기원』을 읽으면서 : 조선민주주의인민공화국의 성립부분과 관련하여.” 『한국정치연구』 제15집 2호(2006).
______. “제2차 세계대전과 소련의 한반도 정책.” 강규형 · 김영호 · 이인호 편. 『대한민국 건국의 재인식』 서울 : 기파랑, 2009.
중앙일보 특별취재반. 『비록 조선민주주의인민공화국(상)』 서울 : 중앙일보사, 1993.

Архив Внешней Политики. Ф.7, оп.21, п.22, д.316
______, Ф.013, оп.7, п.4, д.46.
______, Ф.102, оп.6, п.2, д.3.
С.Р. Тихвинский(отв. Редактор). *Отношения Советского Союза с народной Кореей 1945–1980: Документы и материалы.* Москва : Наука, 1981.

미소공위와 미·소의 조선임시정부 수립대책*

남광규
고려대학교 연구교수

1. 서론

1945년 12월 중순부터 소련의 모스크바에서 개최된 미국, 영국, 소련의 3상 회담은 조선에[1] 대한 임시정부 수립, 임시정부 구성을 원조할 미소공동위원회의 설치, 5개년의 신탁통치 등의 내용을 결정하면서 조선에 통합된 임시정부를 수립한다는 이른바 '모스크

* 본 논문은『국제정치논총』제47집 3호(2007)에 게재된 논문입니다.

1. 이하 본문에서 '한반도', '한국' 의 명칭은 당시에 일반적으로 사용되었던 '조선' 의 명칭으로 사용하고 있다.

바 결정'을 내렸다. 모스크바 결정문의 1조에서는 임시정부 수립을 규정하고 2조에서 임시정부 조직에 협력에 적당한 방법을 예비, 작성하기 위하여 미소공동위원회(美蘇共同委員會, 미소공위)를 설치하기로 규정하였다. 이 결정을 바탕으로 구성된 미소공위는 본회담에 앞선 예비회담과 1, 2차의 본회담을 통해 조선에 임시정부를 수립하기 위한 교섭을 진행시켰다.

그러나 미소공위는 미소공위 협의대상에 참여할 국내 정치세력의 선정문제와 공위에서 우위에 서려는 미국과 소련의 대립, 미소공위를 부정하는 국내의 반탁운동, 공위 참가를 둘러싼 국내 정치세력 간의 대결과 분열을 되풀이하다가 아무런 진전을 이루지 못하고 막을 내렸다. 미소공위의 결렬은 결국 해방 이후 조선의 독립국가 수립을 위한 국제적 협의의 실패를 의미하는 것이었고, 국내적으로는 좌우 대립의 정치적 양극화가 구조화되어 국내외적으로 분단이 현실화되는 계기로 작동했다.

이러한 미소공위에 대한 기존의 논의를 살펴보면 미소공위의 개최와 진행과정 및 주요 내용을 국내 정치세력의 대응에 중심을 맞추어 상세히 분석하고 있는 연구들이 있으며,[2] 이외에 미소공위의 실패요인과 관련하여 미국의 대한반도정책의 관점에서 신탁과 미소공위를 분석한 연구,[3] 소련의 대한반도정책의 측면에서 미소공위를

2. 심지연, 『미소공동위원회 연구』(서울 : 청계연구소, 1990) ; 신복룡, "미소공동위원회의 시말," 신복룡, 『한국분단사연구』(서울 : 한울아카데미, 2003).

3. 정용욱, "1942-1947년 미국의 대한정책과 과도정부형태 구상," 서울대 박사학위논문, 1996 ; 정해구, "남북한 분단정권 수립과정 연구," 고려대 박사학위논문, 1995 ; 이원설, "미소공동위원회," 『국사관논총』 11(1990) ; 차상철, "1945-1946년 트루먼 행정부의 한국정책 : 미소공위와 신탁통치 문제를 중심으로," 『동방학지』 63호(1989).

다루고 있는 연구,[4] 미소공위와 관련된 국내 정치세력들의 대응 및 움직임에 관한 연구[5] 등이 있다.

본 논문에서는 기존 연구에서 논의된 내용은 논지와 관련된 부분에 한하여 부분적으로 다루고 예비회담 및 1, 2차 미소공위 과정에 나타난 미국과 소련의 정책에서 미소공위를 통해 수립하고자 했던 국내의 임시정부 수립에 대한 미 · 소 양국의 정책과 입장변화에 초점을 맞추어 살펴보고 있다. 이 부분은 기존 연구에서 하나의 독립적인 주제로 다루어진 경우가 거의 없고 미소공위 과정에서 나타난 남한 내 정치세력에 대한 미국의 조정계획과 개입과 관련된 논의와 분석이 있다. 미소공위에서 나타난 미소의 조선에 대한 임시정부 수립정책에 대한 구체적 논의가 부족했던 이유는 미소공위가 결국은 실패로 끝남에 따라 실패의 요인에만 초점을 맞추었기 때문으로 보인다. 즉 미소공위에 대한 연구도 한반도 분단에 대한 미소책임론에 초점을 맞추어 전개되다 보니 애초 미국과 소련이 미소공위 설치를 통해 의도했던 상호 타협적 요인에 대한 연구가 상대적으로 부족하지 않았나 하는 점이다.

그러나 소련 붕괴 이후 소련 자료들이 국내에 소개되면서 미국의 국내 정치 개입과 유사한 소련의 국내 정치 대책들의 자료들이 소

---

4. 전현수, "한국현대사와 소련의 역할(1945-1948), 『쉬띄꼬프 일기』 연구," 『경북사학』 제27집(2004) ; 기광서, "해방 후 소련의 대한반도정책과 스티코프의 활동," 『중소연구』, 26권 1호(2002).
5. 김행선, "미소공위 재개를 전후한 우익진영의 동향과 양면전술," 『한성사학』 14집(2002) ; 김행선, "미소공위 속개(1947.5.21)를 전후한 좌익청년단체의 동향," 『사총』 52집(2000) ; 송남헌, "미소공위 재개 촉진과 좌우합작운동의 발전과정," 『통일로』 15호(1989) ; 김남식, "공산당과 미소공위 : 남로당을 해부한다," 『통일한국』 52호(1988).

개되어 미소공위를 통해 양국이 추진하고자 했던 당시 조선에 대한 국내 정치계획의 성격을 객관적으로 파악할 수 있는 연구환경이 가능하게 되었다. 특히 본 본문에서 다루는 내용은 미소 타협 하에 가능했을 수도 있었던 임시정부 수립에 관한 논의이기 때문에 해방시기 분단을 피할 수 있었던 '하나의 가능성'으로 의미를 부여할 수 있는 연구주제로 볼 수 있다.

따라서 실현되지 않았던 가능성에 대한 연구이기 때문에 필자의 자의적 해석이 많이 작용할 수밖에 없다는 한계를 미리 밝힌다. 이런 한계를 극복하기 위해 당시 자료를 최대한 활용하기 위해 노력했으나 필자가 소련어를 모르고 소련 자료를 많이 갖고 있지 못한 관계로 영문본 소련 자료와 관련 전문가들이 기존 연구에서 소개한 자료를 많이 재인용하였다. 덧붙여 본문의 논의에서 상대적으로 미국보다는 소련 입장을 비중 있게 다룬 것은 미국의 입장은 기존 연구에서 이미 많이 다루었기 때문에 중복적 논의를 피하기 위해서다. 따라서 본 논문은 미소공위를 통해 미소가 자기에게 유리한 임시정부를 수립하고자 했던 의도와 대책을 중심으로 미국과 소련의 입장을 분석하고 있다. 이 관점에서 미소공위의 실패요인을 분석하면서 한편으로는 미소공위 결렬에 국내적 원인을 제공한 국내의 반탁운동의 한계에 대한 비판적 평가를 담고 있다. 이를 통해 본 논문은 해방기 임시정부 수립을 둘러싼 미소공위의 전개과정과 실패에 대한 역사적 사례연구를 진행하면서 오늘날 우리게 던져주는 시대적 함의로 국제협력을 유도하는 민족주의 노선이 분단 극복에 필요한 현실적 노선임을 강조하고 있다.[6)]

6. 그런 점에서 필자는 해방 시기 모스크바 3상회의와 미소공위는 내용은 다르

2. 미국과 소련의 임시정부 수립 모색[7)]

제2차 세계대전이 끝난 직후부터 미국무성과 남한에 진주한 미군정 사이에는 조선에 관한 신탁통치 문제가 보다 구체적으로 논의되어 갔다. 미군정의 정치고문관 베닝호프는 번즈 국무장관에게 미군정과 소군정의 화해를 촉진하기 위해 조속한 신탁통치 협정의 협상을 촉구했다. 베닝호프는 "장래에 신탁통치가 실시되지 않으면 미국에 대한 한국인의 신뢰와 존경은 바뀔 것이며, 그럴 경우 조·미관계를 훼손하려는 선동자들에게 이익이 될 뿐"이라 하였다.[8)] 베닝호프는 국제적 신탁의 형식이지만 단일한 통일정부라는 측면에서 신탁통치에 조선의 일반 민중이 호응할 것으로 낙관하고 있었다. 미국의 3성조정위원회(SWNCC) 극동소위도 보고서를 통해 조선에 대한 국제적 신탁통치의 실시를 제안하였다.[9)] 마샬 참모총장도 맥아더에게 보낸 전문을 통해 1946년 초에 신탁협상이 시작되길 기대한다면서 군정으로부터 4개국 신탁통치로 전 조선에 대한 감독권이 넘겨지

지만 형식논리적 측면에서 현재 북핵문제를 중심으로 전개되는 6자회담과 북미관계와 역사적으로 유사한 사례적 성격을 갖고 있다고 본다.

7. 이 부분에 관한 보다 더 자세한 논의와 분석은 다음의 논문 참조. 남광규, "신탁합의를 전후한 미·소·중의 입장과 임정의 반탁민족자주노선의 한계 : 1945.12-1946.1 기간의 국제협의와 임정의 대응을 중심으로," 『국제정치논총』 34집 1호(2004).
8. "The Politial Adviser in Korea(Benninghoff) to the Secretary of State(26 Sep 1945)," *Foreign Relations of the United States*(이하 *FRUS*) *1945*, Vol. VI, p. 1060.
9. "Report by the State-War-Navy Coordinating Subcommittee for the Far East, SWNCC 79/1," *FRUS 1945*, Vol. VI, p. 1094.

기 까지는 최소한 1년은 걸릴 것으로 추산했다.[10] 미국 국무성도 점령군 기본 시정지침을 통해 점령사령관 하지의 활동이 4개국 신탁통치의 과정을 밟는 국가수립이라는 점을 항상 명기할 것을 주지시켰다.[11]

이같이 미국 내 정책부서에서 내부적으로 구체화되던 조선에 대한 신탁문제가 외부에 공개적으로 거론된 것은 빈센트의 신탁관리에 관한 언급이었다. 미국무성 극동부장 빈센트는 1945년 10월 20일 미국외교정책회에서 사견을 전제로 다음과 같이 미국의 극동정책을 밝혔다. 비록 사견이지만 중국전문가이면서 매우 직선적인 성격인 빈센트의 발언은 사실상 미국무성의 입장을 솔직하게 밝힌 것이었다. 빈센트가 말한 주요 내용은 중국이 미소의 교량적 국가로 중소협력은 극동안정에 필수적이며 조선은 소련과의 협의를 통해 신탁관리를 해야 한다는 것이었다. 빈센트 발언의 초점은 전후 미국의 대극동정책의 방향에 있어 중국과 소련과의 협력 중요성을 강조한 것이었고, 3국 간 협의에 의해 조선에 대한 신탁관리를 결정할 것이라는 내용이었다.[12]

실제 미국은 1945년 9월부터 장차 신탁 하에 수립될 조선임시정부 수립의 일환으로 임정세력을 활용하는 조선 내 국내 정치세력의 개편과 통합계획을 마련하고 이를 실천하려는 복안을 모색하고

10. "The Chief of Staff(Marshall) to General of the Army Douglas MacArthur, at Toyko, Washington(1 Oct, 1945)," *FRUS 1945*, Vol. VI, p. 1068.
11. "Basic Initial Directive to the Commander in Chief, U.S. Army Force, Pacific, for the Administration of Civil Affairs in Those Areas of Korea Occupied by U.S. Force(Washington, undated)," *FRUS 1945*, Vol. VI, p. 1074.
12. *Chicago Sun*(Oct 23, 1945).

있었다. 미국은 임정세력을 개인적으로 활용하여 우파를 개혁적으로 확대 · 보강하면서 여운형으로 대표되는 중도 좌파세력을 흡수하여 신탁관리에 있어 미국에 유리한 정부 수립을 의도했다.

다른 한편으로 미국과 마찬가지로 소련도 종전을 전후하여 구체적인 조선정책을 내부적으로 논의하고 있었다. 종전을 앞두고 소련 외무성 제2극동국에서 작성된 1945년 6월의 「참조 보고서」를 보면, 소련은 1943년 카이로 선언의 조선 관련 구절에 대한 해석의 내용 중 "적당한 절차에 의함"을 상당 기간 다수 국가의 공동 관리에 의한 것으로 기술하고 있어 미국, 소련, 중국, 영국까지 포함하는 다국적 관리로 받아들이고 있음을 보여주고 있다. 이 보고서는 한반도를 둘러싼 강대국 간 경쟁을 말하면서 소련 입장에서 "소련에 우호적이고 밀접한 관계"를 가진 정부 수립을 주장하면서 소련이 신탁통치를 즉시 받아들여야 한다는 결론을 제시하고 있다.[13)]

여기서 소련에 '우호적인' 정부 수립이 무엇을 의미하는가에 대해서는 다양한 해석이 나올 수 있다. 그것이 소비에트 정권의 수립인지 아니면 2단계 혁명으로서 부르주아 민주주의 정권의 수립인지 여부와 그 구체적인 대상이 전 한반도를 대상으로 하는 것인지 아니면 북한지역만을 대상으로 하는 것인지에 대한 논쟁이 그것이다. 이와 관련하여 전후 소련의 대한반도정책이 전 한반도에 관해 팽창주의적 정책을 취했다는 입장과[14)] 다른 입장에서 당시 스탈린의 대외

---

13. Zhukov and Zabrodin, "Korea, Short Report," 29 June 1945, AVP RF, Fond 0430, Opis 2, Delo 18, Papka 5, 1. in Kathryn Weathersby (ed.), "Soviet Aims in Korea and the Origins of the Korean War, 1945–50 : New Evidence from Russian Archives." Woodrow Wilson International Center for Scholars, *CWIHP Bulletin, Working Paper* 8 (November 1993).
14. 슬러서는 스탈린이 그 의도를 연합국에 감추고 전한반도에 있어 그 영향력

정책을 연구한 리(Ree)는 해방 직후 소련의 한반도정책은 북한에 대한 영향력 확보의 수준에서 남한에 대한 팽창주의적 확대를 의도하지는 않았다고 평가하고 있다. 즉 1945년부터 1947년 사이 소련의 점령정책 및 미국과의 협상과정을 보면 소련의 남한 내 극좌파에 대한 정책은 남한에 대한 혁명적 시도가 아니라 북한지역 내 소련의 자율성에 위협을 줄 우파 정부의 형성을 방지하는 것이었다는 것이다. 리의 견해에 따르면 소련의 스탈린은 남한까지 영향력을 확대하려 한 것이 아니라 북한에서의 이익을 확고히 하려 했다는 것이다.[15]

센더스키와 메트레이도 1945년 8월 시점에 있어 소련군의 이익추구는 매우 제한적이었으며, 실제 그러했다면서 스탈린의 한반도에 대한 목표는 매우 온건했다는 결론을 말하고 있다. 이들 연구자들은 스탈린이 소련의 야심을 제한시키는 3-4개국 신탁안에 성실했다는 것이다.[16] 탈냉전 이후 소련문서 연구를 통해 잘 알려지지 않았던 당시 소련의 외교정책을 밝히고 있는 웨더스비 역시 당시 조선에 대

을 확보하려 하였다는 점을 말하고 있다. Robert M. Slusser, "Soviet Far Eastern Policy, 1945-1950. Stalin's Goal in Korea," Nagai Yonosuke & Akira Iriye (eds.), *The Origins of The Cold War in Asia*(Tokyo : University of Toyko Press, 1997).

15. Erik van Ree, *Socialism in One Zone-Stalin's Policy in Korea, 1945-1947*(Oxford : BERG, 1989). 반 리는 신탁통치는 소련의 동의 없이는 실시될 수 없었기 때문에 애초부터 모스크바 협정은 '사기의 신기' 였다고 평가했다. 반 리는 소련이 한반도에 통일정부를 세우려는 듯한 인상을 주었지만 실제로는 반소적인 한국인들이 참여하여 소련의 안보를 위협할 수 있었으므로 소련은 분단된 상황에서 북한을 보호국으로 만드는 것이 전략적으로 유리한 것으로 평가했다고 본다.

16. Michal C. Sandusky, *America's Parallel*(Alexandria, Va. : Old Dominion Press, 1983) ; James Irving Matray, *The Reluctant Crusade : American Foreign in Korea, 1941-1950*(Honolulu : University of Hawaii Press, 1985).

한 소련의 팽창주의적 목표에 의문을 던지고 있다. 웨더스비에 의하면 1945년 2월부터 1950년 4월까지의 기록을 살펴보면 스탈린이 한반도 전체에 대한 영향력 확보를 목표로 하지 않았으며, 스탈린은 이 시기 한반도에 관해 1905년 러시아가 취했던 세력균형정책을 유지하려 했다는 것이다.[17]

실제 1945–1946년의 기간 중 스탈린은 국외 공산주의자들로 하여금 프랑스, 이태리, 중국에서와 같이 광범한 민족연합으로 우익과 협조토록 했으며, 공산당의 과격모험 노선을 금했다. 이는 그 가능성을 스탈린이 신뢰하지 않았다는 것이다.[18] 스탈린은 북한 내에 급격한 소비에트 질서를 도입하지 말고 부르주아 민주주의 권력을 수립하도록 지시했다.[19] 물론 이 부르주아 민주주의 권력에 대한 해석은 그것이 북한의 단독정부를 지시했다는 입장과[20] 북한 내 좌우연대에 의한 친소정권 수립을 통해 북한에 친소적 기반을 공고히 한 후 전국적인 정부수립에 유리한 입지를 차지하려는 의도라는 입장이 있다.[21]

이에 대한 해석 여부야 어떠하든 실제 소련 외무성 자료를 보면 1945년 9월의 시점에서 소련은 전 조선에 관한 확고한 정치적 윤곽을 설정하지 못하고 있었으며, 미국이 제2차 세계대전 이전에 제안

17. Weathersby(1993).
18. van Ree(1989), p. 5.
19. 러시아국방성중앙문서보관소, 1945년 9월 20일자 스탈린의 비밀지령문 1항 및 1945년 12월 25일자 슈킨 보고서에 대한 명지대 이지수 교수의 해제 내용.
20. 와다 하루끼, "소련의 대북한 정책 1945–1946," 부르스 커밍스, 『분단전후의 현대사』(서울 : 일월서각, 1983), p. 262.
21. 기광서, "소련군의 북한 진주와 '부르주아 민주주의' 노선," 『통일문제연구』 제20집 1호(2005), p. 79.

한 신탁안을 유용한 방법으로 간주하고 있었다. 외무성 보고서 「일본의 식민지 처리문제에 관해서」의 내용을 보면 소련은 태평양지역에서 미국의 이득에 맞서고 만주에서 소련의 위치를 강하게 하는 방법으로 조선에 대한 신탁안을 유용한 방법으로 적극 고려하고 있음을 볼 수 있다.[22] 또 다른 보고서에서도 소련의 조선에 관한 정책은 4개국 신탁관리이며, 이는 한반도의 독립에 도움을 주며 유엔 헌장 82조에 따라 제주, 부산, 인천항의 3개 지역은 소련 혹은 중국과의 공동관리 하에 놓여야 한다는 입장을 보여주고 있다.[23]

이러한 소련의 입장을 고려해 볼 때 1945년 12월 모스크바 회의 당시 조선의 국내 정치구조상 소련은 자국에 우호적인 정권이 수립될 수 있는 가능성의 하나로 조선의 임시정부 수립에 적극적인 참여태도를 보여 신탁결정에 찬성한 것으로 보인다. 소련은 조선에 대한 국제적 신탁관리에 참가하는 국가들의 국제적 구성요소상 미국에게 유리한 신탁관리를 받아들이면서도 조선 내부의 임시정부 수립에 있어서는 소련의 유리를 계산했던 것으로 보인다. 이러한 소련의 의도는 당시 남북한 전 조선을 통한 국내 정치세력 평가에 있어서 좌파에 대한 자신감이 내재된 것으로 소련은 남한의 정치세력에서도 우파보다는 좌파가 우위에 있는 것으로 확신하고 있었다. 그렇기 때문에 소련은 신탁통치의 국제적 형식보다는 국내에 수립될 임시

22. 조선 영토에 관한 소련의 주요 관심은 전략적으로 중요한 지역인 제주도, 부산항, 인천항에 대한 통제권의 확보로 나타나 있다. Author(s) not indicated, "Notes on the Question of Former Japanese Colonies and Mandated Territories," September 1945, *AVP RF, Fond 0431I, Opis 1, Delo 52, Papka 8, 1.* in Weathersby(November 1993), pp. 40-43.
23. Author(s) not indicated, "Proposal on Korea," September 1945, *AVP RF, Fond 0431I, Opis 1, Delo 52, Papka 8, 1*, in Weathersby(November 1993), pp. 44-45.

정부가 소련에 우호적인 정권이 수립될 가능성에 더 큰 기대와 자신을 갖고 있었다고 보여진다.

모스크바 회담을 앞두고 소련의 국내 정치 준비는 더욱 구체성을 띠었는데, 말리크(Malik)가 작성한 외무성 배경 보고서 「조선 단일정부에 관한 문제」에는 1945년 12월 소련이 신탁관리 하 조선 임시정부에 대한 선거조직에 관한 세세한 계획이 담겨져 있다. 말리크는 이 보고서에서 단일 조선정부 수립에 반대하는 것은 소련에게 정치적으로 부적절 하다고 보고 소련이 적극적으로 선거를 준비하면서 미국과의 특별위원회를 구성할 것을 촉구했다.[24)]

소련 외무성 제2극동국은 1945년 12월 장래의 선거준비를 위하여 이승만, 김구 외 남한의 정치지도자들에 대한 개인 신상 파일을 작성해 두고 있었다. 이 파일의 내용을 보면 소련은 이승만을 미국의 주구로, 조선 내 지주와 자본가들의 지원을 받는 인물로 평가했다. 또한 김구에 대해서는 미국이 확실하게 조선 반동들의 지도자로 활용할 것으로 보았다. 소련은 자신들이 보기에 이러한 적대적 인물들이 주도하여 정부를 독점하는 것은 용납할 수 없다고 평가했다.[25)] 소련은 반소적인 정치지도자들이 임정수립에 주도권을 잡는 것은 용납할 수 없다는 입장으로 미국 경계에 입각하여 친미적인 이승만을, 중국 경계에 입각하여 친중적인 김구를 경원하였다. 반면에 여운형이나 김규식 등 중도적 인물에 대해서는 소련이 받아들일 수 있다는 입장을 보였다.

-----

24. 13 December 1945, AVP RF, Fond 0102, Opis 1, Delo 9, Papka 1. in Weathersby(November 1993).
25. 레이모드·스윙, "조선에 있어서의 미소관계," 채규항, 『조선의 진상』(서울 : 새글사, 1948), pp. 48–49.

당시 소련 주재 미대사였던 조지 케난이 1946년 1월 25일 번즈 장관에게 보낸 소련 내 언론 매체의 남조선 우익에 대한 평가에도 당시 소련 언론들은 남한의 우파세력을 허약하게 조직된 비민주적 집단으로 규정하고 있었다. 소련 정부의 입장을 대변하는 소련 언론들은 남조선 우익의 약한 국내적 지지 기반으로 보아 임시정부 수립에서는 소련이 지원하는 정치집단에 눌릴 것으로 전망했다.[26] 국내의 소군정 또한 남조선에서는 여운형이 이승만이나 김구보다 남한 내 인민의 지지를 더 받고 있다고 평가하고 있었다.[27] 전반적으로 소련 내 분위기는 선전선동적인 측면을 다분히 감안하더라도 장차 신탁통치 하에 수립될 조선의 임시정부 구성에 있어서 국내의 좌파세력이 압도적 지지와 우위를 점할 것으로 보았다.

따라서 모스크바 합의 이후 소련은 북한에서 조만식을 앞세워 국내 세력 간 신탁합의를 종용하려 했다. 이미 신탁문제가 나오기 전까지 소련은 동구의 소비에트화 정권 창출시 한시적으로 토착 민족주의자들을 활용했던 것처럼 조만식을 이용하기 위해 한시적이거나 상징적으로 그를 최고 지도자로 내세우려 했다.[28] 레베데프, 메크레르 등 당시 소군정의 핵심 인사들의 증언에 따르면 소련은 점령 초기 공산주의자들을 내세우지 말고 민족주의자, 민주주의자를 전면으로 내세우면서 이들과의 협력을 종용했다. 따라서 소군정의 치스챠코프

26. "The Charge in the Soviet Union (Kennan) to the Secretary of State (Jan 25, 1946)," *FRUS 1946*, Vol. VIII, p. 617.
27. 『쉬띄꼬프 일기』, 1946년 9월 26일, 전현수, "한국현대사와 소련의 역할, 『쉬띄꼬프 일기』 연구," 『경북사학』 27집 (2004. 08), p. 24에서 재인용.
28. 레베데프의 증언, 중앙일보 특별취재반, 『조선민주주의인민공화국』(서울 : 중앙일보사, 1992), p. 295.

총사령관, 로마넨코 장군, 이그나치프 대좌, 메크레르 중좌는 물론 김일성까지 나서 조만식이 찬탁 입장에 서줄 것을 설득했고, 신탁통치 결정 직후에는 조만식을 대통령에, 김일성을 수상이나 군부를 맡도록 하는 유혹도 했다.[29]

이처럼 조선에 대한 신탁결정에 합의한 의도에 있어 미국은 국제적 조건의 우위를 우선적으로 준비했다면 소련은 국내적 조건의 우위를 계산하여 가능한 국제적 관리기간을 축소하려 했다. 모스크바 회의 당시 미국은 동북아 정세 전망에 있어 소련의 직접적인 영향력이 배제된 상태에서 국공합작을 통한 국민당 주도의 중국 내부 통일의 전망을 갖고 있었던 반면에 소련은 조선에 수립될 임시정부의 주체가 좌파가 될 것으로 보았던 것이다. 중국과 조선의 국내 정치세력에 대한 평가에 있어서 미국은 중국 내 국민당 정권의 우위를 우선 고려했다면 소련은 조선 내 좌파정권의 우위를 자신했던 것이다.

그러나 신탁을 통한 임시정부 수립이 미국과 소련 중 실제 어느 국가에 유리할 것인지는 전혀 미지수의 문제였다. 당시 신탁을 둘러싼 미국과 소련의 입장에 대해 "신탁이 아니더라도 조선이 공산화할 수 있다면 신탁은 소련의 손실일 것이고 신탁을 실시하지 않아도 조선이 미국식 민주주의로 나갈 수 있다면 미국의 손실인데, 이는 미·소 양국뿐만 아니라 우리 자신도 알 수 없는 일"이라고[30] 평가한 한국내 인사의 지적은 적절한 통찰력을 지닌 평가였다고 본다.

일반적으로 해방 당시에는 전체적으로 좌파가 우위에 있었기

29. 중앙일보 특별취재반(1992), pp. 59-63.
30. 유봉영, "조선독립과 미소공위," 『대조』 1947년 8월호, p. 5, 김남식·이정식·한홍구 편, 『한국현대사자료총서 6』(서울 : 돌베개, 1994), p. 317.

때문에 만약 한반도에 정부가 수립될 수 있다면 좌파가 주도할 것이라고 해석하는데, 이러한 해석은 실제 그 근거가 약하다고 본다. 왜냐하면 해방 초기에는 국내 정치구조가 매우 유동적인 상황에서 국외 독립운동 세력이 시기를 달리하여 귀국했기 때문에 국내정국은 국내외 상황에 따라 시시각각으로 요동쳤기 때문이다. 좌파가 다른 정치세력보다 조직화 · 체계화를 이루었기 때문에 남한 내의 정치세력 분포에 있어 우위에 서 있었다는 평가는 다분히 정치선전적 의미를 담고 있었다. 그리고 좌파 중 공산세력이 다른 정치세력에 비해 조직화될 수 있었던 계기는 공산당 특유의 조직적 성격도 작용했지만 실제로는 중도 좌파인 여운형에 의존한 바가 더 컸다.

필자는 오히려 해방 직후의 조직화된 국내외 정치세력을 종합적으로 평가해 보면 국내의 극좌, 극우세력보다는 중도적인 정치세력의 분포가 상당할 정도로 넓지 않았나 하는 점을 고려할 필요가 있다고 본다.[31] 해방 이후 우후죽순처럼 생겨나기 시작한 국내의 정치조직이나 각종 단체도 이념적으로는 혼재되었으며, 상당 부분은 서로 다른 정치세력에 중복되어 걸쳐 있었던 경우가 많았다.

흔히 국내 분단의 해방 초기의 단서를 미군 진주 직후 발생한 '2개의 정부 대립', 즉 중국 중경의 임시정부(臨時政府, 임정)와 국내의 인민공화국(人民共和國, 인공) 간에 발생한 좌우 정부 대립으로 말하고 있으나 실제 임정과 인공의 원래 정치적 기반이었던 건국준비위원회(建國準備委員會, 건준)의 정치적 성격은 이질적이라기보다는

31. 이에 대한 자세한 내용은 남광규, "해방 초 국내외 정치세력의 대외인식과 대외노선을 둘러싼 세력투쟁 : 1945.8.15-9.6. 기간의 중간파 정치세력을 중심으로," 『한국정치외교사논총』 25집 2호(2004) 참조.

동질적인 요소가 더 많았다. 즉 해방을 전후한 시기 중경의 임정과 국내 인공의 최초 정치기반이었던 건준은 내외정치 노선에 있어 중도노선을 지향하는 동질적 정치세력이었다.[32] 그러나 건준이 인공으로 전환하는 과정에서 박헌영계 공산재건파가 건준을 주도하면서 인공의 건준적 성격이 변질되었던 것이다.

따라서 인공수립 후 발생한 '2개의 정부' 대립은 임정과 인공을 기반으로 국내적 세력기반을 구축하려 한 극좌우파의 정치적 책략의 산물로 이들은 임정과 인공의 정부적 명분을 앞세우면서 자파 세력 확대의 기반으로 활용했던 것이다. 다시 말하면 해방 초기 좌우 대결의 단초를 제공했던 임정과 인공의 '2개의 정부' 대립은 미군 진주 후 자파의 세력 확대를 의도한 극좌우파의 정치전략에 의해 본의 아니게 동질적인 중간파 간 대립관계가 형성되었던 것이다.[33]

그리고 해방 당시 정치이념의 차이를 이해하는 사람이 지식인층 내에서도 아주 드물었기 때문에 일반 민중에 있어서의 정치이념에 대한 식별능력은 아주 박약했다. 따라서 일반 대중의 좌우 정치세력에 대한 지지 역시 상당히 혼재해 있었으며, 정치적 사안에 따라 혹은 저명한 정치지도자의 귀국에 따라 각기 지지하는 세력이나 지도자가 그때그때 달라졌다. 대다수 일반 민중에게는 민족주의적 정

32. 이러한 평가는 해방직후 임정과 건준의 정치노선과 정책이 유사한 측면이 많다는 점에서 그렇다는 것이고, 아직 임정세력이 귀국하기 이전이기 때문에 인적 교류나 참여를 말하는 것은 아니다. 그런 점에서 건준이 인공으로 전환하여 '2개의 정부'로 대립한 것이 귀국 이후 임정인사들과의 인적 교류를 막는 장애물로 작용했던 것이다.

33. 이에 대한 자세한 내용은 다음을 참고. 남광규, "해방 초 임정·인공 정치기반의 동질성과 대립원인 : 임정·건준의 중간파 성격과 좌파의 인공수립 배경을 중심으로(1945.8-11)," 『국제정치논총』 45집 3호(2005).

서가 크게 작용했기 때문에 오히려 민족주의적 성격을 지닌 정치적 이슈를 어느 정치세력이 선점하고 주도하느냐에 따라 정치세력의 우위가 판가름날 수 있었다고 보는 것이 보다 더 사실에 가깝다고 볼 수 있다. 따라서 모스크바 결정을 둘러싼 신탁정국에서는 반탁으로 민족주의 운동을 주도했던 임정세력이 주도적인 정치세력으로 부상할 수 있었으며, 임정의 정치력에 따라 이후의 정국도 새로운 국면으로 진행될 수 있었던 충분한 여지가 있었다.

3. 1차 미소공위 : 미국의 딜레마와 소련의 소극적 태도

1946년 1월 8일 미소공위 예비회담이 서울에서 개최되었지만 실질적인 예비회담은 1월 16일에 시작되었다. 예비회담의 미국측 대표는 군정장관 아놀드 소장, 소련측 대표는 극동군 연해주 관구 정치위원 스티코프 상장이었다. 미·소 양국은 현안문제로 우선 토의할 의제를 제시했는데, 미국은 남북 간에 발생하는 행정적·경제적 어려움을 해소하는 데 중점을 두었으며, 주로 재정문제, 통신과 교통체계 문제, 송전문제, 석탄과 농산물의 원활한 교환 및 인적·물적 자원의 원만한 교류 등을 소련측에 제시했다. 이 같은 미국의 제안은 남북 간의 경제적 협력과 통합에 중점을 맞춘 것이었다. 반면에 소련은 북한의 전력과 원료, 공산품을 남한에 제공하고 대신에 쌀로 교환하는 물물교환을 제안했다. 소련의 입장은 전면적인 경제교류보다는 당면한 쌀수급을 채우는 데 초점을 맞춘 제한적 교류였다. 양측은 교통,

우편, 전력, 식량에 관한 협의를 진행시켰으나 원만한 합의를 이끌지 못하고 2월 5일 제한된 형태의 합의 공동성명서를 발표했다.

공동성명서의 주요 내용은 철도, 차량, 해상의 제한적인 운송, 1종 우편의 교환, 인적 왕래에 관한 규정과 경제문제에 관한 미·소 양측의 연락 등을 담았다.[34] 이어 3월 2일에는 평양에서 미국측 실무자와 소련측 실무자들이 만나 보다 구체적인 내용의 15개항 의제를 확정지었다.[35] 두 차례에 걸친 공위 예비회담에서 나타난 미국의 입장은 당면한 경제현안을 중심으로 남북 간 경제통합에 초점을 맞추었다면 소련은 미곡을 비롯한 경제적 물물교환에 관심을 가졌으며, 양측 모두 정치적인 문제보다는 지엽적인 문제에 관심을 두었다.

예비회담을 거쳐 본격적인 1차 미소공위 회의는 1946년 3월 20일 덕수궁에서 개최되었다. 미측 대표는 수석대표인 아놀드 소장, 하지의 정치고문인 랭던, 국무성 대표로 찰스 세이어, 로버트 부스 대령, 연합국 최고사령부에서 파견된 프랭크 브리톤 대령으로 구성되었다. 소련은 스티코프 중장을 수석 대표로 하여 레베데프 소장, 자라프킨 공사, 발라사노프 고문, 코클렌트 대령으로 구성되었다. 하지는 개회사를 통해 남북 간에 정치, 경제, 행정에 관한 문제를 공정하게 해결할 수 있다는 희망을 피력하였지만 소련측 대표인 스티코프는 보다 적극적으로 미소공위의 임무를 신탁통치의 실시와 관련된 행동임을 밝혔다. 스티코프는 연설에서 한국에 수립될 정부가 소련에 우호적이어야 함을 특별히 강조했다.[36]

34. "The Political Adviser in Korea (Benninghoff) to the Secretary of State" (Feb. 15, 1946), *FRUS 1946*, Vol. VIII, p. 636.
35. C. L. 호그 저, 신복룡·김원덕 역, 『한국분단보고서(상)』(서울 : 풀빛, 1992), pp. 284–285.

그러나 1차 미소공위는 5월 6일까지 총 24회의 회의를 열었지만 미소의 국내 협의대상을 둘러싼 이견으로 아무런 합의도 이끌어내지 못했다. 국내 협의대상의 조건에 있어서 미국과 소련이 제기한 "민주적인 정당들과 사회단체들"의 기준은 미국 입장에서는 우파를, 소련 입장에서는 좌파를 의미하는 것이었고, 그 반대편은 배제되어야 할 "비민주적인 정당들과 사회단체들"이었기 때문이다. 특히 소련이 강력하게 참가의 배제를 요구했던 국내 반탁세력은 미국 입장에서는 반드시 포함되어야 할 세력이었기 때문에 양측의 합의는 근본적으로 불가능했다.

그러나 일시적으로 4월 17일 미·소 양국은 '공동성명 5호'에 합의했다. 다음날 공식 발표된 5호 성명의 주요 내용은 "미소공위는 목적과 방법이 진실로 민주주의적이며, 모스크바 결정의 조선에 관한 조항의 목적을 지지하기로 선언한 조선 민주주의 제정당 및 사회단체들과 협의"한다는 내용을 담았다. 이 타협안은 신탁통치 지지를 협의대상의 전제조건으로 삼지 않고 공위와 협력할 용의가 있는 민주적인 정당들과 사회단체들을 협의대상이 될 수 있도록 하여 신탁에 반대하더라도 일단 미소공위에 참여할 수 있는 통로는 열어놓았다. 그러나 합의한 지 불과 며칠 후 소련 대표단은 신탁통치를 반대하는 정당들과 단체들은 공위 협의대상이 될 수 없다는 종전 입장을 들고나왔고, 이에 미국은 표현의 자유는 보장되어야 한다는 이유로 소련의 주장을 반대했다. 결국 1차 미소공위는 1946년 5월 8일 아무런 합의도 없이 무기한 정회를 선언하고 폐회했다.

36. *HUSAFIK*, Part II, Chapter VI (Washington D.C. : U.S. Army, Historical Manuscript File, 1948). p. 166.

(1) 반탁운동과 미국의 딜레마

이처럼 미국과 소련은 1차 미소공위를 통해 타협할 수 없는 대립을 확인했지만 미국 입장에서 볼 때 소련의 주장보다 더 큰 장애는 당시의 국내 정치상황이었다. 미국은 신탁통치에 대한 미군정과 군부의 반대도 있었지만 국무성이 주도하는 대소 타협노선을 지속시키기 위해 모스크바 합의를 이행하기 위한 미소공위를 애초에는 적극적으로 진행시키려 했다. 그러나 미소공위를 통한 미국의 정책수행은 처음부터 소련의 받아들일 수 없는 요구와 함께 국내의 반탁운동으로 말미암아 이중의 어려움에 처하게 된다. 특히 만약 신탁이 실시될 경우 장차 수립될 조선 임시정부에 있어 미국이 지원할 수밖에 없는 우파세력이 모스크바 협정을 민족 자주의 차원에서 극렬하게 반대하고 미군정에 반발함으로써 미국은 정책수행의 딜레마에 봉착하게 된다. 미국은 신탁안에 합의할 당시만 해도 조선 국내의 우파가 모스크바 합의에 결사적으로 반대하며 미국이 주도한 국제적 합의에 저항할 줄은 예상하지 못했다. 우파의 반발은 임시정부 수립에 있어 민족주의 세력을 지원하려는 미국의 계획과도 상치되는 정치현실로 미국의 입장은 당혹스러울 수밖에 없었다.

따라서 미국무성은 1차 미소공위를 앞두고 국내 정치의 조정에 나서게 되는데, 특히 1946년 1월의 반탁운동에 나타난 김구와 임정의 극단적인 정치노선에 대해 미국은 아주 회의적인 시각을 보이기 시작했다. 미군정을 부정하는 김구의 극단적인 반탁운동을 보고 미국무성은 1946년 2월 28일 맥아더에게 남한에서 김구 집단 외 다른 정치세력을 물색하기 위한 노력이 진행되어야 할 것임을 권고하고 나섰다. 미국은 개혁적인 정치집단을 소련이 지원하는 집단의 상대 그룹으로 육성할 생각으로 김구와 이승만에 대한 우호적 입장에 조심스런 태도를 보였다. 그런 집단이나 지도자들을 찾는 데 실패하면 김구 집단으로 하여금 보다 개혁적인 정책을 실시토록 종용시킨다는 입장을 갖고 있었고, 만약 김구가 그런 개혁 프로그램을 채택하지 않는다면 미국의 지원을 받는 것은 어렵다는 것을 보여준다는 입장이었다.[37)]

미국은 미소공위를 준비하면서 과격한 반탁운동을 주도한 김구와 미국 정책에 사사건건 반대하는 이승만을 지원세력에서 배제시키려 했다. 당시 미군정과 이승만, 김구와의 불화는 김일성을 만난 여운형의 평가에서도 나타나 있다. 1946년 4월 북한을 방문해 김일성과 비밀 회동한 여운형은 김일성에게 "반탁진영이 미군정을 난처하게 만들고 있고 미군정은 이러지도 저러지도 못하고 있다. 미군정은 외형상으로는 반탁을 견제하고 있어 무조건 반탁진영을 지지하는 것으로 보기도 어렵다. 미군정측은 이승만, 김구를 모두 별로 탐탁지 않게 여기고 있으며 제3의 인물을 찾고 있다"는[38)] 전언을 하였는데, 이는 당시 미국의 입장과 남한의 정치상황을 정확하게 본 평가라 할 수 있다.

따라서 미군정은 임정 및 남한의 우파를 통제하여 미소공위에 대비하기 위한 계획에 착수했다. 반탁운동 이전까지만 해도 남한의 우파와 김구를 중심으로 한 임정세력은 통합된 세력이 아니었으나

37. "Proposed Message to General of Army Douglas MacArthur Drafted in the Department of State" (Feb. 28, 1946), *FRUS 1946*, Vol. VIII, p. 646.
38. 서용규의 증언, 중앙일보 특별취재반(1992), p. 119.

반탁운동을 거치면서 비상국민회의(非常國民會議, 국민회의)로 남한의 우파는 총결집하게 되었고, 임정도 여기에 참여하게 되어 당시 미국이 지원할 수 있는 민족주의 세력의 구심점이 형성되어 있었다. 비록 좌파가 빠졌지만 비상국민회의에 참여한 남한의 정치세력은 미군정이 지원할 수 있는 국내 정치세력의 통합적 형태였다. 미군정은 이 국민회의를 군정의 자문기관으로 삼아 미소공위에 참가시키면서 좌파 내 중도 인사를 합류시켜 우파를 강화시키면서 극좌파를 배제하려 하였다. 비상국민회의가 미군정의 자문기구라 할 수 있는 민주의원(民主議院)으로 변환한 이면에는 이 같은 미군정의 의도가 작용했던 것이다. 이것은 미군정이 국내 정치에 개입하여 진행시키고자 했던 사실상의 좌우합작의 모색으로, 이러한 시도는 1946년 5월 이후의 좌우합작운동으로 이어지게 된다.

그런 점에서 1946년 5월 이후 본격화된 국내의 좌우합작과 이에 대한 미군정의 지원은 실제 민주의원의 설치과정에서 이미 내재해 있었던 것으로 좌우합작에 대한 미국의 지원은 민주의원의 설치과정에서 나타났다. 그러나 이러한 미군정의 조정은 어디까지나 미소공위의 진척을 염두에 둔 국내 정치환경의 조성이지 그것이 곧 분단정책을 의미하는 것은 아니었다.

이처럼 남한의 우파를 통제하는 동시에 미국은 미소공위에서의 좌파 참여, 특히 극좌파의 참여를 최소화시키려 했다. 미국은 1946년 4월 5일 소련과 타협해 발표한 「코뮤니케 5호」의 협의에 있어 미소공위와 협의할 남한의 20개 정당, 사회단체 중 13개의 반탁단체들을 포함시키면서 좌파 결집체인 민주주의민족전선(民主主義民族戰線, 민전) 산하조직들을 제외시켰다. 이 민전조직은 우파의 국민회의와 대립되는 좌파의 집결체로 당시 남한의 좌파를 통합적으로 대표하는 조직이었다. 따라서 민전이 남한의 좌파를 과대 대표한다는 미국의 주장은 남한 내 좌파에 대한 미국의 우려를 감안하더라도 미소협상을 파탄내려 한다는 의도를 소련으로 하여금 갖게 할 수 있는 주장이었다. 더구나 우파의 지속적인 반탁운동을 보고 소련은 오히려 미국과 우파 반탁세력의 공모를 의심하게 되었는데, 실상은 미국과 남한의 우파는 반탁운동을 둘러싸고 대립하는 입장이었다.

결국 1차 미소공위가 결렬된 후 미군정은 남한에서 온건한 좌우파로 하여금 좌우합작운동을 전개하여 모스크바 협정을 지지하게끔 유도하고자 하였다. 이것이 소위 말하는 남한의 '좌우합작운동'인데, 미국은 좌우합작을 지원하면서 우파의 반탁운동과 미소공위 불참의 딜레머를 타개하기 위해 중도파를 내세워 미소공위의 진척과 소련과의 타협을 모색하고자 했던 것이다. 미국 입장은 중도파를 내세워 미소공위 진척을 통해 소련과의 타협을 모색하면 우파도 어쩔 수 없이 따라올 줄로 판단했고, 동시에 좌우합작을 통해 중도 좌파를 극좌파 세력과 분리시키면서 우파를 강화시키려는 것이 미국의 전략이었다.

당시 국내의 좌우협력을 지원한 버취 대위는 특히 민전의 여운형과 민주의원의 김규식을 끌어들이려고 무척 애를 썼다. 미군정은 좌우합작운동을 성공시키고 이를 주도한 인사들이 미소공위와 협력을 추구하도록 유도했다. 버취는 남한의 중도파로서 좌우연합정부를 만들어 이 정부를 중심으로 토지개혁 등 진보적 개혁정책들을 추구해 대다수 인민들의 지지를 확보하고자 했다. 버취는 이를 위해 여운형을 미국 진영으로 끌어들이려고 시도했다. 미군정의 랭던과 테이어도 좌우합작 공작의 성공 여부는 여운형과 그 추종세력들의 향방에 달려 있다고 보았다. 국무성의 힐드링은 랭던과 테이어의 전문을 기초로 하여 좌우합작과 입법의원(立法議院)의 설치를 통하여 미소공위의 진전을 촉구하는 지시문을 작성했다. 이른바 국무성의 「정책지침서」의 기본목적은 한 마디로 한국인의 군정 참여, 이승만, 김구 등을 배제한 좌우합작, 그리고 일련의 개혁조치를 통해서 소련에 압력을 가하여 미소공위에서 합의를 도출하자는 것이었다.[39] 그것의 정치적 의미는 중간파 세력의 육성이었다. 당시 민정행정관이었던 존슨 박사도 "우리의 훈령은 중간파 정부를 수립하라는" 것이었다고 말했다.[40] 미군정의 경제고문으로 미소공위 미측 실무자였던 로버트 A. 키니도 회고담에서 "군정은 중도파를 지지하였는데, 그 이유는 만일 우리가 중도파를 제외하고 이승만과 김구 등 극우세력을 지지한다면 중도파들은 공산당과 합류하여 큰 세력을 유지할지 모르며, 또 우리가 중도파를 지지해도 민족주의 우익세력이 공산당과 합작할 리 없었기 때문이다"라고 밝혔다.[41]

그러나 결과적으로 좌우합작운동은 이승만, 김구 등의 우파세력을 끌어들이지 못하고 상대적으로 결집력과 세력이 약한 중간세력의 통합으로만 그쳤다.[42]

---

39. "Memorandum by the Assistant Secretary of State for Occupied Areas (Hildring) to the Operations Division, War Department (Annex Policy for Korea)" (June 6, 1946), *FRUS 1946*, Vol. VIII, pp. 696–702.
40. 김정원, "해방 이후 한국의 정치과정(1945–1948)," 김정원 외, 『한국현대사의 재조명』(서울 : 돌베개, 1982).
41. 송남헌, 『해방 30년사』 1권(서울 : 까치, 1985), p. 295.
42. 김학준, "분단사의 재조명," 이홍구 등 저, 『분단과 통일 그리고 민족주의』(서울 : 박영사, 1984), p. 53.

(2) 임시정부 수립에서 반탁배제로 소련의 입장변화

이러한 미국의 적극적인 입장에 비해 미소공위에 임하는 소련의 태도는 처음부터 소극적 입장의 태도가 역력했다. 이러한 징후는 이미 예비회담에서부터 나타나기 시작했다. 1차 미소공위에 앞서 1946년 1월 서울에서 개최된 미소 양군 사령부 대표회의에 참가한 소련 대표부에게 소련 지도부는 이 회의가 조선에 대한 임시정부 수립문제를 심의할 권한을 갖고 있지 못하다는 점을 훈령을 통해 이미 주지시켰다. 따라서 임시정부 수립 등 정치적인 현안보다는 남북 간에 긴급한 몇 가지 경제문제만을 심의할 것을 대표단에게 미리 지시했던 것이다.[43] 소련의 입장은 정치현안은 군대표들이 다룰 문제가 아니라는 점이 고려되었겠지만 조선에서의 임시정부 수립문제를 모스크바 회의에서는 단기적 과제로 요구했던 소련의 입장이 장기적 과제로 보기 시작했다는 점에서 다소 달라진 소련의 태도를 읽을 수 있는 것이다.

반탁세력의 공위 참가 불허는 1946년 3월 16일에 하달된 훈령에 이미 절대적인 조건으로 적시되었다. 훈령은 각료회의 형태로 구성되는 조선임시정부의 중앙정부 구성, 인민위원회를 통한 지방 행정권의 행사, 정부조직에 있어 친일파 배제, 18개항의 반제반봉건 정강정책을 지시하면서 모스크바 결정에 반대하는 정당, 사회단체와의

43. 몰로도프 외상 문서 폰드, 전현수, "해방직후 북한사 연구의 몇 가지 문제에 대하여-「러시아 대외정책문서보관소」 소장 북한관계자료의 검토," 『역사와 현실』 제10호(1993), p. 296에서 재인용.

협의는 배제시킨다는 내용을 담고 있었다.[44] 소련 대표는 임시정부 논의의 전제조건으로 반탁세력의 공위 참여를 불허했고 반탁의 이유로 우파를 배제시킴으로써 미소공위, 나아가 모스크바 합의를 실제적으로는 무력화시켰다.

그런 점에서 소련의 애초의 찬탁 입장은 그 자체가 이중적 정책으로 실제 모스크바 합의의 이행에 대해 소련이 적극적 실천의지가 있었는지는 의문의 여지가 많으며, 최소한 미국보다는 오히려 그 진정성이 낮았다. 반 리도 신탁통치는 소련의 동의 없이는 실시될 수 없었기 때문에 애초부터 모스크바 협정은 '사기의 신기' 였다고 평가했다. 반 리는 소련이 한반도에 통일정부를 세우려는 듯한 인상을 주었지만 실제로는 분단된 상황에서 북한을 보호국으로 만드는 것이 전략적으로 유리하다고 평가했다.[45]

따라서 모스크바 합의 때 신탁통치에 소극적이었던 소련은 반탁 우익진영을 고립시킬 방편으로 미소공위에서는 오히려 신탁통치 문제를 활용하기 시작했다. 원래 소련은 모스크바 합의 과정에서는 신탁보다는 조선의 임시정부 수립을 우선했으며, 새로이 구성되는 조선의 임시정부가 미소와 합의해서 신탁을 실시하지 않을 수도 있다는 입장이었다. 이런 소련의 입장은 당시 절대다수 조선인들의 명분적 지지를 획득하는 데 활용될 수도 있는 것이었다. 즉 국내 반탁세력의 입장은 소련의 애초 입장과 한편으로는 동일한 입장이었던 것이다. 그런 점에서 모스크바 회의에서 미국이 제안한 신탁을 찬성할 때 앞에서 말한 것처럼 소련은 당시 조선의 국내 세력의 구성을

44. 비쉰스키 차관 문서 폰드, 전현수(1993), pp. 298-299에서 재인용.

45. van Ree(1989), pp. 146-48.

볼 때, 신탁 하에 수립될 임시정부가 소련에 '우호적인 정부'의 수립이라는 목적에서 좌파의 우위를 자신했다. 그러나 실제 반탁운동을 통해 나타난 우파세력의 우위에 자심감을 잃으면서 우파의 반탁을 명분으로 오히려 소극적 입장으로 전환한 것이 아닌가 하는 점을 지적할 수 있다.

소련은 모스크바 합의 당시 처음에 반대했던 미국의 신탁안에 대해 미소공위를 진행시키면서는 오히려 절대적인 지지 입장을 고수했다. 아마도 미국과 마찬가지로 소련도 모스크바 결정에 한국인들이 그렇게 적대적으로 대응할 것으로는 생각하지 못했고, 더구나 반탁운동에 나타난 격렬한 반소감정은 소련이 도저히 받아들일 수 없는 사태였다. 여기에는 반탁운동을 반소반공운동으로 전환시켜 나가면서 국내 정국을 주도한 우파의 정치적 책략과 이에 대한 소련의 분노와 우려가 동시에 작용했다. 이후 조만식을 대표하여 남북 간 민공합작을 하려던 소련의 계획은 급격하게 바뀌게 된다. 스티코프는 1946년 2월 평양 방문에서 조만식의 반탁 입장에 대해 보다 강력한 계급투쟁으로 나갈 것을 요구했다.[46] 그러나 조만식이 반탁을 고집하자 소련은 조만식을 감금하고 조만식으로 예정되었던 임시 인민위원회 의장에 김일성을 취임케 한다.[47]

소련의 국내 정치계획의 조정과 김일성의 전면적인 부상은 북한의 국가체제 정비와 사실상 분단국가의 수립으로 진행하게 되는 전환점이 되었다. 1946년 5월 8일 1차 미소공위가 휴회된 이후부터

46. 치스챠코프, "25군의 전투행로," 『조선해방』(모스크바, 1976), p. 56, 전현수(1993), p. 8에서 재인용.

47. van Ree(1989), pp. 146−148.

본격적으로 조선에 대한 소련의 정책은 급격한 분기점을 맞게 된다. 즉 소련이 남북 분할을 유지하도록 하여 북한지역에 대한 영향력을 강화함과 동시에 모스크바 협정의 충실한 지지자로 소련의 정치적 입장을 보호하는 것이었다. 이미 서울에서 1차 미소공위가 진행되는 동안 소련 점령당국은 북한의 단독정부 수립을 진행시켜 모든 필요한 지원들이 이루어지기 시작했다.[48] 그런 점에서 소련은 북한의 실질상의 국가수립에 필요한 기간을 벌기 위하여 급속한 기간 내의 임시정부 수립은 내심 바라지 않았던 것으로 보인다. 따라서 최초부터 미소공위에서 미국이 거부할 수밖에 없는 요구를 함으로써 회의의 결렬을 각오하고 형식상 참가한 소련의 입장에서 보면 미소공위 결렬은 당연한 것이었다.[49]

실제 미소공위에서 우익의 배제라는 소련의 주장은 억지적 요소가 강했다. 벨로프가 지적했듯 소련이 모스크바 3상회의 결정을 진심으로 관철하고자 하였다면 우익에 대한 조건부 거부는 후차적인 정책이 되었어야 했다. 즉 모스크바 협정은 그 주체가 미·소이기 때문에 협의내용의 실천은 미·소 양국에 우선적으로 있는 것이었다. 따라서 미국이 우파를 설득하든 강제하든 모스크바 협정의 실행을 소련측이 진심으로 원했다면 우파의 협정승인 여부는 일정한 시기와 정도에 있어 미국측의 책임 소관으로 넘겨야 했던 것이다. 모스크바 협정에 대한 소련의 진심이 어느 정도 객관성을 얻기 위해서는 일정 기간 동안 미국의 국내 우파세력에 대한 정책적 조처에 대한 여유

-----

48. "Report to Zhdanov at the Central Committee" (26 August 1946), *RTsKhIDNI, Fond 17, Opis 128, Delo 205, 1*, in Weathersby, pp. 132–133.
49. 김기석 편,『북조선의 현상과 장래』(서울 : 조선정경연구사, 1947), p. 64 ; 김남식·이정식·한홍구 편,『한국현대사자료총서 11』(서울 : 돌베개, 1994), p. 624.

를 주고 이후에 소련이 문제제기를 했더라도 충분했던 것이다.[50)]

그러나 굳이 따진다면 남한 내 우파의 반탁운동은 형식논리상 모스크바 합의를 부정하는 것이기 때문에 미소공위에 우파가 참가할 수 없다는 소련의 주장은 논리상 틀린 것은 아니었다. 때문에 소련은 반탁을 이유로 우파의 참여를 배제하는 주장을 지속적으로 할 수 있었다. 그런 점에서 소련이 반탁을 명분으로 미소공위에 우파를 배제하는 논리의 근거는 따지고 보면 우파가 제공해 준 셈이다. 만약의 가정이지만 역으로 당시 반탁세력이 반탁 입장을 접고 미소공위에 적극적으로 참가했다면 오히려 소련이 가장 당황했을 것으로 보인다. 실제 소련은 1947년 5월의 2차 미소공위에서도 반탁세력의 참여를 불허하면서 혹 일부 반탁 입장이 바뀐 개인이나 집단에 대한 진정성 여부에 대한 특별한 감시를 요구할 것을 소련 대표들에게 지시했던 적이 있다.[51)] 즉 소련은 우파의 찬탁으로 입장 전환 가능성을 내심으로는 매우 경계했던 것이다.

결국 1차 미소공위가 결렬되자 남북한의 정치상황은 각각 새로운 국면으로 전개되었다. 북한은 소련의 지원을 받은 김일성 세력이 1946년 2월에 구성된 북조선임시인민위원회와 8월 결성된 북조선노동당을 각각 정부와 당의 기능을 담당하는 중심체로 하여 토지개혁, 산업국유화, 인민군 창설 등의 정책을 수행하게 되었다. 북조선임시인민위원회는 사실상의 행정기구의 설치이며 이어 1946년 11월부터

50. Max Beloff, *Soviet Policy in the Far East 1944–1951* (London : Oxford University Press, 1953), pp. 164–166.

51. *Collection of PB decisions*, "58/78, March 20, 1947," A. Lankov, "Soviet Politburo Decisions and the Emergence of the North Korean States, 1946–1948," *Korea Observer* 36–3 (Autumn, 2005).

1947년 초에 지방인민위원회 선거, 1947년 2월 17일부터 20일까지 열린 대표자대회와 입법·사법·행정 수반의 선거가 일사천리로 진행되어 북한은 '사실상의 국가'로 자리 잡아 갔다. 반면 남한은 미군정이 확고한 정책방향도 뚜렷이 지원하는 세력도 없이 우왕좌왕하고 있는 동안 정치적 혼란과 좌우 대립은 거듭되었다.

물론 이러한 흐름이 단지 소련의 분단 강화로만 단정지을 수는 없는 것이 다른 한편으로 보면 미·소 양국 간에 어떤 암묵적 합의가 있는 듯 일면 유사한 국내 정치적 조정의 모습을 보여주는 측면도 있기 때문이다. 즉 1946년 2월 북조선임시인민위원회의 조직은 비슷한 시기에 이루어진 남한에서의 민주의원의 조직과 비슷한 측면이 있고 1946년 10월에 실시된 남조선 과도입법의원의 대의원선거와 북조선의 인민대표에 대한 투표의 정치행태는 유사한 흐름으로 해석될 수도 있는 것이었다.[52] 이러한 흐름은 미·소가 서로가 점령한 지역에 단독정부를 수립하려 한다는 불신을 상호 간에 심어주기에 충분한 것으로 볼 수 있다.

4. 2차 미소공위 : 미·소의 '명예로운 발빼기'

역사학자 란코프는 실제 소련은 1946년 여름이면 이미 미소공

52. 홍종인, "군정의 본질과 그 추이," 『신천지』 제1권 11호(1946년 12월), p. 11, ; 김남식·이정식·한홍구 편, 『한국현대사자료총서 8』(서울 : 돌베개, 1994), p. 170.

위의 실질적 효용에 관한 가능성을 접기 시작했다고 평가했다.[53] 소련 입장에서는 미소공위를 통해 미국의 양보를 끌어낼 수 없고 남한 내 좌익통합도 어려워지는 상황 등이 미소공위의 필요성에 대한 기대를 접게 했다는 것이다. 소련은 미소공위보다는 북한에 대한 영향력을 확고히 하면서 동시에 남한 좌파세력의 입지 강화에 오히려 더 큰 관심을 기울이게 되는데, 소련 입장에서 2차 미소공위의 지속은 실제 남한의 '반동화'를 저지하는 대안으로 고려된 측면이 강하다는 것이다. 2차 미소공위의 재개는 소련 입장에서는 남한 내 좌우합작과 좌파의 입법의원 참여 저지와 좌파 통합이 주요 목적이었다. 소군정은 남한 내 좌우합작과 좌익의 입법의원 참여가 미군정의 지위를 강화시킬 것으로 보고, 이를 저지하기 위해 미소공위를 신속히 재개해야 한다고 판단했다.[54]

경위야 어떠하든 미·소가 별다른 기대를 갖지 못한 채 1947년 5월 21일부터 제2차 미소공위가 덕수궁 석조전에서 열렸다. 5월 22일의 회의에서는 모스크바 협정 제2항에 따라 조선임시민주정부의 창설 구상을 준비하게 됐다. 이 구상에는 임시정부의 형태, 구성, 인원, 임시정부가 구성해야 할 기본 법규 준비, 임시정부의 강령 책정 등이 포함되었으며, 이를 위해 세 가지 소위원회를 설치키로 했다. 재개된 미소공위에서 특히 중요한 것은 6월 11일에 발표된 11호 성명으로, 이는 「남북 조선 제민주정당 및 사회단체와의 협의에 관한 규정」이었다. 이 11호 성명에서 임시정부 구성을 위한 협의대상 문제가 본격적으로 제기되었다. 이처럼 미소공위가 속개되자 남북한 정계도

53. Lankov(2005), p. 385.
54. 『쉬띄꼬프 일기』, 1946년 9월 26일자.

활발한 움직임을 보였다. 7월 25일까지 공동위원회 참가 청원서를 제출한 남북한의 정당, 단체는 남한이 425, 북한이 36으로 총 461에 총회원 7천만 명에 달했다. 남한의 경우 참가 청원단체 가운데 3분의 2 이상이 우익, 중간 진영이며 민전 산하단체가 25%였다.[55)]

그러나 소련 공산당 정치국은 1946년 7월에 2차 미소공위를 준비하는 소련 대표들에게 미소공위를 통해 전 한반도의 정부구성에 있어 70%를 좌파로 구성될 수 있도록 하는 계획을 지시하고 있었다. 즉 북한의 정당 40%, 남한의 좌파 30%, 우파 30%로 구성되는 임시정부안을 계획하면서 이러한 요건이 충족되면 1948년 소련군이 철수할 수 있다는 계획을 지시했던 것이다.[56)] 이러한 소련의 조건은 사실상 전 한반도의 공산화를 의미하는 것으로 사실상의 미소공위 파괴를 의미하는 것이었다. 16개 각료 중 수상을 포함한 주요 부서 10개 부서의 각료를 남북한의 좌파가 차지해야 한다는 지시도 내렸는데, 이는 1946년 1차 공위 때 지시한 비율 그대로였다.[57)] 2차 미소공위를 앞두고는 좌파 비율을 더 높여 북한이 50%, 나머지를 남한의 좌우파가 25%씩 차지하여 좌파가 전체의 75%를 대표하는 계획을 지시했다. 소련은 사실상의 좌파 독점을 위해 임시정부 구성에 고려해야 할 남북한의 면적과 인구는 불필요한 형식논리임을 앞세우도록 했다.[58)] 쉽게 말해서 미소공위를 파탄낼 수밖에 없는 내용을 소련 대표단에게 지시했던 것이다.

미국의 입장도 비슷했는데, 미국은 미소공위의 실질적인 진전

55. 송남헌(1985), p. 485.
56. *Collection of PB decisions*, "52/330, July 26, 1946," Lankov(2005), p. 391.
57. Lankov(2005), pp. 391–392.
58. *Collection of PB decisions*, "58/78, March 20, 1947," Lankov(2005), pp. 393–394.

을 기대하지 않고 독자적인 단독정부 수립으로 나가면서 미군정의 '조선화'를 진행시켜 나갔다. 1947년 초부터 트루만 행정부는 소련과의 협의를 통한 통일정부 수립을 포기하고 한국문제를 국제연합으로 이전하는 한편 남한으로부터의 명예로운 철수를 모색하기 시작했다.[59] 본국 정부와의 협의를 마치고 서울로 귀국한 군정 사령관 하지도 1947년 4월 5일 담화에서 미국과 소련 사이에 합의를 이루지 못하면 남한에 단독정부를 세울 수밖에 없다는 뜻을 암시하면서 이에 대비해 미군정의 주요 업무들을 남한 사람들에게 점진적으로 넘기겠다고 말했다. 미소공위를 앞두고 미군정은 지방자치 기관들의 선거실시가 가능하도록 입법의원이 1947년 6월 30일까지 선거법을 재가해 주도록 요구하면서 그것이 실시되지 않을 경우 미군정청 명령으로 선거법을 대신하겠다고 압박했다.[60] 미군정은 1947년 6월 3일에는 자신을 '남조선 과도정부'라고 고쳐 부르기 시작했다.

따라서 1947년 7월 2일부터 3일에 걸쳐 열린 평양에서의 본회의는 아무런 합의도 이루지 못했다. 구체적인 이유는 북조선 각 정당과 사회단체, 명부를 검토하는 데 북조선의 정당과 사회단체는 전부 좌익이고 정부기관에 속하고 우익정당은 하나도 없었기 때문에 12호와 상반되었기 때문이다. 7월 7일 재개된 구두협의에서는 소련측이 이승만과 김구가 소속된 우익단체와 협의할 것을 반대하고 제외하자는 주장을 했으나 이것은 '광범위 협의원칙' 결정을 무시하는

59. 차상철, "1945-1946년 트루먼 행정부의 한국정책 : 미소공위와 신탁통치문제를 중심으로," 『동방학지』 63호(1989), p. 142.

60. 레베데프, "미소공위사업의 재개에 대한 남조선 정치집단의 태도," 1947년 4월 16일. 러시아국방성 중앙문서보관소 문서군 172, 목록 614632, 문서철 34, pp. 160-163, 국사편찬위원회, 『소련군정문서-남조선 정세보고서 1946-1947』(과천 : 국사편찬위원회, 2003), p. 297.

것으로 당연히 미국측이 불응했다. 결국 협의대상 문제로 미·소가 논쟁을 벌이다가 7월 15일 일시 휴회하였다. 7월 21일 소련측 대표 스티코프 대장은 반탁진영에서 이탈하는 단체만 협의대상으로 하자는 주장을 고집하면서 24개 정당과 사회단체 제외를 주장했다. 반면에 미국측은 북조선의 38개 비민주단체 제외를 주장하였고 브라운 대표는 유엔 상정을 공언했다.[61] 이처럼 미·소는 서로 받아들일 수 없는 요구를 경쟁적으로 제시하는 듯했다.

미소공위를 통한 타협이 사실상 불가능해지자 미국과 소련은 일종의 '명예로운 발빼기' 를 모색하기 시작했다. 2차 미소공위가 교착상태에 있던 상황에서 1947년 7월 27일 민전 주최 인민대회에 참석한 브라운 미국 대표는 선거를 통해 정부를 구성하자는 새로운 제안을 제시했다.[62] 이어 8월 12일에 열린 제53차 회의에서도 미대표단은 자유선거에 의한 정부구성을 소련측에 제안했다. 이 같은 미국의 제안에 대해 소련측은 자문회의 같은 것을 구성하되 3상 결정을 지지하지 않는 정당과 단체는 배제한다는 종전의 주장을 되풀이하면서 만약 선거를 실시하면 남북한이 1 대 1의 비율로 입법부에 참가할 것을 주장했다. 1947년 7월말 스티코프는 정부 수립을 한국인들 자신에게 맡기고 미·소 양군이 철수하는 내용의 '최후의 종국적인 성명' 을 고려했다. 그러나 정부 수립을 한국인들에게 맡길 경우 반탁세력의 참여를 배제할 수 없고, 좌익보다 노련한 정치가들이 많은 우익이 정부 수립을 주도하게 될 위험성을 경계했다.[63]

61. 농민성보사 편, "미소공위는 무엇을 했나," 『농민성보』 2권 6호(1947.8), p. 18.
62. 《노력인민》(1947.7.28).
63. 『쉬띄꼬프 일기』, 1947년 7월 23일, 7월 30일.

따라서 소련 대표단은 1947년 8월 5일 협의단체 명부 작성을 수석대표와 제1분과위원회에 위임하고, 임시법규, 정부정강, 임시정부구성 등에 대한 논의를 2, 3분과위원회가 개시하자고 미국측에 제안했다. 이는 소련이 미소공위를 결렬시키지 않고 협의를 계속하여 임시정부 조직 원칙과 구성에 대한 미국의 의도를 폭로하고, 소련 대표단의 체류기간을 연장시켜 좌익의 입지를 강화하며, 정부수립에 대한 소련측의 지향을 과시할 수 있다고 보았기 때문이었다.[64] 그러나 스티코프는 이 제안이 거부되자 정당사회단체 대표들로 임시인민위원회를 수립하거나 남북한 총선거에 의해 헌법제정회의를 수립하는 두 가지 방안을 놓고 다시 고민했다. 선거를 실시할 경우 미국 대표들이 북한에 주재하게 되어 북한 우익의 활동이 고무될 것이고, 남한 우익이 북한 파견을 요구할 것이며, 미국과 우익이 선거인단을 통한 다단계 선거를 요구할 수 있다는 '부정적 측면과 난점'이 존재했다. 결국 소련측의 입장은 훈령에 규정된 전한국임시인민회의 수립 제안을 제출하는 것으로 결정되었다.[65] 소련측은 시종일관 반탁진영을 배제하는 좌익정부수립 노선을 견지하였다.

결국 예비회담을 포함한 1, 2차 미소공위는 1947년 10월 18일 공식적으로 결렬되었다. 이에 미국은 조선문제의 유엔으로의 이관을 추진하여 UN 감시 하 자유선거로 정부를 구성하자는 대안을 내놓으면서 한반도에서의 명예로운 후퇴를 모색했다. 그러나 소련은 자유선거시 북한이 불리할 것을 예상하여 1947년 8월 26일 미 · 소 양군이 조선에서 철군하자는 제안을 함과 동시에 조선문제를 조선인에게

64. 『쉬띄꼬프 일기』, 1947년 7월 30일.
65. 『쉬띄꼬프 일기』, 1947년 8월 6일, 8월 13일.

맡기자는 명분을 내세워 실질적으로는 북한을 이미 하나의 국가로 만들어 놓고 한반도에서 발을 빼기 시작했다. 1948년 4월 북한이 연석회의를 통해 UN에 의한 자유총선거를 거부토록 하고 미소 철군 후 전 조선 자유총선거를 주장한 것은 소련이 지시한 선전에 불과한 구호였다. 앞서 1, 2차 미소공위에서 소련의 전략이 이행되지 않을 경우 소련은 북한을 사실상 독립국가로 만들어 놓고 철수하면서 한반도 문제를 조선인들에게 맡긴다는 세 번째 안을 갖고 있었고, 이것이 현실화되었던 것이다.

5. 결론 : 미소공위 결렬과 반탁운동의 한계

결론적으로 미소공위의 결렬은 타협할 수 없는 소련의 요구와 임시정부 수립에 있어 미·소의 우월한 입지선점 경쟁에서 기인했지만 보다 근본적인 요인은 당시 반탁을 지속한 국내 정치세력에게도 책임의 일단이 있었다고 할 수 있다. 정부 수립의 입장에서 본다면 찬탁 혹은 반탁으로 남북, 좌우의 입장이 통일될 수 없는 상황에서는 국제적 합의를 따라 통합된 임시정부 수립을 모색하는 것이 현실적으로 보다 가능한 '차선책'이었다. 당시 한 중간파 인사가 지적한 것처럼 "소련에 있어서는 조선이 반소전선의 기지가 되는 일이 없어야 하듯이 미국에 있어서도 조선이 적화됨으로써 반미병참이 되는 일이 없어야 할 것을 희망하고 있는 것"처럼 미소의 상호 이해와 협조가 아니고서는 불가능하다는 것을 깨닫는 것이[66] 필요했다.

그런 점에서 우파의 반탁 일변도의 경직된 정치노선은 현실적으로는 국제적·국내적으로 오히려 정부 수립의 입지를 좁혔으며, 미·소의 타협을 어렵게 하는 요인으로 작용했다. 실상 모스크바 합의 자체는 미국과 소련이 전후의 전체 조선문제에 대한 충분한 준비와 전략을 갖고 합의한 것이 아니었다. 미·소의 신탁합의는 전후 새로운 동북아 질서의 모색과 함께 전후처리 일정에 쫓겨 '어정쩡한' 상태에서 이후의 상황 진전에 따라 대처하는 불완전한 타협의 부산물이었던 것이다. 그렇기 때문에 국내 정치세력이 활용하기에 따라서는 오히려 국가수립에 대한 국내적 선택의 폭을 더 넓혀줄 수 있는 여지가 충분히 있었다.

국제적 신탁제도 하에 수립될 임시정부든 신탁 이전에 우선 수립될 임시정부든 국내의 어느 정치세력이 장차 수립될 임시정부를 주도할 것인가는 앞에서도 언급한 것처럼 사실 '불가지(不可知)'의 영역이었다. 찬탁했더라면 당시 조선이 공산화되었을 것이라는 가정은 실제적 근거가 불충분한 주장으로 보여진다. 실제 좌파는 모스크바 결정 이후 우왕좌왕했고, 반탁에서 찬탁으로의 돌변도 소련의 지시에 따른 것이었기 때문에 신탁정국에 있어 좌파는 국내적으로 정치적 주도권을 가질 수 없었다. 그리고 4개국 신탁통치는 서로를 견제하는 국제세력들이 직간접적으로 한반도를 관리·보증하는 상황이기 때문에 임시정부를 어느 일방의 국내 정치세력이 독점할 가능성은 현실적으로 낮았다. 오히려 모스크바 합의 직후 반탁운동으로 정국을 주도한 임정세력의 정치력 발휘 여부에 따라서는 신탁을 전제하든 안 하든 이들 세력들이 임시정부를 주도할 가능성이 충분히

66. 오기영, "미국의 대조선여론," 『신천지』 제2권 2호(1947년 2월), p. 37 ; 김남식·이정식·한홍구 편, 『한국현대사자료총서 8』(서울 : 돌베개, 1994), p. 188.

있었다.[67)]

사실적 자료로 확인되지 않은 개인적인 자의적 추론이지만 당시 소련의 태도를 종합해 보면 소련은 국내 세력이 신탁을 받아들이고 단기간에 임시정부 수립에 참여할 경우, 남한에서는 구체적인 지지기반이 약하다고 평가한 임정세력이 상징적 대표 정도로 통합의 중심에 서는 것은 허용할 수 있지 않았나 생각해 본다. 신탁결정 후 북한에서 김구와 정치적 성격이 동일하다 할 북한의 상징적 인물인 민족주의자 조만식을 내세워 임시정부 수립에 참여하려 한 것도 북한이 좌파세력에 의해 지배당하고 있다는 점을 불식시키기 위한 소련의 의도가 컸던 것으로 보인다. 그러나 예상과 달리 반탁운동에서 나타난 남한의 우파는 결코 허약한 기반을 지닌 정치세력이 아니라는 점을 소련이 인식하지 않았나 하는 점을 지적할 수 있다. 소련은 임정이 참여한 우파세력의 강력한 반소의지와 민중 동원력에 경계심을 갖기 시작한 것으로 볼 수 있다는 것이다.

그런 점에서 반탁운동을 주도한 김구와 임정세력의 탄력적이며 창의적인 정치력이 아쉬웠다고 평가할 수 있다. 해방 시기 우리의 정부수립 노선은 국제세력과 협력하며 국가수립을 모색하는 '선국제협력 후민족협력' 노선이 현실적으로 가능한 선택이었다. 국내적으로도 정부 수립에 대해 일치된 입장에 있지 않았던 당시 상황에서 즉각적인 자주정부 수립노선은 이상론이었지 현실성이 없었던 것이다. 모스크바 합의와 이에 근거한 미소공위는 당시 한반도에 통합된 정부를 수립할 수 있었던 유일한 국제적 협의와 방편이었기 때문에

67. 이와 관련된 자세한 내용은 다음을 참고. 남광규, "신탁정국기(1946.1) 정당협력의 실패와 임정의 약화," 『한국정치학회보』 39집 1호(2005).

냉정한 접근이 필요했다고 본다.[68] 그것은 당시 한반도에 통일된 정부를 수립할 수 있는 국제적인 조건이 '불완전하나마' 갖추어졌던 유일한 기회였기 때문이다.

따라서 해방의 국제적 조건이나 이후 냉전적 국제질서, 더 나아가 탈냉전의 국제질서 속에서도 한반도의 분단극복은 국내 정치세력 간에 상호 생존을 보장하면서 경쟁하는 국내적 신뢰구축과 함께 국제적으로는 동북아 관련 국가 간에 적절하고도 합리적인 조정을 통하는 국제협력이 서로 맞물려 진행될 수밖에 없다고 본다. 이러한 상호작용에서 보다 더 현실적으로 가능한 통일국가의 수립은 국제적 조정과 협력이 선차적으로 우선되고 이에 적합한 국내적 적응이 요구된다고 본다. 아무리 민족적 입장에서 정당한 주장이라 할지라도 통일정부 수립의 '가능성'과 국제적 현실 여건을 무시한 '감성적 민족주의'와[69] 국제적 흐름과 충돌하는 '배타적 민족주의'는 국내적·국제적으로 분단의 구체적인 해결에는 순기능보다는 역기능을 할 가능성이 높다고 본다.

68. 그런 점에서 신탁통치를 한반도에 통합된 행정체제수립을 모색하는 통한안(統韓案)의 성격에 주목한 이호재의 지적은 분단사 연구에 중요한 시사점을 던져주고 있다고 본다. 이호재, 『한국 외교정책의 이상과 현실』(서울 : 법문사, 1988), pp. 151-152.

69. '감성적 민족주의'라 평가한 것은 주로 김구와 임정세력의 민족주의적 정서를 말하는 것이고, 이들을 제외한 당시 우파의 반탁운동에서 나타난 민족주의는 정치권력적 측면에서의 '현실적 선택'으로 볼 수 있다.

참 | 고 | 문 | 헌

기광서. "소련군의 북한 진주와 '부르주아 민주주의' 노선." 『통일문제연구』 20권 1호(2005).

김기석 편. 『북조선의 현상과 장래』 서울 : 조선정경연구사, 1947.

김남식. "공산당과 미소공위 : 남로당을 해부한다." 『통일한국』 52호(1988).

김남식 · 이정식 · 한홍구 편. 『한국현대사자료총서 6』 서울 : 돌베개, 1994.

______. 『한국현대사자료총서 8』 서울 : 돌베개, 1994.

______. 『한국현대사자료총서 11』 서울 : 돌베개, 1994.

김준연. 『독립노선』 서울 : 돌베개, 1984.

김정원. "해방 이후 한국의 정치과정(1945-1948)." 김정원 외. 『한국현대사의 재조명』 서울 : 돌베개, 1982.

김학준. "분단사의 재조명." 이홍구 등 저. 『분단과 통일 그리고 민족주의』 서울 : 박영사, 1984.

김행선. "미소공위 재개를 전후한 우익진영의 동향과 양면전술." 『한성사학』 14집(2002).

______. "미소공위 속개(1947.5.21)를 전후한 좌익청년단체의 동향." 『사총』 52집(2000).

국사편찬위원회. 『소련군정문서-남조선 정세보고서 1946-1947』 과천 : 국사편찬위원회, 2003.

______. 『쉬띠꼬프 일기』 과천 : 국사편찬위원회, 2004.

남광규. "해방 초 국내외 정치세력의 대외인식과 대외노선을 둘러싼 세력투쟁 : 1945.8.15-9.6. 기간의 중간파 정치세력을 중심으로." 『한국정치외교사논총』 25집 2호(2004).

______. "신탁합의를 전후한 미·소·중의 입장과 임정의 반탁민족자주노선의 한계 : 1945.12–1946.1 기간의 국제협의와 임정의 대응을 중심으로." 『국제정치논총』 34집 1호(2004).
______. "신탁정국기(1946.1) 정당협력의 실패와 임정의 약화." 『한국정치학회보』 39집 1호(2005).
______. "해방 초 임정·인공 정치기반의 동질성과 대립원인 : 임정·건준의 중간파 성격과 좌파의 인공수립 배경을 중심으로(1945.8–11)." 『국제정치논총』 45집 3호(2005).
농민성보사 편. "미소공위는 무엇을 했나." 『농민성보』 제2권 6호(1947).
러시아국방성중앙문서보관소. 1945년 9월 20일자 스탈린의 비밀지령문.
______. 1945년 12월 25일자 슈킨보고서.
레이모드·스윙. "조선에 있어서의 미소관계." 채규항. 『조선의 진상』 서울 : 새글사, 1948.
심지연. 『미소공동위원회 연구』 서울 : 청계연구소, 1990.
송남헌. "미소공위 재개 촉진과 좌우합작운동의 발전과정." 『통일로』 제15호(1989).
______. 『해방 30년사』 서울 : 까치, 1985.
신복룡. 『한국분단사연구』 서울 : 한울아카데미, 2003.
이원설. "미소공동위원회." 『국사관논총』 제11집(1990).
이호재. 『한국외교정책의 이상과 현실』 서울 : 법문사, 1988.
오기영. "미국의 대조선여론." 『신천지』 제2권 2호(1947).
와다 하루끼. "소련의 대북한 정책 1945–1946." 부루스 커밍스 외. 『분단전후의 현대사』 서울 : 일월서각, 1983.
유봉영. "조선독립과 미소공위." 『대조』 1947년 8월호(1947).
중앙일보 특별취재반. 『조선민주주의인민공화국』 서울 : 중앙일보(1992).
전현수. "한국현대사와 소련의 역할(1945–1948), 『스티코프 일기』 연구." 『경북사학』 제27집(2004).
______. "해방직후 북한사 연구의 몇 가지 문제에 대하여–「러시아 대외정책문서보관소」 소장 북한관계자료의 검토." 『역사와 현실』 제10호(1993).
정용욱. "1942–1947년 미국의 대한정책과 과도정부형태 구상." 서울대 박사학위논문, 1996.
정해구. "남북한 분단정권 수립과정연구." 고려대 박사학위논문, 1995.

존 · 포스타 랄스. "소련외교정책의 정체." 『주간 신태평양』. 1947.5.17.
호그. C. L. 저, 신복룡 · 김원덕 역. 『한국분단보고서(상)』 서울 : 풀빛, 1992.
홍종인. "군정의 본질과 그 추이." 『신천지』 제1권 11호(1946).
《노력인민》(1947.7.28).

Beloff, Max. *Soviet Policy in the Far East 1944–1951*. London : Oxford University Press, 1953.
U. S. Department of State. *Foreign Relations of the United States 1945. Vol. VI : The Far East*. Washington D.C. : U.S.G.P.O., 1971.
______, *Foreign Relations of the United States 1946. Vol. VIII : The Far East*. Washington, D.C. : U.S.G.P.O., 1969.
History of the U. S. Armed Forces in Korea. Washington D.C. : U.S. Army, Historical Manuscript File, 1948.
Lankov, Andrei. "Soviet Politburo Decisions and the Emergence of the North Korean States, 1946–1948." *Korea Observer*(Autumn, 2005).
Matray, James Irving. *The Reluctant Crusade : American Foreign in Korea, 1941–1950*. Honolulu : University of Hawaii Press, 1985.
Sandusky, Michal C. *America's Parallel*. Alexandria, Va. : Old Dominion Press, 1983.
van Ree, Erik. *Socialism in One Zone–Stalin's Policy in Korea, 1945–1947*. Oxford : BERG, 1989.
Weathersby, Kathryn. "Soviet Aims in Korea and the Origins of the Korean War, 1945–50 : New Evidence from Russian Archives." Woodrow Wilson International Center for Scholars. *CWIHP Bulletin, Working Paper* 8(November 1993).
Yonosuke, Nagai & Akira Iriye(eds.). *The Origins of The Cold War in Asia*. Tokyo : Univ-ersity of Tokyo Press, 1977.
Chicago Sun(Oct 23, 1945).
St. Louis. Glibe Democrat(Dec 29, 1945).

소련의 북한 정치세력에 대한 정책*

1945-1948

이철순
부산대학교 사회과학대학 정치외교학과 부교수

1. 머리말

이 논문은 1945년부터 1948년까지의 소위 "해방 3년"의 기간 동안 소련이 북한 정치세력에 대하여 어떠한 정책을 실시하였는지를 살펴보는 것이 목적이다. 1990년대 초반까지의 연구경향을 살펴보면 소련의 정책에 대해서는 자료의 한계 때문에 본격적인 연구가 이루어지지 않았으나 최근 구소련의 자료들이 발굴되면서 소련의 대한정책에 대한 윤곽이 서서히 드러나고 있다.

* 본 논문은『21세기정치학회보』제20집 1호(2010)에 게재된 논문입니다.

먼저 북한 정권이 수립되는 과정에서 소련이 북한 정치세력에 대해서 어떤 정책을 펼쳤는지에 대해서는 다음과 같은 견해가 대립하고 있다. 하나의 견해는 소련이 북한을 소비에트화하고자 하였고 그 하수인으로 김일성과 공산정권을 내세워 위성정권을 수립하고자 하였다는 것이다.[1] 이 입장은 소련군정에 대해서 김일성이 거의 자율성을 갖지 못했다고 보는 것이 특징이다. 이에 반해 다른 하나의 견해는 북한 정권이 수립되는 과정에서의 소련의 역할이나 영향력을 무시 혹은 경시한다. 이 입장은 브루스 커밍스의 저서에서 두드러지게 나타난다. 전자가 북한 정권의 수립과정을 동유럽의 소비에트화 과정, 특히 동독, 폴란드와 같은 "화물열차 정권"[2]과 유사하다고 본다면 후자는 유고슬라비아나 루마니아와 유사하다고 본다. 커밍스는 북한이 단순한 소련의 위성국가가 아니었으며, 따라서 김일성은 소련이 직접 뽑은 단순한 꼭두각시가 아니었다는 것이다. 커밍스는 김일성이 소련에 대해 상당한 자율성을 누린 것으로 본다.[3]

1. 양호민, "북한의 쏘베트화", 『북한의 이데올로기와 정치』 제1권(서울 : 고대 아세아문제연구소, 1967)이 대표적이다.
2. 화물열차 정권이란 소련군이 어느 국가를 점령하기 위해 군용열차를 타고 갈 때 그 이전에 모스크바로 망명해 소련의 훈련을 받은 그 국가의 공산지도자들을 화물칸에 따로 태우고 들어가 그들을 중심으로 만든 괴뢰정권을 의미한다. 김학준, 『북한의 역사』 제1권(서울 : 서울대출판부, 2008), p. 730.
3. 커밍스는 다음과 같이 얘기한다. "1940년대의 북한은 단순한 소련의 위성국가가 아니었으니, 1945–1946년에 광범위하게 결성된 '인민위원회'에 기반한 연립정권으로부터 1947–1948년에는 비교적 소련의 지배를 받은 정권을 거쳐, 그후 1949년에는 중국과 중요한 연계를 갖는 정권으로 발전했다. … 김일성은 소련이 직접 뽑은 단순한 꼭두각시가 아니었다. 그는 먼저 자신의 지도력을 확립한 후 식민지시기에 한국에 남아 있었던 공산주의자들을 고립·패배시키고, 그런 다음 잠시 소련과 연계된 한인들과 연합했다가 마침내 (1948년 2월) 자기와 함께 만주 및 중국 본토에서 싸운 한국인과 국내에 남아 있던 한국인을 융합하여 강력한 군대를 창설하여 그의 지도력에 두는 등

이 논문은 이상과 같은 연구경향을 염두에 두면서 다음과 같은 문제에 관심을 갖고 밝히려고 한다. 첫째, 소련은 북한에서 어떤 정치세력을 지원·육성하려 하였으며, 여러 정치세력을 어떻게 재편하려고 하였는가? 둘째, 김일성은 소련에 대해 얼마나 자율성을 가지고 있었는가 하는 것이다.

2. 소련의 북한에 대한 전반적인 구상

한반도에 대한 소련의 정책은 그것이 소극적인 관심이든 적극적인 관심이든 소련에 우호적인 정부를 수립하려고 했다는 것은 확고했다고 할 수 있다. 스탈린은 1945년 4월 유고의 공산당 지도자인 밀로반 질라스와 대화하면서 소련이 점령한 지역에는 소련식 체제를 이식할 수 있다고 다음과 같이 말했다.

정치적 책략에 따라 움직였던 것이다." 브루스 커밍스, 『브루스 커밍스의 한국현대사』(서울 : 창작과 비평사, 2001), p. 319. 커밍스는 또한 소련이 동유럽의 적화에 치중했기 때문에 한국에 큰 관심을 갖지 못하였고, 따라서 북한에 많은 자율성을 허락했다고 한다. Bruce Cumings, *The Origins of the Korean War : Liberation and the Emergence of Separate Regimes, 1945–1947* (Princeton, N. J. : Princeton Univ. Press, 1981), p. 386. 커밍스는 한국전쟁의 기원에 관한 두 번째 저서에서도 김일성이 중국내전에 참가했던 한국인 "의용군"이 1949년과 1950년에 귀환하게 되자 이들을 활용하여 소련으로부터 어느 정도의 자율성을 얻어내려고 했다고 주장한다. 나아가 중국과 소련이라는 양 강대국 틈바구니에서 자율성을 얻게 되기를 기대했다고 한다. *The Origins of the Korean War : The Roaring of the Cataract*(Princeton, N. J. : Princeton Univ. Press, 1990), pp. 355–356, 376.

> 이번 전쟁은 과거의 전쟁과 다르다. 어느 누구든지 한 영토를 점령하는 자는 그 영토 위에 자기의 사회체제를 부과한다는 점에서 그렇다. 누구든지 자기의 군대가 이르는 한도 내에서는 자기의 체제를 부과할 것이다. 그렇지 않는 자란 있을 수 없다.[4)]

이러한 주장은 소련이 점령한 북한에도 그대로 적용될 수 있는 것이었다.

한편, 1945년 6월 29일 소련 외무성 극동국 관리(제2극동국장 주코브와 부국장 자브로딘)가 작성한 한반도에 관한 보고서도 한반도가 다른 나라의 수중에 들어가 소련의 공격기지가 되어서는 안 된다는 것을 다음과 같이 설명했다.

> 한국의 독립은 극동으로부터 소련에 대한 압력을 기도하려는 일본으로부터는 물론 다른 국가들로부터 한국이 소련에 대한 미래의 공격 근거지로 전환되지 않게 하기에 충분할 정도로 효과적이어야 한다. 한국의 독립과 극동에서의 안보를 위한 실제적이고 믿을 만한 보장은 소련과 한국 사이에 우호적이고 긴밀한 관계들이 창출되는 것이다. 이것은 미래의 한국 정부 형성에 반영되어야 한다.[5)]

4. Milovan Djilas, *Conversation with Stalin*(New York : Harcourt, Brace & World, 1962), p. 114.
5. 김성보, "소련의 대한정책과 북한에서의 분단질서 형성, 1945–1946," 역사문제연구소 편, 『분단 50년과 통일시대의 과제』(서울 : 역사비평사, 1995), p. 56에서 재인용.

미소공동위원회 소련측 대표였던 스티코프의 다음과 같은 1946년 3월 20일 미소공동위원회 개회식 연설과 1946년 5월의 폐막성명은 노골적으로 한반도에 소련에 우호적인 정권이 수립되어야 함을 천명했다.

> 소련은 **조선이 우호적이며 진실한 민주주의적 독립국가**가 되기를 기대합니다. 그리하여 소련은 미래에 소련을 침범함에 필요한 요새지와 근거지가 되지 않을 것을 기대합니다.[6] (강조는 인용자)

> 소련 대표단이 협의대상에 참여할 사람들을 제한하는 중요한 이유는, 소련은 조선과 밀접한 이웃 국가이기 때문에 조선에서 **소련에 우호적인 민주주의적 임시정부**가 수립되는 데에 관심을 두고 있기 때문이다. (모스크바 결정에 반대하고) 소련에 대항하여 자기들의 목소리를 높였던 조선인들은 소련을 모욕했으며 더럽혔다. 만일 그들이 정부의 권력을 잡는다면 그 정부는 소련에 우호적이지 않을 것이고, 그 관리들은 소련에 대항하는 조선인들의 편에서 적대적인 행위를 조직하는 수단이 될 것이다.[7] (강조는 인용자)

특히 1993년에 전체 내용이 발굴된 스탈린의 9월 20일자 지령과 그 지령을 보충 설명해 주는 12월 25일자 소련군 총정치국장 슈킨 대장의 보고서는 소련이 북한에 배타적인 친소 단독정부를 수립하

6. *Foreign Relations of the United States*(이하 *FRUS*) *1946*, Vol. 8 (Washington D. C. : U.S.G.P.O., 1969), p. 653.
7. Carl Berger, *The Korea Knot*(Philadelphia : University of Pennsylvania Press, 1964), p. 69.

려는 확고한 의지를 보여준다고 생각된다. 먼저 스탈린의 지령은 다음과 같은 내용을 담고 있었다.

> 붉은군대의 북조선 점거에 관하여 소련군 최고사령부는 다음과 같이 지시한다.
>
> 1. 북조선 지역 내에 소비에트 및 기타 소비에트 정권의 기관을 수립하지 말고 **소비에트적 질서를 도입하지 말 것**.
> 2. 북조선에 반일적인 민주주의 정당, 단체들의 광범위한 블록을 토대로 한 **부르주아 민주주의 정권**을 수립할 것.
> 3. 위 사항과 관련해서 소련군이 점령한 지역에 반일적인 민주주의 단체, 정당이 형성되는 것을 방해하지 말고 그 활동을 도와줄 것.
> 4. 현지주민들에게 다음과 같은 사항을 공지할 것.
>   a. 붉은 군대는 조선에 일본 침략자들을 분쇄하기 위하여 진출한 것이며, 소비에트 질서를 도입한다든지 조선 영토를 획득할 목적을 가지고 있지 않다.
>   b. 북조선의 사유재산 및 공적 재산은 소련군 당국의 보호를 받는다.
> 5. 주민에 대해서 평시와 같은 일상을 지속케 하며 공업, 상업, 공영 등 기타 산업활동 전반에 걸쳐 평상적인 활동을 보장하며, 사회질서 협력 유지를 위해 소련군 당국의 명령이나 요구에 따라줄 것을 호소할 것.
> 6. 북조선 주둔군 병력에게 규율을 준수하고 주민의 감정을 자극하는 일이 없도록 하며, 사찰 등 현지 예의준칙을 무시하지 말게 할 것.
> 7. 북조선 민정 지휘는 연해주군관구 군사평의회가 담당할 것.[8] (강조는 인용자)

이 문서가 새로이 공개되면서 그동안 비밀에 부쳐졌던 1, 2, 7항이 1993년에 공개되었다. 이 문서를 어떻게 해석할 것인가에 대해서는 여러 가지 논란[9]이 있지만 대체로 스탈린이 1945년 9월에 이미 북한에 친소적인 단독정권을 세우려 했다는 설이 더 타당한 것으로 보인다. 이것은 이 지령과 연결된 12월 25일 경에 나온 슈킨의 보고서를 보면 알 수 있다. 슈킨은 "1945년 9월 21일자 최고사령부의 훈령에 언급된 북조선에서의 민주정당 사회단체들의 광범한 블록에 기초한 부르주아 민주주의 정권 결성을 겨냥한 노선이 대담하게 관철되지 못했다"고 지적하고 다음과 같은 결론을 제시했다.

8. 이 문건은 여러 곳에 번역되어 실려 있으나 명지대 이지수 교수가 제공한 번역본을 사용하였다. 이지수 교수에게 감사드린다.
9. 일본의 오코노기 마사오는 스탈린이 비밀지령서에서 애초에 북한에서 소비에트화를 오히려 저지하고 광범위한 반일 부르주아 연합정권을 구성하라고 지시한 것을 들어 소련이 단독정권을 수립하려 한 것이 아니라고 본다. 반면에 역시 일본의 와다 하루키는 부르주아 연합정권은 다름 아닌 동구에서의 인민민주주의 정권과 같은 모델이라고 지적하면서 애초 스탈린이 북한에 단독정권을 세우려고 했다는 점을 지적했다. 《每日新聞》, 1993년 2월 26일 ; 반면, 사학자 김성보는 "여기서 '정권'의 원어는 블라스치로서 남한에 대한 배타적인 '정권'이라기보다는 단순한 '권력'으로 해석함이 합리적이다. 이 지시의 초점은 단독정권 수립에 놓여져 있는 것이 아니라, 권력의 형태를 급진적인 소비에트형으로 하지말고 '부르주아민주주의권력'으로 하라는 데에 두어져 있었다"고 해석하여 와다의 견해에 의문을 표시했다. 김성보, "북한의 토지개혁(1946년)과 농촌계층구조의 변화," 『동방학지』 제87호(1995), p. 58 ; 이에 대해 사학자 전현수는 러시아어 블라치는 항상 국가권력, 정치권력(정권)의 형태로 표상되는 것이지 '단순한 권력'으로 별도로 존재하는 것은 아니라면서 김성보의 해석에 강한 의문을 표시하고 와다의 견해가 정당하다고 평가하고 있다. 전현수, "소련군의 북한 진주와 대북한정책," 『한국독립운동사연구』 제9집(1995), p. 13의 각주 56번. 국가안보전략연구소의 양현수 박사도 스탈린의 지령이 명백한 단독정권 수립을 의미한다고 본다. 양현수, "해방직후 북한지역 소련군정의 성격분석," 2008년 5월 31일 서울대 독립신문 강독회 발표문.

1. 반일 민주정당 사회단체의 광범위한 블록을 토대로 한 북조선의 부르주아 민주개혁이 너무 느리게 진행되고 있다.
2. 조선에서 소련 군대가 철수될 경우 소련의 국가이익을 보장할 수 있는 굳건한 정치 경제적 교두보를 아직 쟁취하지 못하고 있다. 민주주의 민족간부가 아직 충분하게 파악되지 못했다. 현재 북조선에서 인기가 높은 인사들은 공산당 지도자 김일성과 박헌영, 민주당 지도자 조만식이 있는데 조만식의 소련에 대한 정치적 입장은 아직 모호하다. 연해주군관구 평의회에 따르면 민주주의 단체들을 지도할 수 있고 소련의 이익을 고수할 수 있는 민주주의 민족 간부를 양성하기 위해서는 4–5개월이 소요될 것이다.
3. 최단시일 내에 북조선 경제를 복구하고 민족 간부를 양성하는 과업을 달성하기 위해서는 북조선 내 정권의 중앙집권화하여 이를 민주활동가들에게 넘겨주어야 한다.
4. 인민민주주의 운동은 대지주의 토지 소유 현실 때문에 지장을 받고 있다. 빠른 시일 내에 농지개혁을 실시해야 한다.[10)]

이 보고서의 결론 2번은 소련이 북한에 "소련의 국가이익을 보장할 수 있는 정치·경제적 교두보"를 세우려는 의도를 명확하게 보여주고 있다. 즉 소련은 북한에 배타적인 친소 단독정권을 수립하려했던 것이다. 이것은 에릭 반 리가 소개한 아이작 도이처의 "Socialism in One Zone" 전략과 일치하는 것이다.[11)] 이 전략에 따르면 스탈린은

10. 명지대 이지수 교수 제공 번역본. 이지수, "북한체제 형성과 소련의 영향," 한국행정학회 2001년도 추계학술대회 발표논문도 참조할 것.

소련의 영향력 하에 있는 지역 밖으로 사회주의를 팽창시키는 것에 큰 비중을 두지 않는다. 그보다는 자신의 새로운 제국을 공고히 하고 그 제국을 모스크바의 지배를 받는 규율 있는 공산주의 블록으로 변형시키는 것을 주요한 목표로 삼는다.[12] 이 전략은 소련이 남한으로 공산주의를 팽창시키기보다는 우선적으로 북한에 확고한 친소정권을 만들려는 전략과 일치하는 것이다.

이러한 전략은 또한 동유럽에 소련의 위성정권을 만드는 과정과 매우 유사하다고 할 수 있다. 즉 소련의 북한 소비에트화 과정은 와슨(Hugh Seton-Watson)의 고전적인 저작 『동유럽 혁명』(*The East European Revolution*)이 소개한 "순수한 연립단계" 정책(1945년 8월 하순-1946년 1월 초순), "사이비형 연립단계" 정책을 거친 이후 공산당 단독정권을 수립하는 단계의 정책(1946년 1월 초순-1948년 9월 초순)과 유사하다고 볼 수 있다.[13] 북한도 첫째 국내 민족주의 세력과의 "순수한 연립"단계, 둘째 "순수한 연립"에서 국내 민족주의 세력을 제거한 뒤 친공세력 및 중간파와 제휴하나 실권은 공산당이 장악하는 "사이비형 연립"단계, 셋째 공산당의 "단일주적(單一柱的) 정권 수립"단계를 거쳤다고 할 수 있다. 이하에서는 이 개념을 통해 소련의 정책을 살펴보도록 한다.

11. "Socialism in One Zone"이라는 용어는 Issac Deutscher의 *Stalin : A Political Biography*(New York : Vintage Books, 1960)에서 유래한 것이다.
12. Erik van Ree, *Socialism in One Zone : Stalin's Policy in Korea, 1945-1947*(Oxford : Berg, 1989), p. 8.
13. Hugh Seton-Watson, *The East European Revolution*(New York : Frederick A. Praeger, 1962), pp. 169-171.

3. 순수한 연립단계의 정책
(1945년 8월 하순-1946년 1월 초순)

먼저 첫 번째 공산주의 세력과 민족주의 세력이 제휴하는 "순수한 연립단계"의 정책을 살펴보자. 1945년 8월 하순 소련점령군 당국은 간접통치의 방식을 택하여 일단 평남 건준을 비롯한 각급 지역의 건준을 인정하면서 다만 각급 건준이 공산주의자와 비공산주의자가 반반씩 참가하도록 개편시키는 데 그쳤다. 이러한 방식으로 각 도에 인민위원회가 발족되었다. 평남의 경우 8월 29일 소군정은 비공산계 인사들과 공산계 인사들을 불러놓고 32명으로 새롭게 구성된 '평안남도 인민정치위원회'를 공식적으로 발족시켰다. 위원장에는 조만식이, 부위원장에는 비공산계의 오윤선과 공산계의 현준혁이 각각 선출됐다. 다른 지역들에서도 공산계와 비공산계의 협력으로 인민위원회 기구들이 조직됐다. 다만 다른 지역들에서는 인민정치위원회라는 이름 대신 인민위원회라는 이름이 보편적으로 쓰여 졌다. 9월 중순경이면 북한에서는 소비에트식 인민위원회 조직이 도 단위에서는 끝나게 된다. 이렇게 해서 북한에서는 공산계와 비공산계 사이에 이른바 "순수한 연립의 단계"가 열리게 된다. 이 시점의 공산계 인사들은 소련계 한인 공산주의자들이 아니라 국내파 공산주의자들이었다.[14)]

이러한 반일민족주의자와의 연합전선은 스탈린의 9월 20일자

14. 김학준, 『북한 50년사』(서울 : 두산동아, 1995), pp. 84-85.

지령과도 일맥상통하는 것이었다. 당시 소군정 지도자들의 증언을 살피더라도 소군정은 민족주의 지도자인 조만식에 대해 1945년 12월 찬반탁 논란이 있을 때까지는 상당한 협조관계를 유지했고 조만식도 여러 가지 현실적인 이유로 소군정과 협조했다.

다음과 같은 소련 제25군 정치사령관 레베데프의 언급을 보면 소련은 동구라파와 같이 해방직후에 공산당을 전면에 내세우지 않고 철저하게 토착민족주의자 조만식을 내세우고 심지어 한시적이고 상징적이지만 대통령으로까지 추대하려는 움직임이 있었던 것을 알 수 있다.

> 군부와 모스크바 중앙당에서는 특히 인민들로부터 대대적인 추앙을 받는 민족지도자 조만식에 대한 비중이 컸습니다. 신탁통치 문제가 나오기 전까지 군부 내 최고지도부로부터 조만식을 절대 포기하지 말고 설득해 끌어들이라는 지시가 계속 떨어졌습니다. 이는 소련이 동구의 소비에트화 정권창출 때 한시적으로 토착민족주의자들을 잘 활용했던 것과 같은 맥락입니다. '고집쟁이 영감' 조만식이 만약 우리의 설득을 받아들였다면 그를 장관을 시키겠습니까, 아니면 당간부를 시키겠습니까. 한시적이거나 상징적이지만 최고지도자(대통령 또는 수상)를 시킬 수밖에 없지 않습니까.[15]

당시 소련공산당 중앙에서 아직은 공산당원을 정권 전면에 절대 부상시키지 말고 정권 초기에는 민족주의자 또는 민주주의자를 내

15. 중앙일보 특별취재반, 『비록 : 조선민주주의인민공화국』(서울 : 중앙일보사, 1992), p. 295.

세우라는 지시가 떨어졌습니다. 때문에 치스챠코프 총사령관을 비롯, 로마넨코 장군, 이그나치프 대좌, 메크레르 중좌 그리고 김일성 등이 수차례 조만식을 찾아가거나 사령부로 불러 '후견제(신탁통치제)'를 받아들이라고 설득했지요.[16]

모스크바 3상회의에서 후견제(신탁통치)가 결정된 직후인 1945년 12월 30일 또는 31일 밤으로 기억됩니다. 소련군 25군 민정사령관 로마넨코 장군이 조만식을 찾아가 신탁통치만 찬성하면 그를 북한의 초대 대통령에, 그리고 김일성을 군부책임자인 민족보위상에 각각 추대하기로 했다고 통보했지요.[17]

레베데프의 위의 증언은 소련 제25군 정치사령부 정치담당관 메크레르와 조만식의 측근이었던 오영진의 증언에 의해서도 보완된다. 먼저 메크레르는 다음과 같이 증언했다.

지도부에서 줄곧 조만식을 초대 대통령으로 추대하자는 여론이 높았습니다. 그러나 그가 신탁통치를 놓고 우리와 결별선언을 했지요. 지도부는 정권 초기에는 원로를 앞세워야 한다는 당 방침 때문에 조만식 대신 김두봉을 원로로 추대했지요. 그러나 김두봉은 인민들의 신망이 조만식과 비교가 되지 않았습니다.[18]

16. 중앙일보 특별취재반(1992), p. 59.
17. 중앙일보 특별취재반(1992), pp. 62–63.
18. 중앙일보 특별취재반(1992), pp. 63–64.

오영진도 로마넨코가 조만식이 모스크바 결정을 지지한다면 초대 대통령직을 맡도록 해주고 김일성은 그 아래 군책임자로 머물게 하겠다고 제의했지만 조만식이 이를 한사코 거절하자 곧 연금상태에 두었다고 증언했다.[19)]

실제로 조만식이 소군정의 모스크바 3상회의 지지를 거절하자 소군정은 조만식을 연금하게 된다. 1946년 2월 말에 스티코프는 조만식에 대해 다음과 같이 언급함으로써 조만식에 대한 소련의 협조관계가 한시적이고 기만적이라는 것을 보여주고 있다.

> 어찌 조선에 조만식과 같은 사람이 한 사람뿐이겠습니까? 그들의 수는 대략 100여 명이며, 그들은 이번의 공격만으로 그치지 않을 것입니다. 그렇기 때문에 치스챠코프 동지여, 경계하십시오. 조선의 동지들에게 계급투쟁의 본질에 관해서 보다 많이 설명해 줄 필요가 있습니다.[20)]

그러면 조만식은 소군정에 기만당하기 전에는 어떠한 태도를 보였는가? 여러 사람들의 증언을 보면 조만식은 소련군정에 그렇게 절망적이지 않았고, 남쪽으로 내려오면 북한을 그대로 소련에 진상하는 꼴이라고 판단해서 협조했다는 것이다. 그 이후 소군정이 잘못하면 비폭력으로 저항하려고 했다는 것이다(조만식의 측근인 박재창의 증언). 또한 김남식은 당시만 해도 분단 가능성은 없다고 생각했으

19. 오영진, 『소군정 하의 북한 : 하나의 증언』(부산 : 국민사상지도원, 1952), pp. 181, 185.
20. 치스챠코프, "제25군의 행로," 소련과학아카데미 동양학연구소 편(1976), 국토통일원 역, 『조선의 해방』(서울 : 국토통일원, 1988), pp. 75-76.

므로 소군정과의 협력은 일시적이라고 판단했다는 것이다. 또한 오영진에 따르면 당시 건준은 어느 정도 사회주의적 정책이 필요하다고 느꼈고, 볼셰비즘과 사회주의의 차이도 확실히 인식하지 못했기 때문에 '협력하라' 고 지시받은 공산당에 대해 그다지 심각하게 생각하거나 경계하지 않았다고 한다.[21)]

이러한 증언은 조만식이 하지에게 보낸 1945년 12월의 밀서에서도 확인할 수 있다. 조만식은 "북한에서 공산주의는 문제가 되지 않을 것이고, 북한 주민은 소련의 점령으로 치유될 것"이라고 언급한 후 "미군정이 남한에서 혁명을 부추기고 싶지 않다면 조심해야 할 것"이라고 오히려 하지 장군에게 '경고' 하고 있다. 조만식이 의미한 바는 "소련군정이 북한에서 나름대로의 적절한 개혁을 수행하여 북한 주민들은 소련군의 정책에 만족하고 있다"는 것이었다.[22)] 조만식은 소군정에 대해 일종의 희망을 가졌던 것으로 보이는데, 곧이어 닥칠 자신의 운명을 전혀 예감하지 못하고 있었다. 또한 조만식은 당시 소련의 대북한정책은 동유럽 소비에트화 정책과 같이 토착민족주의자들과는 일시적으로만 연합하는 것이라는 사실을 직시하지 못했다.

한편, 당시 소련은 미래의 지도자 김일성에 대해서는 어떠한 태도와 지원책을 준비하고 있었는지 살펴보자. 김일성은 소련점령군 사령부가 자리를 잡고 각 도에 모두 인민위원회가 세워진 시점인 1945년 9월 19일 원산항에 소련 상선 푸가초프 호를 타고 귀국했다. 『김일성정전』을 쓴 임은의 표현에 따르면 김일성 부대는 "일본군에게 총알 한 번 쏘아보지 못한 채 소련군의 제휴에 의해서가 아니라 소련

-----

21. 중앙일보 특별취재반(1992), pp. 94–95.
22. *FRUS 1945*, Vol. 6 (Washington D. C. : U.S.G.P.O., 1969), p. 1146.

군의 비호 아래 조용하게 귀국한 것이다."[23] 김일성이 이렇게 소련의 비호 아래 귀국하게 된 것은 귀국 이전에 이미 스탈린의 김일성에 대한 낙점이 있었기 때문이었다. 그 과정을 살펴보도록 하자.

최근 소련의 비밀자료와 당시 소련군의 광범위한 증언에 토대해 『평양의 소련군정』이라는 책을 쓴 언론인 김국후에 따르면 "소련군은 중국과 조선의 해방 전후를 대비해 1942년부터 군사·정치전문가를 양성하기 시작했고, 대일전 개시 한 달여 전부터 제88정찰여단에 있는 빨치산 출신 '김일성 부대'를 북한지역 점령 이후 활용할 계획을 세웠고", "이 계획에 따라 이때부터 '김일성 부대'는 특별 관리에 들어갔으며", "9월 2일 '입북하라'는 공식명령이 떨어졌다"고 한다.[24]

이 과정에서 김일성이 입북하기 보름 전인 1945년 9월 초순 스탈린의 김일성 면담이 있었다고 소련 극동군 총사령관 바실레프스키 원수의 부관이었던 소련군 극동군 총사령부 정치국 소좌 코바넨코는 증언하고 있다.[25] 그에 따르면 스탈린은 김일성 면담에 앞서 1945년 8월 말 모스크바 소련공산당에서 하바로프스크의 극동군 총

23. 임은(林隱), 『김일성정전』(金日成正傳) (서울 : 옥촌문화사, 1989), p. 156.
24. 김국후, 『평양의 소련군정』(서울 : 한울아카데미, 2008), p. 70.
25. 코바넨코는 "김일성이 입북하기 보름 전인 1945년 9월 초순, 스탈린이 김일성을 비밀리에 모스크바로 불러 크렘린궁과 별장에서 단독으로 만나 그를 북한의 최고 지도자 후보로 낙점한 후 그를 믿고 평양에 보냈으며", 이러한 사실은 극동군 총사령부 내에서도 극히 일부만 아는 절대비밀이었다고 증언하고 있다. 김국후(2008), pp. 72-73. 와다 하루키에 따르면 스탈린은 톨리아티, 토레즈, 노사카 산조 등 망명 공산주의자로서 민족지도자가 될 수 있는 인물을 만났으며, 이러한 사실에 근거할 때 스탈린이 김일성을 만난다는 것이 불가능한 일은 아니라고 보고 있다. 와다 하루키 저, 서동만·남기정 옮김, 『북조선 : 유격대국가에서 정규군국가로』(서울 : 돌베개, 2002), p. 68.

사령부에 '북조선에 인민위원회를 조직하기 위해 빨리 지도자를 찾아 보고하라'는 지령을 내렸고, 이 지령은 다시 평양의 제25군 사령부에도 하달됐다고 한다.[26] 이러한 코바넨코의 증언은 소련의 역사학자 가브릴 코로트코프의 책에서도 밝혀졌다. 코로트코프에 따르면 제2극동군 사령부의 푸르카예프 장군과 육군대장 슈킨이 김일성을 면접했으며, 그들의 통역관은 다음과 같은 기록을 남겼다는 것이다.

- 당신은 한국인인가?
- 예.
- 당신은 평양 남쪽지방에서 태어났나?
- 예.
- 당원인가?
- 예, 그렇습니다.
- 가족사항은?
- 기혼이며 아들이 하나 있습니다.
- 당신은 붉은군대에서 계속 근무하길 원하는가?
- 예, 그렇습니다.
- 만약 당신에게 북한에 일하러 가라고 제안한다면?
- 세계 혁명과업에 도움이 될 수 있는 곳이면 항상 일할 준비가 되어 있습니다.
- 아주 훌륭한 대답이었소.

김일성에 대한 과거 활동자료를 확인하고 면접을 마친 후 푸르

26. 김국후(2008), p. 74.

카예프 장군은 김일성을 북한으로 보내기로 결정했다는 것이다.[27] 이러한 사실은 코바넨코의 다음과 같은 증언과 부합한다.

> 결국 하바로프스크에 있는 국가공안부(KGB) 총국은 북한에 주둔한 정보 장교들의 보고와 메크레르 중좌의 제88정찰여단 조사보고서[28] 등을 종합한 결과 김일성이 가장 적합한 인물이라는 보고를 모스크바 소련공산당에 올렸습니다. 결국 이 보고가 스탈린의 마음을 움직인 것 같습니다.[29]

하바로프스크로부터 보고를 받은 스탈린은 1945년 9월 초순 김일성과 4시간 동안 대좌하고 스탈린주의를 설파했다. 이어서 여러 질문을 통해 김일성이 지도자가 될 수 있는지를 탐색한 스탈린은 즉석에서 "이 사람이 좋다. 앞으로 열심히 해서 북조선을 잘 이끌어가라. 소련군은 이 사람에게 적극 협력하라"고 지령했다고 코바넨코는 증언했다.[30]

이러한 코바넨코의 증언은 25군 정치사령관 레베데프 소장의 다음과 같은 증언에 의해서도 뒷받침된다.

-----

27. 가브릴 코로트코프 저, 어건주 옮김, 『스탈린과 김일성』 제1권(서울 : 동아일보사, 1992), pp. 179-180.
28. 이와 관련된 메크레르의 증언은 다음과 같다. "나는 이곳(브야츠크)에서 김일성을 처음 만났습니다. 중국인 장교가 김일성과 김책 등을 가리키며 '이 사람들이 곧 평양에 들어간다' 고 소개하더군요. 그 장교의 주선으로 김일성을 비롯한 소위 빨치산 그룹 지도급 장교 4-5명을 차례로 면접했습니다." 중앙일보 특별취재반(1992), p. 65.
29. 김국후(2008), p. 74.
30. 김국후(2008), pp. 72-73.

> 45년 9월 초순 극동군 제1전선군 군사위원 스티코프 상장으로부터 김일성을 평양에 들여보낼 테니 주택과 자동차를 지급하고, 소련군 장교로 구성된 호위병을 배치토록 하며, 그의 정치활동에 적극 협조하라는 등 긴급 지시를 받았다.[31)]

이상의 증언과 사실에 근거해 볼 때 소련은 대일전 개시 한 달 전부터 '김일성 부대'를 활용할 계획을 세웠으며, 이 과정에서 김일성이 9월 18일 입북하기 보름 전인 9월 초순에 스탈린의 김일성 면접이 있었고, 이 면접을 통해 스탈린이 김일성을 북한의 지도자로 낙점했음을 알 수 있다.

그런데 김일성이 예상보다 조기 귀국하게 된 이유는 미국이 이승만을 조선의 지도자로 양성하기 위해 곧 귀국시킬 예정이라는 정보를 소련이 입수했기 때문이었다. 레베데프는 이런 사실을 다음과 같이 증언하고 있다.

> 당초 계획과 달리 김일성의 입북이 빨라진 것은 '미국에 있는 이승만이 곧 귀국할 예정'이라는 정보를 입수했기 때문입니다. 특히 이 정보는 미국이 이승만을 '친미인사'로 낙점, 장차 조선의 지도자로 양성하려 한다는 정보에 자극을 받은 것 같습니다. 이에 따라 소군부도 김일성을 '소련측 대리인'으로 낙점, 서둘러 입북시킨 것입니다.[32)]

31. 중앙일보 특별취재반(1992), p. 290.
32. 중앙일보 특별취재반(1992), p. 297.

레베데프의 증언을 보면 이 때 이미 김일성은 이승만에 대적하는 소련측 대리인으로 결정되었음을 알 수 있다. 이후 소군정은 김일성의 권력장악을 지원하기 위해 북조선 분국의 창설, 그 이후의 김일성 장군 환영 평양시민대회를 막후에서 지원하게 된다.

먼저 분국 창설과정에 소련이 어떻게 개입했는지 알아보자. 한마디로 말해서 분국 창설은 국내파와 김일성이 합의해서 만들어졌다기보다는 소련군정과 김일성의 목표가 실현된 것으로 보는 것이 정확할 것이다. 레베데프의 다음 증언은 이 점을 확실하게 보여주고 있다.

> 나는 처음부터 이북에 공산당이 필요하다고 주장했습니다. 그래서 조직위원회(레베데프는 조직위원회가 곧 당이라고 했다)를 만들려고 생각했죠. 소비에트화의 첫 코스였을 뿐 아니라 남쪽의 당을 의식하지도 않았습니다. 그러나 현실적으로 서울에 당중앙이 있다는 어려움 때문에 여러 번 논의를 거치지 않을 수 없었습니다.
>
> 회의 때마다 나는 '서울의 당과 관계 없이 이북에 조직위원회를 만들어야 한다. 나중에 합치는 한이 있어도 이북에 조직위원회를 두자' 는 제안을 했습니다. 그러다가 국내파의 강력한 반발과 지도부 일부의 주장에 따라 분국으로 낙착됐습니다.[33)]

전 북한노동당 고위간부였던 서용규(가명)에 따르면 "서북 5도당 책임자 및 열성자 대회"(1945년 10월 10일-13일)의 예비회의가 있었던 10월 5일과 8일 사이에 김일성의 빨치산파와 국내파 간에 조직

33. 중앙일보 특별취재반(1992), p. 113.

노선에 관한 토론에서 정면충돌이 있었다고 한다. 김일성은 박헌영을 만나 담판을 짓기로 하고 10월 8일 개성 근처 소련군 38경비 사령부 회의장에서 만났으며, 이날 회의에서 양쪽은 로마넨코의 중재로 간신히 분국 설치에 합의했다는 것이다.[34)]

소군정은 10월 13일에 설치된 분국 설치의 여세를 몰아 다음날인 14일 김일성을 대중 앞에 최초로 등장시키는 환영대회를 연출하게 된다. 이 점은 이 대회의 막후 지휘자였던 레베데프의 증언을 보면 확실하게 알 수 있다.

> 숨김 없이 말한다면 김일센의 본명이 김성주였음을 알고 있었습니다. 그러나 북한 인민들에게 잘 알려진 위대한 半 전설의 애국 영웅 김일성 장군을 상징하기 위해 김일센과 그의 부하, 그리고 당시 북한 내 공산주의자들과 상의해 '김일성 장군' 으로 소개했던 거지요.
>
> … 솔직히 말하면 김일센의 연설원고는 우리 사령부에서 작성해 준 것입니다. 소련 장교가 소련어로 작성해 고려인 한글로 번역한 것이지요.[35)]

또한 초창기 소군정에서 일했던 박길룡은 김일성의 의상마저도 소군정에서 마련하고 준비해 주었다고 증언하고 있다.

> 환영대회 때 김일성이 입고 나간 양복도 강미하일 소좌 양복

-----

34. 중앙일보 특별취재반(1992), pp. 105–111.
35. 중앙일보 특별취재반(1992), p. 88. 이후의 김일성의 연설 원고도 러시아어를 한글로 번역한 투의 것이 많기 때문에 어색한 표현이 눈에 많이 띈다고 한다. 김학준, 『북한의 역사』 제2권(서울 : 서울대출판부, 2008), pp. 1132–1133.

이었으며, 당시만 해도 김일성이 넥타이를 매본 적이 없어 메크레르 중좌가 대신 매어주었답니다.[36)]

이후 김일성은 1945년 12월 17일-18일 사이에 열린 조선공산당 북조선분국 제3차 확대집행위원회에서 일약 책임비서가 됨으로써 명실상부한 북한공산당의 제1인자가 된다(김일성은 또한 이 회의에서 '민주기지 노선'을 처음으로 제창한다). 이러한 일련의 과정에는 소군정의 지원이 있었음을 레베데프는 숨기지 않고 있다.

> 10월 13일 조선공산당 북조선분국 설치, 그리고 이튿날인 10월 14일 '김일성 장군 환영' 평양시민대회, 12월 17-18일 조선공산당 북조선분국 제3차 확대집행위원회 등을 통해 김일센이 공산당의 지도자가 되도록 노력했습니다.[37)]
>
> 소련 공산당이 김일성을 북한 지도자로 추천했습니다. 결코 소련 군대가 추천한 것은 아닙니다. 우리들은 한낱 집행자였을 뿐 자세한 내막은 스티코프 장군이 잘 알고 있어요.[38)]

여기에서 잠시 해방직후 북한에서 김일성의 빨치산파, 조만식을 비롯한 민족주의 세력과 더불어 주요한 정치세력 중의 하나였던 연안파에 대해서는 소련이 어떤 태도를 보였는지 알아볼 필요가 있다. 중국공산당의 비호 아래 화북조선독립동맹을 조직해 항일운동을

36. 중앙일보 특별취재반(1992), p. 89.
37. 중앙일보 특별취재반(1992), pp. 61-62.
38. 중앙일보 특별취재반(1992), p. 62.

펼쳤던 이른바 연안파는 1945년 12월 13일 초저녁, 평양역에 구식 증기기관 열차를 타고 귀국했다. 연안파는 김일성 세력에게 잠재적인 경쟁자가 될 수 있는 거북한 존재였지만 그들의 귀국은 해방 뒤 넉 달이나 지난 너무 늦은 시점이었다. 또한 그들은 단결된 존재도 아니었다. 이런 점에서 연안파는 김일성 세력에게 위협적인 존재는 아니었다고 할 수 있었다.[39)]

그러나 이들이 1945년 12월에 정식으로 귀국하기 전 무장한 상태로 귀국하려 했으나 소련에 의해 방해받은 적이 있었다. 김창순에 의하면 1945년 11월 중순 김호, 김강이라는 자가 지휘하는 약 4,000여 명 규모의 '조선의용군'이 압록강 대안인 안동에 도착하여 소련군에 입국허가를 요청하였다고 한다. 이때 소련군 사령부는 제25군 참모장 펜코브스키(V. A. Penkovsky)를 파견, 조선의용군이 입국하려면 무장해제를 받아야 하도록 조치하였고, 그래서 대부분은 만주로 돌아가고 일부는 무장해제당한 채 입국하였다고 한다.[40)]

미군 정보기관도 연안파의 무정이 이끄는 무장세력이 1945년 9월 말 신의주를 통해 귀국하려 하였으나 소련의 저지에 의해 실패하였다고 다음과 같이 전했다.

> 일본의 패전 이후 조선의용군은 만주지역에 사는 한국인들로부터 병력을 충원하고 그리고 나서 귀국하기 위한 의도로 중공군을 따라 만주지역으로 들어왔다. 현지의 한국인 자위조직들을 흡수함으로써 조선의용군의 규모는 약 2,500명에 달했다. 무정은 1945년 9월

39. 김학준(1995), pp. 97-98.
40. 김창순, 『북한 15년사』(서울 : 지문각, 1961), pp. 61-65.

말 이들과 함께 신의주를 통하여 귀국하고자 하였으나 소련군에 의하여 저지당하고 무장해제당하였다. 무정은 소련군 장교로부터 무장병력을 거느린 채 한국으로 들어올 수 없으며, 만주로 돌아가 국민당군에 대항하여 싸우려 한다면 무기를 반납해 주겠다는 말을 들었다. 무정은 이 소련측 결정을 받아들여 만주로 돌아갔고, 거기서 자신의 군대를 증강하는 일을 계속하였다.[41)]

이상으로 미루어 볼 때 소련이 김일성의 잠재적인 경쟁세력이 될 수 있는 연안파에 대해서는 매우 부정적인 정책을 펼쳤음을 알 수 있다. 소련이 연안파가 아니라 김일성을 지원했음을 간접적으로 확인할 수 있는 것이다.

4. 사이비형 연립단계를 거쳐 공산당 단독정권 수립단계의 정책 (1946년 1월 초순–1948년 9월 초순)

조만식이 신탁통치를 반대했다는 이유로 1946년 1월 5일 연금되면서 이른바 "순수한 연립단계"는 끝나게 된다. 조만식의 연금 후 그가 1945년 11월 창당했던 조선민주당은 공산당의 위성정당으로

41. Intelligence Summary Northern Korea, No. 46, 한림대학교 아시아문화연구소, 『주한미군북한정보요약』 2(춘천 : 한림대학교 아시아문화연구소, 1989), p. 445.

전락하고, 1946년 2월 24일에는 김일성과 같은 빨치산파였던 최용건이 위원장으로 선출되었다. 또 천도교 교세가 강하여 결성되었던 북조선천도교청우당도 위성정당으로 전락했다. 화북조선독립동맹의 운명도 마찬가지였다. 그들은 1946년 2월 16일에 이미 조선신민당으로 새롭게 발족했으나 결국 소련점령군의 외곽 위성정당으로 역시 전락했다.

이렇게 기존정당의 위성 정당화를 실현시키거나 새롭게 위성정당들을 발족시킨 뒤 소련은 김일성의 '조선공산당북조선분국'을 중심으로 그 위성정당들과의 제휴를 통해 사이비형 연립을 출범시켰다. 이것이 바로 1946년 2월 8일에 평양에서 발족한 '북조선임시인민위원회'였다. 이 기구는 1945년 10월 28일에 발족한 북조선5도 행정국을 대체했으며, 북한에서 사실상의 단독정부로 기능했다. 이 위원회의 위원장으로 김일성, 부위원장에는 조선신민당의 김두봉, 서기장에는 조선민주당 임시위원장인 강양욱이 선출됐다.

소련점령군이 적극적으로 지원했는데도 1946년 전반기 현재 김일성의 권력은 불안정했다. 김일성은 조선공산당북조선분국의 책임비서로 당을 쥐고 있었고 북조선임시인민위원회의 위원장으로서 행정부를 장악하고 있었으나 그에 대한 지지는 북한 공산주의자들 사이에서조차 튼튼하지 않았다.

우선 조선신민당의 성장이 북조선공산당에게 거슬렸다. 직장 근로자들과 소부르주아 및 지식인들의 상당한 수가 좌파정당들 가운데서 당적을 선택해야 하는 경우에는 조선신민당으로 기울어졌다. 일제 총독부에서 하급 관리를 지냈거나 일본 군대에 종사했던 사람들도 보신책의 하나로 이 정당에 가입했다. 그리하여 이 정당은 북한의 비교적 여유 있는 중·상류층에 뿌리를 내리는 데 어느 정도 성공을 거뒀다. 또한 북조선임시인민위원회가 사회주의적 개혁을 다짐하여 발족한 지가 몇 달이 되었지만 성과는 많지 않은 것처럼 보였다. 남한에서는 소련이 경계하는 이승만이 6월 3일 남한에서라도 하루 빨리 단독정부를 세워야 한다고 주장했다.[42]

이런 상황에서 박헌영은 대담하게 김일성과 소련점령군의 한반도 정책을 비판하는 편지를 1946년 5월 KGB 극동지부에 보냈다. 김일성과 소련점령군이 국내파 공산주의자들을 배격하고 김일성 빨치산 부대를 중심으로 한반도의 공산혁명을 추진함으로써 많은 잘못이 저질러지고 있다는 내용이었다. 이 편지는 스탈린에게까지 보고됐는데, 스탈린은 박헌영의 비판들 가운데 수긍할 만한 점이 있다고 보고 김일성과 박헌영을 극비리에 모스크바로 불러들여 면담했는데, 이때가 1946년 7월 20일경이었다.[43]

스탈린의 김일성 · 박헌영 면담에 배석했던 스티코프에 따르면 스탈린을 중심으로 오른쪽에 김일성, 왼쪽에 박헌영이, 그 정면 중앙에 자신, 그리고 좌우에 평양측의 로마넨코 장군과 서울측 샤브신 등이 앉았다. 김일성의 비서 문일과 박헌영의 비서는 각각 김 · 박 뒤 보조의자에 앉았다. 스티코프는 김일성이 스탈린의 오른쪽에 앉은 것을 보고 스탈린이 김일성을 북한 정권의 지도자로 낙점하고 있음을

-----

42. 김학준(1995), pp. 104- 130.
43. 중앙일보 특별취재반, 『비록 : 조선민주주의 인민공화국(하)』(서울 : 중앙일보사, 1993), pp. 210-211. 이 면담이 북한 현대사에서 차지하는 중요성에 대해 레베데프는 다음과 같이 증언하고 있다. "북한의 현대사는 스탈린 대원수가 평양의 김일성과 서울의 박헌영을 비밀리에 모스크바로 불러 처음으로 면접한 후 김일성을 북한의 지도자로 지명했던 사실을 기점으로 새로운 조명이 필요합니다. 그러나 이 중대한 역사적 사실이 지금까지 묻혀오고 있는 것은 '절대비밀' 이었기 때문입니다." 중앙일보 특별취재반(1992), p. 326.

직감했다. 왜냐하면 소련에서는 우측이 상석이었기 때문이었다.[44)]

이 면담에서 김일성과 박헌영은 스탈린에게 간단하게 남·북한의 정세를 보고했다. 이를 듣고만 있던 스탈린은 김일성에게 '소련군정의 협력을 받아 북한의 소비에트화 정책을 조기 실현시키도록 투쟁하라' 고 지시했고, 박헌영에게는 '어려운 여건 속에서 분투하는 그대의 혁명투쟁을 높이 평가한다' 고 격려했다. 스탈린이 김일성에게 지시한 소비에트화 정책은 토지개혁, 8시간노동제, 산업국유화 등을 가리키는 것으로서, 이를 조기에 실현시키라는 명령은 사실상 김일성을 북한 정권의 지도자로 지명한다는 뜻으로 소련군 정치지도자들에게 받아들여졌다.[45)]

이미 1945년 9월 초에 김일성과 면담하고 그를 북한의 지도자로 낙점했던 스탈린은 1946년 7월에 있었던 김일성과 박헌영의 면담에서 최종적으로 그를 선택했다. 코바넨코의 증언에 따르면 한 번 결정하면 끝까지 밀고가는 스탈린의 고집은 뒤집을 수 없었다는 것이다.[46)]

---

44. 중앙일보 특별취재반(1992), pp. 327–328.
45. 중앙일보 특별취재반(1992), p. 329. 그런데 토지개혁, 8시간 노동제, 산업국유화 등의 소비에트화 정책은 1946년 7월의 시점에서는 이미 시행된 정책이었다. 이 점에서 중앙일보 특별취재반이 증언을 정리하는 과정에서 약간의 착오가 있었던 것으로 보인다.
46. 그는 다음과 같이 증언하고 있다. "극동군 고위 장성들은 해방 전 조선공산당 사정을 잘 몰랐습니다. 따라서 박헌영에 대해서도 '국제공산당 활동을 하는 인물' 정도로 인식하고 있었습니다. 김일성 대위를 '김일성 장군' 으로 부상시키면서 그 과정에서 조선의 공산주의자들과 박헌영을 제대로 알게 된 것입니다. 그는 잘 준비된 공산주의자였습니다. 그에 대한 많은 정보를 갖고 있는 당과 KGB의 시각에 발맞추어 그를 지도자로 추천해야 한다는 주장도 나왔습니다. 그러나 이 주장은 곧 한계에 부닥쳤지요. 스탈린이 이미 김일성을 낙점했기 때문입니다. 한 번 결정하면 끝까지 밀고 가는 스탈린의 고집을

레베데프는 스탈린이 김일성을 지명한 이유를 다음과 같이 증언했다.

> 당시 우리는 스탈린이 김일성을 북한 정권의 지도자로 지명한 것은 김일성이 41년부터 45년까지 소련군에서 복무, 소련의 명령에 충실해 그를 믿을 수 있었으며, 그는 스탈린이 싫어하는 코민테른(국제공산당) 활동전력이 없는 데다 다른 종파에도 관여하지 않았으며, 특히 그의 이름(본명은 김성주였지만)이 북한인민들에게 '항일투쟁 민족영웅'으로 널리 알려져 지도자로 부상시키기에 용이했고, 학식과 정치적 이론은 갖추지 못했으나 정치적 소질과 신념이 강한 빨치산 출신 청년인 데다 소련에 충성할 것을 약속했기 때문으로 분석했다.[47)]

한 마디로 김일성은 소련군에서 복무한 경험이 있고 소련에 충성할 것으로 보였기 때문이었다. 또한 김일성이라는 이름이 북한 사람들에게 널리 알려져 있었다는 점도 유리하게 작용했다.

반면, 레베데프는 스탈린이 박헌영을 지명하지 않은 이유는 다음과 같이 증언했다.

> 아울러 스탈린이 박헌영을 지명하지 않은 결정적인 이유는 그가 이론적으로 준비된 인텔리였으나 코민테른에 깊이 관여했고 1928년 종파 싸움으로 해체된 조선공산당원으로 종파활동(화요파) 경험이 많았으며, 일제 하에서 항일투쟁으로 세 차례 10년 동안 형무소 생활

뒤집을 사람이 없다고 결론지었습니다." 중앙일보 특별취재반(1993), p. 207.

47. 중앙일보 특별취재반(1992), p. 329.

을 하는 과정에서 일본에 항복했을 가능성을 배제할 수 없고, 북한 대중들에게는 박헌영이란 이름이 널리 알려져 있지 않았기 때문으로 분석했다.[48]

한 마디로 박헌영은 스탈린이 싫어하는 코민테른 경력, 종파활동 경험, 북한 사람들에게 이름이 널리 알려져 있지 않은 점 등이 부정적으로 고려된 것으로 보인다.

하여간 박헌영의 편지로 촉발된 스탈린의 김일성, 박헌영 면담은 오히려 김일성의 입지를 더 확고하게 강화시키는 계기가 되었다. 레베데프의 증언에 따르면 1946년 7월은 북한 현대사의 알려지지 않은 획기적 분수령이었다고 할 수 있다.

김일성을 밀어주기로 한 소련은 김일성이 크레믈린에서 돌아오자마자 북조선공산당과 조선신민당의 통합을 추진했다. 조선신민당은 중국공산당과 깊은 관계가 있었지만 중국공산당이 도와 줄 형편이 안 되었기 때문에 소련점령군이 바라는 방향으로 통합이 진행되었다. 통합된 당의 이름은 북조선노동당이었다. 실권은 물론 김일성이 쥐었지만 조선신민당원의 동요를 무마하기 위해 위원장 자리는 김두봉에게 양보하고 자신은 국내파의 주영하와 더불어 부위원장을 맡았다.[49] 7월 22일에는 민주기지 정책을 수행하기 위한 대중적 기반의 강화를 목적으로 '북조선민주주의민족통일전선'이 결성되었다.

1947년으로 해가 바뀌면서 소련은 북한에 김일성을 앞세운 공

---

48. 중앙일보 특별취재반(1992), pp. 329-330.
49. 김학준(1995), pp. 112-113.

산당 단독정권을 세우는 작업에 박차를 가했다. 그래서 소련극동군 제1방면군 군사위원 스티코프 상장은 1947년 1월 3일부터 6일까지 '북조선주둔 소련점령군 사령부'의 사령관 치스챠코프 대장과 민정 사령관 로마넨코 소장 및 김일성을 자신의 사무실이 있는 연해주의 보로쉬로프로 불렀다. 이 네 사람은 북한에 소비에트식 공산정권을 세우는 일을 자세히 검토했다. 모든 세부 사항들에 대해 스티코프가 지시하고 확인했다. 앞으로 북한에서 치러질 각급 선거의 날짜까지 여기서 결정됐다.[50] 또한 스티코프는 1947년 2월 4일 북한 주재 소련 민정청 주요 지도자들이 참석한 회의에서 인민위원회 대회소집과 관련한 자료들—대회소집에 대한 북민전의 결정서와 인민위원회 결정서, 대의원 선출규정, 의사일정, 대회보고자들—과 미소공동위원회 재개에 대하여 미소 양국 정부에 보내는 호소문, 북조선인민위원회에 관한 규정, 북조선인민회의 1차회의 의사일정 등을 최종적으로 승인했다.[51] 한 마디로 북한의 최고실력자는 스티코프였고 김일

50. 김학준(1995), pp. 118–119 ; 국사편찬위원회, 『쉬띄꼬프 일기 : 1946–1948』(과천 : 국사편찬위원회, 2004), pp. 69–71.

51. 국사편찬위원회(2004), pp. 77–78. 역사학자 전현수는 스티코프의 이러한 역할에 대해 다음과 같이 말한다. "이처럼 스티코프를 정점으로 하는 소련군 사령부는 정책결정 과정에서 주도적이면서도 최종적인 권한을 행사했다. 북한의 정치 드라마는 스티코프의 책상에서 기획되어 연해주군관구와 소련사령부 지도자들 회의에서 확정되면 모스크바의 재가를 얻은 후 북한 지도부에 전달된다. 소련군사령부는 북한 지도부를 독려하여 기획자의 의도에 충실하게 드라마의 대본과 조선인 출연자들을 준비하고 기획자의 최종적인 결재를 받아 드라마를 상연하다. 이러한 사실은 김일성을 수위로 하는 북한의 국가기구가 소련군사령부의 단순한 '괴뢰정부'는 아니었다 하더라도 소련군사령부의 '강력한 후견' 하에 놓인 하위권력 범주였음을 의문의 여지없이 보여준다. 또한 소련군사령부의 북한 점령정책이 북한 국가기구의 구성원들을 최종적인 출연자로 등장시키는 간접통치의 외형을 취했지만 정책결정 과정에 대한 소련군사령부의 개입은 전면적이고 직접적이었다. 이것은 소련

성은 조연에 불과했다.

스티코프가 영향을 미치고자 했던 도-시-군 인민회위원회 대회는 1월과 2월에 있었던 회의를 바탕으로 1947년 2월 17일부터 20일까지 평양에서 열렸다. 이 대회는 마지막 날인 2월 20일에 최고입법기관으로 '북조선인민회의'를 설치하였고, 최고행정기관으로 기존의 '북조선임시인민위원회'를 '북조선인민위원회'로 개편하기로 결의했다. 북조선인민위원회는 2월 22일 출범했다.[52)]

이어서 1948년 2월 조선인민군의 창군 발표와 1948년 3월 북조선노동당 제2차대회(이 대회를 계기로 국내파 공산주의자의 힘이 뚜렷하게 약화되고 김일성의 당내 지위는 더욱 굳어진다)를 계기로 북한은 소련군 점령 통치의 제3기에 들어가게 된다. 구체적으로 말해 제2단계의 "사이비형 연립"으로부터 제3단계의 단독지배로 넘어간 것이다.

그런데 이즈음인 1948년 4월에 북한 정권 수립에 큰 역할을 한 남북협상회담에 소련이 얼마나 깊숙이 개입했던가를 살펴볼 필요가 있다. 지금까지는 남북협상회담에 소련이 개입한 사실이 전혀 알려지지 않다가 제25군 정치사령관 레베데프의 비망록이 발굴된 후 밝혀지게 되었다. 그의 비망록 1948년 4월 8일자에 따르면 스티코프는 레베데프에게 남북 지도자 연석회의에 대하여 다음과 같이 네 가지 지침을 하달하였다. 첫째 남한 총선 반대와 분쇄, 둘째 조선에서 유엔한국임시위원단 추방 요청, 셋째 소련군과 미군 철수, 넷째 임시정부를 수립하기 위한 남북 총선거는 외국군 철수 후 실시하라는 것이었

군사령부가 사실상 군정기관이었음을 여지없이 증명하는 것이다." 전현수, "한국현대사와 소련의 역할(1945-1948), 『쉬띄꼬프 일기』 연구," 『경북사학』 제27집(2004), pp. 14-15.

52. 김학준(1995), p. 119.

다.[53] 이어 소련공산당 중앙위원회 정치국은 1948년 4월 12일에 남북협상회담을 열도록 "김일성 동지에게 권고"하면서 남북협상회담에서 토론하고 관철돼야 할 의제까지 지정해 주었다. 이 사실은 "한국에 관련된 문제들에 관한 소련공산당정치국의 결정들"이라는 문서에 잘 나타났다.[54]

이러한 지시의 연장선에서 스티코프는 4월 17일에 레베데프가 이 대회가 채택할 "조선인민에게 보내는 호소문"은 다음과 같은 내용을 담아야 한다고 지시했다.

1. 조선 인민에게 보내는 호소문에서 혁명논리와 투쟁전략을 강조
2. 북조선 인민이 선택한 노선이 옳음을 간접적으로 표현
3. 남북 인민들이 공동으로 투쟁하도록 유도
4. 제 민주정당은 이승만 반대투쟁에 일치단결[55]

이러한 배경에서 스탈린은 4월 24일에 소련공산당 중앙위원회 정치국을 소집했다. 스탈린과 주다노프 및 몰로토프가 참석한 이 회의에 스티코프도 배석했다. 이 회의는 새로운 결정을 내리고 스티코프를 통해 이 결정을 김일성에게 내려보냈다. "만일 남조선에서 단독선거가 실시되는 것이 확실해질 경우 스티코프 동지는 김일성 동지에게 (1) 북조선인민회의 특별회의를 소집해 북조선인민회의가 채택한 조선민주주의인민공화국 헌법초안을 발효시키도록 결정하게

53. 김국후(2008), pp. 256–257.
54. Andrei Lankov, *From Stalin to Kim Il Sung : The Formation of North Korea, 1943–1960*(London : Hurst and Co., 2002), p. 45.
55. 김국후(2008), p. 263.

할 것, (2) 이 헌법에 따라 조선최고인민회의를 구성하기 위한 절차를 밟을 것 등을 권고하라"는 내용을 담고 있었다.[56]

한편, 레베데프의 4월 19일자 비망록에 따르면, 만약 김구가 연석회의에서 퇴장하게 되면 김구를 '미제의 간첩'으로 몰고 회의를 계속한다고까지 되어 있었다.[57]

이상과 같이 레베데프의 비망록과 소련공산당 중앙위원회 정치국 관련 문서에 토대해서 볼 때 남북협상회담은 소련의 주도면밀한 각본에 의해 추진되었음을 알 수 있다.

북한 정권 형성에 커다란 정당성을 부여한 남북협상회담을 거친 후 북한에서는 8월 25일 조선최고인민회의 대의원 527명을 선출하기 위한 선거가 실시되고, 이렇게 선출된 대의원들로 '조선최고인민회의'가 9월 3일에 개최되어 '조선민주주의인민공화국' 헌법을 정식으로 채택했다. 9월 8일에는 최고인민회의 의장에 '남조선로동당'의 위원장인 허헌을 선출했다. 최고인민회의 상임위원회 위원장에는 김두봉이 선출되었다. 최고인민회의보다 상대적으로 중요한 내각에는 김일성이 수상, 박헌영, 홍명희, 김책이 부수상으로 임명되었다. 1948년 9월 9일에는 조선민주주의인민공화국 수립이 선포되었다.[58] 이로써 북한에는 소비에트 정권이 탄생한 것이다.[59]

56. Lankov(2002), p. 46. 이러한 결정에 대해 란코프 교수는 1948년 4월 24일이 북한에서 소련공산당 계획에 따라 단독정권이 세워지게 되는 과정에서 하나의 중요한 사건이었다고 평가했다. Adrei Lankov, "Soviet Politburo Decisions and the Emergence of the North Korean State, 1946–1948," *Korea Observer*, 36–3(Autumn 2005), p. 398.

57. 김국후(2008), p. 266.

58. 김학준(1995), pp. 128–129.

59. 북한의 소비에트화에 대해 스칼라피노 교수와 이정식 교수는 다음과 같이 말하고 있다. "소련의 힘을 빌려 아시아에서 가장 보수적인 사회 중의 하나

5. 맺음말

이상의 논의를 요약하면 다음과 같다.

첫 번째 "순수한 연립단계" 시기의 김일성에 대한 소련의 지원을 보면 김일성이 입북하기 전 하바로크스크의 극동군 총사령부에서 이미 면접하였고 9월 초순 스탈린도 면접하여 김을 낙점하였음을 알 수 있다. 김일성이 입북한 이후에는 소련은 북한의 독자적인 정당으로 조선공산당북조선분국을 10월 13일 설치하여 그의 위상을 강화시킨 후 다음날인 14일에는 그를 대중 앞에 공개시키는 것도 연출하게 된다. 더 나아가 12월 중순에는 김일성을 분국의 책임비서로 임명되도록 함으로써 사실상의 북한의 지도자로 만들었다.

소련은 이 시기에 토착민족주의자인 조만식에 대해서는 스탈린의 9월 20일자 지령대로 철저하게 민족통일전선에 입각하여 협조관계를 유지하다가 12월에 모스크바 3상회의 지지에 반대하자 용도폐기하였다. 이제 김일성이 사실상의 지도자가 된 상황에서 더 이상 조만식과 연합할 필요가 없었을 것이고, 모스크바 3상회의 결정대로 조선의 임시정부를 수립할 때 우익은 불리한 세력이었기에 협조하지 않으면 사전에 제거할 필요가 있었을 것이다. 또한 소련은 이 시기에 중요한 정치세력으로 부상할 수 있는 연안파의 무장을 철저하

에 공산정권이 들어서게 된 것이다. 북한이 공산주의 사회로 전환한 것은 내부 혁명이나 공산주의자와 민족주의의 결합을 통해서 된 것이 아니라 붉은 군대를 등에 업고 된 것이었다." 스칼라피노·이정식 공저, 한홍구 옮김, 『한국공산주의운동사 2』(서울 : 돌베개, 1986), p. 484.

게 해제함으로써 김일성의 잠재적인 경쟁상대를 미리 제압했다.

두 번째 "사이비형 연립단계"로부터 공산당 단독정권이 수립될 때까지의 소련과 김일성의 관계를 보면 먼저 1945년 9월 초순에 이어 1946년 7월에 스탈린이 김일성에 대한 신임을 다시 한 번 확인하는 것을 알 수 있다. 김일성이 소련에게 매력적이었던 이유는 1941년부터 1945년까지의 소련군에서 복무하면서 소련의 명령을 충실히 따랐고 또 소련에게 충성을 맹세했기 때문이었다. 이에 반해 박헌영은 그의 과거 전력과 대중성 부족이 문제가 되었다.

김일성을 다시 한 번 지원하기로 방침을 정한 소련은 신민당과 북조선공산당의 합당으로 북조선노동당을 만들어 김일성을 지원하였다. 또한 1948년 4월에 열렸던 남북협상회담에도 깊이 개입하여 북한 정권 수립에 크게 관여했다. 한편, 스티코프는 이 시기에 북한 정치의 총연출자였다. 그는 각급 선거에 시시콜콜하게 개입하고 중요 회의와 관련된 모든 문서까지 일일이 승인했다.

이런 모든 면을 종합해 볼 때 북한은 소련의 완전한 '괴뢰정권'은 아니더라도 소련의 강력한 후견 하에 있었던 국가였다고 할 수 있을 것이다. 또한 소련은 북한 정권이 수립될 때까지 시종일관 김일성을 충실히 지원했고, 이런 점에서 소련에 대한 김일성의 자율성은 거의 없었다고 할 수 있다.

참 | 고 | 문 | 헌

가브릴 코로트코프 저, 어건주 옮김. 『스탈린과 김일성』 제1권. 서울 : 동아일보사, 1992.

국사편찬위원회. 『쉬띄꼬프 일기 : 1946-1948』 과천 : 국사편찬위원회, 2004.

김국후. 『평양의 소련군정』 서울 : 한울아카데미, 2008.

김성보. "북한의 토지개혁(1946년)과 농촌계층구조의 변화." 『동방학지』 제87호(1995).

______. "소련의 대한정책과 북한에서의 분단질서 형성, 1945-1946." 역사문제연구소 편. 『분단 50년과 통일시대의 과제』 서울 : 역사비평사, 1995.

김창순. 『북한 15년사』 서울 : 지문각, 1961.

김학준. 『북한 50년사』 서울 : 두산동아, 1995.

______. 『북한의 역사』 제1권. 서울 : 서울대출판부, 2008.

______. 『북한의 역사』 제2권. 서울 : 서울대출판부, 2008.

스칼라피노·이정식 공저, 한홍구 옮김. 『한국공산주의운동사 2』 서울 : 돌베개, 1986.

양현수. "해방직후 북한지역 소련군정의 성격분석." 2008년 5월 31일 서울대 독립신문 강독회 발표문.

양호민. "북한의 쏘베트화." 『북한의 이데올로기와 정치』 제1권. 서울 : 고대 아세아문제연구소, 1967.

오영진. 『소군정 하의 북한 : 하나의 증언』 부산 : 국민사상지도원, 1952.

와다 하루키, 서동만·남기정 옮김. 『북조선 : 유격대국가에서 정규군국가로』 서울 : 돌베개, 2002.

이지수. "북한체제 형성과 소련의 영향." 한국행정학회 2001년도 추계학술대회 발표논문.
임은(林隱). 『김일성정전』(金日成正傳) 서울 : 옥촌문화사, 1989.
전현수. "소련군의 북한 진주와 대북한정책." 『한국독립운동사연구』 제9집 (1995).
______. "한국현대사와 소련의 역할(1945-1948), 『쉬띄꼬프 일기』 연구." 『경북사학』 제27집(2004).
중앙일보 특별취재반. 『비록 : 조선민주주의인민공화국(하)』 서울 : 중앙일보사, 1993.
______. 『비록 : 조선민주주의인민공화국』 서울 : 중앙일보사, 1992.
치스챠코프. "제25군의 행로." 소련과학아카데미 동양학연구소 편(1976). 국토통일원 역. 『조선의 해방』 서울 : 국토통일원, 1988.
한림대학교 아시아문화연구소. 『주한미군북한정보요약』 2. 춘천 : 한림대학교 아시아문화연구소, 1989.

Berger, Carl. *The Korea Knot*. Philadelphia : University of Pennsylvania Press, 1964.
Cumings, Bruce. *The Origins of the Korean War : Liberation and the Emergence of Separate Regimes, 1945-1947*. Princeton, N. J. : Princeton Univ. Press, 1981.
______. *The Origins of the Korean War : The Roaring of the Cataract*. Princeton, N. J. : Princeton Univ. Press, 1990.
Deutscher, Issac. *Stalin : A Political Biography*. New York : Vintage Books, 1960.
Djilas, Milovan. *Conversation with Stalin*. New York : Harcourt, Brace & World, 1962.
Foreign Relations of the United States 1945, Vol. 6. Washington D.C. : U.S.G.P.O., 1969.
Foreign Relations of the United States 1946, Vol. 8. Washington D.C. : U.S.G.P.O., 1969.
Lankov, Andrei. "Soviet Politburo Decisions and the Emergence of the North Korean State, 1946-1948." *Korea Observer* 36-3 (Autumn, 2005).
______. *From Stalin to Kim Il Sung : The Formation of North Korea, 1943-1960*. London : Hurst and Co., 2002.
Seton-Watson, Hugh. *The East European Revolution*. New York : Frederick A. Praeger, 1962.

van Ree, Erik. *Socialism in One Zone : Stalin's Policy in Korea, 1945–1947*. Oxford : Berg, 1989.

소련의 한반도정책, 1945-1948*

양궤(兩軌)전략

백학순
세종연구소 수석연구위원

1. 서론

'해방 3년사' 에 대한 연구와 논쟁은 그동안 많은 성과를 내었다. 1990년대 초 이래 해방 3년사 연구 중에서도 특히 '소련의 한반도정책' 의 연구가 큰 발전을 이루었다. 이는 소련의 여러 문서보관소에 소장되어 온 공산당, 정부, 군대 관련 문서들의 비밀해제와 당시

* 본 논문의 저자는 본 논문의 초고에 귀중한 논평을 해주신 익명의 세 분의 학자와 자료의 수집과 정리, 교정 등 많은 도움을 준 북한대학원대학교 북한학 석사 박찬숙, 이화여자대학교 정치학 석사 이주영, 그리고 연세대학교대학원 정치학 전공 석사과정 학생 강정심에게 깊은 감사를 표한다.

한반도정책에 깊이 관여했던 스티코프(Terentii Fomich Shtykov)와 레베데프(Nikolai Georgievich Lebedev) 등과 같은 주요 인물들의 일기와 비망록의 공개에 힘입은 바가 크다. 물론 아직도 모든 기관들의 문서들이 다 비밀해제된 것은 아니며, 어떤 한 기관에 있는 문서들 중에서도 보다 중요한 것들은 아직 비밀해제되지 않은 것이 많다.

본 논문의 목적은 '1945−1948년 기간의 소련의 한반도정책'에 대한 기존의 연구성과를 평가하고 저자 자신의 해석과 주장을 제시하기 위한 것이다. 본 논문의 저자는 해방 후 3년 시기의 소련의 한반도정책을 '양궤(兩軌) 전략'이라는 개념을 사용하여 해석하고자 한다.

당시 소련의 한반도정책은 미국, 소련, 영국 등 제2차 세계대전의 전승국들이 전후처리와 전후질서 구축을 위해 본격적으로 나서는 가운데 형성되고 구체화되었다. 당시 소련의 한반도정책은 크게 보아 북한점령지정책, 남한정책, 미국정책으로 구성되어 있었다. 이들 간의 상호작용과 미국, 남한, 북한 등의 대응이 어우러져 소련의 정책은 역동적인 모습을 보여주었다. 본 논문의 저자는 이러한 동학을 중시하면서 소련의 한반도정책을 살펴볼 것이다. 그동안 많은 국내외 학자들이 1992년부터 본격적으로 비밀해제되기 시작한 소련의 문서들을 이용하여 해방정국에서의 소련의 한반도정책에 대해 새로운 해석과 평가를 내놓았기 때문에 저자는 이 연구성과를 이용하면서 논의해 나갈 것이다.

아래에서는 저자의 '양궤전략'의 주장을 소개하고, 이 주장을 뒷받침하기 위해 소련의 북한점령지정책과 미소공동위원회(이하 '미소공위') 정책을 살펴볼 것이다. 소련의 남한정책은 소련의 한반도정책의 중요 부분이지만 본 논문에서는 지면의 제약상 다루지 않기로 한다.

2. 본 논문의 주장 : 양궤전략

본 논문이 다루고 있는 문제의 범위와 관련하여 '1945－1948년 기간의 소련의 한반도정책' 에 대한 기존의 연구성과[1])를 정리하자면

1. 우선 소련의 한반도정책을 넘어서 보다 큰 관점에서 동서냉전의 발발 원인에 대한 '전통주의' 학설, '수정주의' 학설, 그리고 '수정주의 이후' 학설에 대한 논의는 여인곤, "소련의 대한반도정책, 1945－1948년 : Post－revisionism의 관점에서," 『아시아문화 8』(한림대학교 아시아문제연구소) (1992년 12월), pp. 131－132 ; Vladimir O. Pechatnov, "The Big Three after World War II : New Documents on Soviet Thinking about Post War Relations with the United States and Great Britain," Cold War International History Project, Woodrow Wilson Center for Scholars, Working Paper No. 13 (July 1995), p. 1 참조. 제2차 세계대전 직후 소련의 한반도정책에 대한 연구물의 '냉전주의' 적 시각('단순실수론', '준비결여론' 및 '선의의 무지론' 과 '의도된 계획론' 및 '음모론')의 문제점에 대한 지적과 '탈수정주의' 적 시각의 제시에 대해서는 김성보, "소련의 대한정책과 북한에서의 분단질서 형성, 1945－1946," 역사문제연구소 편, 『분단 50년과 통일시대의 과제』(해방 50주년 기념연구) (서울 : 역사비평사, 1995), pp. 49－53, 62, 93－94 참조. 해방전후부터 6·25 전쟁 시기까지의 기간에 대한 '정통주의' 적 시작과 '수정주의' 적 시각 등에 대한 논의는 Kathryn Weathersby, "Soviet Aims in Korea and the Origins of the Korean War, 1945－1950 : New Evidence from Russian Archives," Cold War International History Project, Woodrow Wilson Center for Scholars, Working Paper No. 8 (November 1993), pp. 1－4, 23 참조. 한반도의 분단과 통일정부 수립의 실패, 그리고 6·25 전쟁 등 해방 이후에 발생한 일련의 한국정치의 실패의 비극과 관련된 '소련책임론' 혹은 '소련음모설' 과 '미국책임론' 혹은 '미국음모설' 에 대한 논의는 이호재, 『한국외교정책의 이상과 현실 : 해방 8년 민족갈등기의 반성』(제5판) (서울 : 법문사, 1986), pp. 203－211 ; 김성보(1995), pp. 68－71 참조. 특별히 '신탁통치' 와 '미소공동위원회' 에 대한 연구성과에 대한 분

다음의 두 가지 범주로 나눌 수 있다.[2)]

첫째, 소련의 한반도정책은 해방직후 초기부터 자신의 점령지인 북한에서 친소 단독정부를 수립하려는 목표를 갖고 있었고, 그 때문에 한반도 전역(全域)에서 조선임시정부('조선민주주의임시정부')를 수립하는 목적을 가진 미소공위의 운영은 형식적인 것이었으며, 소련이 한반도 분단을 초래했다는 주장이다.[3)]

류 소개는 남광규, "신탁합의를 전후한 미·소·중의 입장과 임정의 반탁민족자주노선의 한계 : 1945.12–1946.1 기간의 국제협의와 임정의 대응을 중심으로,"『국제정치논총』 제44집 1호(2004), pp. 142–143 ; 남광규, "신탁합의와 미소공위에 나타난 미소의 정책과 결렬 요인,"『남북한 정부수립 과정 비교』, 한국정치학회 주최 "2006 연례학술회의," 2006년 12월 8일, p. 154 참조. 1980년대 이전, 1980년대, 그리고 1990년대에 있어서의 각기 상이한 한국현대사 연구의 경향과 1990년대의 '제3의 물결' 에 대해서는 전상인,『'고개 숙인' 수정수의 : 한국현대사의 역사사회학』(서울 : 전통과 현대, 2001), pp. 10–12 참조. 소련의 각종 문서보관소에서 비밀해제된 문건들이 나오기 이전 시기에 신탁통치를 다룬 연구물에 대한 소개와 평가는 이완범, "한반도 신탁통치 문제 1943–1946," 박현채 외,『해방전후사의 인식 3』(서울 : 한길사, 1987), pp. 214–215 ; 이동현,『한국 신탁통치 연구』(서울 : 평민사, 1990), pp. 19–24 참조. 한편, 제2차 세계대전 직후 미국의 한반도정책에 대한 '전통주의' 학설과 '수정주의' 학설, 그리고 '절충주의' 학설에 대한 논의에 대해서는 한국역사연구회 현대사연구반,『한국현대사 1 : 해방직후의 변혁운동과 미군정』(서울 : 풀빛, 1991), pp. 25–31 참조.

2. 본 논문의 저자는 소련의 한반도정책의 성격을 이해하는 데 있어서 소련이 한반도를 분할 점령하면서 취한 한반도정책의 목표를 '분단정부 수립' (혹은 '통일정부 수립') 여부의 관점에서 보는 '평면적인 질문' 수준에서 벗어나야 할 필요가 있다는 김성보의 주장에 공감한다. 김성보(1995), pp. 52–53. 그러면서도 본 저자는 소련이 자신의 점령지역인 북한에서 '분단정부 수립' 을 의도했는지 여부는 해방직후 소련의 한반도정책의 핵심적인 문제 중의 하나라고 생각한다. Andrei Lankov, "Soviet Politburo Decisions and the Emergence of the North Korean State, 1946–1948," *Korea Observer* 36–3 (Autumn 2005), pp. 386–387 참조.

3. 비단 소련뿐만 아니라 미국도 자신의 점령지에서 친미 우호정부를 수립하려는 목적 하에 미소공위를 형식적으로, 그것도 공위의 결렬에 대한 책임회

둘째, 소련의 한반도정책은 북한지역에서 단독정부를 수립하는 것이 아니라 어디까지나 모스크바 외상회의에서 합의된 한반도 결정에 따라 미소공위를 통해 한반도 전역에서 친소 단일정부를 수립하는 것이었다. 그런데 세계질서의 재편과 미소관계의 변화, 그리고 한반도의 국내외 정세의 변화로 인해 결과적으로 그러한 정책목표를 달성하지 못하고 북한만을 차지하여 친소정부로 만들었다는 것이다.

(1) 기존 연구의 주장 1

'첫 번째' 주장을 내세우는 대표적인 연구는 이정식(李庭植)의 연구이다.[4] 소련은 일본이 항복했던 1945년 8월에까지도 확고한 한반도정책이 없었으나 1945년 9월 20일자 스탈린(Joseph Vissarionovich Stalin)의 비밀지령문에서 보듯이 1945년 9월 하순에 들어서 북한지역에 단독정권을 수립하기로 결정하였고, 이로써 한반도는 영구적으로 분단되었다는 것이다. 소련은 1945년 9–10월 개최된 런던 외상회

피 위주로 운영하였다는 지적이 있다. 예컨대 이동현(1990), pp. 24, 210–211 ; 이동현, "미·소공동위원회의 쟁점과 결말"(특집 : 대한민국 건국사의 새로운 이해), 『한국사 시민강좌』 제38집(2006), pp. 22, 38–39 참조.

4. 이정식, "냉전의 전개과정과 한반도 분단의 고착화 : 스탈린의 한반도정책, 1945," 유영익 편, 『수정주의와 한국현대사』(서울 : 연세대학교출판부, 1998), pp. 67–102 ; 이정식, 『대한민국의 기원 : 해방전후 한반도 국제정세와 민족지도자 4인의 정치적 궤적』(서울 : 일조각, 2006), pp. 104–111, 143–144, 150–152, 178–214 ; 이정식, "스탈린은 한반도 신탁통치를 반대했다," 『신동아』 통권 411호(1993), pp. 518–527.

의, 9월 22일 미국의 일본에 대한 단독통치 발표, 10월 24일과 25일 스탈린의 주소 미국대사 해리만(W. Averell Harriman)의 접견 등을 통해서 전후처리와 전후 세력재편과 관련하여 미국과 심각한 이익 충돌을 경험했고, 이를 바탕으로 동유럽과 한반도 북부 등 자신의 점령지역에서 미국과의 협조보다는 독단적인 정책을 취하는 방향으로 나아갔다는 것이다. 이에 따라 소련은 중국, 특히 만주에 미국의 영향력이 침투하는 것을 방지하고 북한에서 단독으로 친소정권을 수립하게 되었다는 것이다.

이런 맥락에서 1945년 9–10월 런던 외상회의에서의 소련의 한반도 신탁통치에 대한 태도와 그해 12월 모스크바 외상회의에서 제시된 소련의 신탁통치안 사이에는 큰 차이를 발견할 수 있다는 것이다. 즉 런던 외상회의 때의 신탁통치는 한반도의 통일을 전제로 했던 것이나 모스크바 외상회의 때는 38선의 고착화를 전제로 했다는 것이다.[5] 또한 소련에게 있어서 '한반도 통일'은 미국이 북한지역의 통치에 참여하게 되는 것을 의미했기 때문에 소련은 모스크바 외상회의의 결정을 이행하는 미소공위 본회담이 개최되기도 전인 1946년 2월부터 북한에서 임시인민위원회를 설립하고 토지개혁을 실시하였으며, 반탁 우익인사들을 감금하고 숙청하는 등 독자적인 친소국가 건설에 나섰다는 것이다.

이정식과 비슷한 주장을 하면서도 차이가 나는 연구들이 있다. 에릭 반 리(Erik van Ree),[6] 캐더린 웨더스비(Kathryn Weathersby),[7] 안드

5. 이정식(1998), pp. 69–70, 78, 80–83, 90, 96–97 ; 이정식(2006), pp. 106–108, 178–214(제5장).
6. Erik van Ree, *Socialism in One Zone : Stalin's Policy in Korea, 1945–1947* (Oxford : Berg, 1989), pp. 125–140.

레이 란코프(Andrei Lankov),[8] 신복룡,[9] 심지연,[10] 이철순,[11] 양현수[12] 등의 연구와 해방 이후 당시 미군정 정보국[13]의 주장을 들 수 있다.

대표적으로 반 리, 웨더스비, 그리고 란코프의 주장을 살펴보자. 우선 반 리는 모스크바 외상회의에서 소련안을 기초로 채택된 한반도 결정의 정책적 함의를 다음과 같이 해석하고 있다. 논리상, 순서상으로 볼 때 미·소 양국이 이미 한반도를 분할점령하고 있는 상황에서 조선임시정부가 수립되기 전까지는 이 분할점령 상태가 지속되는 것이었는데, 이는 소련이 북한지역을 미군정이 실시되고 있는 남한지역으로부터 독립적으로 통제하고 유지할 수 있다는 것을 의미했다. 더구나 통일 임시정부 수립 자체는 미·소 양국의 합의에 의해 가능한 것이었고, 신탁통치는 조선임시정부가 수립되기 전에는 실시할 수 없는 것이었기 때문에 북한지역의 독립성과 자율성은 조선임시정부가 수립되기 전에는 자연히 확보되는 것이었다. 이제 소련으로서는 한반도 전역에서 소련의 이익을 보장해 줄 수 있는 '친소

7. Weathersby(November 1993), pp. 5, 12–13, 16–17, 31.
8. Lankov(Autumn 2005), pp. 385–404.
9. 신복룡, 『한국분단사 연구 1943–1953』(서울 : 한울아카데미, 2001), pp. 113–114, 126–129, 300, 312–313, 323, 348, 354.
10. 심지연, 『미–소공동위원회연구』(서울 : 청계연구소, 1989), pp. 75–78.
11. 이철순, "미국과 소련의 정치세력 지원정책 비교(1945–1948)," 『남북한 정부수립 과정 비교』, 한국정치학회 주최 "2006 연례학술회의," 2006년 12월 8일, pp. 4–7.
12. 양현수, "미군정과 소군정의 지도자 비교 : 하지와 스티코프," 『남북한 정부수립 과정 비교』, 한국정치학회 주최 "2006 연례학술회의," 2006년 12월 8일, pp. 133–135, 149.
13. Headquarters, U.S. Military Forces in Korea(USAFIK), "Intelligence Summary of Northern Korea"(hereafter ISNK), No. 1, p. 1 ; ISNK, No. 2, p. 1 ; ISNK, No. 3, p. 3 ; Headquarters, U.S. Military Forces in Korea(USAFIK), "G–2 Periodic Report," No. 36, p. 3.

정부'가 수립되는 경우에만 북한지역의 독립성을 포기하면 되었다. 따라서 모스크바 외상회의에서 소련안을 바탕으로 채택된 한반도 관련 결정은 한반도에서 통일 임시정부를 수립하겠다는 약속과는 다른 '속임수'였다는 것이다.[14)]

소련은 또한 남북한의 통합을 통해 남한지역에 자신의 영향력을 확대하는 것보다는 미군정의 영향이 자신의 점령지역인 북한에 미치는 것을 더욱 우려하여 이를 방지하기 위해 노력했다는 것이다. 따라서 미소공위에서의 소련의 행동은 '연극'이었다는 것이다. 이처럼 반 리는 제2차 세계대전 이후 자신의 점령지역을 넘어서 사회주의를 확장시켜 나가는 것보다는 자신의 점령지에서 친소정권을 강화시키는 '일 지역에서의 사회주의'(socialism in one zone) 개념을 원용하여 해방직후 소련의 한반도정책을 설명하고 있다.[15)]

웨더스비는 1945년 2월부터 1950년 4월까지의 기간에 소련은 한반도 전역을 통제하려는 목적을 갖고 있지 않았으며, 오히려 1905년 러일전쟁 이전의 한반도정책 목표, 즉 어느 한 국가가 한반도 전체를 통제하지 못하도록 '세력균형'을 유지하려는 목표를 추구했다고 주장한다. 그런데 '소련 정치체제의 성격상' 19세기 스타일의 세력균형정책을 추구하지 못하고 이번에는 한반도의 '분할'을 통해 그러한 세력균형을 추구했다는 것이다.[16)] 물론 한반도 분할은 1945년 8월 미·소 양국의 한반도 분할점령으로 시작되었지만, 북한지역에서만 친소정부를 수립하겠다는 구상이 본격적으로 구체화된 것은 1945

14. van Ree(1989), pp. 138–139.
15. van Ree(1989), pp. 8, 10, 274–275.
16. Weathersby(November 1993), p. 5.

년 말경 모스크바 외상회의와 1946년 초 모스크바 결정에 대한 우익들의 반탁운동과 더불어 시작되었다고 웨더스비는 주장한다.

소련은 비록 마음이 내키지 않았지만 외교명분상 한반도에서 통일정부 수립에 반대할 수 없었던 것인데 우익들이 한반도에 대한 모스크바 결정을 신탁통치로 이해하고 대대적으로 반탁운동에 나서 주었기 때문에 소련으로서는 모스크바 결정을 반대하는 우익세력을 조선임시정부 수립을 위한 미소공위의 협의대상에서 배제할 수 있는 구실을 갖게 되었다는 것이다. 미국이 반탁 우익세력을 협의대상에서 제외하는 데 반대할 것이 확실했기 때문에 소련은 결국 미소공위에서의 합의 도출이 어렵게 되었다는 구실 하에 한반도 전체에서의 통일 임시정부 수립을 마지못해 포기하는 듯한 모양새만 갖추면서 자신이 원했던 대로 북한지역에서만의 단독 친소정부를 수립할 수 있게 되었다는 것이다.[17]

란코프는 비밀해제된 소련공산당 정치국 문서를 바탕으로 소련이 1946년 여름에 들어서는 한반도 분단이 '불가피' 한 것으로 인식했고,[18] 적어도 1947년 후반에는 분단을 예상했으며, 최소한 1948년 4월부터는 분단국가 탄생을 전제로 행동했다고 주장한다. 즉 소

17. Weathersby (November 1993), pp. 5, 12–13, 16–17, 31.

18. 1946년 여름, 즉 제1차 미소공위가 결렬된 이후의 시기에 란코프가 말하는 '분단의 불가피성에 대한 인식' 과는 달리 해석할 수 있는 자료가 있다. 소련공산당 정치국이 1946년 7월 26일자로 미소공위의 소련대표단에게 조선임시정부의 각료급 직위의 배분에 대한 지시를 내리는데, 이때 '남북한 지역' 을 기준으로 배분하지 않고 '좌우익 이념' 을 기준으로 할당하였다. 이는 소련이 남북한 전역을 하나의 '단일의 장' 으로 생각하였다는 것을 말해 준다. 즉 '1946년 7월 하순 현재' 에 소련이 '한반도 전역' 에 친소정부를 수립하려고 생각했던 것이다. Lankov (Autumn 2005), pp. 391–392, 395. 본 논문의 각주 73번도 참조.

련은 분단을 미리 계획한 것은 아니었으나 통일된 국가가 수립되리라고 생각하지 않았다는 것이다. 소련은 미·소 양국이 합의하여 수립하게 되는 통일조선 정부에 조건부로 참여하는 것보다는 자신의 반쪽 점령지를 희생시키지 않고 이를 완전히 통제하는 것을 더 선호했다는 것이다. 그리고 소련은 모스크바 결정을 반대하는 정당과 사회단체들을 조선임시정부 수립을 위한 미소공위와의 협의의 대상에서 배제하겠다는 주장을 할 때 미국측이 이를 받아들이지 못할 것으로 생각했고, 그렇게 되면 한반도가 결국 분단으로 가게 될 것으로 예상하고 있었으며, 또 일부러 그렇게 한 면도 있었다는 것이다.[19] 심지연[20]도 기본적으로 이러한 주장에 동의하고 있다.

(2) 기존 연구의 주장 2

'두 번째'의 주장—소련은 모스크바 외상회의에서 합의된 한반도 결의안에 따라 미소공위를 통해 한반도 전역에서 단일 친소정부를 수립하려고 노력했으나 결과적으로 소기의 목적을 달성하지 못하고 북한만을 차지하여 친소정부로 만들었다는 주장—은 김성보,[21] 여인곤[22] 등의 주장이다. 정성임,[23] 기광서,[24] 박명림,[25] 남광규[26]

19. Lankov(Autumn 2005), pp. 385–387, 395, 403–404.
20. 심지연(1989), pp. 75–78.
21. 김성보(1995), pp. 68–71, 90–94.
22. 여인곤(1992.12), pp. 138–139, pp. 142–149, 151–152.
23. 정성임, "소련의 대북한 전략적 인식의 변화와 점령정책," 『현대북한연구』 2권 2호(1999), pp. 317–330.
24. 기광서, "해방 후 소련의 대한반도정책과 스티코프의 활동," 『중소연구』 통권

의 주장도 기본적으로 이에 가깝다.

김성보는 소련이 1945년 12월말 모스크바 외상회의 때까지는 북한만의 단독정권을 세우려는 구상을 하고 있었다고 보기 어려우나 모스크바 외상회의 전후 시기에 남북한 간에 벌써 상호 적대적인 제도가 자리 잡고 있었으며, 소련은 이 시기에 북한지역에서 '선(先) 북한국가기구 창설, 후(後)통일정부 수립' 논의를 시작했다고 주장한다.[27] 김성보는 당시 소련의 한반도정책이 '상호 모순되는 요소'를 내포하고 있었다고 주장한다. 즉 한편으로는 국제적인 합의를 통한 통일정부 수립을 기본원칙으로 하면서도, 다른 한편으로는 북한지역에서 자신의 지지기반을 창출하기 위해 노력함으로써 한반도에서 분단구조가 조기에 형성되는 결과를 초래했다는 것이다.[28] 그러나 그는 소련이 북한에서 단독정부 수립에 본격적으로 대비하게 된 것은 '제1차 미소공위의 결렬 이후'이며, 이때부터는 미소공위 사업에 '소극성'을 보였던 것으로 해석하고 있다.[29] 박명림[30]과 남광규[31]도 이에 동의하고 있다.

93호(2002), pp. 184, 190, 192도 참조.

25. 박명림, 『한국전쟁의 발발과 기원 II : 기원과 원인』(서울 : 나남출판, 1996), pp. 135-136, 221-222, 240-241.
26. 남광규(2006.12.8), pp. 155, 165-167.
27. 김성보(1995), pp. 74-76, 90-93.
28. 김성보(1995), p. 94.
29. 김성보(1995), pp. 90-91.
30. 박명림은 1946년 5월 제1차 미소공위의 결렬에 따른 무기휴회를 '1948년 질서' 형성, 즉 분단체제 형성에 이르게 되는 가장 큰 전환점으로 보고 있다. 박명림(1996), pp. 135-136, 221-222, 240-241.
31. 남광규도 해방직후부터 제1차 미소공위가 진행된 시점까지는 견고한 미소냉전보다는 '아직 구조화되지 않은 냉전' 상태였다고 보고 있다. 남광규(2006.12.8), pp. 155, 167.

여인곤은 소련은 1945년 말까지는 통일전선 전략을 통해 한반도 전역에서 친소 공산정부를 수립하고자 했다고 주장한다. 그러나 한반도 내외정세의 변화로 소련은 1946년 초에 한반도정책을 조정하여 우선 단기적으로 자신의 점령지역인 북한에서 사회주의 체제 기반을 마련하여 북한을 소련 극동지역에서의 안보 확보를 위한 완충지대로 사용하고자 하였다고 한다. 그렇다고 소련이 한반도 공산화정책을 포기한 것을 결코 아니었으며, 이를 장기정책으로 추진하였는데, 이러한 장기정책은 미소공위에서의 소련측의 행태와 소군정의 조선공산당과의 관계에서 잘 나타나 있다고 주장한다.[32)]

(3) 본 논문의 주장

그렇다면 본 논문의 주장은 무엇인가? 본 논문의 저자는 당시 소련의 한반도정책은 한편으로는 자신의 점령지인 북한에서 조속히 그리고 배타적으로 친소정권을 세워 이를 공고히 해나가면서 '동시에' 모스크바 외상회의 한반도 결정이라는 국제적 합의의 틀에 의거하여 미소공위를 '진정성'을 갖고 운용하면서 한반도 전역에서 친소국가를 수립하려는 노력을 지속했다고 본다. 즉 소련은 처음부터 '북한지역'과 '한반도 전역'이라는 정책대상으로서 양자를 구별하고 국제환경과 한반도 내부의 현실적 조건을 고려하여 각각 '최소치'와 '최대치'의 목표로서 이 양 지역에 친소정부를 수립하려는 '양궤전략' 혹은 '이중전략'이라고 부를 수 있는 전략을 추구했다는 것이다.

32. 여인곤(1992.12), pp. 138-139, 142-149, 151-152.

결과적으로 북한지역에만 한정하여 친소정부를 세우게 된 것은 미소관계의 변화, 국내에서의 신탁통치 논란 등으로 국내외 정책환경 구조의 악화 때문에 그렇게 된 것이지만 그것이 소련의 한반도정책의 원래의 목표나 생각은 아니었다는 것이다.[33] 이런 기본적인 맥락에서 소련은 1948년 북한에 단독 분할국가가 수립된 이후에도 한반도 전역에서 친소국가를 수립하려는 전략적 목표를 결코 포기하지 않았으며, 이제 다른 방법을 통해 그러한 목표를 달성하려 했다고 보는 것이다.

본 저자의 주장은 위에서 이미 소개한 기존 연구물의 첫 번째 범주보다는 '두 번째' 범주의 주장에 가깝다. 그러나 두 번째 범주의 주장과도 중요한 차이가 있다. 첫째, 소련의 북한에서의 단독 분할정부 수립 시기와 관련하여 소련은 이미 1945년 9월 하순에 단독 친소정부를 수립하기로 결정했다고 본다. 이는 이정식의 주장에 동의한다는 뜻이다. 둘째, 소련은 미소공위를 통해 한반도 전역에 친소정부를 수립하기 위해 '진정성'을 갖고 노력했다고 본다. 즉 소련의 미소공위에서의 정책과 행위를 속임수나 연극으로 보지 않는다는 뜻이다. 셋째, 미소공위가 실패하여 남북한에 각각 분할정부가 수립된 이후에도 소련은 한반도 전역에 친소정부를 수립하려는 목표를 포기

33. 남광규는 소련이 제1, 2차 미소공위에서 소련의 친소정부 전략이 실패할 경우, 소련은 이미 북한에 친소정부를 수립해 놓고 미국과 동시에 철군하면서 한반도 문제를 조선인들에게 맡긴다는 '세 번째' 안을 갖고 있었고, 이것이 제2차 미소공위 결렬 이후 현실화 되었다고 주장하고 있다. 남광규(2006.12.8), p. 169. 그러나 이 주장도 본 논문의 저자가 주장하는 '양궤전략'과는 차이가 있다. 본 저자는 상기 '세 번째' 안이 추구했던 궁극적인 목표는 미소공위에서 추구했던 목표와 마찬가지로, 결국 한반도 전역에서의 친소정부 수립이었다고 보는 것이다.

하지 않았다고 본다. 소련은 이제 외교적 협상수단 이외의 방법, 예컨대 군사적 방법을 고려하게 되는데, 이것은 후일 소련의 6·25 전쟁 기획과 개입을 가져왔다고 보는 것이다.[34)]

3. 소련의 한반도정책 목표

소련의 한반도정책은 기본적으로 '전략적 목표'와 '경제적 목표'라는 두 가지 목표를 갖고 있었다. 소련의 전략적 목표는 미국과 일본으로부터 오는 영향력이 자신의 점령지인 북한에 침투하는 것을 방지하기 위해 북한을 소비에트화된 '친소국가'로 만드는 것이었고, 경제적 목표는 북한으로부터 자신이 필요한 '자원추출'을 하는 것이었다.[35)] 본 논문에서는 지면의 제약상 두 번째 목표인 '자원추출'에 대해서는 다루지 않기로 한다.

소련의 전통적인 한반도정책은 '지정학'적 차원에서 어느 한 국가가 한반도를 독점적으로 통제하는 것을 방지하는 '세력균형' 정

34. 본 논문의 저자는 자신의 박사학위논문에서 상기 이정식, 반 리, 웨더스비의 주장에 동조했다. Hak Soon Paik, "North Korean State Formation, 1945–1950," Ph.D. Dissertation, University of Pennsylvania(1993), pp. 50–59. 그러나 그동안 저자의 박사학위 집필 당시에 이용할 수 없었던 많은 소련의 문건들이 비밀해제되었고 이를 바탕으로 많은 학자들이 새로운 연구물을 생산하였다. 따라서 저자는 이러한 새로운 연구성과를 바탕으로 자신의 기존의 입장을 수정하여 이번에 '양궤전략'의 주장을 하게 되었음을 여기에 밝힌다.
35. 웨더스비도 스탈린이 북한지역을 자신의 통제 하에 두고 싶었던 이유는 북한의 전략적 중요성과 경제자원의 원천으로서의 가능성 때문이었다고 보았다. Weathersby(November 1993), p. 20.

책이었다. 당시 소련의 전략적인 고려의 핵심은 일본과 그 영향력을 한반도로부터 축출함으로써 한반도가 소련에 대한 공격의 발판으로 일본에 의해 또다시 이용되지 않도록 하는 것이었다. 소련은 시베리아를 거쳐 극동지방에 진출한 제정러시아 때부터 이 지역에서의 자신의 전략적 이익을 확보하기 위해 중국, 일본, 미국 등 강대국들과의 외교를 중요시했고,[36] 이러한 맥락에서 한반도에서의 우호적인 정부의 수립은 소련의 '지정학적 이익'을 위해 매우 중요했다. 소련의 이러한 한반도 전략은 제2차 세계대전의 종전을 앞두고 개최된 포츠담회담, 전후처리와 전후 새로운 세계질서 구축을 위한 런던 외상회의와 모스크바 외상회의, 그리고 모스크바 외상회의에서 합의한 한반도 관련 결정을 이행하기 위해 개최되었던 미소공위에서 일관성 있게 나타났다고 할 수 있다. 이와 관련하여 웨더스비는 소련이 한반도의 분할과 북한에서의 친소정권 수립을 통해 한반도에서 강대국 간의 '세력균형'을 추구하였다고 주장했다.[37]

그렇다면 1945-1948년 당시 소련의 전통적인 한반도정책이 과연 웨더스비의 주장처럼 '세력균형'을 위해 한반도를 분할하여 북한지역에 친소정부를 수립하는 식으로 전개되었는가? 여기에서는 소련 붕괴 후 비밀해제된 몇 가지 소련의 문건을 통해서 살펴보자.

1945년 7-8월 개최될 포츠담회담을 앞두고 소련 외무성(외무인민위원회) 제2극동국장과 부국장이 작성한 1945년 6월 29일자 보고서는 일본이 조선을 통해 아시아 대륙으로 팽창하는 것을 방지하

36. 이정식(2006), pp. 98-111, 178-214.

37. Weathersby(November 1993), pp. 5-8.「북조선주재 소련민정부의 사업결산 보고서」 제1권, 정치편(번역본)(중앙일보 통일문화연구소 소장)(1945년 8월-1948년 11월), p. 9도 참조.

기 위해 러시아가 투쟁한 것은 '역사적으로 정당한 행위' 였으며, 조선에서 일본은 영원히 축출되어야 하고, 조선이 소련에 대한 미래의 공격 근거지로 전환되지 않도록 조선의 '독립' 이 충분히 효과적으로 달성되어야 한다는 것을 강조했다. 이 보고서는 '조선의 독립과 극동에서의 안보를 위한 실제적이고 신뢰할 만한 보장은 소련과 조선 사이에 우호적이고 긴밀한 관계들이 창출되는 것' 이며, 이것은 '미래의 조선정부 형성에 반영되어야 한다' 고 지적하였다. 소련의 이해관계를 살펴볼 때 일본의 조선에 대한 정치적·경제적 영향력은 배제되어야 하며, 후견제(신탁통치)가 실시된다면 소련은 여기에 참여해야 한다는 것을 명확히 하고 있다.[38)]

또한 1945년 8월 1일자 소련공산당 중앙위원회 정보국이 편집한 『공보』(公報)에 실린 "조선의 국내정세 관련 보고서"는 조선의 지정학적 위치에 근거한 군사전략적 의의에 대해 설명하고 있다. 이 보고서는 조선이 역사적으로 일본의 소련 진출의 근거지가 되어온 데에 대한 소련의 인식, 김구와 이승만 등 우익세력에 대한 부정적 평가 등을 담고 있다. 미국, 영국, 중국이 함께 구상하고 있는 신탁통치는 기본적으로 미국이 한반도에서 소련의 영향력을 약화시키고 자신의 영향력을 우월하게 확보하기 위한 것으로 이해하고, '소련의 참여 없이 조선문제를 결정하는 것은 불가능하다' 는 결론을 내리고 있다. 소련은 미국이 구상하는 국제 신탁통치에 반드시 참여하여 한반도에서 수립되는 조선정부를 친소정부로 만들려는 구상을 하고 있었

38. 소련 외무성 제2극동국장인 주코프(D. A. Zhukov)와 부국장 자브로딘(Ey. G. Zabrodin)이 작성한 "조선국-간단한 조회"라는 제목의 1945년 6월 29일자 보고서는 김성보(1995), pp. 56-57에서 재인용. Weathersby(November 1993), p. 7도 참조.

던 것이다.[39)]

또 소련 외무성이 제2차 세계대전 종전 후인 1945년 9–10월 개최된 런던 외상회의[40)]에 대비하여 작성한 네 가지 문서들을 보면—비록 그 문서들이 런던 외상회의에 제출되지 않음으로써 실제 논의가 되지는 않았지만[41)]—전후 소련 한반도정책의 속내를 적나라하게 드러내고 있다. 1945년 9월에 들어 소련은 동아시아에서 자신과 자본주의 강대국 간 '세력균형'을 점령지인 '북한지역을 넘어 한반도 전역으로 확대' 하려는 전략적 시도를 하고 있었던 것이다.[42)]

---

39. 소련공산당 중앙위원회 정보국의 "조선의 국내정세에 대하여"라는 1945년 8월 1일자 보고서의 내용은 김성보(1995), pp. 57–61에서 재인용. 제2차 세계대전 말 당시 소련 극동군의 다단계 작전계획을 보면 소련은 1차적으로 만주에서 관동군을 격파하고 한반도에서는 나진, 청진을 확보하며, 그 다음에는 요동반도의 여순항과 한반도 안으로 진출하는 것으로 되어 있다. 당시 작전지도를 보면 진격의 화살표가 서울에 닿아 있다. 즉 북한은 서울을 포함하여 한반도 북부지역을 점령하려고 구상했던 것이다. 서울을 점령하려고 계획했다는 것은 궁극적으로 한반도 전체에 친소정부를 세우려는 의도를 나타내고 있다. Van Ree(1989), p. 43 ; 김기조, 『38선 분할의 역사 : 미·소·일 간의 전략대결과 전시외교 비사(1941–1945)』(서울 : 동산출판사, 1994), pp. 174, 236(지도 14, 지도 19) 참조. 김성보는 소련은 당시 한반도에서의 국제신탁통치시 자신의 발언권을 확보하기 위해 군사적 뒷받침으로서 한반도 진출을 계획했지만 북한에만 단독정부를 수립하겠다는 생각은 없었던 것으로 보고 있다. 김성보(1995), p. 61.
40. 제2차 세계대전의 전후처리를 위해 1945년 7–8월에 개최된 포츠담 회의에서 미국, 소련, 영국은 외상회의(Council of Foreign Ministers)를 출범시키기로 결정하였는데, 런던에서 1945년 9–10월에 개최된 외상회의는 그 첫 번째 외상회의였으며, 조선에서의 임시정부 수립과 미소공위, 그리고 신탁통치에 대해 결정한 1945년 12월 하순의 모스크바 외상회의는 그 두 번째 외상회의였다.
41. 김성보(1995), p. 68.
42. Chong–Sik Lee, "The interview of Kathryn Weathersby : The Soviet Union and the Korean Peninsula : From the Liberation to June 25 [the Korean War]," June 17, 1993.

우선, "과거 일본의 식민지 및 위임통치 지역 문제에 대한 메모"라는 문서에 의하면, 소련 외무성은 한반도에서 2년 정도의 점령 기간이 끝나자마자 바로 4개국 신탁통치가 도입될 것으로 예상하고 있었다. 이 보고서는 한반도의 남쪽과 서쪽에 있는 부산, 진해, 제주도, 제물포(인천)를 소련군이 통제하도록 하되, 이 제안이 반대에 부딪치면 이 항구들과 섬을 소련과 중국의 공동통제 하에 둘 수도 있다고 생각하고 있다. 또한 제주도를 중국의 점령지역으로 하고, 일본이 앞으로 쓰시마를 한반도와 대륙국가들을 공격하는 발판으로 사용하는 것을 방지하기 위해 이 섬을 일본으로부터 떼어내어 조선으로 넘기는 제안도 구상하고 있다.[43]

둘째 문서는 "조선에 대한 제안"이라는 제목인데, 실제 런던 외상회의에 제출하려고 했던 문서로 보인다. 그 내용은 조선에서 군사 점령이 종료되면 바로 4개 연합국의 신탁통치(후견제)를 제안하고, 후견의 명백한 조건으로 '반드시' 부산, 제주도, 인천을 소련군의 통제 하에 두어야 한다는 것이다. 이 세 곳의 전략지역을 소련군의 통제 하에 두어야 하는 이유는 소련이 중국과의 조약에 의해 확보한 요동반도의 여순항 해군기지와 관련하여 확고한 해상교통 또는 근접 공격거점을 보장해 줄 수 있는 지역이 필요했기 때문이었다.[44] 그렇게 함으로써 소련의 여순항 해군기지를 한반도 서해와 남해, 그리고 동

43. 러시아연방 대외정책 문서보관소에 보관되어 있는 "과거 일본의 식민지 및 위임 통치지역 문제에 대한 메모"는 김성보(1995), pp. 64-65와 정성임(1999), p. 308에서 재인용. Weathersby (November 1993), pp. 9-10 ; U.S. Department of State, *Foreign Relations of the United States 1945*, Vol. II (Washington : United States Government Printing Office, 1969), pp. 928-932.

44. 이 "조선에 대한 제안"이라는 보고서의 내용은 김성보(1995), pp. 65-66에서 재인용.

해를 거쳐 소련군이 이미 사용하고 있었던 북한의 청진항과 연해주의 블라디보스톡 해군기지와 연결시키고 싶었기 때문으로 보인다.[45)]

"라페루즈(소야해협), 산가르스키(쓰가루해협)와 대한해협의 임시정책 문제에 대한 의견"이라는 세 번째 문서와 이 문서가 "각서"로 채택된 네 번째 문서를 보면, 소련군이 일본 본토의 점령에 참여하지 못함에 따라 소련은 상기 세 해협을 '비무장하고 중립화' 하여 자신의 해군함정과 민간선박이 오호츠크해, 일본해, 태평양으로 진출하기를 원했다. 또한 블라디보스톡으로부터 청진, 부산, 제주도, 인천을 거쳐 중국 여순항 및 대련항으로 이어지는 해로를 확보하려 했던 것이다.[46)]

소련이 제2차 세계대전 종전 이후 북한을 점령한 다음에 이처럼 한반도에서 북한을 넘어 한반도 전역으로 자신의 전략적 이익을 확대하려 했다는 것은, 비록 이것이 실제로 이뤄지지는 않았지만, 본 저자의 '양궤전략' 주장과 관련하여 매우 중요한 의미를 지닌다. 물론 이러한 전략적 이익을 확대하려는 시도는 동아시아에서 소련에게 가장 중요했던 일본의 전후 통치에 소련의 참가가 허용되지 않았고 실질적으로 미국의 독점 하에 일본 관련 전후처리가 이루어지고 있었던 상황에서 이에 대한 방어적 성격의 것이라고 볼 수 있다. 소련은 동아시아 강대국 외교에서 한반도의 지정학적 중요성을 고려하여 한반도 주위의 해로(海路) 전체를 자신의 통제 하에 두려고 했던 것인데, 이는 나중에 모스크바 외상회의에서의 한반도 관련 결정

45. 김성보(1995), p. 66 ; Weathersby(November 1993), pp. 10-11.
46. "라페루즈(소야해협), 산가르스키(쓰가루해협)와 대한해협의 임시정책 문제에 대한 의견"과 "각서"의 내용은 김성보(1995), pp. 66-68 ; Weathersby(November 1993), p. 11 참조.

과 이를 이행하기 위한 미소공위의 운용을 통해 소련이 끝까지 한반도 전역에 친소정부를 수립하려는 노력과 맥이 닿아 있는 것이다.

1945년 9월 11일부터 10월 2일까지 개최된 런던 외상회의 결과와 그 이후의 소련의 한반도정책은 어떠했는가? 잘 알려져 있다시피 런던 외상회의는 제2차 세계대전 후 소련의 서방세계와의 관계, 소련의 동아시아정책 및 한반도정책에 대해 큰 영향을 미친 회의였다. 전승 연합국들은 런던 외상회의에서 전후 세력판도를 논의하면서 상호 간에 국가이익이 본격적으로 충돌하는 것을 경험하게 되었다.[47]

런던 외상회의 기간 중이었던 1945년 9월 22일 미국은 미국정부가 독단적으로 일본을 통치할 것이라는 성명을 발표함으로써 일본의 공동통치에 참여하고자 하는 소련의 강력한 요구를 거절했고, 이러한 미국의 입장은 트루만(Harry S. Truman) 미대통령이 해리만 주소 미국대사를 통해 스탈린에게 전달한 1945년 10월 24일자 서한에도 잘 나타나 있다.

스탈린은 이러한 충돌을 겪으면서 자신의 이익을 확대하는 방향으로 서방세계와 관계 조정에 나서게 되었다.[48] 이정식에 의하면, 소련은 런던 외상회의의 결과에 크게 실망하고,[49] 스탈린은 주소 미

47. 이정식(2006), pp. 189–195.
48. Vladimir O. Pechatnov, "The Allies are Pressing on you to Break your Will. … : Foreign Policy Correspondence Between Stalin and Molotov and Other Politburo Members, Septermber 1945–December 1946," Cold War International History Project, Woodrow Wilson Center for Scholars, Working Paper No. 26 (September 1999).
49. 이정식(2006), pp. 189–195. 런던 외상회의와 그 이후 시기에 있어서 소련의 전략, 소련과 미·영 사이의 전략적 대결에 있어서 스탈린의 완고하고 확고한 입장, 유럽에서의 상황을 고려하여 반일본조약(anti-Japan pact) 없이는 반독일조약(anti-German pact)도 없다는 스탈린의 제안(p. 5), 특히 스탈린

국대사 해리만과의 1945년 10월 25일자 대담을 통해 미국의 정책에 대한 희망을 버리게 되었다고 한다. 소련은 이제 북한을 포함하여 자신이 점령한 모든 지역에서 자신이 독단적으로 행동하는 방향으로 나아가기 시작했다. 소련은 북한지역에서 확고한 친소정권을 수립하기로 한 것이다.[50] 소련의 이러한 결정은 1945년 9월 20일자 스탈린의 비밀지령문으로 나타났고, 이에 따라 소련은 자신의 점령지역인 북한에서 미국 점령지역인 남한과 분리된 단독 친소정부를 수립하게 된 것이다.

9월 20일자로 스탈린과 안토노프(Aleksei Innokentevich Antonov) 소련군 총참모장이 극동군사령관 바실렙스키(Aleksandr Mikhailovich Vasilevskii), 연해주군관구 군사평의회 스티코프 및 북한 주둔 제25군

의 몰로토프(Viacheslav Mikhailovich Molotov)에 대한 감독과 미래의 경쟁자인 몰로토프를 통제하고 제거해 가는 과정에 대한 자세한 설명은 Pechatnov (September 1999) 참조. 런던 외상회의가 진행되고 있을 때 스탈린은 몰로토프에게 하루에 한 번씩, 몰로토프는 스탈린에게 흔히 하루에 한 번 이상 외상회의 경과에 대해 보고하였고 스탈린은 지시를 하였다(p. 1). 이지수는 소련의 자본주의 국가에 대한 '적'과 '동지'의 개념에 대해 스탈린의 최측근이었던 베리야(Lavrentii Pavlovich Beriia)의 오른팔이었던 파벨 수다플라토프의 회고록을 인용하여 소련은 전쟁 중 한시라도 미국을 동지라고 생각한 적이 없으며, 이는 스탈린주의 대미정책의 일관된 특징이라고 주장하고 있다. 이지수, "이정식, 『대한민국의 기원』을 읽으면서 : 조선민주주의인민공화국의 성립 부분과 관련하여(이정식 지음, 일조각, 2006)"(서평), 『한국정치연구』 제15집 제2호(2006), p. 234.

50. 이정식(2006), pp. 201-206. 소련이 북한에 우선적으로 단독정부를 수립하려고 판단한 데에는 만주에서의 상황 전개와도 관련이 있었던 것으로 보인다. 비록 소련이 1945년 8월 14일 중국 국민당정부와 여순항 및 만주의 위상에 대해 조약을 체결하였지만 중국과 미국사이에 군사적인 우호관계가 지속되는 한, 그리고 중국이 잠재적인 경쟁자 내지 적국으로 생각되는 한 소련은 북한을 조속히 그리고 확실히 자신의 전략적 보루로 만들어야 할 필요성이 있었던 것으로 보인다. ISNK, No. 15, p. 8 참조.

군사평의회 레베데프에게 보낸 비밀지령문은 점령지인 북한에서 '부르주아 민주주의 정권 수립'을 지시했다. 이는 당장 소비에트 형태는 아니지만 소위 소비에트 정부의 전(前)단계인 '인민민주주의 정부' 형태의 '친소정부'를 수립하라는 의미였다.[51)]

또한 소련군 총정치사령관 슈킨(Iosif Vasilevich Shikin)[52)]이 모스크바 외상회의에서 한반도에 대한 결정이 발표되기 이틀 전인 1945년 12월 25일자로 몰로토프(Viacheslav Mikhailovich Molotov) 외상에게 보낸 문건을 보면, 북한에서의 '부르주아 민주주의'의 개조가 극히 지연되고 있음을 지적하면서[53)] 소련공산당은 북한에서 '우호적인 단일 독립민주공화국 수립'을 목적으로 하고 있으며,[54)] '스탈린의 9월 20일자 지령문에 따라서 한반도의 이북지역에서 소련의 정치·경제·군사·사회적 이익을 영구히 지킬 인물들로 구성된 정권을 구축'하도록 지시하고 있다.[55)] 슈킨의 보고서가 '스탈린의 9월 20일자 지령문에 따라서' 북한에서 정권을 수립하라는 내용을 담고 있는 것을 보면 소련은 이미 9월 하순경부터 자신의 점령지인 북한에서 '친소

51. 양현수는 소련이 북한에서 처음부터 '소비에트화'에 목표를 두었다고 주장하고, 당시 스탈린의 지령이 동유럽에서의 소련의 소비에트화의 경험에 견주어 볼 때 '지금 당장 급속하게' 소비에트화를 진행시키지 말라는 이야기지 소비에트화를 장기간 보류한다거나 포기한다는 것은 절대로 아니라고 해석하고 있다. 양현수(2006.12.8), pp. 133-135 참조.
52. 1945년 12월 25일 당시 슈킨의 직책이 소련군 극동최고사령부의 군사평의회 위원이었는지, 소련군 총정치사령관(총정치국장)이었는지 혹은 부정치사령관(부정치국장)이었는지 혼란 있으나 슈킨은 위의 세 가지 직위를 모두 역임했던 것은 사실이다. van Ree(1989), pp. 70, 272 ; 김성보(1995), p. 82 ; 이지수(2006), p. 235 참조.
53. 김성보(1995), p. 83 ; 이지수 번역, "이른바 12월 25일자 슈킨 보고서."
54. 이지수, "이른바 12월 25일자 슈킨 보고서."
55. 이지수(2006), p. 235.

정부'를 수립하려는 생각을 갖고 있었던 것은 사실로 보인다.56)

그렇다면 소련이 과연 한반도 전역에서 친소 조선임시정부를 수립하려는 것을 포기하였을까? 특히 한반도 전역에서 친소정부를 수립하려는 목표는 지정학적인 요소에 바탕을 둔 전략적 이익과 직접적으로 연관되어 있기 때문에 쉽게 변하거나 포기할 수 있는 것이 아니지 않는가? 1945년 12월 하순 모스크바 외상회의를 준비하는 데 관련이 있는 것으로 보이는 소련의 보고서 등 문서철을 보면, '미래의 조선정부의 성격에 대해 관심을 가지지 않을 수 없다'면서 조선임시정부는 그 성격상 친소정부가 되어야 한다는 점이 잘 나타나 있다.57)

본 논문의 저자는 웨더스비가 당시 소련의 한반도정책을 지정학적인 차원에서 '세력균형'을 추구한 것으로 본 것58)에는 동의하지만, 이는 어디까지나 '동아시아 전체에서의 세력균형' 추구로 이해해야 한다고 생각하며, 소련이 '자신의 정치체제의 성격상' 19세기 제정 러시아 스타일의 세력균형정책을 추구하지 못하고 한반도의 '분할'을 통해 그러한 세력균형을 추구했다는 주장59)에는 동의하기 어렵다. 웨더스비는 당시 '어떤 소련의 정치체제의 성격' 때문에 그러한 결정을 내렸는지 설명하고 있지 않다. 나중에 자세히 살펴보겠지만 당시 북한은 말할 것도 없고 남한의 정치사회적 분위기도 압도

56. 본 논문의 각주 5번 참조. 남한 점령 미군사령관 하지가 1945년 9월에 남북 경제협력 문제를 논의하기 위해 북한점령 제25군 사령관 치스차코프(Ivan Mikhailovich Chistiakov)를 초청했으나 그가 이를 받아들이지 않았던 것은 이런 맥락에서 해석할 수 있을 것이다.

57. Weathersby(November 1993), pp. 13–14 ; 김성보(1995), pp. 71–76.

58. Weathersby(November 1993), pp. 5–7.

59. Weathersby(November 1993), pp. 5–8.

적으로 친소 좌익세력에 대한 우호적 분위기였는데,[60] 그것을 잘 알고 있었던 소련이 한반도 전역에 친소정부를 수립하려는 목표를 그렇게 쉽게 포기할 수 있었을 것인지 이해하기 어렵다. 소련은 당시 조선민족의 통일의 열망, 그것도 당시 정치지평에서 단연 우세한 친

60. 신복룡(2001), pp. 224-239(제7장). 1946년 8월 현재, 글을 읽고 쓸 줄 아는 한국인 8,453명을 대상으로 미군정청이 실시한 설문조사에 의하면, 자신이 원하는 정부형태에 대해 71%의 응답자가 사회주의, 7%가 공산주의라고 대답하였고, 자본주의라는 대답은 14%에 불과했다. 더구나 이는 '미군정청'이 실시한 여론조사였으므로 좌파형태의 정부를 원하는 사람이 실제는 78%를 넘었을 가능성이 크다. "Opinion Trends," No. 22(23 August 1946), USA MGIK, RG 332, Box 39, Suitland : WNRC. 신복룡(2001), p. 315에서 재인용. 1947년 7월에 조선신문기자회가 실시된 가두 여론조사를 보면, 조선임시정부 수립을 위한 협의를 위해 미소공위가 초청해야 할 정당과 사회단체 중에서 '배제'되어야 할 대상으로 한민당이 45.8%, 남로당이 6.0%, 민전이 0.3%였고, 국호를 '인민공화국'으로 하자는 응답이 73.9%, '대한민국'으로 하자는 응답이 26.1%였다. 정권의 형태는 인민위원회가 71.5%, 종래의 제도를 지지하는 응답은 13.3%에 불과했다. 조선일보, 1947년 7월 6일. 신복룡(2001), p. 351에서 재인용. 미국정부의 예산국, 육군성, 국무부의 고위관료들로 구성된 '한국문제특별공동위원회'(Special Interdepartmental Committee on Korea)의 1947년 2월 25일자 보고서는 비록 그것이 최종적인 정책에 반영되지는 않았지만, 당시 휴회상태에 있었던 미소공위에서의 미국의 정책은 '적합하지 않다'는 결론을 내리면서 당시 '남한에 독립정부를 승인하는 것은 한국을 친소집단들이 지배하도록 하는 것에 불과하고 미국의 패배를 증명하는 것'이라고 지적하였다. 이 보고서는 당시 남한의 상황이 '우익세력만으로는 공산당 세력을 막을 수 없다'는 결론을 내리고 있다. 이정식(2006), pp. 159-161. 1946년 현재, 당시의 미군정이 실시한 여론조사들을 분석해 보면 당시 남한사회의 이데올로기 지형은 여전히 '좌파중심'적이었다는 것을 알 수 있다. 전상인(2001), pp. 41-76. 참고로 한국여론협회가 1946년 8월 중순에 종로, 본정(本町) 입구 및 노량진에서 통행인 4,782명을 대상으로 여론조사를 한 바에 의하면, '당시까지 미국이 한국을 위해 잘한 것이 무엇이냐'는 질문에 대하여 98%가 대답을 찾는 데 매우 궁색해했으며, 단지 2%만이 '위생 시설 개선'이라고 대답했다고 한다. 전상인(2001), p. 55. 만일 모스크바 합의가 이행되었다면 당시 국내정치세력 간의 힘의 분포로 볼 때 한반

소 좌익의 통일의 열망을 이용하면 되는 것이었다.

소련의 '한반도 분할'의 단초는 오히려 제2차 세계대전이 종료되면서 38선을 중심으로 한반도를 양분하여 군사적으로 분할점령하자는 미국측의 제안을 소련이 받아들임으로써 이루어진 것이었다. 그리고 이러한 분할점령이 반영구적인 분단으로 굳어진 것은 그 이후의 시기에 국제사회에서의 미소 냉전의 강화, 중국의 공산화로 인한 동북아 국제관계의 변화, 한반도 내에서의 남북관계 등의 상호작용의 결과였다고 하겠다. 만일 미국이 38선에 대한 제안을 하지 않았더라면 소련이 먼저 한반도를 분할하자는 제안을 하였을지 의문이다.

또한 소련이 북한만을 친소정권을 만들고 한반도 전역에서 친소정부 수립을 포기했다는 주장은, 상기 1945년 9월의 런던 외상회의 준비과정에서 마련된 소련 외무성 문서들—즉 소련이 한반도 분할을 통해 북한을 점령한 이후 동아시아에서의 강대국 간 '세력균형'을 고려하여 자신의 전략적 이익을 북한지역을 넘어 한반도 전역으로 확대하려는 시도를 보여주고 있는 외무성 보고서들—이 의미하는 소련의 한반도에 대한 전략적 목표와 배치되는 것이다. 또한 그러한 주장은 나중에 살펴볼 미소공위에서의 소련의 목표와 행위와도 배치되는 것이다.

본 논문의 저자는 다른 가변적인 요소와는 달리 상대적으로 불

도에 통일 임시정부가 수립되었겠지만 그것은 '적화통일'이었을지도 모른다는 견해도 있다. 김학준, 『한국문제와 국제정치』(전정판) (박영사, 1987), p. 385 ; Robert T. Oliver, *Syngman Rhee and American Involvement in Korea, 1942–1960 : A Personal Narrative*(Seoul : Panmun Book Company LTD, 1978), p. 29 참조.

변적 요소인 지정학적 이익과 관련된 전략목표는 기본적으로 쉽게 변하지 않는다고 생각한다. 당시의 상황에서 소련이 점령지인 북한에서 친소 단독정부를 '우선적' 으로 세우기로 한 것은 어찌 보면 당연한 일이었으나,[61] 그렇다고 해서 그것이 한반도 전역에서의 친소 정부 수립 목표를 포기한 것을 의미하지는 않았다고 본다. 다시 말해 이미 '양궤전략' 의 주장에서 설명하였다시피 소련은 처음부터 정책 대상으로서 '북한지역' 과 '한반도 전역' 이라는 양자를 구별하고 이 양 지역에 대해 각각 '최소치' 및 '최대치' 의 목표로서 친소정부를 수립하려는 정책을 '동시에 추구' 했다고 보기 때문이다.[62]

61. 스탈린은 1945년 4월 유고 공산당 지도자인 밀로반 질라스와의 대화에서 제2차 세계대전은 어떤 나라든지 영토를 점령하는 자는 그 영토 위에 자기의 사회체제를 부과한다는 점에서 예전 전쟁과 다르다는 점을 강조했다. Milovan Djilas, *Conversation with Stalin* Trans. by Michael B. Petrovich (New York : Harcourt, Brace & World, 1962), p. 114.

62. 이재훈은 소련의 대한정책을 크게 북한의 '점령정책' 과 한반도 전체를 대상으로 하는 '외교정책' 으로 구분하고 미소공위를 소련의 대한정책 중 소련의 대외적 역할을 보여주는 예로 다루고 있다. 그는 한반도를 극동의 세력변동에 있어 소련의 세력 확장을 위한 마지막 외교적 결전장으로 보았다. 그는 모스크바 외상회의 결정이 반 리가 주장하는 '사기의 신기' (a master stroke of deception)라고 혹평할 정도로 소련의 진의가 공개적으로 제시되어 있는 것은 아니었으며, 미소공위에서 소련대표단의 행태를 볼 때 소련의 의도는 자신이 한국문제 해결의 주도권을 쥠으로써 궁극적으로 한반도에 소련의 우호국가를 만드는 것이었다고 보았다. 이재훈, "해방전후 소련 극동정책을 통해 본 소련의 한국인식과 대한정책," 『사림』 제20호(2003), pp. 68, 72-73, 80, 82-83 ; van Ree(1989), p. 139 참조.

4. 소련의 미소공동위원회정책

미·소 양국은 모스크바 외상회의의 한반도 관련 결정을 이행하기 위하여 미소공동위원회 예비회담(미·소 양군사령부대표회의, 1946년 1월 16일-2월 6일), 제1차 미소공위(1946년 3월 20일-5월 9일),[63] 그리고 제2차 미소공위(1947년 5월 21일-10월 18일)를 개최하였다.

여기에서 우리의 관심은 소련이 미소공위에서 겉으로는 모스크바 외상회의의 결정에 따라 한반도 전역에서의 임시정부 수립과 신탁통치 실시를 존중하는 것처럼 행동하고 속으로는 북한만을 차지하여 친소정권을 수립하려고 한 이중행동을 하였는지의 여부이다. 소련은 과연 반 리와 웨더스비의 주장처럼 미소공위에서 겉과 속이 다르게 '속임수'를 쓰면서 '연극'을 하고 있었는가?[64] 아니면 소련은 한반도 전역에 조선임시정부를 수립하려는 '진정성'을 갖고 미소공위를 운용하였는가?

소련이 한반도 전역에서 통일된 임시정부를 수립하기 위한 '진정성'을 갖고 미소공위를 운용하였다는 증거들을 논의하기 전에 소련은 조선임시정부 수립을 통해 한반도에서 친소정부를 세우려고

63. 제1차 미소공위에 참여한 소련 대표단은 102명이나 되는 대규모였으며, 그들은 남한에서의 공산주의 활동을 돕기 위해 수백만 원의 자금을 지참했었다. 이는 소련이 북한만을 차지하여 친소정부를 수립하려는 속셈을 갖고 있었으나 미소공위에서는 이를 감추고 '연극' 차원에서 미국과 형식적으로 협력했다는 주장을 지지하기 어렵게 한다. 신복룡(2001), p. 333 참조.

64. van Ree(1989), p. 275 ; Weathersby(November 1993), pp. 16-17.

작정하고 있었다는 것을 몇 가지 자료를 통해서 살펴보기로 하자. 물론 소련이 미소공위를 통해 수립하려고 했던 조선임시정부는 '친소정부' 였다. 친소정부가 아니었다면 소련이 구태여 미소공위에서 임시정부를 수립하기 위해 노력할 필요도 없었을 것이다.

첫째, 미소공위의 소련측 대표였던 스티코프는 제1차 미소공위 개회연설에서 모스크바 외상회의의 결정을 지지하는 민주적인 정당과 사회단체로서 '조선민주주의임시정부' 를 수립하고, 그 정부는 '장차 소련을 공격하는 데에 필요한 기지가 되지 않기를 기대' 한다는 것을 명확히 하였다.[65] 나중에 제1차 미소공위가 결렬되어 공위가 무기한 휴회하게 될 때 하지(John Reed Hodge)와 스티코프가 나눈 대화를 보면, 하지는 제1차 미소공위 기간 내내 주장했던 것처럼 미소공위의 협의대상인 정당과 사회단체들의 '의사표현의 자유' 를 또 다시 강조하였고, 스티코프는 '모스크바 결정의 정확한 실천' 이 중요하며, 소련은 조선에 인접한 이웃나라이기 때문에 친소 민주 임시정부가 조선에 수립되는 데에 관심이 크다는 것을 재차 강조하였다.[66]

스티코프는 제2차 미소공위의 기간이었던 1947년 7월 중순에 쓴 자신의 일기에서 조선 인민이 원하는 것은 '통일된 중앙정부' 이며, 이 정부는 반드시 '민주적인 정부' 라야 하고, 나라는 '반드시 통일' 되어야 한다고 적고 있다.[67] 또한 로마넨코는 그해 9월 하순 북한

65. 심지연(1989), pp. 192–193. 다른 한편, 소련에게 있어서 한반도는 태평양에로의 진출을 용이하게 해주는 도움을 줄 수도 있었다. 즉 한반도가 소련에게 있어서 일본의 '소련 침공' 이라는 부정적인 의미의 교두보뿐만 아니라, 보다 적극적으로는 소련의 '극동 및 태평양 진출' 의 교두보도 될 수 있었다. 신복룡(2001), p. 113.

66. 차상철, 『해방전후 미국의 한반도정책』(서울 : 지식산업사, 1991), p. 106. 심지연, "미소공동위원회 연구," 『국사관논총』 제54집(1994), p. 40.

을 방문한 여운형에게 미소공위 사업에 대한 소련의 입장은 스티코프의 미소공위 사업 개시 당시의 성명에 잘 나타나 있다면서 조선의 정부는 '반동적인 정부'가 아닌 오직 '민주정부'여야 하고, 조선의 정치권력의 근본형태는 '인민위원회'여야 한다고 강조했다. 로마넨코는 소련은 영토나 경제에는 관심이 없고, 일본군대를 붕괴시키고 조선 인민을 해방시키며 '조선의 민주주의 질서 확립'을 원조해 주려는 목적으로 온 것이며, 조선은 '민주주의 국가'가 되어야 한다고 강조했다.[68] 여기에서 스티코프나 로마넨코가 말하는 '민주주의 정부'는 물론 '친소정부'를 의미했다.

둘째, 모스크바에서 1946년 3월 16일자로 소련군 연해주 군관구의 메레츠코프와 스티코프에게 보낸 "조선임시정부 수립에 대한 소미공동위원회 사령부 대표단에의 훈령 초안"은 소련 대표단이 조선임시정부 수립을 위한 '정부사업'의 '기초'로서 반드시 실행해야 할 18개 항목의 '정치강령'을 제시하고 있다. 그런데 이 18개 항목의 정치강령은 바로 북조선임시인민위원회가 1946년 2월 18일에 발표한 10개 항목의 장래 '과업'과 그 취지가 유사하며, 3월 23일 발표한 '20개조 정강'과 거의 일치한다. 소련은 이 정치강령을 실행함으로써 북한뿐만 아니라 한반도를 친소 우호국가로 발전시키려고 한 것이었다.[69]

셋째, 소련측이 제1차 미소공위 개최 얼마 전인 1946년 3월 15일에 구상한 조신임시정부의 내각구성을 살펴보자.[70] 총 17개의 각

67. 국사편찬위원회(2004b), 1947년 7월 15일.
68. 국사편찬위원회(2004b), pp. 184–185(1946년 9월 27일 여운형–로마넨코 회담록).
69. 김성보(1995), pp. 85–88.

료직 중에서 수상 여운형,[71] 부수상 박헌영, 외무상 허헌을 포함하여 7명이 조선공산당 소속, 3명이 조선신민당 소속, 1명이 조선민주당 소속, 2명이 남조선민주주의민족전선 소속, 그리고 3명이 북조선임시인민위원회 간부였다. 우익은 아예 한 명도 없고 중간파라고 할 수 있는 사람은 김규식 1명뿐이었는데, 그는 부수상 후보로 되어 있었다. 다시 말해 각료 17명 중에서 16명이 친소 좌익인사들이었다. 김규식은 비록 '미국을 지향'하는 인물이긴 하였으나 초기와는 달리 나중에는 모스크바 외상회의의 결정에 반대하지 않았기 때문에 포함되었던 것이다.[72]

넷째, 소련공산당 정치국이 1946년 7월 26일자로 미소공위의 소련 대표단에 내린 지시를 보면, 조선임시정부의 각료급 직위 16개 중에서 10개는 남북 좌익들에게 배당되어야 하는데, 그 직위는 수상, 부수상 2명 중에서 1명, 내무상, 국방상, 경제상(공업상), 외무상 등 중

70. 스티코프의 "임시조선정부 구성에 대한 스티코프의 초안"(1946년 3월 7일)과 소련군 정치사령부 제7국장 M. 부르체프가 작성한 "단평-조선임시정부 각료 후보들에 대하여"(1946.3.15)의 내용은 김성보(1995), pp. 88-90에서 재인용. 부르체프가 작성한 "단평-조선임시정부 각료 후보들에 대하여"의 번역문은 『역사비평』 계간 24호(1994 봄), pp. 374-381에 있음. 기광서(2002), pp. 180-181도 참조.

71. 이정식은 최근의 저서에서 여운형은 좌우익 어느 한편에 속하지 않고 '시대와 사상을 초월한 융화주의자'였다고 평가하고 있다. 이정식, 『여운형 : 시대와 사상을 초월한 융화주의자』(서울 : 서울대학교출판부, 2008).

72. 김성보(1995), pp. 89-90. 김규식은 모스크바 외상회의의 결정이 신탁통치로 알려졌을 때 이를 반대하였으나 모스크바 결정의 전문이 공개되고 미소공위가 열리면서 모스크바 결정에 따라 임시정부를 수립하고 그 정부가 자주적으로 탁치문제를 결정해야 한다는 식으로 견해를 바꿨다. 김규식은 모스크바 결정에 따라 이루어진 미소공위에 협조하여 임시정부 수립부터 서둘러야 한다는 입장이었다. 우사연구회 엮음, 심지연 지음, 『송남헌회고록 : 김규식과 함께한 길』(서울 : 한울, 2000), pp. 71-74.

요 각료직을 포함해야 한다는 것이었다. 여기에서 한 가지 흥미로운 것은 임시정부의 각료직을 할당하는 데 있어서 그 기준을 '남북한 지역' 으로 나누지 않고 '좌우익 이념' 으로 나누었다는 점이다. 이는 소련이 남북한 전역을 하나의 '단일의 장' 으로 생각했다는 것을 말해주며,[73] 본 저자의 '양궤전략' 의 주장과 관련하여 중요한 의미를 갖는다. 이러한 각료직 배분은 정치국이 내린 1947년 5월 20일자 지시에서도 그대로 반복되었다.[74] 즉 소련은 장차 한반도 전역에 '단일정부' 가 수립되어야 하고, 이 정부는 좌익 '친소정부' 가 되어야 한다는 것을 명확히 한 것이었다.

다섯째, 소련공산당 정치국은 상기 1946년 7월 26일자 지시에서 제2차 미소공위를 준비하는 소련 대표단에게 조선임시정부를 구성하는 데 있어서 70%를 좌익으로 구성하도록 지시했다. 즉 북한의 정당 40%, 남한의 좌파 30%, 남한의 우파 30%로 구성하여 남북한의 좌파를 합하여 70%가 되도록 하라는 것이었다. 동시에 이 구성 비율이 달성되면 1948년에 한반도에서 소련군이 철수하는 계획을 이행하도록 지시하였다.[75] 또한 정치국은 제2차 공위를 하루 앞둔 1947

-----

73. Lankov (Autumn 2005), pp. 391–392. 우익에게 할당될 각료직은 모두 6개 자리였는데, 이는 부수상 1명, 농업상, 교통상, 재정상, 보건상, 사법상이었다. 란코프는 좌익이 '모든 중요한 기관들' 에 대한 통제뿐만 아니라 다수를 차지했다고 평가했지만 본 논문의 저자는 우익에게 배당된 각료직들도 매우 중요한 직위들이 포함되어 있었다고 본다. 소련은 제1차 미소공위 결렬 이후에 북한만을 차지하여 친소국가를 세우려하였다기보다는 상기 각료직 배분에서 한반도 전역에 좌익이 우세한 임시정부를 세우되, 이 과정에서 우익도 어느 정도 포용하고 있었다고 생각된다. 이는 한반도 전역에서 친소정부를 세우려는 소련의 의도와 연결되어 있다고 볼 수 있다. 본 논문의 각주 18번도 참조.

74. Lankov (Autumn 2005), p. 394.

75. Lankov (Autumn 2005), p. 391.

년 5월 20일에는 좌파 비율을 더욱 높여 북한과 남한이 각각 50%, 남한의 50% 중에서 좌파가 25%, 우파가 25% 차지하도록, 즉 조선임시정부에서 좌익이 75%를 넘도록 정부를 구성하도록 지시하였다.[76)]

중요한 점은 이러한 구성 비율들은 소련이 미소공위에서 협상을 하고 있는 자국 대표단에게 내렸던 '비밀지시' 였다는 것이다. 이는 소련이 미소공위를 통해 남한지역을 포함하여 한반도 전역에 친소정부를 세우려 했다는 것을 말해준다. 만일 한반도 전역에 친소정부를 세울 의도가 없었다면, 그것을 언론에 공개함으로써 우파와 미국의 격렬한 반대를 이끌어내어 미소공위를 파탄시키는 등 수많은 다른 방법들이 있었을 것이다.

여섯째, 박헌영과 김일성이 조선임시정부의 구성에 대해 논의한 내용을 살펴보자. 박헌영은 1945년 12월 27일 모스크바 외상회의 결정이 내려진 이후 소련군측의 지침을 받기 위해 1945년 12월 28일 평양에 가서 로마넨코(Andrei Alekseevich Romanenko)를 만나고 12월 31일에 개최된 조선공산당 북조선분국의 제4차 확대집행위원회에 참석하였다고 한다. 이 확대집행위는 모스크바 결정에 따라 나중에 조선임시정부를 수립하게 되면 좌우 세력의 구성 비율을 2 : 1로 하기로 하였다고 한다.[77)] 또 1946년 4월 5일 개최된 북조선 조직위원회

76. Lankov (Autumn 2005), p. 393. 소련공산당 정치국 지시는 조선임시정부에서 좌익의 비율을 75%로 만드는 방법 중의 하나로서 이미 3당이 통합되어 1개의 정당이 되어 있는 남조선로동당을 3개의 당으로 취급하도록 하는 방안을 포함하고 있다. 그리고 내각의 좌파 독점을 위해 조선임시정부 구성에서 '남북한 간의 인구와 면적의 차이의 반영은 중요하지 않다' 고 지시한 점이 흥미롭다. Lankov (Autumn 2005), pp. 393–394.

77. 중앙일보 특별취재반, 『비록 조선민주주의인민공화국(상)』(서울 : 중앙일보사, 1992), pp. 186–192.

집행위원회에는 김일성과 박헌영이 참석하여 임시정부 구성에 대해 논의했는데, 조선임시정부 간부의 좌우익 비율을 대체로 6 : 4로 한다는 데 의견의 일치를 보았다고 한다.[78]

마지막으로, 소련군이 제1차 미소공위가 개최되고 있던 1946년 3월부터 5월 기간의 어느 시점에서 작성한 것으로 보이는 박헌영에 대한 '내부 평정서'를 보면, 박헌영은 '남한에서 공산당의 방향을 바르게 인도하고 있다'고 평가하고 있다. 그런데 남한에서 공산당은 모스크바 외상회의 결정을 지지하는 올바른 입장을 견지하고 있는바, 이 점에서 특히 공산당 지도자로서의 '박헌영의 공은 크다'고 평정하고 있다.[79] 만일 소련이 한반도 전역에서의 친소정권 수립은 포기하고 북한만을 차지하여 소비에트화하기로 결정했다면, 소련으로서는 박헌영 등 좌파로 하여금 찬탁하도록 지시할 것이 아니라 원래 처음처럼 반탁을 하도록 내버려 두면 될 것이었다.[80] 왜냐하면 반 리나 웨더스비의 주장처럼 통일 조선임시정부 수립 자체가 불가능해진 상황에서 소련은 미소공위에서 미국과 복잡한 협상을 해야 할 필요도 없이 이제 자신의 점령지인 북한만을 차지하여 그곳에서 친소정부를 수립하면 되는 것이었기 때문이다.

78. 중앙일보 특별취재반(1992), pp. 218–222.
79. 국사편찬위원회, 『러서아연방국방성 중앙문서보관소 소련군정문서, 남조선정세보고서 1946–1947』(해외사료총서 6) (과천 : 국사편찬위원회, 2004a), pp. 128–129.
80. 신복룡(2001), pp. 302–303, 308, 312–314, 316–321. 해방직후 남한에 있던 좌파들은 신탁통치 소식에 접하자 이미 조선에 조선인민공화국과 중앙인민위원회가 수립되었기 때문에 '신탁통치가 필요하지 않다'고 주장했다. 심지연(1989), pp. 156–160.

(1) 기존 연구의 주장

여기에서는 소련의 미소공위정책에 대해 그동안 어떤 연구와 주장들이 나와 있는지 살펴보기로 하자. 특히 미소공위와 관련하여 1992년 이후 비밀해제된 소련 문서들을 이용하여 이루어진 최근 연구들은 어떤 주장을 하고 있는가?

소련의 미소공위정책에 대한 기존 연구물의 가장 일반적인 주장은 소련이 미소공위를 통해 한반도 전역에서 친소정부를 수립할 가능성이 없었기 때문에 조선임시정부 수립을 위한 협의대상에 반탁 우익세력을 배제시키자는 조건을 내걸어 미소공위를 전략적으로 공전시켰다는 것이다. 소련은 미국이 우익세력의 배제에 절대로 동의하지 않을 것이라는 점을 알고 있었던 점을 감안하면 소련의 미소공위에의 참여와 미소공위에서의 행동은 '속임수'였고 '연극'이었다는 것이다.

이러한 범주의 대표적인 주장은 반 리와 웨더스비의 주장이다. 이동현[81)]도 비슷한 주장을 하고 있다. 우선, 반 리는 소련이 미소공위의 협상과정에서 교묘한 전략을 통해 공위를 하나의 방편으로 쓰면서 최소한 북한에서 친소정권 수립을 달성하는 데 성공했다고 주장한다. 모스크바 신탁통치안은 미·소 양국이 점령하고 있는 남북한 지역은 조선임시정부가 수립되기까지는 분할된 상태 그대로 각각 독립적으로 존속함을 의미했고, 조선임시정부는 미·소 양국이 합의하지 않으면 사실상 수립될 수 없는 것이었다. 더구나 조선임시정부

81. 이동현(2006), pp. 22, 38-39.

가 수립되기 전에는 한반도에 대한 신탁통치는 적용되지 않는 것이었다. 결국 소련은 자신의 점령지인 북한에서 미국의 간섭 없이 자율성을 확보한 셈이 되었고, 나중에 미소공위 협상을 통해서 한반도 전체를 관장하는 조선임시정부가 '친소정부'로 되지 않는 한 북한지역을 포기할 필요가 없게 되었다는 것이다. 그런데 반 리의 견해로는 당시 미국이 남한을 점령하고 있는 상황에서 통일 임시정부가 친소정부로 된다는 것은 사실상 실현 불가능한 것이었다. 이런 관점에서 보면 소련이 모스크바 외상회의에서 제안한 신탁통치안은 '대단한 속임수'였고, 미소공위에서 단일 임시정부를 수립하려고 노력한 것처럼 보인 것은 '연극'이었다는 것이다.[82]

한편, 웨더스비는 소련은 당시 '명분'상 독립 통일정부의 수립에 대한 조선민족의 열망을 지지할 수밖에 없었기 때문에 속내는 그렇지 않으면서도 겉으로는 한반도 전역에서 통일 독립정부의 수립을 돕겠다고 공언해야 하는 딜레마를 안고 있었다고 주장한다. 그런데 이 딜레마를 해결해 준 것은 우파세력의 모스크바 신탁통치안 반대였다는 것이다.[83] 1946년 초에 한반도에서 모든 정치세력들은 하나같이 반탁을 주장했다. 그러나 소련은 이내 남북한에 있는 모든 좌파에게 찬탁을 지시했다.[84] 그렇게 함으로써 소련은 나중에 모스크바 결정을 지지하는 찬탁세력들만이 임시정부 수립과정에서 미소공위의 협의대상이 될 수 있다고 주장할 수 있을 터였다. 만일 찬탁세력만으로 조선임시정부를 수립하는 방향으로 합의하는 데 성공한다

82. van Ree(1989), pp. 138–139, 275.
83. Weathersby(November 1993), p. 16.
84. 중앙일보 특별취재반(1992), pp. 186–192.

면 소련은 찬탁 좌파세력만으로 한반도 전역에서 친소 조선임시정부를 세울 수 있을 터였다. 그러나 미국이 이에 합의해 줄 리가 없었기 때문에 결국 소련은 '명분' 상으로 조선에서의 통일 임시정부의 수립을 주장하면서 실제로는 북한지역에서의 소련의 이익을 침해하게 될지도 모를 통일정부가 수립되는 최악의 경우를 방지하고자 했다는 것이다.85)

물론 반 리나 웨더스비의 주장과는 조금 다른 해석과 주장을 하고 있는 연구물도 많다. 김성보의 주장에 의하면, 소련은 미국과 국제협력의 중요성을 인식하여 모스크바 외상회의에서 조선임시정부 수립과 신탁통치에 동의하고, 북한뿐만 아니라 한반도에 친소정부를 수립하려고 계획하였다. 그러나 소련은 이미 모스크바 외상회의 개최 이전의 시기에 만일 조선에서 임시정부를 수립하면서 친소세력이 정부에 참여하게 되면 우익세력이 이에 강력히 반대할 것이고, 미국과 중국은 우익세력을 지지할 것으로 예상하고 있었다는 것이다. 또 모스크바 외상회의 개최 이전의 시기에 신탁통치 구상이 조선에 알려졌을 때 이미 조선사회의 광범한 집단들 사이에서 심각한 불만이 제기된 적이 있었기 때문에 소련은 조선문제에 후견제(신탁통치)를 적용하는 문제는 주의를 요하는 일로 인식하고 있었다는 것이다.

또한 이미 1946년 1월 1일자 소련공산당 중앙위원회 정보국은 미·소 양국의 점령지역에서 사실상 두 개의 정치제도가 정해져서 한반도에 분단질서가 형성되고 있다고 판단하고 있었다. 따라서 소련이 모스크바 외상회의에서 국제적인 합의기조를 존중하여 조선에 통일정부 수립방안을 제시하였다고 해서 소련이 그 방안의 실현에 대해

85. Weathersby(November 1993), pp. 13, 16–17.

낙관적이었다거나 강한 실현의지를 갖고 있었다고 볼 수는 없다는 것이다.[86] 결국 1945년 12월 말 모스크바 외상회의 때까지는 소련이 북한에서만 단독정권을 세우려는 구상을 하고 있었다고 보기 어려우나, 제1차 미소공위를 거치면서 한반도 전역에서 친소정부를 수립하려는 정책을 변경하여 '제1차 미소공위의 결렬 이후'에는 북한에서 친소 단독정부 수립을 굳히는 방향으로 선회했다는 것이다.[87] 그리고 그 이후에는 소련은 미소공위 사업에 '소극성'을 보였다는 것이다.[88]

김성보는 1946년 6월 12일 스티코프가 몰로토프에게 보내어 당중앙위원회의 재가를 받고자 제출하였던 "조선에서의 소미공동위원회의 활동(작업)에 대하여"라는 훈령 초안을 원용하면서 소련측이 제1차 미소공위의 결렬을 계기로 미소공위의 재개에 소극성을 보이면서 사실상 북한지역에서 분단국가 수립방향으로 나아가게 된 것으로 해석하고 있다. 그 문서는 미소공위의 결렬 책임이 미국측에 있는 한 소련 외무성과 북한주둔 소련군사령부는 미소공위 재개문제에서 '주도권을 발휘하지 말 것' 등을 제안하고 있다는 것이다.[89] 박명림[90]의 주장도 소련이 제1차 미소공위 결렬을 계기로 북한에서 친소 단독정부를 수립하는 방향으로 나아갔다고 해석하고 있어서 김

86. 김성보(1995), pp. 71-76.
87. 김성보(1995), pp. 68-71, 90-93.
88. 김성보(1995), p. 91.
89. 스티코프의 1946년 6월 12일자 "조선에서의 소미공동위원회의 활동(작업)에 대하여"라는 훈령 초안의 내용은 김성보(1995), pp. 90-91에서 재인용. 전현수, "협의단체 선정 놓고 입씨름만 하다 끝난 미소공동위원회," 『신동아』 통권 557호(2006.2), p. 364도 참조.
90. 박명림은 제1차 미소공위의 결렬에 따른 무기휴회를 '1948년 질서' 형성에 이르게 되는 가장 큰 전환점으로 보고 있다. 본 논문의 각주 30번 참조.

성보의 주장과 대동소이하다.

한편, 기광서는 스티코프는 1946년 미소공위의 결렬을 결코 '실패'로 보지 않았으며, 오히려 공위에서 반동세력의 계획을 좌절시킨 것을 '승리'로 간주했다고 주장한다. 미소공위 공동 코뮤니케 제5호가 발표된 이후 미국측은 미소공위와 협의할 남한의 정당과 사회단체를 반탁단체들 위주로 제시하고 남조선민주주의민족전선(이하 '민전') 산하조직들은 제외했다. 소련은 이에 대해 미국이 모스크바 외상회의의 결정과 미소공위를 파탄시키려는 숨은 의도를 갖고 있다고 의심했다. 이러던 차에 남조선민주의원에 소속된 우익단체들이 임시정부 수립 후에도 반탁운동을 계속할 것이라고 공표하자 스티코프가 격분하였다.[91] 바로 이러한 상황에서 스티코프가 미소공위의 결렬 책임이 미국측에 있는 한 소련 외무성과 북한주둔 소련군사령부는 미소공위 재개문제에서 '주도권을 발휘하지 말 것' 등을 제안했던 것이다. 스티코프는 이미 1946년 5월 3일자 몰로토프에게 보낸 보고에서 소련이 미국에게 더 이상 어떤 양보도 해서는 안 된다는 입장을 전달하였다.[92] 또한 그의 5월 31일자 보고에서도 공위 결렬의 책임은 전적으로 미국에 있기 때문에(미국이 스스로 공위를 재개하려는 노력을 먼저 시작하기 전에는) 소련은 공위재개에 주도권을 가져서는 안 된다—즉 공위재개문제에 소련이 먼저 나서서는 안 된다—면서 미국이 스스로 해법을 찾을 때까지 기다릴 것을 제안했던 것이다.[93]

신탁통치와 미소공위에 대한 신복룡과 정성임의 주장은 흥미롭

91. 기광서(2002), pp. 182–183.
92. 기광서(2002), p. 182.
93. 기광서(2002), p. 184.

다. 신복룡에 의하면 소련은 한반도 신탁통치보다는 임시정부의 수립에 더 큰 관심을 갖고 있었는데, 한반도에 관한 한 소련 자신이 조선임시정부를 자신의 우호국가로 만드는 데 있어서 미국보다는 더 나은 조건과 더 큰 가능성을 갖고 있다고 생각했다는 것이다. 소련은 당시 상황에서 미소 간의 협력이 필요했기 때문에 양국의 이해와 타협의 산물인 신탁통치안을 받아들였다. 그러나 소련은 미소공위 진행과 더불어 한편으로는 북한에서 친소정부를 세우고, 다른 한편으로는 미소공위가 임시조선정부의 수립에 실패한다 하더라도 북한지역에서 이미 수립한 강력한 친소정부를 바탕으로 나중에 한반도 전역에서 친소국가를 세울 수 있을 것으로 생각하였다는 것이다.[94)]

그러나 신복룡은 반 리의 주장에 동의하면서 소련이 미소공위를 북한에서의 친소정권 수립을 달성하기 위한 하나의 방편으로 사용했다는 주장을 하고 있다.[95)] 예컨대 1947년 4월 9일 미국무장관 마샬(George C. Marshall, Jr.)이 제2차 미소공위의 재개와 관련하여 몰로토프 외상에게 공위재개 요청 서한을 보내왔는데, 소련이 이에 대해 긍정적으로 응대한 것은 미소공위를 파국으로 몰고갔다는 국제적 비난을 모면하려는 의도가 있었기 때문이었지 진실로 공위를 재개할 의지를 가졌던 것은 아니었다는 것이다.[96)]

한편, 정성임은 북한에서의 친소정권의 수립과 미소공위를 통

94. 신복룡(2001), pp. 126-129, 300, 323, 354. 신복룡은 이러한 주장을 하는데 있어서 미국이 한반도의 전략적 가치에 크게 집착하지 않고 있었다는 것과 북한에서의 신속한 소비에트화에 대한 자신감이 그 밑바탕이 되었다고 설명하고 있다.
95. 신복룡(2001), pp. 113-114, 128, 312-313, 354.
96. 신복룡(2001), p. 348.

한 한반도 전역에서의 친소정권 수립을 책임지고 기획 · 지휘한 스티코프가 제1차 미소공위의 결렬 이후 공위의 지속과 결렬의 파장에 대해 '상당히 고민한 흔적' 을 볼 수 있다고 주장한다. 소련이 처음부터 공위를 '제스처' 로 생각했다면 스티코프의 그러한 고민은 이해하기 어렵다는 것이다.[97] 정성임은 제2차 미소공위가 결렬된 이후의 파장에 대한 소련의 고민과 판단은 소련이 상황전개의 불가피성 때문에 '분단의 현실성을 인정한 것이지 분단의 영구화를 용인한 것은 아니었다' 고 본다. 더구나 소련 '민정부 보고서' 는 소련군 철군 후에도 조선을 '해방' 하는 정책을 지속할 것임을 언급하고 있다는 것이다. 즉 소련은 미국과의 이익의 충돌로 인해 불가피하게 북한에만 친소정부를 수립하는 쪽으로 정리해 갈 수밖에 없었지만, 향후 남북한의 통일을 통해 한반도 전역에 친소정부를 수립할 수 있는 기회를 위해 남한에서의 좌익세력의 강화에 지속적인 관심을 갖고 있었다는 것이다.[98]

그러나 정성임은 소련은 처음에는 그렇지 않았으나 제1차 미소공위 결렬 이후에는 미소공위가 자신이 원하는 성과를 낼 수 있을지 여부에 대해 부정적인 판단을 한 것으로 해석하고 있다. 그래서 소련은 제1차 공위 결렬 이후 북한에서만의 친소정권 수립에 관심을 더

97. 정성임은 또한 제1차 미소공위 결렬 이후 미군정이 남한에서 대대적으로 좌익을 탄합했지만 소련은 북한지도부에게 반미발언을 하지 말도록 지시하였고, 남한의 민전에게도 반미행위를 하지 말 것을 지시했는데, 만일 소련이 '공위의 파행을 전제로 했다면' 소련의 이러한 소극적인 태도는 이해하기 어렵다는 해석을 하고 있다. 즉 소련은 공위의 파행을 바라지 않았고, 따라서 반미 행동과 발언을 자제하도록 지시했다고 추론할 수 있다는 것이다. 정성임(1999), pp. 317–318 참조.

98. 정성임(1999), pp. 329–330.

기울이게 된 것으로 추론하고 있다.[99] 소련이 결국 미소공위를 결렬시킨 것은 냉전이 시작되는 상황에서 드러나기 시작한 미국의 대일정책으로 북한의 전략적 가치가 소련에게 그만큼 높아졌기 때문이었고, 또한 미 · 소 양국이 한반도로부터 동시철군한 이후 북한의 '민주화'—즉 소비에트화—에 자신했기 때문이었다는 것이다.[100]

마지막으로 소련은 미소공위, 특히 제2차 미소공위를 형식적으로 운영했는데, 그것은 소련이 이미 남한을 포기하고 북한만을 친소국가로 만들려는 결정을 내린 후의 상황이었기 때문이었다. 따라서 제2차 공위는 한반도 전역에 조선임시정부를 세우려는 것보다는 소위 '남한의 반동화를 저지'하기 위한 목적이 컸다고 보는 주장들이 있다.[101] 남광규는 당시 소련은 남한을 차지하지는 못하지만 최소한 반동화를 막을 수 있는 조건들, 즉 남한에서의 좌파의 득세를 위한 조치들을 취했다고 주장한다. 예컨대 소련은 미국이 남한에서 김규식, 여운형 등 좌우합작을 통해 중도세력을 키우려고 할 때, 이를 반동화의 술책으로 보고, 남한의 좌파들에게 통합을 강조하였다는 것이다.[102]

전현수도 스티코프의 일기 분석을 바탕으로 이러한 주장에 동의하고 있다. 예컨대 소련민정은 남한에서 좌우합작과 좌익의 남조선과도입법의원에의 참여가 미군정의 지위를 강화시킬 것으로 보고,

99. 정성임(1999), pp. 316–322.
100. 정성임(1999), pp. 303–336.
101. 남광규(2006.12.8), p. 167 ; 전현수, "한국 현대사와 소련의 역할(1945–1948) –『쉬띄꼬프 일기』를 중심으로," 『쉬띄꼬프 일기, 1946–1948』(해외사료총서 10) (과천 : 국사편찬위원회, 2004), p. 24 ; 국사편찬위원회(2004b), 1946년 9월 26일.
102. 남광규(2006.12.8), p. 167.

이를 저지하기 위해서 미소공위를 신속히 재개해야 한다고 생각했다는 것이다.[103] 스티코프는 또한 미소공위를 결렬시키지 않고 협의를 계속하여 임시정부 조직 원칙과 구성에 대한 미국의 관점을 폭로하고, 또한 미소공위에 참여하는 소련 대표단이 남한에 더 오래 머무르게 함으로써 남한에서 좌익인사들이 자신의 입장을 강화할 수 있게 하려는 배려까지 하였다는 것이다.[104]

(2) 기존 연구의 평가

상기 연구물에서 나타난 다양한 주장들을 어떻게 평가할 것인가? 본 저자는 소련의 신탁통치 제안이 '속임수'였고 소련의 미소공위에서의 행위가 '연극'이었다는 반 리나 웨더스비의 주장에 동의하지 않는다. 또한 소련이 제1차 미소공위의 결렬을 통해 한반도 전역에서 친소정부 수립을 포기했다는 김성보의 주장에도 동의하지 않는다. 그리고 제2차 미소공위는 한반도 전역에 조선임시정부를 세우려는 것보다는 소위 '남한의 반동화 저지'가 목적이었다는 남광규나 전현수의 주장에도 동의하지 않는다. 그러나 본 저자는 기광서의 주

103. 전현수(2004), pp. 24–25 ; 국사편찬위원회(2004b), 1946년 9월 26일.

104. 전현수(2004), p. 26 ; 국사편찬위원회(2004b), 1947년 7월 30일. 1947년 8월 5일자 미소공위 회의를 보면, 미국측의 브라운(Albert C. Brown) 장군이 소련측이 회의를 지연시키고 있다는 점을 지적하고 있다. 그는 자신은 '매일 매일 문서들로부터 필요한 부분을 적어놓는다' 면서 소련 대표단은 '속기록의 발췌 작업에 3일이나 허비했다' 고 비난했다. 국사편찬위원회(2004b), 1947년 8월 5일, 브라운은 스티코프가 어떤 목적을 갖고 시간을 질질 끌고 있다고 생각했던 것이다. 이는 분명히 스티코프의 의도적인 행동이었던 것으로 보인다.

장과 정성임의 주장의 일부에 대해서는 동의한다.

그렇다면 왜 상기 반 리, 웨더스비, 김성보 등의 주장에 대해 동의하지 않는가? 반 리나 웨더스비의 주장에 대해서는 나중에 '양궤전략의 증거들'을 제시하는 과정에서 자세히 반박하게 될 것이기 때문에 여기에서는 김성보, 남광규, 그리고 전현수의 주장 중에서 본 논문의 저자가 이견을 갖고 있는 몇 가지에 대해서만 논평을 하기로 한다.

우선, 김성보는 제1차 미소공위의 결렬 후 스티코프가 '소련은 미소공위를 재개하는 데 있어서 주도권을 발휘하지 말 것'이라고 제안한 것을 소련이 미소공위 재개에 '소극성'을 보이고 북한에서만의 친소 분할정부 수립 방향으로 나아간 것으로 해석하고 있다.

본 저자는 소련이 '공위재개에서 주도권을 발휘하지 말아야 한다'는 것은 소련이 미소공위를 재개하지 않겠다는 것이 아니라, 미국으로 하여금 먼저 공위재개를 요구하고 나오도록 만들어[105] 나중에 미소공위가 재개되면 소련이 원하는 요구사항을 보다 쉽게 관철시키려는 '협상전술'적 행위였다고 해석한다. 더구나 하지는 제1차 공위가 결렬된 직후부터 여러 차례 치스챠꼬프(Ivan Mikhailovich Chistiakov)에게 서한을 보내 미소공위의 재개를 요청하고 있었다. 또 상기

105. 제1차 공위가 1946년 5월 9일에 공식적으로 휴회에 들어갔는데, 하지는 바로 5월 9일부터 치스챠코프에게 공위재개를 요청하는 공한을 몇 차례 발송하였다. 하지는 6월 말부터 7월 초의 시기에 브라운을 평양에 파견하여 공위재개를 요청했다. 하지는 8월 한달 내내 차스차코프에게 공위재개 요청 서한을 보냈다. 그리고 하지는 12월 24일에 치스챠코프에게 공위재개를 위한 비밀서한을 보내기도 했다. 마침내 워싱턴에서는 마샬 무장관이 1947년 4월 9일로 몰로토프 외상에게 공위재개의 요청 서한을 보냈다. 신복룡(2001), pp. 342-348.

스티코프의 "조선에서의 소미공동위원회의 활동(작업)에 대하여"라는 1946년 6월 12일자 훈령 초안은 남한에서 행해지고 있던 미국측의 '반동정책'의 본질을 폭로하여 선전할 것을 포함하고 있었다.[106] 이는 스티코프가 북한에서 소련의 영향력을 공고히 하는 정책[107]과 더불어 남한의 미군 점령지역에서도 장기적인 목표 하에 친소 좌익세력의 신장을 위해 미국 정책의 문제점을 폭로하여 미군정을 압박하는 전술적 행위를 하고 있었다는 것을 말해준다.

더구나 스티코프는 1946년 9월에 들어서는 '미소공위를 신속히 재개한다'는 입장에 서 있었고,[108] 10월 초에는 미소공위 재개를 공론화하고 미국측의 의견을 타진해 볼 목적으로 미국 대표 번스(Arthur Bunce)를 평양으로 초청하여 미소공위 재개의 물꼬를 트기도 하였다.[109] 치스챠꼬프는 1946년 11월 26일자로 하지에게 공위재개 관련 서한을 보냈는데, 그는 미국에게 양보를 하지 않은 차원에서 협의대상 선정자격 관련 협상원칙을 제시했다. 이에 대해 하지는 1946년 12월 24일자 답신에서 소련측의 요구사항을 약간 수정하여 대폭 수용했다. 미국이 사실상 당시 소련측의 요구사항을 거의 그대로 받아들인 것이었다.[110]

요컨대 본 논문의 저자는 소련이 '협상전술'상 겉으로는 공위

106. 김성보(1995), p. 90.
107. 스티코프가 몰로토프에게 보내는 1946년 5월 31일자 보고서에서 제시한 북한에서의 소련의 영향력을 공고히 하는 정책, 예컨대 산업국유화, 신속한 산업복구를 위한 소련기술자들의 파견 등의 구체적인 정책내용에 대해서는 기광서(2002), p. 184 참조.
108. 국사편찬위원회(2004b), 1946년 9월 16일, 26일, 27일.
109. 국사편찬위원회(2004b), 1946년 10월 3일, 5일, 7일.
110. 신복룡(2001), p. 345.

재개에 관심이 없는 듯한 태도를 취했으나 실제로는 미소공위를 성공시켜 한반도 전역에서 친소정부를 수립하고자 하는 목표를 달성하기 위해 지극히 전략적으로 행동했다고 해석한다.

둘째로, 제2차 미소공위의 목적은 조선임시정부 수립보다는 사실상 '남한의 반동화 저지'가 목적이었다는 남광규나 전현수 주장의 문제점은 무엇인가? 물론 당시 남한의 상황을 보면 소련으로서는 미군정 하에 놓여 있었던 남한에서 소위 '반동화를 저지'하기 위한 대책들이 필요했다. 예컨대 제1차 미소공위가 결렬된 뒤 4개월 여 후에 북한을 방문한 여운형의 증언을 보더라도 미소공위의 지속과 결렬은 남한에서의 미군정의 좌익에 대한 정책에 영향을 미쳤던 것이 사실이다. 미소공위의 활동 지속은 공산주의자들에 대한 미군정의 회유와 포섭을 가져왔고, 미소공위의 결렬은 좌익에 대한 미군정의 탄압을 가져왔던 것이다.[111] 여운형은 로마넨코에게 심지어 공동위원회 사업에서 결과가 나오지 않는다 하더라도 서울에 소련측 대표단이 참가한다는 것 하나만으로도 우리의 활동 전개에 중요한 도움이 될 것이라고 말하고 '공동위원회 사업은 휴회를 목적으로라도 시작해야 한다'고 강조하였다.[112]

미소공위에서의 소련이 취한 일련의 정책과 행동이 남한에서의 반동화를 저지하는 데 도움이 된 것은 사실이었을 것이다.[113] 그러

111. 국사편찬위원회(2004b), p. 175.(연해주 군관구 군사평의회 위원 스티코프 상장에게)
112. 국사편찬위원회(2004b), p. 183(1946년 9월 27일 여운형-로마넨코 회담록).
113. 스티코프가 미소공위를 중단하는 것은 소련에게 불리하다고 생각했던 이유 중의 하나가 남한에서 친소 좌파는 공위사업이 진행되는 동안 크게 성장하였고 강화되었기 때문에 공위사업이 결렬되면 좌파진영에 타격이 될 것이고, 이들은 이에 실망할 것이며, 이들에 대한 테러가 거세질 것이며, 또 이들

나 보다 근본적인 질문은 소련 자신이 이미 남한을 포기하고 북한만을 차지하여 친소국가로 만들려는 결정을 내린 후라면 이미 포기하기로 한 남한에서 구태여 반동화를 저지하기 위해 노력할 필요가 있었을까? 본 논문의 저자는 '반동화 저지' 그 자체가 미소공위에서의 소련의 정책목표였다고 보지 않으며, 오히려 남한의 반동화를 저지해야 할 '보다 근본적인 이유'는 다른 곳에 있었다고 생각한다. 즉 소련은 남한의 반동화 저지를 통해 궁극적으로 한반도 전역에서 친소정부를 세우고자 하였던 것이다.

한편, 기광서의 주장—즉 스티코프는 1946년 미소공위의 결렬을 '실패'라기보다는 오히려 공위에서 반동세력의 계획을 좌절시킨 '승리'로 간주했고, 또 공위 결렬의 책임은 전적으로 미국에 있기 때문에 소련은 공위재개에 먼저 나서지 말고 미국이 스스로 해법을 찾을 때까지 기다릴 것을 제안했다는 주장—이나 정성임의 주장—즉 스티코프는 미소공위를 '제스처'로 생각하지 않았으며, 제2차 미소공위가 결렬된 이후에도 상황전개의 불가피성 때문에 분단의 현실성을 인정한 것이지 분단의 영구화를 용인한 것은 아니었다 주장—은 본 논문의 저자의 '양궤전략'의 주장을 뒷받침해 주는 상당히 의미 있는 내용을 담고 있다.

결론적으로 본 논문의 저자는 소련이 처음부터 한반도 전역에 친소정권을 수립하는 데 관심을 갖고 있었고, 미소공위 협상을 통해서 수립되는 통일 조선임시정부가 친소정부로 되도록 '진정성'을 갖고 노력하였다고 생각한다. 그리고 소련은 한반도 전역에 친소정부

을 약화시키게 될 것이라는 점이었다. 국사편찬위원회(2004b), 1947년 8월 2일.

를 수립하는 목표를 달성하기 위한 일관성 있는 목적 하에 미소공위를 운용하였다고 본다. 국제환경과 한반도 내부의 여러 조건의 변화 등으로 결과적으로 소련은 북한지역에만 한정하여 친소정부를 세우게 된 것이었지만 그것이 원래 소련 정책의 목표는 아니었다고 본다. 즉 소련의 전략적 목표와 그것을 달성하려는 정책은 북한지역과 한반도 전역을 대상으로 동시에 친소정권을 수립하려는 '양궤전략'으로 나타났다고 보는 것이다.

(3) 양궤전략의 증거

그렇다면 본 논문의 저자의 '양궤전략'의 주장, 특히 소련이 미소공위를 '진정성'을 갖고 운용했다는 것을 뒷받침해 줄 수 있는 증거는 무엇인가? 그리고 나중에 미소공위의 실패의 가능성이 점점 커져가자 소련은 미소공위 이외의 어떤 방법과 수단을 통해 친소정부를 수립하려고 하였는가?

첫째, '스티코프 일기'를 발굴하고 해설한 전현수에 의하면, 미소공위의 소련 대표 단장이었던 스티코프의 일기 중 남아 있는 부분 중에서 특히 제3권(1947년 7월 7일–8월 29일)은 거의 대부분이 제2차 미소공위와 관련된 기록으로 가득 채워져 있고, 특히 소련의 조선임시정부 수립 구상이 어떻게 변해갔는지 잘 드러나 있으며,[114] 제1차 공위가 결렬된 이후에도 스티코프가 공위의 재개를 위해 계속하여

114. 전현수(2004), p. 23 ; 국사편찬위원회(2004b), 1947년 7월 7일–1947년 10월 4일, 1948년 7월 26일–1948년 10월 2일.

많은 노력을 했음을 보여주고 있다. 사실상 본 논문의 저자가 보아도 그의 일기 어느 곳에도 그가 미소공위에서 진정성 없이 연극을 했다고 생각할 만한 증거도 없고 그러한 느낌도 받지 않는다. 우리가 그의 일기를 평가하는 데 있어서 그것은 누구에게 보여주기 위한 것이 아니라 자기 자신을 위한 메모였다는 점을 기억할 필요가 있다.[115)]

둘째, 「북조선주재 소련민정부의 사업결산 보고서」를 보면, 소련군사령부가 모스크바 외상회의의 결정사항들을 '조선 전역에 걸쳐 관철' 시키려고 '집요한 노력', '모든 노력' 을 하였으며, 소련은 미소공위에서 모스크바 결정을 준수하려는 '확고부동한 태도' 를 보였다고 기술되어 있다.[116)] 그리고 소련군은 북한에서의 부분적인 철병과 민주적인 토대 위에 '통일국가' 를 세우고자 하는 남북 민주세력을 정치 및 조직적인 '단일체' 로 묶어내고자 했던 '방침' 을 갖고 있었다고 쓰여 있다.[117)]

「북조선주재 소련민정부의 사업결산 보고서」는 소련이 미소공위가 파탄된 이후에 어떤 노력을 통해 한반도 전역에서 친소정부를 세우려고 했는지를 다음과 같이 기술하고 있다.[118)] 우선, 상기 보고서

115. 양현수는 소련공산당의 성격상 '군복을 입은 당관료' 에 해당하는 스티코프가 말과 기록을 삼가는 경향을 지적하면서, 그의 일기도 '어떤 민감한 사항을 기록해 두었을 리가 만무' 하기 때문에 '별로 기대할 것이 없다' 고 지적하고 있다. 양현수(2006.12.8), p. 146. 그러나 스티코프 자신이 다른 사람이 아닌 자기 자신을 위해 기록하였던 '스티코프 일기' 는 수많은 귀중한 정보를 제공하고 있다.

116. 「북조선주재 소련민정부의 사업결산 보고서」(1945.8-1948.11), pp. 9, 11.

117. 「북조선주재 소련민정부의 사업결산 보고서」(1945.8-1948.11), p. 13. 본 논문의 저자가 이용하고 있는 이 보고서의 번역본에는 "남북 민족세력"이라고 되어 있으나, 본 저자는 "남북 민주세력"이 잘못 오기된 것이 아닌가 생각한다.

118. 물론 소련의 이러한 일련의 행위는 북한에서 친소 단독정부를 세우면서 한

는 1948년 4월과 6월 평양에서 개최되었던 남북조선제정당사회단체대표자연석회의와 남북조선제정당사회단체지도자협의회, 1948년 8월 소위 '이중선거'를 통한 한반도 전역을 대상으로 한 최고인민회의 선거, 그리고 최고인민회의에서의 조선민주주의인민공화국의 헌법승인, 조선민주주의인민공화국 내각을 남북 정당대표자들로 구성한 것 등을 '한반도 전역'에서 소련군의 친소 통일조선 정부를 세우려는 소련의 중요한 시도로 기술하고 있다.[119] 소련은 이들 회의가 '조선분단을 불허'하기 위하여 남한에서 단독정부 수립을 위한 총선거를 반대하며, 미·소 양국의 '주둔군 완전철수 후 한반도 전역에서의 선거를 통한 정부수립'이라는 정책을 다시 한 번 확인하고 이를 미국에 요구하도록 하였다.[120]

소련은 또한 남한에서의 선거를 위해 한국에 와 있었던 유엔한국임시위원단의 즉각 철수를 요구하도록 지시했다.[121] 그리고 상기 1948년 4월 연석회의를 '총선 반대투쟁일 뿐만 아니라 통일 조선을 창조하는 미래 조선의 본보기'라고 규정하였다.[122] 소련은 조선이 통일될 때까지 북조선 영내에 북조선 인민회의에서 승인한 조선민주

반도 분단의 책임을 상대방 탓으로 돌리려는 '선전선동'의 차원에서 행해진 것으로 해석할 수도 있다. Lankov (Autumn 2005), p. 400. 그리고 이는 소련이 한반도에서 통일 조선정부 수립을 지지해 왔다는 '명분'을 보여주기 위한 것일 수도 있다. 그러나 「북조선주재 소련민정부의 사업결산 보고서」는 미국이나 남한에게 보여주기 위한 것이 아니라, 소련 '내부 보고서'라는 점을 이해할 필요가 있다.

119. 「북조선주재 소련민정부의 사업결산 보고서」(1945.8−1948.11), pp. 13−14.
120. 「레베데프 비망록」(번역본) (중앙일보 통일문화연구소 소장) (1945.3.25−9.12), 1948년 4월 19일 ; Lankov (Autumn 2005), p. 400.
121. Lankov (Autumn 2005), p. 400.
122. 「레베데프 비망록」, 1948년 4월 28일.

주의인민공화국 헌법을 실시하며, 새로 수립되는 정부의 내각에 조선의 통일을 지지하는 남조선 대표들이 망라될 수 있으며,[123] 평양에 '통일정부 창설을 영구화' 하는 선전 문구를 담은 아치를 세우고[124] 내각의 조각회의에서 남한 출신 상(장관)의 숫자를 늘리도록 지시했다.[125]

셋째, 소련은 조선임시정부를 친소정부로 만들기 위해서 협의 대상에 모스크바 결정을 반대하는 우익세력의 참여를 처음부터 끝까지 '철저히' 배제했다.[126] 예컨대 소련공산당 정치국이 1946년 7월 26일자로 미소공위 소련 대표단에게 내린 지시를 보면 모스크바 결정을 지지하는 세력은 미소공위와의 협의에 참여시키고 모스크바 결정을 반대한 세력은 어떻게든지 배제시키도록 '절대적' 으로 요구하고 있다.[127] 이러한 반탁세력 배제의 지시는 제2차 미소공위 재개 바로 전날인 1947년 5월 20일자 정치국 지시에서 반복되고 있다.[128] 소련으로서는 당시 남한에서 우익들의 강력한 반탁투쟁에도 불구하고 어떻게 해서든지 이를 극복하고 미소공위를 살려나가야만 나중에 한반도 전역에서 친소정부를 수립할 수 있을 것으로 판단했던 것으로 생각된다.

그렇다면 소련은 왜 미국과의 협상에서 '반탁세력의 협의대상 배제' 라는 입장을 '철저히' 그리고 '절대적' 으로 고수하였는가? 소련은 해방 당시 남한을 포함한 전체 조선사회의 분위기가 사회주의

123. 「레베데프 비망록」, 1948년 5월 25일.
124. 「레베데프 비망록」, 1948년 8월 30일.
125. 「레베데프 비망록」, 1948년 9월 9일.
126. U. S. Department of State (1971), pp. 692–699.
127. Lankov (Autumn 2005), pp. 390–391.
128. Lankov (Autumn 2005), p. 393.

세력에 대해 매우 우호적이었기 때문에[129] 조선임시정부 수립에 있어서는 기본적으로 자신이 유리하다고 생각했던 것으로 보인다.[130] 또한 소련은 좌익의 우세를 등에 업고 미소공위에서 자신의 입장을 관철하려 했던 것으로 보인다.

미소공위 공동 코뮤니케 제5호[131]와 제11호[132]는 조선임시정부를 수립하기 위해 미소공위를 파탄시키지 않으려는 소련의 타협안이었으나 소련은 이 경우에도 모스크바 결정을 반대하는 반탁 우익세력이 미소공위의 협의대상에 포함되는 것은 결코 용인하지 않았다. 소련의 이러한 태도는 결과적으로 미소 간의 합의를 도출해내는 데 걸림돌로 작용하여 결국 공위를 파탄시키는 데 일조한 것이 사실이지만, 다른 한편으로는 어떤 값을 치르더라도 새로 수립되는 임시정부를 친소정부로 만들겠다는 소련의 강력한 의지를 나타낸 것이기도 했다.

소련이 미소공위를 통해 조선임시정부를 수립하고 신탁통치를

129. 본 논문의 각주 60번 참조.

130. 남광규(2006. 12. 8), pp. 160–161.

131. 제1차 미소공위 기간인 1946년 4월 중순 발표된 미소공위 '공동 코뮤니케 제5호'는 지난 시기에 반탁한 정당과 사회단체가 이제 모스크바 결정의 목적을 지지하고 미소공위의 결정에 따르며, 더 나아가 조선임시정부에 참여함으로써 신탁통치에 관한 제안을 수행함에 있어서 공위에 협조하겠다는 '서약서'를 쓰면 이들은 미소공위의 '협의대상'이 될 수 있도록 하는 조치를 담고 있었다.

132. 제2차 미소공위 기간인 1947년 6월 초순 발표된 미소공위 '공동 코뮤니케 제11호'는 공위와 협의대상이 될 정당과 사회단체는 공동 코뮤니케 제5호에 선언한 서약서에 서명해야 하며, 협의 참가 '청원서'를 제출한 단체에게는 조선임시정부 수립의 임시헌장과 조선임시정부의 정강에 관한 '자문서'를 배부할 것이며, 이 자문서들에 대한 답신은 장차 수립될 조선임시정부의 형태와 그 성격을 규정하는 데 참고로 한다는 성명이었다.

실시함으로써 한반도 전역에 친소정부를 세우려는 목표를 갖고 있었다는 것은 제1차 공위가 결렬된 후 스티코프가 스탈린과 몰로토프에게 보낸 1946년 6월 12일자 보고서에도 잘 나타나 있다.[133] 스티코프는 미국이 제1차 공위 전(全) 과정에서 조선임시정부 구성에서 2/3 이상을 친미 우익세력이 차지하도록 노력하였으며, 친소 좌익세력은 1/3만을 차지하도록 하려 하였다고 이해하고 있었다.[134] 만일 그렇게 되는 경우, 그는 우익정당들이 실세(實勢)가 될 조선임시정부는 조선에서 소련의 이익에 해악만을 끼칠 것이며, 미국의 입장만을 강화할 것으로 우려하였다.[135] 따라서 그는 특히 좌익에 비해 경험이 풍부한 노련한 정치가들이 더 많은 우익이 정부수립을 주도하게 될 위험을 미리 방지하고자 노력하였다.[136] 소련은 어떻게 해서든지 미소공위를 소련이 원하는 방향으로 운용하여 친소 좌익세력이 실권을 장악하는 조선임시정부를 만들고자 하였던 것이다.

소련의 이러한 입장은 제1차 미소공위가 결렬된 뒤 4개월 여 후인 1946년 9월 27일 로마넨코가 당시 북한을 방문한 여운형과의 나눈 대화에서도 잘 나타나 있다. 로마넨코는 소련은 미소공위의 성공을 지극히 중시했으면서도 조선임시정부로서 '친미 반동정부를 세우기보다는 차라리 공위의 활동을 중단하는 것이 더 낫다'는 점을 피력했다.[137] 이는 물론 미소공위를 통해 반드시 친소정부를 수립해

133. 「스티코프가 스탈린과 몰로토프에게 보낸 보고서」(중앙일보 통일문화연구소 소장) (1946.6.12).
134. 「스티코프가 스탈린과 몰로토프에게 보낸 보고서」(1946.6.12).
135. 「스티코프가 스탈린과 몰로토프에게 보낸 보고서」(1946.6.12).
136. 전현수(2004), pp. 25–26 ; 국사편찬위원회(2004b), 1947년 7월 23일, 1947년 7월 30일.
137. 국사편찬위원회(2004b), p. 185(1946년 9월 27일 여운형–로마넨코 회담록).

야 한다는 강조요법이었다. 로마넨코는 제1차 미소공위에서 미국이 '심지어 모스크바회담 결정에 반대' 하는 정당과도 협의하자고 나오는 등 미소공위의 활동을 '중단' 하게 만들 수밖에 없는 요구들을 하였으나, 소련은 조선임시정부를 수립하기 위한 목적 하에 회담의 지속을 위해서 양보하기로 하고 자신의 요구에서 한발 물러나 공동 코뮤니케 제5호에 합의하게 되었다고 설명했다.[138)]

소련으로서는 어찌 보면 로마넨코의 언급처럼 미소공위 '공동 코뮤니케 제5호' 는 반탁의 경력이 있는 정당과 사회단체를 공위와의 협의대상에서 배제하지 못한 면이 있었다. 그러나 반탁의 경력이 있는 정당과 사회단체들이 '서약서' 에 서명하고 공위와의 협의에 참여했다는 것은 결국 소련의 '정치적 승리' 로 볼 수 있었다. 왜냐하면 어떤 정당과 사회단체들도 일단 서약서를 제출하게 되면 모스크바 결정과 미소공위의 결정을 받아들이지 않을 수 없게 되었고, 만약 서약서를 제출하지 않거나 또 그것을 제출한 다음에 서약한 내용에 반하는 행위를 하는 정당과 사회단체는 자동적으로 미소공위의 협의대상에서 배제되는 '제도적 틀' 을 확보하게 되었기 때문이었다.[139)] 그리고 조선임시정부를 수립하는 데 있어서 모스크바 외상회의 결정 자체를 반대하는 정당과 사회단체들을 협의대상에서 배제하겠다는

138. 국사편찬위원회(2004b), p. 185(1946년 9월 27일 여운형-로마넨코 회담록) ; 「스티코프가 스탈린과 몰로토프에게 보낸 보고서」(1946.6.12).

139. 특히 하지 미사령관이 1946년 4월 22일 및 27일자 성명을 통해 그 동안 반탁을 해오던 우익 정당과 사회단체들에게 공동 코뮤니케 제5호를 받아들임으로써 모스크바 외상회의 결정에 찬성하도록 협조를 구하면서, 이들 정당과 사회단체들이 '서약서' 를 제출한다고 하더라도 '찬탁, 반탁의 의사표현의 자유는 있다' 고 언명한 데 대해 소련은 일단 공동 코뮤니케 제5호에 따른 서약서를 제출하고 나면 그 다음에는 모스크바 외상회의 결정에 '반대하는 의사표시는 허용되지 않는다' 는 입장을 취하였다. 심지연(1989), pp. 12, 14.

소련의 주장은 최소한 '논리상'으로 정당한 것이었다.[140)]

사실상 공동 코뮤니케 제5호 서약서는 이승만, 김구, 한민당 등 우익에게 '반탁'과 '공위 참석'이라는 기본적인 모순을 안겨주었다. 예컨대 이승만은 '우리가 서명하는 것은 신탁을 지지하는 것이 아니요, 다만 신탁에 관한 문제를 해결할 토의에 협동한다는 뜻을 표함이니 그 토의에 참여하지 않으면 그 문제가 원만히 타결되기를 바라기 어려울 것'이라고 하였는데,[141)] 이는 소련측이 공동 코뮤니케 제5호를 통해 향후 우익의 행위를 일정부분 통제할 수 있는 정치적 승리를 거두었다는 것을 의미했다.

치스차꼬프는 하지에게 보낸 1946년 11월 26일자 서한에서 소련측의 공위재개 원칙을 명백히 제시하였다. 모스크바 결정에 완전히(fully) 지지하는 정당과 사회단체만을 협의대상에 포함시키고 모스크바 결정에 적극적으로(actively) 반대를 표시한 사람을 협의대표로 선발치 말 것이며, 협의에 초청된 정당과 단체는 앞으로 모스크바 결정이나 미소공위의 업무에 반대 의사를 표명하지 말고 또한 다른 단체들을 반대하도록 선동하지 말 것이며, 만일 그렇게 한다면 그들은 공위의 양측 대표단이 합의하여 더 이상의 협의에서 제외시킨다는 것이었다. 이에 대해 하지는 치스차꼬프에게 보낸 1946년 12월 24일자 답신[142)]에서 소련측의 요구사항을 약간의 수정만 하여 대폭 수

140. 신복룡(2001), p. 338.
141. 신복룡(2001), p. 339.
142. 하지의 비밀답신의 내용은, 1946년 4월 17일 합의에 따른 '공동 코뮤니케 제5호'를 받아들여 '서약서'를 제출하게 되면 이는 모스크바 결정을 '전적으로 지지'한다는 성의를 표명한 것으로 보며, 각 정당이나 사회단체의 대표가 모스크바 결정의 실행이나 연합국에 대해 '반대 한다'고 믿을 만한 정당한 이유가 있는 경우에는 그 대표자를 변경하고, 공동 코뮤니케 제5호에 서명

용하였고, 이는 소련으로서는 하나의 의미 있는 승리였다.

하지의 비밀답서의 내용이 밝혀지면서 남조선과도입법위원 41명 등 우익세력이 이에 반발하고, 김구를 중심으로 한 반탁세력은 1947년 1월 반탁(독립투쟁)위원회를 구성하고 공동 코뮤니케 제5호에 대한 서명을 취소한 사건이 발생했다. 당시 입법위원들의 주장은 모스크바 외상회의의 결정 중 조선의 신탁통치에 관한 조항은 전(全)민족이 절대 반대하고 있는데도 하지 중장이 비밀서한에서 '공동 코뮤니케 제5호에 서명한 것을 모스크바 결정의 전면적 지지로 인정'하는 것은 민족의 총의를 왜곡하는 것이어서 단호히 반대한다는 것이었다. 그리고 이는 '의사표시의 자유'를 구속하는 것이며, 또 그렇게 함으로써 신탁통치를 조선민족에게 강요하는 셈이 된다는 것이었다.[143)]

치스챠꼬프의 서한에서 소련측이 제시한 미소공위 재개를 위한 협의대상 선정 요구조건과 이를 기본적으로 수용한 하지의 답신과 그와 관련된 사태의 진전은 결국 소련이 공위재개의 건과 관련하여 주도권을 잡고 미국에 대해 자신의 요구사항을 그런대로 관철해 나갔다는 것을 보여준다. 더구나 1947년에 4월에 들어 상기 1946년 11–12월에 미·소 양국의 한반도 주둔군 사령관들 사이에서 주고받은 미소공위 재개의 조건들에 대한 합의를 기반으로 미국무장관 마샬과 소련외상 몰로토프 사이에 미소공위 재개의 논의가 급진전을 보였다. 마샬은 몰로토프에게 보낸 1947년 4월 8일자 서한에서 '가

한 후에는 공위의 임무에 대해서나 연합국에 대해서 혹은 모스크바 결정의 실천에 대해서 '적극적인 반대'를 교사 선동하지 못하며, 이와 같은 행동을 하는 자는 협의에서 제외한다는 것이었다. 신복룡(2001), p. 345.

143. 신복룡(2001), p. 345.

능한 한 빨리' 미소공위를 재개할 것을 촉구했다. 몰로토프는 4월 19일자 답신에서 이미 한반도 현지의 사령관들 간에 서신교환을 통해 양국은 미소공위 재개와 관련하여 '상당한 화해'를 이룩했다는 점을 지적하였다. 그리고 협의대상에서 반탁세력이 배제되어야 함과 더불어 남한에서의 조선노동조합전국평의회(전평), 전국농민조합총연맹(전농) 등과 같은 대규모 민주세력들이 반드시 포함되어야 한다는 것을 재천명했다.

몰로토프는 '한반도 관련 모스크바 결정을 정확히 이행하는 기반 위에서' 미소공위를 5월 20일 재개하자고 제의했다. 이에 마샬은 몰로토프에게 보낸 1947년 4월 30일자 답신에서 '한반도 관련 모스크바 결정을 정확히 이행하는 기반 위에서' 공위를 재개하는 데 동의하면서 장차 무엇이 과연 '모스크바 결정의 정확한 이행'인지에 대해 더 이상의 오해를 빚어서는 안 된다는 점을 지적하였다. 마샬은 미소공위에 협조할 준비가 되어 있는 정당과 사회단체들이 새로 수립할 정부에 대해 과거에 품고 있었거나 혹은 표현했던 의견 때문에 협의대상에서 배제되어서는 안 된다는 점을 재차 강조하였다. 이에 대해 몰로토프는 5월 7일자 회신에서 치스챠꼬프가 하지에게 보낸 1946년 11월 26일자 서한과 이에 대한 하지의 1946년 12월 24일자 답신의 내용을 '재인용'하고, 하지가 자신의 답신에서 수정 제안한 내용을 수용한다면서 이제 공위재개를 연기해야 할 이유가 없음을 확인하였다. 결국 마샬은 몰로토프에게 보낸 1947년 5월 12일자 답신에서 '하지가 치스챠꼬프에게 보낸 1946년 12월 24일자 서한에서 한 제안들을 기반으로 미소공위를 재개'하는 데 동의했다.[144)]

144. U. S. Department of State(1972), Vol. VI, pp. 632–643.

이러한 사태의 발전은 결국 소련이 실질적인 '주도권'을 잡고 자신이 원하는 방향으로 미국을 끌어들여 제2차 미소공위를 재개했다는 것을 말해준다. 왜냐하면 제2차 미소공위 재개의 합의기반은 하지가 치스챠꼬프에게 보낸 1946년 12월 24일자 서한이었는데, 하지는 그 서한에서 차스챠꼬프가 공위재개 원칙과 관련하여 1946년 11월 26일자 편지에서 제안한 내용을 거의 그대로 수용했기 때문이다.

제2차 미소공위는 1947년 5월 21일에 개최되었다. 그리고 미·소 양국은 1947년 6월에 '공동 코뮤니케 제11호'에 합의했다. 이 공동 코뮤니케 제11호에 의거하여 미소공위는 공동 코뮤니케 제5호의 '서약서'에 서명하고 협의 참가 '청원서'를 제출한 정당과 사회단체에게 '조선민주주의임시정부의 구성 급 [및] 원칙(임시헌장)'과 '장래의 조선민주주의임시정부의 요강(정강)'이라는 두 가지 '자문서'에 답신할 기회를 주었다. 답신은 장차 수립될 조선임시정부의 형태와 그 성격을 규정하는 데 참고가 될 예정이었다.

스티코프는 제2차 미소공위 결과에 대해 모스크바에 보낸 보고서의 결론에서, 반탁위원회에 속한 정당들과 사회단체들이 미소공위 공동 코뮤니케 제11호를 받아들여 제출한 '청원서는 다소나마 우리의 입장을 약화'시키고 있지만,[145] 여전히 이 정당들을 '압박하기 위

145. 김구가 주도한 반탁위원회도 공동 코뮤니케 제11호에 따라 공위의 협의대상이 되기 위해서 청원서에 서명하여 제출하였고, 조선임시정부 헌장과 정강에 관한 질문서에 대한 응답을 제출했다. 당시 남한의 신청단체들은 7월까지 모두 463개나 되었으며, 그들이 주장하는 회원 수는 7천만 명으로서 그 중 약 80%는 38선 이남 단체에 소속되어 있었고, 약 20%는 이북에 소속되어 있었다. 당시 남한의 성인 인구가 1천만 명 정도라고 볼 때 회원수는 무려 7배가 되는 허수였다. 신복룡(2001), pp. 349-350.

한 수단' 으로 활용할 수 있다고 기술하고 있다. 그는 그 청원서들을 소련에 유리하게 해석하고 이용하는 것이 '바람직하다' 는 의견을 제시하며 소련공산당 중앙의 의견을 묻고 있다.[146] 객관적으로 보아 이 청원서 역시 '공동 코뮤니케 제5호의 서약서' 처럼 소련이 앞으로 반탁 정당과 단체들의 정책과 행동을 '공동 코뮤니케 제11호' 에 묶어 놓고 통제할 수 있게 되었다는 것을 의미하였다.

소련으로서는 협의대상에서 배제하고 싶었던 김구 중심의 반탁위원회가 공동 코뮤니케 제11호에 따라 청원서를 서명 제출하고 조선임시정부 수립의 헌장과 정강에 관한 자문서에 답신안을 제출한 데 대해 불만스럽게 생각했을 것이다. 그러나 소련은 정당과 사회단체들이 '단순한' 반탁을 하지 않고 반탁위원회에 참여하여 미소공위의 활동을 방해하기 위하여 '적극적' 으로 반탁하고 선동하는 경우, 그들이 반탁위원회를 탈퇴하지 않으면 공위의 협의대상이 될 수 없다는 원칙[147]을 결코 양보하지 않았다. 이미 살펴보았듯이, 소련은 미소공위와의 협의에 '초청' 된 정당과 단체는 앞으로 모스크바 결정이나 미소공위의 업무에 반대 의사를 표명해서는 안 되며, 또 다른 단체들을 선동해서도 안 된다는 것, 그리고 만일 그렇게 한다면 그들은 공위의 양측 대표단이 합의하여 더 이상의 협의에서 제외시킨다는 원칙을 이미 관철시켜 놓고 있었다.

소련은 제2차 미소공위에서 반탁세력이 협의대상에 참여하는

146. 『쉬띄꼬프 일기, 1946-1948』(2004), 1947년 7월 31일. 반탁위원회는 제1차 미소공위가 끝난 후 8개월여 후인 1947년 1월, 김구를 위원장으로 35개 우익진영 정당과 사회단체가 가입한 위원회였는데, 나중에는 42개 단체로 그 구성원이 증가하였다. 심지연(1989), p. 18 ; 신복룡(2001), pp. 345-346.

147. U. S. Department of State(1972), Vol. VI, pp. 640-642.

것을 어떻게든지 반대하면서[148] 다른 한편으로는 공동 코뮤니케 제11호를 받아들이면서 과거에 모스크바 결정을 '반대'하던 입장에서 이제 '지지'하는 입장으로 바뀐 개인이나 집단에 대해서는 그 '진정성 여부'에 대해 '특별조사'를 하도록 소련 대표들에게 지시했다.[149] 이는 우파가 찬탁에로 '위장전환'하였을 가능성을 경계했기 때문이었으나 보다 근본적인 이유는 미소공위를 통해 수립하려는 조선임시정부가 혹시라도 이러한 위장전환의 결과로 나중에 친소정부가 아닌 친미정부가 될 것에 대한 경계심 때문이었을 것이다. 만일 소련이 미소공위를 통해 한반도 전역에 친소정부를 수립하려는 진정성이 없었다면, 전술적으로 위장하여 찬탁을 하면서 협의대상에 참여하려는 우파세력에 대해서 그렇게 특별조사까지 하면서 신경 쓸 필요는 없었을 것이다. 이러한 특별조사의 지령은 소련이 미소공위를 통해 한반도 전역에 친소정부를 수립하겠다는 계획을 결코 포기하지 않았다는 또 하나의 증거라고 할 것이다.

여기에서 한 가지 짚고 넘어가야 할 문제는 제2차 미소공위의 준비와 개최 시기에 마침 미국의 세계전략이 큰 변화를 보이고 있었는데, 이에 대한 소련의 판단과 그것이 미소공위에 미친 영향이다. 당시 미국은 1947년 초반부터 중국에서 마샬(George C. Marshall, Jr.) 장군의 중재를 통해 시도했던 국공합작의 실패를 경험하고, 유럽에서

148. Lankov (Autumn 2005), p. 393 ; 심지연(1989), p. 2.

149. Lankov (Autumn 2005), p. 393. 스티코프가 미소공위를 중단하는 것이 소련에게 불리하다고 생각하였는데, 그 이유 중의 하나는 반탁위원회에 속한 정당들과 사회단체들이, 특히 이들이 '청원서'에 서명한 이후 모스크바 결정에 반대하는 투쟁을 계속 전개하고 있다는 것을 증명할 사실들과 자료들이 소련측에게는 많지 않다는 것이었다. 국사편찬위원회(2004b), 1947년 8월 2일.

는 1947년 3월 중순에 '트루만 독트린'을 발표하였고, 7월 중순부터는 '마샬플랜'을 통해 모든 원조를 유럽에 집중시키고 있었다. 이러한 세계전략 속에서 미국은 자신의 체면을 손상하지 않으면서 한반도에서 철수할 수 있는 길을 모색하고 있었다.[150)]

본 논문의 저자는 소련이 미국의 세계전략의 변화를 인지하면서 제2차 공위에서부터는 조선임시정부가 친소정부가 될 수 있는 가능성을 더욱 기대하지 않았을까 생각해 본다. 바로 이러한 이유 때문에 소련은 하나의 '승부수'로서 친미 우익세력을 미소공위의 협의대상으로부터 배제시키기 위해 그처럼 강력히 입장을 견지했던 것이 아니었을까?

소련은 당시 상황에서 미국이 남한을 그대로 소련에 넘겨줄 리가 없었을 것이기 때문에[151)] 일이 잘못되면 제2차 공위 결렬이라는 비용을 치르게 될지도 모른다는 점을 잘 인식하고 있었을 것이다. 그럼에도 불구하고 소련은 상기 미국의 세계전략의 변화로 한반도에 조성된 '유리한 기회구조'를 중시하고, 또 미소공위가 결렬될 경우를 대비하여 준비하고 있었던 미 · 소 양국의 '동시철군' 카드가 친소

150. 이정식(2006), pp. 108–109.

151. 미국은 제2차 세계대전 말경에 소련의 한반도 점령 가능성 등 소련이 한반도에 대해 미국보다는 훨씬 영향력이 컸기 때문에 미국은 한반도에서의 소비에트화를 막을 방법으로서 신탁통치를 선호했다. 그리고 미국무장관 번즈(James F. Byrnes)는 자신이 런던 외상회의에서 강압적인 태도를 취함으로써 미소 간의 충돌을 초래했다는 비난을 받고 있었기 때문에 모스크바 외상회의에서는 어떤 조건이든지 간에 '합의 자체'를 이끌어내려고 노력했던 것으로 알려져 있다. 물론 미국도 미소공위를 통해 한반도 전역에서 친미정부를 수립하고 싶었겠지만 결과적으로 남한에서 단독정부 수립을 통한 한반도 문제 해결이 가장 현실적인 선택이 되었던 것이다. 이동현(2006), p. 35 ; 신복룡(2001), p. 110 ; 이정식(1998), p. 95 ; 이정식(2006), pp. 207–208.

좌익에게 결코 불리하지 않을 것을 확신하면서[152] 한반도 전역에 친소국가를 수립하겠다는 희망을 포기하지 않았던 것으로 보인다.

상기 해석과 관련하여, 한 가지 흥미로운 것은 미소공위 당시에 미국정부가 소련이 어떻게 해서든지 미소공위의 협의대상에서 반탁위원회에 속한 정당과 단체를 제외함으로써 한반도에서 좌익정권을 수립하려 하고 있다고 판단하였다는 점이다.[153] 이는 당시 미소공위에서 소련과 힘든 협상을 하고 있었던 미국정부가 그렇게 판단한 것이기 때문에 간단히 무시할 수 있는 것은 아니다. 왜냐하면 소련 대표단이 미소공위에서 '진정성'을 갖고 한반도 전역에 친소 임시정부를 수립하려는 노력을 하지 않았더라면[154] 미국 대표단이 그러한 인상을 받지 않았을 것으로 생각되기 때문이다.

사실상, 소련은 미소공위의 개최와 지속이 소련이 한반도에서 추구하던 전략적 이익에 합당하며, 미소공위의 결렬과 휴회는 소련의 이익에 도움이 되지 않는다고 생각하였다. 예컨대, 스티코프는 제2차 미소공위의 신속한 재개를 준비하고 있었던 1946년 9월의 시기에 미소공위를 결렬시키는 것이 소련측에 불리하다고 판단하였다.[155] 또한 그는 제2차 공위가 파탄의 위기에 처해있던 1947년 8월의 시기에도 미소공위를 중단하는 것은 소련에게 불리하다고 생각하였다.[156]

152. Lankov (Autumn 2005), pp. 392, 394–395.

153. U. S. Department of State (1972), Vol. VI, pp. 704–707, 757–760. 당시 소련과 연결된 남한의 좌익에 대한 미군정의 인식에 대해서는 신복룡(2001), pp. 232–236 참조.

154. 전현수(2004), pp. 25–26 ; 국사편찬위원회(2004b), 1947년 7월 30일.

155. 전현수(2004), p. 24 국사편찬위원회(2004b), 1946년 9월 26일.

156. 스티코프가 미소공위를 중단하는 것은 소련에게 불리하다고 생각한 이유는

넷째, 미소공위가 기대했던 성과를 내지 못하자, 소련은 이제 미국이 한반도문제를 유엔으로 이관하는 것을 방지할 수 있는 대응책을 모색하였다. 소련은 우선 여운형, 김규식 등 좌익과 중간파 정치가들이 미군정이 구성한 남조선과도입법의원에 참여하고 미군정이 조정하는 '좌우합작'에 나서는 것을 반대하였다. 소련은 또한 남한에서 당시 최대 정치세력이던 민전을 미군정이 계획하고 있던 지방자치단체 선거에 참여시켜 친소 지방권력을 창출하려는 생각도 하였다. 또 미·소 양국의 '동시철군' 카드를 통해 조선문제를 조선인들의 손에 맡김으로써 남한에서 당시 우월한 힘을 가지고 있었던 사회주의 친소 우호세력의 힘을 이용하여 한반도 전역에서 친소정부를 수립하려고도 하였다. 그리고 또 하나의 고육책으로서 '남북한 총선거'를 통해 헌법제정인민회의를 선출하고, 이 헌법제정인민회의가 미소공위와 협력하여 임시정부를 조직하는 식으로 통일정부를 수립하는 방안을 시도해 볼 만한 것으로 고려하기도 하였다. 결국 이는 나중에 '이중선거'를 통해 남북한 대표가 참여하는 최고인민회의

다섯 가지였다. 첫째, 반탁위원회에 속한 정당들과 사회단체들이, 특히 이들이 '청원서'에 서명한 이후 모스크바 결정에 반대하는 투쟁을 계속 전개하고 있다는 것을 증명할 사실들과 자료들이 소련측에게는 많지 않다. 둘째, 반탁위원회에 속한 20여개의 정당(과 사회단체)들 때문에 공동위원회 사업을 결렬시키는 것은 좋은 반응을 얻지 못할 것이다. 더구나 1946년 1차 공위 때에도 이 문제 때문에 사업이 중단되었다. 셋째, 친소 좌파는 공위사업이 진행되는 동안 크게 성장하였고 강화되었기 때문에 공위사업이 결렬되면 이는 좌파진영에 타격이 될 것이고, 이들은 이에 실망할 것이며, 이들에 대한 테러가 거세질 것이며 또 이들을 약화시키게 될 것이다. 넷째, 반동세력은 자신들이 지방정권기관 선거, 일부 중앙정권기관의 선거 및 임명, 토지개혁 등의 개혁 정책들을 수행하기 위해 공위의 결렬을 이용할 것이다. 마지막으로, 미국인들은 미소공위의 결렬을 통해 자신의 입장을 강화할 수 있을 것이다. 국사편찬위원회(2004b), 1947년 8월 2일.

를 선거하고 구성하는 식으로 발전하였다.

여기에서 한 가지 확실한 것은 소련이 남한에서 좌익세력의 남조선과도입법의원 참여, 좌익과 중간파의 '좌우합작' 참여, 지방선거 참여, 미·소 양국 동시철군, 그리고 남북한 총선거 참여 등 여러 선택지를 고려 한 것은 이제 미소공위의 실패가 가시화되는 상황에서 다른 방법들을 통해 '한반도 전역에서의 친소정부 수립'이라는 정책목표를 성취하려는 노력이었다는 점이다. 즉 소련이 한반도 전역에서의 친소정부 수립이라는 목표를 포기하고 북한만을 차지하여 친소정부를 수립하려는 식으로 정책목표를 변화시킨 것은 아니었다는 것이다.

미소공위의 성공이 어려워진 상황에서 소련이 고려했던 상기 여러 선택지에 대해 좀더 구체적으로 살펴보자. 우선 스티코프는 남한 좌익세력의 남조선과도입법의원 참여와 좌익과 중간파의 좌우합작 참여에 대해 매우 우려하였는데, 그 이유는 좌익과 중간파의 미군정에의 협력은 미소공위에서 통일 조선임시정부 수립에 대해 진전을 이루기도 전에 남한지역에서 '중앙정부의 수립을 앞당기는데 도움'을 줄 것으로 판단하였기 때문이었다.[157] 스탈린도 1947년 7월 모스크바에서 박헌영과 김일성을 만난 자리에서 남한에서의 좌우합작에 대해 반대했는데, 그 이유는 미국이 반탁 우익세력을 옹호하고 나오는 상황에서 미군정이 추구하는 좌우합작에의 참여는 결국 미국을 돕는 것이라고 판단했기 때문이었을 것이다. 김일성도 미군정의 입법기관 창설의 목적은 남한 인민들의 관심을 통일 조선임시정부 수립으로부터 남한지역에서의 입법기관 창설로 돌리도록 하고, 한반

157. 국사편찬위원회(2004b), 1946년 9월 26일.

도를 영구적으로 분단하려는 것이라고 생각하였다.[158)]

사실상 미국이 남한에서 중간파를 육성하려 했던 것은 남한에서 좌우파 간의 세력관계와 그것이 친소정부 수립에 미치는 영향을 고려한 전략적 행위였다. 미국은 만일 여운형, 김규식 등 중간파를 제외하고 이승만, 김구 등 극우세력만을 지지한다면 중간파들은 박헌영 등 공산당 세력과 연합하게 될 것이고 좌익세력은 그만큼 강화될 위험이 있었다. 그러나 자신이 중간파를 지지하는 경우에는 극우파는 그에 대해 불만은 갖겠지만 그렇다고 해서 극우파가 공산당 등 좌익세력과 합작하지는 않을 것으로 판단했던 것이다.[159)]

다음으로 소련이 남한에서 좌익세력으로 하여금 지방선거에 참여토록 할 것인지를 한때 고려했던 것은 미군정이 남한에서 과도입법의원 선거와 지방자치기관 선거를 준비했던 것에 대한 대응을 위해서였다. 예컨대 스티코프는 한때 민전으로 하여금 미군정이 준비하던 지방자치기관 선거에 참여하여 지방자치기관을 일제 시대의 도지사, 도평의회의 선출식이 아닌 '인민위원회식'으로 선거하는 데 대해 자세히 검토하기도 하였다. 그는 미군정이 '지방권력을 조선 인민들에게 넘기고자 하는' 상황에서 민전을 통해 선거에 적극적으로 참여하여 인민위원회 형태의 지방권력, 즉 친소 지방권력을 창출하는 것에 대해 심각하게 생각해 보았던 것이다.[160)]

스티코프는 1947년 7월 15일에는 미·소 양국의 '동시철군' 제안을 포함한 미소공위에서 발표할 '최종적인 성명서' 작성 계획을

158. 국사편찬위원회(2004b), p. 177.(연해주 군관구 군사평의회 위원 스티코프 상장에게)
159. 기광서(2002), p. 188.
160. 국사편찬위원회(2004b), 1946년 12월 12일, 1946년 12월 16일.

세우기도 하였다.[161] 미국이 9월 17일 조선문제 해결을 유엔으로 넘기자 소련은 1947년 9월 26일 미소공위에서 조선의 독립을 달성하기 위하여 1948년 초까지 미 · 소 양국의 군대를 한반도로부터 동시철수하자는 공식제안을 내어놓았다.

소련이 미 · 소 양국의 동시철군을 주장하고 나온 것은 한반도에서 미군이 철수하는 경우 조선문제를 조선인들의 손에 맡김으로써 당시 남한에서 우세했던 친소 우호세력의 힘을 이용하여 한반도 전역에서 친소정부를 수립할 수 있는 가능성이 높다고 보았기 때문이었을 것으로 보인다.[162]

사실상 제1차 미소공위가 결렬된 이후 소련공산당 정치국의 이미 1946년 7월 26일자로 미 · 소 양국이 공위를 통해 수립할 조선임시정부의 각료직을 좌파 10석, 우파 6석으로 배분토록 지침을 내리면서, 만일 미국이 이를 받아들이지 않고 신탁통치를 완전히 폐기하는 상황이 되면, 이 경우에는 미 · 소 양국은 '1948년 초'까지 동시철군을 하자는 조건 하에 소련도 신탁통치안을 폐기할 수 있다고 지시하고 있다.[163] 정치국의 이러한 지시는 1947년 5월 20일자 지시에서도

---

161. 국사편찬위원회(2004b), 1947년 7월 15일.

162. 정성임(1999), pp. 303–336. 정성임은 모스크바 외상회의 당시 한반도 결정에 대한 소련의 입장은 '국내세력을 통한 우호정부 수립'이었다고 해석한다. 소련측이 모스크바 회의에 제출한 결정서 안을 보면, '조선문제'의 해결 주체를 국내세력으로 하는 한편, 외부세력을 최소화하였다는 점에서 미국안과 다르다는 것이다. 정성임(1999), p. 312 참조. 이것은 매우 의미 있는 지적이라고 하지 않을 수 없다. 해방정국 당시 사회주의에 대한 우호적 분위기를 고려할 때, 비록 미소공위가 실패한다 하더라도, 미소양국의 동시철군 등의 방법을 통해 외세의 영향을 최소화하고 조선인들이 자신의 운명을 스스로 결정짓게 한다면, 소련으로서는 여전히 한반도 전역에서 친소정권의 수립 가능성을 기대할 수 있었을 것이기 때문이다. 본 논문의 각주 60번 참조.

163. Lankov (Autumn 2005), pp. 391–392.

그대로 반복되었다.[164] 미소공위가 제대로 성과를 내지 못하고 있는 상황에서 조선문제를 이제 조선인들의 손에 맡기자는 것이었다. 참고로 1947년 11월 중순의 미국 중앙정보국(CIA)의 평가서를 보면, 미군이 남한으로부터 철수하는 경우, '북한에 의한 궁극적인 지배에 효과적으로 대항할 수 있는 힘이 남한에는 없다' 고 결론짓고 있다.[165]

스티코프는 1947년 8월 중순 한반도에서 통일 친소정부의 수립을 위한 또 하나의 고육책으로서 '남북한 총선거' 를 통해 헌법제정인민회의를 구성하고 이 헌법제정인민회의가 미소공위와 협력하여 임시정부를 조직하는 방식으로 통일정부를 세우는 것을 '시도해볼 만한' 방안으로 고려하기도 하였다. 그러나 레베데프 등 다른 소련 대표들이 이에 대해 반대한 것으로 알려져 있다.[166] 그들이 반대한 이유는 미군정과 남한의 우익세력이 선거를 구실로 북한에 대표를 파견하여 북한에 있는 우익세력의 활동을 도와주는 등 남한의 영향력이 북한에 침투하는 것을 방지하는 것이 중요했기 때문이었다.[167]

164. Lankov (Autumn 2005), pp. 394–395.
165. 차상철(1991), p. 178.
166. 전현수(2004), pp. 26–27 ; 국사편찬위원회(2004b), 1947년 8월 13일.
167. 전현수(2004), pp. 26–27 ; 국사편찬위원회(2004b), 1947년 8월 6일. 몰로토프의 언급에 의하면, 김일성도 '자유선거' 에 의한 '남북한 총선거' 에 대해 반대한 것으로 알려져 있다. Telegram, PRC Ambassador to the Soviet Union and Vice Foreign Minister Zhang Wentian to the PRC Foreign Ministry, Zhou Enlai and the CCP Central Committee, "Reporting the Preliminary Opinions of Our Side on the Geneva Conference to the Soviet Side," 6 March 1954 in Zhang Sulin, "The Declassification of Chinese Foreign Ministry Archival Documents : A Brief Introduction," Cold War International History Project, *Bulletin : Inside China's Cold War*, Issue 16 (Fall 2007/Winter 2008), p. 13. 김일성이 남북한 '자유선거' 를 반대한 이유는 자세히 알 수 없으나, 남북한 인구비례를 고려할 때 그 결과가 북한에 유리하지 않다고 생각했을 가능성이 크다.

1947년 9월 미국이 미소공위에서 한반도 문제를 논의하는 것을 포기하고[168] 영국, 소련, 중국, 미국 4개국이 참여하는 '워싱턴회의' 에 회부할 것을 제안하자, 몰로토프는 미소공위가 상호 합의 하에 완전히 타당한 제안을 작성할 모든 가능성이 결코 전부 소멸되지 않는 이상, 조선민주주의임시정부 수립문제를 4개국 정부의 토론에 붙이자는 제안은 부적절한 것이라며 이에 반대하였다.[169]

결국 미국이 1948년 들어 본격적으로 한반도문제를 유엔에 이관하는 일련의 조치를 취하자 스티코프는 고육책으로서 1948년 8월 25일 남북한 전역에서 소위 '2중 선거' 를 통해 북한의 최고인민회의 대의원 선거를 실시하고 내각 성원도 결정하는 조치를 취했다.[170] 결국 소련은 미국의 영향력이 북한에 침투하는 것은 방지하는 한편, 남한에서는 자신의 영향력을 유지하는 방법으로서 좌익을 강화하고,[171] 주어진 조건 하에서 한반도 전역을 대상으로 최고인민회의 선거를 실시하여 '명분' 상으로나마 북한정부가 전(全) 민족을 대표하

168. 심지연, 김학준, 이완범은 소련이 미소공위에서 임시정부 수립에 집착하였고, 미국이 그동안 주장했던 신탁통치를 일방적으로 폐기하게 된 것은 기본적으로 당시 '한반도 국내 정치상황' 과 관련이 있다고 주장한다. 즉 소련은 좌익세력이 찬탁을 하였기 때문에 탁치를 하면 한반도 전체에 친소정부가 수립될 수 있다고 생각했고, 미국은 친미 우익세력이 기본적으로 반탁을 하였을 뿐만 아니라, 설령 우익이 찬탁을 한다하더라도 일단 탁치가 실행되면 우익의 힘이 커지기보다는 소멸될 가능성이 컸기 때문에 탁치를 통해 친미정부를 수립하기가 어려웠기 때문에 탁치를 폐기하였다는 것이다. 심지연, "신탁통치 문제와 해방정국 : 반탁과 찬탁의 논리를 중심으로," 『한국정치학회보』 제19집(1985), p. 161 ; 김학준(1987), pp. 384-385 ; 이완범(1987), pp. 265-269.
169. U. S. Department of State(1972), Vol. IV, pp. 779-781 ; 신복룡(2001), p. 352.
170. 국사편찬위원회(2004b), 1948년 7월 26일-1948년 8월 31일.
171. 국사편찬위원회(2004b), 1947년 8월 20일.

는 정통성 있는 정부라는 것을 과시하고자 했다. 남한지역을 북한정부에 '정치적으로 연계' 시켜 놓음으로써 나중에 언제라도 기회가 오면 이러한 명분과 연계를 최대한 이용하여 한반도 전역에 친소정부를 수립하려는 나름대로의 전략적 고려를 한 셈이었다.

마지막으로 미국이 '조선문제' 해결을 미소공위를 통한 해결에서 '유엔에 의한 해결' 로 전환하면서 결국 남한지역에 친미 단독정부를 수립하자 소련으로서는 이제 한반도 전역에 친소정부를 수립하는 과제는 '장기적 과제' 로 남게 되었다. 그러나 소련은 한반도 전역에서 어떻게 해서든지 친소정부를 수립함으로써 동아시아에서의 전통적인 전략적 목표를 달성하겠다는 희망을 포기하지 않았던 것으로 보인다. 물론 제2차 세계대전 이후 유럽이나 한반도 등 어디에서나 세계 최강의 힘을 가진 미국과 군사적으로 충돌하는 것은 결코 현명한 선택이 아니었다.[172] 그러나 만약 미국이 한반도에서 철군하고 미국이 한반도 분쟁에 군사적으로 개입할 가능성이 없다고 판단되는 경우에는 물론 소련의 선택은 달라질 수 있는 것이었다.

레베데프 비망록을 보면 그는 1948년 3월 26일 스티코프와의 회담에서 조선에는 벌써 3년 동안 정부가 없는데 '모스크바 결정을 관철했더라면 상황은 달라졌을 것' 이고 '정부가 이미 섰을 것' 이라면서 미소공위가 결렬되어 통일 조선임시정부를 수립하지 못한 데 대해 큰 아쉬움을 나타내고 있다.[173]

172. 소련은 제2차 세계대전 후 어떻게든지 미국과 군사적 충돌은 회피하기를 원하였다. Kathryn Weathersby, "New Findings on the Korean War," Translation and Commentary in Cold War International History Project, *Bulletin 3* (Fall 1993), p. 14. 본 논문의 각주 189번 참조.

173. 「레베데프 비망록」, 1948년 3월 26일.

해방 후 시간이 흐를수록 남한에서는 생산수준의 하락, 실업증가, 물가상승 등 경제적 불안정이 급속히 증대되고 있었던 데 비해[174] 북한에서는 소련민정이 김일성과 함께 각종 '민주개혁'을 통해 성과를 이룩해냄으로써 정치와 경제가 안정되었다. 특히 1949년 말까지 해서는 경제생산 수준이 제2차 세계대전 이전의 수준으로 회복되었다.[175] 더구나 미군이 1949년 6월말에 한반도에서 완전철수하고 그해 8월 말에 소련이 원자탄 개발에 성공하였으며, 그해 10월에 중국대륙에서 공산주의 정권이 들어섰다. 그리고 그해 12월 미국이 자신의 아시아 방어선에서 한국과 타이완을 제외하는 '국가안전보장회의 보고서 48호'(NSC-48)를 채택하고, 그것이 1950년 1월에 '애치슨 라인'(Acheson Line)으로 발표되었을 때 소련과 북한이 이를 어떻게 받아들였을지는 바로 다음에 있었던 6·25 전쟁 준비와 남침을 고려할 때 짐작하기 어렵지 않다.[176]

-----

174. 예컨대 1948년 5월 3일 현재, 서울과 평양의 물가수준을 비교하면 서울의 주요 생필품 가격은 평양에 비해 약 3배 이상 높았다. 「레베데프 비망록」, 1948년 5월 3일.
175. Paik(1993), pp. 629-632.
176. 1950년 3월 30-4월 25일 김일성과 박헌영의 모스크바 방문과 "변화된 국제정세"(changed international situation)에 대한 스탈린과의 토론 및 6·25 전쟁 준비 논의과정에 대해서는 Kathryn Weathersby, "'Should We Fear This?' Stalin and the Danger of War with America," Cold War International History Project, Woodrow Wilson Center for Scholars, Working Paper No. 39(July 2002), pp. 9-12를 볼 것. 백학순, 『국가형성 전쟁으로서의 한국전쟁』(성남 : 세종연구소, 1999), pp. 38-39도 참조. 미국 정부가 조지 케난(George F. Kennan)의 대소 '봉쇄정책'의 아이디어를 기반으로 소련의 팽창에 대비하기 위한 대대적인 '군사력 증강'을 결정한 '국가안전보장회의 보고서 68호'(NSC-68)를 1950년 4월에 채택하였고, 1950년 봄, 그러한 분위기 속에서 미의회가 남한에 1억 달러의 군사·경제적 원조 패키지를 통과시켰지만 북한, 소련, 중국 3국간에 이미 시작된 6·25 전쟁 준비는 NSC-48에 의해 크게 영향을 받지

1948년 9월 6일 스티코프는 김일성 및 박헌영과 회동을 갖고 남한군대의 장악방법과 실천방안, 남북한에서 공장들과 농촌에서 무장혁명 부대를 창설하는 문제 등을 설명한 적이 있다.[177] 이는 미·소 양국이 남북한에서 각각 분할 단독정부를 수립한 이후에도 소련이 군사적 수단을 동원해서라도 남한지역을 장악하여 한반도 전역에서 친소 통일국가를 수립하겠다는 생각을 하고 있었다는 것을 말해준다. 무엇보다도 상기 스티코프와 김일성, 박헌영의 3자 회동에서의 논의는 장차 남한에서의 좌익 빨치산 활동과 6·25 전쟁을 예고하고 있는 것이어서 우리의 관심을 끈다.

5. 결론

본 논문의 목적은 '1945-1948년 기간 소련의 한반도정책'에 대한 기존의 연구성과를 평가하고 저자의 새로운 해석과 주장을 제시하는 것이었다. 본 논문에서 저자는 해방 후 3년간 소련의 한반도 정책에 대한 기존의 연구성과를 두 가지 범주로 나누어 각 범주에 속하는 연구들을 평가한 후에 저자의 '양궤전략'의 주장을 제시하였다. 그리고 '양궤전략'의 주장을 뒷받침하기 위해 소련의 북한점령지정책과 미소공위정책을 자세히 분석하였다.

'1945-1948년 기간의 소련의 한반도정책'에 대한 기존 연구

않았다.

177. 국사편찬위원회(2004b), 1948년 9월 6일.

물의 주장을 두 개의 범주로 나누어 요약하면 다음과 같다. 첫 번째 범주의 주장은 소련의 한반도정책은 해방직후 초기부터 자신의 점령지인 북한에서 친소 단독정부를 수립하려는 목표를 갖고 있었고, 그 때문에 한반도 전역에서 조선임시정부를 수립하는 목적을 가진 미소공위의 운영은 형식적인 것이었으며, 따라서 소련이 한반도 분단을 초래했다는 것이다. 또 다른 주장은 소련의 한반도정책은 북한지역에서 단독정부를 수립하는 것이 아니라 어디까지나 미소공위를 통해 한반도 전역에서 친소 단일정부를 수립하는 것이었는데, 결과적으로 그러한 정책목표를 달성하지 못하고 북한만을 차지하여 친소정부로 만들었다는 것이다.

본 논문을 통해 저자가 주장하는 소련의 '양궤전략'은 다음과 같이 요약할 수 있다. 당시 소련은 자신의 점령지인 북한에서 조속히 그리고 배타적으로 친소정권을 세워 이를 공고히 해나가면서, '동시에' 다른 한편으로는 '모스크바 외상회의 한반도 결정'이라는 국제적 합의의 틀에 의거하여 미소공위를 '진정성'을 갖고 운용하는 등 한반도 전역에서 친소국가를 수립하고자 하였다. 이처럼 소련은 처음부터 '북한지역'과 '한반도 전역'이라는 정책대상으로서 양자를 구별하고 각각 '최소치'와 '최대치'의 목표로서 이 양 지역에 친소정부를 세우려고 하였다. 미소관계의 변화, 국내에서의 신탁통치 논란 등으로 국내외 정책 환경구조의 악화 때문에 결과적으로 북한지역에만 한정하여 친소정부를 세우게 된 것이지만 그것이 소련 한반도정책의 원래 목표나 생각은 아니었다. 또 한반도 전역에 친소정부를 수립하려는 소련의 목표는 1948년 북한 국가수립 이후에도 변하지 않았다. 단지 이제는 '비외교적' 방법을 선택하는 등 그 방법론이 달라졌을 뿐이었다.

본 저자의 주장은 기존 연구물의 첫 번째 범주보다는 '두 번째' 범주의 주장에 가깝지만 두 번째 범주의 주장과는 몇 가지 중요한 차이가 있다. 첫째, 소련이 북한에서의 단독 분할정부의 수립을 언제 결정하였는지에 대해서 모스크바 외상회의 시점이나 제1차 미소공위가 결렬된 이후가 아니라, 북한에서 이미 1945년 9월 하순에 단독 친소정부를 수립하기로 결정했다는 이정식의 주장에 동의한다. 둘째, 소련은 모스크바 외상회의 한반도 관련 결정의 충실한 이행을 통해 한반도 전역에 친소정부를 수립하기 위해 '진정성' 을 갖고 미소공위를 운용했다고 본다. 소련의 미소공위에서의 정책과 행위가 속임수나 연극이었다고 보는 반 리나 웨더스비의 주장에는 동의하지 않는다. 셋째, 소련은 미소공위가 실패하여 남북한에 각각 분할정부가 수립된 1948년 이후에도 한반도 전역에 친소정부를 수립하려는 전략적 목표를 포기하지 않았다고 본다.[178] 소련과 북한은 이제 한반도에서 '무력사용' 을 통한 친소 통일국가 수립에 대해 관심을 갖기 시작했다고 본다.

지금까지 양궤전략의 주장을 뒷받침하기 위해 소련의 '북한점령지정책' 과 '미소공위정책' 에 대해 자세히 분석하였다. 우선 당시 소련의 '북한점령지정책' 을 밝히기 위해 포츠담회담을 앞두고 소련

178. 본 논문의 저자가 보기에는 1945-1948년 당시에 소련이 한반도 전체에 대한 친소정부 수립의 희망을 버렸다는 강력하고 구체적인 증거는 지금까지 발견하지 못했다. 그러나 아직까지도 비밀해제를 하지 않은 소련 자료들, 중국 자료들, 북한 자료들이 많이 있으며, 더구나 본 논문의 저자는 시간의 제약상 '미소공동위원회 회의록' (Transcripts of Joint Commission Meetings) 전체를 분석하지 못한 채 본 논문을 집필했다. 차후에 '미소공동위원회 회의록' 을 심층분석하여 보다 충실한 연구물을 내놓을 생각이다. 이 점과 관련하여 독자들의 양해를 구한다.

외무성 제2극동국장과 부국장이 작성한 1945년 6월말의 보고서, 1945년 8월 1일자 소련공산당 중앙위원회 정보국의 "조선의 국내정세 관련 보고서", 그리고 소련 외무성이 1945년 9–10월에 개최된 런던 외상회의에 대비하여 작성한 네 가지 문서들을 분석하였다. 기존의 연구들에서 많은 연구자들이 이 문건들을 분석하였지만 본 저자의 해석은 기존의 해석과 분명한 차이가 있다.

첫째, 소련의 한반도정책의 목표는 지정학적인 차원에서 어느 한 국가가 한반도를 독점적으로 통제하는 것을 방지하는 '세력균형' 정책이었다는 웨더스비의 해석에 동의하지만, 소련이 '한반도의 분할'과 '북한에서의 친소정권 수립'을 통해 한반도에서 세력균형을 추구했다는 주장에는 동의하지 않는다. 오히려 소련의 지정학적 이익을 바탕으로 한 한반도정책으로서의 세력균형의 추구는 그 대상 범위가 한반도가 아닌 '동아시아 전체에서의 세력균형의 추구'로 이해해야 한다고 생각한다. 이는 소련이 북한만이 아니라 한반도 전역에서 친소정권을 수립하려 했다는 '양궤전략'의 전제조건이기도 하다.

둘째, 당시 소련이 한반도 전역에서 친소정부를 수립하려 했던 전략적 목표에는 한반도의 '지정학적 이익'에 기반을 둔 요소가 압도적으로 중요한 자리를 차지하고 있었다고 본다. 다른 가변적인 요소와는 달리 지정학적 이익과 관련된 전략목표는 기본적으로 쉽게 변하지 않는 특성을 갖고 있기 때문이다. 따라서 한반도 전역에서 친소정부를 세우고 싶은 욕망은 소련의 극동지방 진출 이후에는 하나의 상수(常數)로서 존재했다고 할 수 있다.

당시 소련이 자신의 점령지인 북한에서 친소 단독정부를 '우선적'으로 세우기로 한 것은 어찌 보면 당연한 일이었으나 그렇다고 해서 그것이 한반도 전역에서의 친소정부 수립의 목표를 포기한 것을 의미하지는 않았다. 1945년 9월의 런던 외상회의 준비과정에서 소련이 한반도를 분할점령한 이후에도 '동아시아'에서의 강대국 간의 '세력균형'을 고려하여 자신의 전략적 이익을 '북한지역을 넘어 한반도 전역으로 확대'하려는 시도를 하였던 것이라든지, 1948년 남북한에 각각 분할정부가 수립된 이후에도 소련이 한반도 전역에서 친소정부를 세우려는 생각을 포기하지 않았다는 것은 모두 이러한 맥락에서 이해될 수 있다고 하겠다.

한편, 본 논문의 저자는 소련의 '미소공위정책'과 관련해서는 소련이 한반도 전역에서 친소정부를 수립하려는 목표 하에 미소공위를 '진정성'을 갖고 운용하였다고 주장했다. 그리고 미소공위의 실패가 명확해진 후에는 이제 미소공위 이외의 방법을 통해 친소 통일정부의 수립을 시도하였다고 주장했다. 이러한 주장의 증거로서 스티코프 일기, 「북조선주재 소련민정부의 사업결산 보고서」, 미소공위의 협의대상으로부터 우익세력의 철저한 배제, 남조선과도입법의원 및 좌우합작에 대한 남한의 좌익과 중간파 인사들의 참여 반대, 좌익의 남한 지방선거 참여 고려, 미·소 양국 동시철군 제안, 남북한 총선거와 인민위원회 구성을 통한 친소 통일정부 수립방안 고려, 남한에서의 좌익 빨치산 활동과 남한에 대한 무장통일 시도 예고 등을 제시하였다.

앞서 소련이 한반도 전역에서 친소정부를 수립하려는 목표 하에 미소공위를 '진정성'을 갖고 운용하였다는 주장을 하는 입장에서 상기 여러 증거들을 제시하였지만 여기에서는 다음 두 가지를 부언하고자 한다.

첫째, 미소공위에서 현실적으로 가장 큰 걸림돌은 조선임시정부의 수립과 관련하여 정당과 사회단체들의 협의대상 자격을 결정하는 문제였는데, 주지하는 바와 같이 소련은 철저히 반탁 우익세력을 배제시키는 입장을 고수했다. 소련이 그렇게 한 이유가 해방직후 당시 한반도에서 사회주의 친소 좌익이 친미 우익보다 더 우월한 세력을 형성하고 있었기 때문이었다는 것을 다시 강조하고자 한다. 해방 후 친소 좌익의 우세는 당시 소련의 한반도정책을 이해하는 데 있어서 매우 중요한 '환경구조적 요소'였다고 할 수 있었다. 소련이 미소공위의 실패가 명백해진 이후에도 한반도 전역에서 친소정부를 수립하려는 자신의 전략적 목표를 포기하지 않았던 이유 중의 하나는 바로 이것 때문이었다. 달리 말해 소련으로서는 당시 정치지평에서 단연 우세한 친소 좌익이 통일의 열망을 갖고 있는 한, 이를 이용하여 자신의 목표를 달성하려는 생각을 포기할 필요가 없었던 것이다.

둘째, 미소공위에 대한 일반적인 상식과 공통적인 연구결과는 미·소 양국이 협의대상 자격과 선정문제에 부딪쳐 공위 자체가 결렬되고 결국 실패하였다는 것이다. 그러나 미소공위는 조선임시정부를 수립하기 위한 논의에서 '상당한 진전'을 보였다는 점을 지적하고자 한다. 소련은 이미 제1차 공위 기간이었던 1946년 3월 하순에 공동 코뮤니케 제3호를 통해 임시정부 수립 등 제반 문제를 다루기 위한 3개 분과위원회 설치에 합의하였고, 특히 제2차 공위에서는 조선임시정부의 수립에 대해 본격적인 논의를 해나갔다. 특히 제3분과위원회는 임시정부의 형태, 구조 및 조직, 정부운영의 기초가 될 임시헌장, 임시정부의 정강을 만들어내기 위해 노력했다. 1947년 6월 초순에 열린 공위에서는 공동 코뮤니케 제11호에 합의했는데, 이에 따라 공위에 협의대상으로 초청된 정당과 사회단체들로부터 '조선민주주의

임시정부의 구성 및 원칙(임시헌장)'과 '장래의 조선민주주의임시정부의 요강(정강)'에 관한 자문서도 배포하여 답신을 받았다. 공위는 1947년 6월 25일 남한의 정당·사회단체와 서울에서 합동회의를 가졌고, 6월 30일부터는 양국 대표가 평양에서 본회의를 열었으며, 7월 1일부터는 북한의 단체들과 합동회의를 가지기도 하였다.

스티코프 일기를 보면 소련은 1947년 7월 30일, 조선임시정부 수립에 대한 협의에 참여할 정당과 단체의 명부작성 문제를 미소공위 수석대표와 제1분과 위원회에 위임하고, 제2위원회에는 정부구조와 규정 및 정치강령에 대한 제안서를 작성케 하며, 제3위원회는 정부 각료의 선발절차, 정권인수 절차 등 임시정부 구성 등에 대한 논의할 방안을 고려하였다.[179] 다시 말해 미소공위는 정당과 사회단체의 협의대상 선정문제로 많은 시간을 허비한 것은 사실이었지만 다른 한편에서는 조선임시정부 수립을 위한 구체적인 조치들, 예컨대 임시헌장과 정강에 합의하고 협의대상들과 합동회의를 갖는 등 의미 있는 진전을 보였던 것이다.

그렇다면 당시 북한 지도자들은 소련의 한반도정책에 대해 어떻게 판단하고 또 어떤 목표를 갖고 있었는가? 김일성 등 북한 지도자들은 모스크바 결정을 한반도에서 통일정부와 독립을 쟁취할 수 있는 '국제적 담보' 혹은 '유일한 국제적 틀'로 보았으며, 모스크바 결정을 정확히 그리고 조속히 이행함으로써 한반도 전역에서 조선민주 임시정부의 수립할 것을 열망했다.[180] 북한 지도자들의 경우,

179. 국사편찬위원회(2004b), 1947년 7월 30일.
180. 최용, 북조선인민위원회선전국, 『조국의 독립과 발전을 위한 북조선민주주의민족통일전선의 업적』(1948.9), p. 44.

'한반도'라는 역사적인 단일의 활동의 장에서 외세에 의한 분할점령과 분단을 극복하고 남한까지 차지하여 한반도 전역에서 자신이 통치권과 정통성을 확대하고자 했던 국가형성자의 정치적 본능이 그대로 살아 있었다고 할 수 있었다.[181]

김일성은 1946년 9월 26일 자신의 집무실에서 회동한 여운형에게 제2차 세계대전 이후 이제 소련 없이는 어떠한 국제문제도 해결할 수 없고, 마찬가지로 조선문제 역시 소련 없이는 해결될 수 없다는 견해를 밝혔다. 그리고 국제사회에서의 소련의 역할과 지위의 견고함에 대해 갖는 의심은 '무익한 것'이며, 좌익의 입장을 확고하게 고수해야 한다는 점을 강조했다. 이에 여운형은 김일성의 결론에 동의하면서 조선은 소련의 원조 하에서만 독립을 얻을 수 있다고 확인했다.[182]

1945년부터 1948년까지 3년간 북한의 출판물들은 북한 지도자들이 모스크바 외상회의의 한반도 결정을 지지하고 이를 이행하기 위하여 일관성 있게 노력했음을 보여준다.[183] 북한이 초기에는 소련군의 점령 하에 있었고, 국가형성 이후에는 소련의 보호 하에 있었기

181. 백학순(1999), pp. 7-45.
182. 국사편찬위원회(2004b), p. 178(1946년 9월 27일 여운형-로마넨코 회담록).
183. '모스크바 3상회의 지지 결의문,' The Records Seized by U.S. Military Forces in Korea : Record Group 242, National Archives Collection of Foreign Records Seized, 1941-, Shipping Advice No. 2005, Box No. 6, Item No. 49(이하 'SA 2005-6-49' 식으로 표기) ; 오기섭, 『모스크바 3상회의 조선에 관한 결정과 반동파들의 반대 투쟁』(1946) (SA 2008-9-48) ; 북조선민주주의민족통일전선 중앙위원회서기국 편, 『쏘미공동위원회에 관한 제반자료집』(1947.5.5) (SA 2005-2-73) ; 북조선민주주의민족통일전선 중앙위원회서기국 편, 『쏘미공동위원회에 관한 제반자료집(증보판)』(1947.6.27) (SA 2008-8-34) ; 한효, 『조선독립을 반대하는 자 : 쏘미공위사업 경과와 남조선 반동파의 책동』(평양 : 북조선통신사 출판부, 1948.1) (SA 2008-8-54) 참조.

때문에 북한 지도자들이 당연히 그러했겠지만,[184] 소련정부 뿐만 아니라 북한 지도자들도 미소공위를 성공시켜 가능한 한 한반도 전역에서 사회주의 통일국가를 수립하고자 했던 것이다.

마지막으로 '1948년 이후의 시기'에 소련은 한반도 전역에서 친소 통일정부를 수립하려는 한반도정책 목표를 어떻게 실현시키려 했는가? 이미 위에서 설명했지만 소련은 미소공위의 성공 가능성이 희박해지자 좌익의 남한 지방선거 참여, 미·소 양국 동시철군, 남북한 총선거와 인민위원회 구성을 통한 친소 통일정부 수립 등을 고려했다. 그런데 이 중에서 실제 사용했던 카드는 '미·소 양국의 동시철군' 카드와 남한지역의 좌익이 '이중선거' 방식으로 참여한 '남북 총선거' 카드였다.

소련공산당 정치국이 이미 1946년 7월 하순 미소공위 소련 대표단에게 새로 수립될 조선임시정부의 구성에서 좌파세력이 70%를 차지만 하면 1948년에 한반도에서 소련군이 철수하는 계획을 이행하도록 지시했던 것[185]은 소련이 미·소 양군 동시철수 이후에 전개될 한반도 내에서의 '친소적인 상황전개'에 희망을 갖고 있었다는 것을 뜻했다. 그리고 「북조선주재 소련민정부의 사업결산 보고서」에서 보듯이 소련은 1948년 4월과 6월 평양에서 개최되었던 남북조선

-----

184. 전현수는 당시 북한의 정책결정 과정에 있어서 스티코프를 정점으로 하는 소련군사령부는 '주도적이면서도 최종적인 권한을 행사'했으며, 그 개입은 '전면적이고 직접적'이었다고 주장하고 있다. 그는 김일성을 수위로 하는 북한의 국가기구가 소련군사령부의 단순한 '괴뢰정부'는 아니었다 하더라도 소련군사령부의 '강력한 후견' 하에 놓인 하위권력 범주였음을 '의문의 여지없이 보여주었다'고 주장하고 있다. 전현수(2004), p. 16 ; 백학순, "북한의 국가형성에 있어서 김일성의 자율성 문제," 『한국정치학회보』 제28집 2호(1994), pp. 385–404 참조.

185. Lankov (Autumn 2005), p. 391–392.

제정당사회단체대표자연석회의와 남북조선제정당사회단체지도자 협의회가 남한에서의 단독정부 수립 반대를 통해 한반도가 분단되는 것을 방지하고, 미·소 양국의 동시철군 후 한반도 전역에서 자유로운 선거를 통해 통일정부를 수립한다는 것을 재확인하고 이를 미국에 요구하도록 뒤에서 조종하였다.[186] 이 모든 것은 소련이 미·소 양국 동시철군 이후의 상황전개에 상당한 기대를 하고 있었음을 말해 준다.

그런데 그러한 기대와 희망이 현실로 구체화되기 위해서는 무엇보다도 남한에서 미군정과 미국의 영향력이 배제되거나 축소된 바탕 위에서 남북한 전역에서 조선인 자신들에 의해 자유로운 총선거가 실시되어야만 했는데, 실제 상황전개는 그러하지 못했다. 따라서 소련은 이제 '형식적'으로나마 '이중 선거'를 통해 남북한 총선거를 치르고 '형식적'으로 한반도 전역을 대표하는 최고인민회의를 구성하면서 북한에 친소국가를 탄생시키는 수밖에 없었다.

1948년 8-9월 남북한지역에 각각 분할국가가 수립된 이후 소련은 여태까지 사용하였던 '협상'이라는 외교적 방법을 버리고 다른 방법으로 한반도 전역에서 친소국가를 수립하려는 생각을 하게 되었고, 이를 위해 남한군대의 장악을 위한 방법과 실천방안, 남북한에서 공장들과 농촌에서 무장혁명 부대를 창설하는 문제 등에 관심을 갖게 된 것으로 보인다.[187] 이는 향후 남한에서 전개될 좌익 빨치산 무장투쟁과 무력사용을 통한 6·25 전쟁을 예고하는 것이어서 매우

186. 「레베데프 비망록」(번역본) (1945.3.25-9.12), 1948년 4월 19일 ; Lankov (Autumn 2005), p. 400. 본 논문의 각주 119-122번 참조.

187. 본 논문의 각주 177번 참조.

의미심장하다. 소련은 불법적 방법과 군사적 수단을 동원해서라도 남한지역을 포함한 한반도 전역에서 친소 통일국가를 수립하겠다는 생각을 버리지 않고 있었던 것이다.

1949-1950년에 들어서 소련의 한반도정책의 환경구조가 극적으로 변화했다. 미국은 한반도에서 군대를 철수했고, 소련은 원자탄 개발에 성공했다. 중국 본토에는 모택동이 이끄는 공산정권이 들어섰으며, 미국이 아시아 방어선에서 한국과 타이완을 제외하는 NSC-48을 채택하고 이 결정은 '애치슨 라인' 발표로 이어졌던 것이다.

김일성과 스탈린은 이러한 국제환경의 변화로 생겨난 유리한 기회구조를 놓치지 않고 '무력사용'을 통해 남한의 이승만 정부를 제거하고 한반도 전역에서 친소 공산정부를 세우는 길에 나섰던 것이다.[188] 소련은 미국과의 전쟁을 우려하였지만 미국의 군사적 개입 가능성이 거의 없다고 판단한 후,[189] 또 혹시라도 미국이 군사적으로

---

188. 백학순(1999), pp. 35-41.

189. 소련이 6·25 전쟁의 승인과 진행과정에서 미국과의 충돌을 피하고자 하였던 데 대한 자세한 내용은 Weathersby(July 2002) 참조. 본 논문의 각주 172번도 참조. 소련은 한반도에서 뿐만 아니라 중국에서도 미국과의 충돌을 회피하고자 노력했다. 1949년 4월 모택동의 공산당군은 양자강을 건너 장개석군을 격파하면서 남경을 점령했다. 이때 스탈린은 미국이 장개석을 구하기 위해 군사적으로 개입할 것을 우려하여 모택동에게 양자강 도강작전과 같은 대규모의 작전을 피하도록 주의를 주었다. 그러나 모택동은 그의 충고를 거절했다. Hao Yufan and Zhai Zhihai, "China's Decision to Enter the Korean War : History Revisited," *China Quarterly* 121(March 1990), p. 97 ; Jian Chen, "The Sino-Soviet Alliance and China's Entry into the Korean War," Cold War International History Project, Woodrow Wilson Center for Scholars, Working Paper No. 1(June 1992), p. 5l ; Brain Murray, "Stalin, the Cold War, and the Division of China : A Multi-Archival Mystery," Cold War International History Project, Woodrow Wilson Center for Scholars, Working Paper No. 12(June 1995), p. 16 참조. 소련이 6·25 전쟁에서 미국과 충돌하면서 경험하게 되는

개입하여 미국과 충돌이 일어나는 경우, 소련 대신 중국이 그 부담을 직접적으로 떠맡도록 만든 후에야 비로소 김일성에게 무력사용을 승인하고 협조했다.[190] 소련에게 있어서 6·25 전쟁은 모스크바 외상

정치외교적·경제적 비용과 문제들은 Vladislav Zubok and Constantine Pleshakov, *Inside the Kremlin's Cold War : From Stalin to Khrushchev*(Cambridge : Harvard University Press, 1996), pp. 69–70 참조. 《중앙일보》는 2008년 6월 25일자 보도에서 중국 베이징대 역사학부 김동길 교수의 한국전쟁 관련 스탈린의 비밀전문(스탈린이 1950년 8월 27일자로 당시 프라하 주재 소련대사를 통해 체코슬로바키아 대통령인 클레멘트 고트발트[Klement Gottwald]에게 보낸 비밀전문) 발굴 소식을 전하면서 이 문건이 "스탈린이 미국의 개입을 우려해 김일성의 남침 계획에 반대했다는 통설을 뒤집는 내용을 담고 있"으며, 김동길 교수는 "미국이 마샬정책을 통해 서유럽 국가에 대한 부흥지원을 본격화하면서 동유럽 국가들이 동요하자 스탈린이 미국을 한국전쟁에 끌어들여 이를 차단할 필요성을 느낀 것"으로 해석했다고 보도하고 있다. 이영종, "스탈린이 '미국 6·25 참전' 유도," 《중앙일보》 2008년 6월 25일과 이영종, "'한국전쟁에 미국 참전 유도' 스탈린 극비전문," 《중앙일보》 2008년 6월 25일 참조. 이 비밀전문에서 스탈린은 6·25 전쟁 발발 직후인 1950년 6월 27일 북한의 대남 무력침공 격퇴와 한반도에서의 국제평화와 안전의 회복을 결의하였던 유엔안전보장이사회 회의(유엔안보리 결의안 제83호 통과)에 '불참' 한 이유를 네 가지로 설명하고 있는데, 그 중의 하나가 소련이 미국으로 하여금 안보리에서 다수표를 얻도록 하여 더 많은 미국의 실수를 유도함으로써 미국의 진정한 색깔을 세상 사람들에게 보여주고자 하는 의도였다는 것이다. 결국 소련이 의도한 대로 미국은 6·25 전쟁에 참전하여 자신의 군사적 위신과 도덕적 권위를 낭비하고 결국 유럽(과 극동)에 신경을 쓰지 못하는 처지가 되었는데, 그것은 '전세계 세력균형' 에서 소련과 체코슬로바키아 등 사회주의 진영에게 유리하다는 것이다. 이 전문은 또한 미국이 지속적으로 6·25 전쟁으로 극동에서의 전쟁에 개입하고 중국을 조선의 해방과 자신의 독립을 위한 투쟁에로 끌어들이게 되면 소련과 유럽 사회주의 진영은 여러 가지 이득을 보게 된다고 설명하고 있다. 즉 미국은 그처럼 큰 군사적 능력을 가진 중국을 다루지 못하여 결국 망신을 당하게 될 것이고, 그렇게 되면 미국이 제3차 세계대전에 제대로 대비하지 못하게 됨으로써 제3차 세계대전이 무기한 연기되어 자신들은 유럽의 사회주의를 강화시킬 충분한 시간을 벌게 되며, 더구나 미중 간의 전쟁은 극동 전체를 혁명상태에 빠뜨릴 될 것이니 전 세계 세력균형에서 소련과 체코슬로바키아 등

회의의 한반도 결정과 미소공위로 대변되는 외교적 협상을 통해 한반도 전역에서 친소정부를 수립고자 했던 목표를 달성하는 데 실패한 후, '무력사용'이라는 군사적 방법을 통해 그러한 목표를 달성하고자 했던 완전히 다른 종류의 시도였던 셈이다.

사회주의권에게 유리하다는 것이다. 본 논문의 저자는 스탈린의 상기 비밀 전문은 '소련이 6월 27일자 유엔안보리 회의에 참석하여 대북한 제재 결의의 통과를 방지하였으면 좋았을 텐데 왜 불참하였나?' 라는 고트발트의 의문에 대한 스탈린의 일종의 '사후 변명' 내지 '사후 합리화' 라고 판단한다. 스탈린이 6·25 전쟁을 준비하는 과정에서 김일성을 도우면서도 '미국의 개입과 그로 인한 미소 간의 전쟁 연루 가능성'을 매우 우려했다는 증거는 무수히 많다. 단지 스탈린이 1950년 3월 30일-4월 25일 기간에 모스크바를 방문하여 체류했던 김일성에게 '소련은 다른 지역, 특히 유럽에서 심각한 도전들을 대면하고 있기 때문에 북한은 6·25 전쟁에서 소련의 참전을 기대해서는 안 되며, 특히 미국이 조선에 군대를 파병하는 경우에는 소련은 조선문제에 개입할 준비가 되어 있지 않다'는 점을 강조한 적은 있다. Weathersby(July 2002), p. 10 참조. '유럽에서의 심각한 도전들'에 대한 소련의 대처가 상기 중앙일보가 인용한 김동길 교수의 해석 혹은 그와 유사한 어떤 해석을 의미하는지에 대한 판단은 더욱 결정적인 자료 발굴과 더 권위 있는 연구를 필요로 할 것이다.

190. Weathersby는 스탈린이 김일성의 남침전쟁을 승인하고 군사적 원조를 제공한 것은 무엇보다도 '스탈린과 모택동 간의 관계'와 관련이 있다고 추론한다. 스탈린은 모택동의 소련에 대한 충성심을 신뢰하지 않았고, 모택동이 중국의 국공내전에서 승리하게 되면 국제공산주의 운동에서의 소련의 지도적 위치를 위협할 것이기 때문에, 6·25 전쟁에서 중국이 미국과 전쟁을 치르게 함으로써 중미관계를 파탄시키면 중국이 소련에 더욱 의존하게 될 것이라고 생각한 것으로 추론하고 있다. Weathersby(November 1993), pp. 31-32 ; Weathersby(Fall 1993), p. 14. 1949-1950년 기간에 스탈린과 모택동과의 관계, 6·25 전쟁에 대한 양 지도자 간의 협조 등에 대한 논의에 대해서는 Sergey Radchenko and David Wolff, "To the Summit via Proxy-Summits : New Evidence from Soviet and Chinese Archives on Mao's Long March to Moscow, 1949," Cold War International History Project, *Bulletin : Inside China's Cold War*, Issue 16(Fall 2007/Winter 2008), pp. 105-112 ; Weathersby(July 2002)를 참조.

참|고|문|헌

국사편찬위원회. 『러시아연방국방성 중앙문서보관소 소련군정문서, 남조선 정세보고서 1946-1947』(해외사료총서 6) 과천 : 국사편찬위원회, 2004a.

______. 『쉬띄꼬프 일기, 1946-1948』(해외사료총서 10) 과천 : 국사편찬위원회, 2004b.

기광서. "해방 후 소련의 대한반도정책과 스티코프의 활동." 『중소연구』 통권 93호(2002).

김기조. 『38선 분할의 역사 : 미·소·일 간의 전략대결과 전시외교 비사(1941-1945)』 서울 : 동산출판사, 1994.

김성보. "소련의 대한정책과 북한에서의 분단질서 형성, 1945-1946." 역사문제연구소 편. 『분단 50년과 통일시대의 과제』 서울 : 역사비평사, 1995.

김학준. 『한국문제와 국제정치』(전정판) 서울 : 박영사, 1987.

남광규. "신탁합의를 전후한 미·소·중의 입장과 임정의 반탁민족자주노선의 한계 : 1945.12-1946.1 기간의 국제협의와 임정의 대응을 중심으로." 『국제정치논총』 제44집 1호(2004).

______. "신탁합의와 미소공위에 나타난 미소의 정책과 결렬 요인." 한국정치학회 2006 연례학술회의. 『남북한 정부수립 과정 비교』 자료집(2006.12.8).

「레베데프 비망록」(번역본) (중앙일보 통일문화연구소 소장) (1945.3.25-9.12).

'모스크바 3상회의 지지 결의문.' The Records Seized by U.S. Military Forces in Korea : Record Group 242, National Archives Collection of Foreign Records Seized, 1941-, Shipping Advice No. 2005, Box No. 6, Item No. 49(이하 'SA

2005-6-49' 식으로 표기).
박명림. 『한국전쟁의 발발과 기원 II : 기원과 원인』 서울 : 나남출판, 1996.
백학순. "북한의 국가형성에 있어서 김일성의 자율성 문제." 『한국정치학회보』 제28집 2호(1994).
______. 『국가형성전쟁으로서의 한국전쟁』 성남 : 세종연구소, 1999.
부르체프, M. "단평-조선임시정부 각료 후보들에 대하여" (1946.3.15) (번역문). 『역사비평』 계간 24호(1994, 봄).
북조선민주주의민족통일전선 중앙위원회서기국 편. 『쏘미공동위원회에 관한 제반자료집』 1947.5.5 (SA 2005-2-73).
______. 『쏘미공동위원회에 관한 제반자료집(증보판)』 1947.6.27 (SA 2008-8-34).
「북조선주재 소련민정부의 사업결산 보고서」 제1권, 정치편(번역본) (중앙일보통일문화연구소 소장) (1945.8-1948.11).
「스티코프가 스탈린과 몰로토프에게 보낸 보고서」(중앙일보 통일문화연구소 소장) (1946.6.12).
신복룡. 『한국분단사 연구 1943-1953』 서울 : 한울아카데미, 2001.
심지연. "신탁통치 문제와 해방정국 : 반탁과 찬탁의 논리를 중심으로." 『한국정치학회보』 제19집(1985).
______. 『미-소공동위원회연구』 서울 : 청계연구소, 1989.
______. "미소공동위원회 연구." 『국사관논총』 제54집(1994).
양현수. "미군정과 소군정의 지도자 비교 : 하지와 스티코프." 한국정치학회 2006 연례학술회의. 『남북한 정부수립 과정 비교』 자료집(2006.12.8).
여인곤. "소련의 대한반도정책, 1945-1948년 : Post-revisionism의 관점에서." 『아시아문화 8』(한림대학교 아시아문제연구소) (1992.12).
오기섭. 『모스크바3상회의 조선에 관한 결정과 반동파들의 반대투쟁』 1946 (SA 2008-9-48).
우사연구회 엮음, 심지연 지음. 『송남헌회고록 : 김규식과 함께한 길』 서울 : 한울, 2000.
이동현. 『한국 신탁통치 연구』 서울 : 평민사, 1990.
______. "미·소공동위원회의 쟁점과 결말." (특집 : 대한민국 건국사의 새로운 이해) 『한국사 시민강좌』 제38집(2006).
이영종. "스탈린이 '미국 6·25 참전' 유도." 『중앙일보』(2008.6.25).

______. "'한국전쟁에 미국 참전 유도' 스탈린 극비전문." 중앙일보(2008.6.25).
이완범. "한반도 신탁통치 문제 1943-1946." 박현채 외. 『해방전후사의 인식 3』 서울 : 한길사, 1987.
이재훈. "해방전후 소련 극동정책을 통해 본 소련의 한국인식과 대한정책." 『사림』 제20호(2003).
이정식. "스탈린은 한반도 신탁통치를 반대했다." 『신동아』 통권 411호(1993.12).
______. "냉전의 전개과정과 한반도 분단의 고착화 : 스탈린의 한반도정책, 1945." 유영익 편. 『수정주의와 한국현대사』 서울 : 연세대학교출판부, 1998.
______. 『대한민국의 기원 : 해방전후 한반도 국제정세와 민족지도자 4인의 정치적 궤적』 서울 : 일조각, 2006.
______. 『여운형 : 시대와 사상을 초월한 융화주의자』 서울 : 서울대학교출판부, 2008.
이지수. "이정식, 『대한민국의 기원』을 읽으면서 : 조선민주주의인민공화국의 성립부분과 관련하여(이정식 지음, 일조각, 2006)"(서평). 『한국정치연구』 제15집 2호(2006).
______. 번역. "이른바 12월 25일자 슈킨보고서."
이철순. "미국과 소련의 정치세력 지원정책 비교(1945-1948)." 한국정치학회 2006 연례학술회의. 『남북한 정부 수립과정 비교』 자료집(2006.12.8).
이호재. 『한국외교정책의 이상과 현실 : 해방 8년 민족갈등기의 반성』 서울 : 법문사, 1986.
전상인. 『'고개 숙인' 수정주의 : 한국현대사의 역사사회학』 서울 : 전통과 현대, 2001.
전현수. "한국 현대사와 소련의 역할(1945-1948) -『쉬띄꼬프 일기』를 중심으로." 『쉬띄꼬프 일기, 1946-1948』(해외사료총서 10) 과천 : 국사편찬위원회, 2004b.
______. "협의단체 선정 놓고 입씨름만 하다 끝난 미소공동위원회." 『신동아』 통권 557호(2006.2).
정성임. "소련의 대북한 전략적 인식의 변화와 점령정책." 『현대북한연구』 제2권 2호(1999).

중앙일보 특별취재반.『비록 조선민주주의인민공화국(상)』서울 : 중앙일보사, 1992.

차상철.『해방전후 미국의 한반도정책』서울 : 지식산업사, 1991.

최용, 북조선 인민위원회선전국.『조국의 독립과 발전을 위한 북조선민주주의민족통일전선의 업적』1948.9.

한국역사연구회 현대사연구반.『한국현대사 1 : 해방직후의 변혁운동과 미군정』서울 : 풀빛, 1991.

한효.『조선독립을 반대하는자 : 쏘미공위사업 경과와 남조선 반동파의 책동』북조선통신사 출판부, 1948. 1 (SA 2008-8-54).

Chen, Jia. "The Sino-Soviet Alliance and China's Entry into the Korean War." Cold War International History Project. Woodrow Wilson Center for Scholars, Working Paper No. 1 (June 1992).

Cumings, Bruce. *The Origins of the Korean War, Volume I : Liberation and the Emergence of Separate Regimes, 1945-1947*. Princeton : Princeton University Press, 1981.

______, *The Origins of the Korean War, Volume II : The Roaring of the Cataract, 1947-1950*. Princeton : Princeton University Press, 1990.

Djilas, Milovan. *Conversation with Stalin*. Trans. by Michael B. Petrovich. New York : Harcourt, Brace & World, 1962.

Hao, Yufan and Zhai Zhihai. "China's Decision to Enter the Korean War : History Revisited." *China Quarterly* 121 (March 1990).

Headquarters, U.S. Military Forces in Korea (USAFIK). "G-2 Periodic Report" (PR) No. 36.

______. "Intelligence Summary of Northern Korea" (ISNK) Nos. 1, 2, 3, 15.

Lankov, Andrei. "Soviet Politburo Decisions and the Emergence of the North Korean State, 1946-1948." *Korea Observer* 36-3 (Autumn 2005).

Lee, Chong-Sik. "The interview of Kathryn Weathersby : The Soviet Union and the Korean Peninsula : From the Liberation to June 25 [the Korean War]." June 17, 1993.

Murray, Brain. "Stalin, the Cold War, and the Division of China : A Multi-Archival Mystery." Cold War International History Project. Woodrow Wilson

Center forScholars, Working Paper No. 12 (June 1995).

Oliver, Robert T. *Syngman Rhee and American Involvement in Korea, 1942–1960 : A Personal Narrative*. Seoul : Panmun Book Company LTD, 1978.

Paik, Hak Soon. "North Korean State Formation, 1945–1950." Ph.D. Dissertation. University of Pennsylvania, 1993.

Pechatnov, Vladimir O. "The Big Three after World War II : New Documents on Soviet Thinking about Post War Relations with the United States and Great Britain." Cold War International History Project. Woodrow Wilson Center for Scholars, Working Paper No. 13 (July 1995).

______. "The Allies are Pressing on you to Break your Will ··· : Foreign Policy Correspondence Between Stalin and Molotov and Other Politburo Members, Septermber 1945–December 1946." Cold War International History Project. Woodrow Wilson Center for Scholars, Working Paper No. 26 (September 1999).

Radchenko, Sergey and David Wolff. "To the Summit via Proxy–Summits : New Evidence from Soviet and Chinese Archives on Mao's Long March to Moscow, 1949." Cold War International History Project. *Bulletin : Inside China's Cold War*. Issue 16 (Fall 2007/Winter 2008).

U.S. Department of State. *Foreign Relations of the United States 1945, Vol. II*. Washington D.C. : United States Government Printing Office, 1969.

______. *Foreign Relations of the United States 1946, Vol. VIII : The Far East*. Washington D.C. : United States Government Printing Office, 1971.

______. *Foreign Relations of the United States 1947, Vol. IV*. Washington D.C. : United States Government Printing Office, 1972.

______. *Foreign Relations of the United States 1947, Vol. VI : The Far East*. Washington D.C. : United States Government Printing Office, 1972.

van Ree, Erik. *Socialism in One Zone : Stalin's Policy in Korea, 1945–1947*. Oxford : Berg, 1989.

Weathersby, Kathryn. "New Findings on the Korean War." Translation and Commentary in Cold War International History Project. *Bulletin 3* (Fall 1993).

______. "Soviet Aims in Korea and the Origins of the Korean War, 1945–1950 : New Evidence from Russian Archives." Cold War International History Project. Woodrow Wilson Center for Scholars, Working Paper No. 8 (November 1993).

______. " 'Should We Fear This?' Stalin and the Danger of War with America." Cold War International History Project. Woodrow Wilson Center for Scholars, Working Paper No. 39 (July 2002).

Zhang, Wentian (PRC Ambassador to the Soviet Union and Vice Foreign Minister). Telegram to the PRC Foreign Ministry, Zhou Enlai and the CCP Central Committee. "Reporting the Preliminary Opinions of Our Side on the Geneva Conference to the Soviet Side" (6 March 1954). Cold War International History Project. *Bulletin : Inside China's Cold War*. Issue 16 (Fall 2007/ Winter 2008).

Zubok, Vladislav & Constantine Pleshakov. *Inside the Kremlin's Cold War : From Stalin to Khrushchev*. Cambridge : Harvard University Press, 1996.

미국의 대한반도정책 평가
1945-1948

신복룡
건국대학교 정치대학 정치외교학과 석좌교수

1. 서론 : 미국에게 한국은 누구인가?

외교라는 것이 본시 쌍무적이어서 나와 타자와의 관계이며, 그 과정에서 나는 당신에게 무슨 의미가 있으며 당신은 나에게 무슨 의미가 있는가를 묻는, 다분히 계산적인 고려로부터 출발하는 것이다. 그런 점에서 외교는 기본적으로 이해관계이며 타산일 수밖에 없다. 이러한 물음을 한미관계에 적용시켜 본다면 우리는 쌍무적으로 한국은 미국에게 누구이며 미국은 한국에게 누구인가?라고 물을 수 있다. 그런데 세상사가 다 그렇듯이 인간관계는 이기적일 수밖에 없고, 그래서 우리로서는 미국은 우리에게 누구인가?라는 물음에 액센트를 두는 것이 한미관계의 키워드처럼 제기되어 왔다.

그러나 한미관계의 130년 역사를 돌아보면 그것은 결코 쌍무적이지 않았고, 우리가 통상 우리에게 미국은 누구인가?라는 의문은 의미가 적으며, 미국에게 한국은 누구인가?라는 물음에 따라서 당면 문제가 처리된 듯한 느낌을 준다. 이것은 일차적으로 두 나라의 외교관계가 불평등했음을 의미할 수도 있고, 한국이 미국에 의존적일 수도 있으며, 그 과정에서 어느 한쪽이 상처를 입었을 수도 있음을 의미한다.

이러한 불평등의 문제를 거론하자면 아픔이 따를 수도 있고 불쾌한 기억을 되살릴 수도 있어서 그리 마음 내키는 일은 아니며 덕이 되지 않을 수도 있다. 그러나 외교관계에서의 이러한 그늘을 외면한다는 것은 두 나라의 장래를 위해서도 바람직한 일이 아닐 것이며, 차라리 진솔한 지적과 고백이 보다 나은 내일을 위해 소망스러울 수도 있다. 이 글은 기본적으로 그러한 건설적 고언(苦言)의 뜻에서 출발하고 있다.

한미관계를 획일적으로 말할 수는 없지만 1882년에 한미수호통상조약이 체결된 이후 오늘에 이르기까지의 1세기 남짓한 기간은 그 성격상 대체로 다음과 같은 몇 단계로 나눌 수 있다.

- **제1기**(1882–1905) : 첫 단계는 한미수교로부터 을사조약이 체결되기까지의 기간이다. 이 당시의 양국 관계는 전적으로 미국이 그 이니셔티브를 잡고 있었다. 이 기간의 미국의 대한반도정책은 미·중(美中)관계의 개막을 위한 중간 기항지(寄港地)의 의미 이상을 가지고 있지 않았다. 따라서 이 당시 미국에 대한 한국의 의미는 종속변수(從屬變數)였고 미·중, 그리고 그후의 미·일(美日)관계가 미국

의 궁극적 관심이었다.[1)]

- **제2기**(1905–1945) : 그러던 것이 1905년 7월의 태프트–가츠라(桂太郎) 밀약(Taft–Katsura Agreement)[2)]이 체결되면서 제1기의 한미관계에서 미국의 대한 인식은 구체적 현실로 나타나기 시작했다. 이 당시 미국은 대한제국 멸망의 묵시적 방조자였다. 제2기의 망각의 시대는 해방될 때까지 계속되었다.
- **제3기**(1945–1950) : 1945년의 종전과 더불어 새로운 한미관계의 제3기가 열렸다. 이 당시 미국은 한국의 해방 · 독립 · 분단, 그리고 정부수립에 중요한 역할을 담당했다. 결정적이라고 말할 수는 없지만 상당한 부분에 걸쳐 미국은 한국 현대사의 다행스러운 면과 불행한 면에 깊이 연루되어 있다. 특히 미국은 한반도의 분할과 관련하여 지혜롭지 않게 문제를 처리한 부분이 있다. 이 제3기에 대한 해석이 한미관계의 쟁점이 되고 있다.
- **제4기**(1950–1982) : 이러한 불행한 시대를 거쳐 한국전쟁과 더불어 한미관계의 밀월(蜜月) 시대가 열렸다. 미국은 한국전쟁을 통해서 건국 이후 최고의 전상률(戰傷率)을 겪었다. 적어도 남한 주민에게 이와 같은 희생은 '혈맹(血盟)의 우방'이라는 표현으로 무리 없이 받아들여졌고, 이러한 의식은 기성세대의 고정관념으로 누구도 거역할 수 없었다. 그러나 이것은 체험의 역사였지 역사적 의미부여는 박약했었다. 이러한 밀월의 시대는 상당히 오랜 기간 계속되었다.

1. 이에 관한 자세한 논의는 신복룡, "한미 수교의 시말과 교훈," 『한국정치사』(서울 : 박영사, 2003), pp. 233–260 참조.
2. 국회도서관 입법조사국, 『구한말조약휘찬(중)』(서울 : 국회도서관, 1965), pp. 211–214.

• **제5기**(1982-현재) : 그러던 것이 1982년이 되자 한미관계는 새로운 국면에 접어들게 되었다. 이미 해방세대가 학업을 마치고 기성사회에 자리 잡기 시작했고, 따라서 이제는 체험의 역사가 아닌 기록으로서의 역사를 알아야 한다는 목소리가 높아졌다. 그들은 한국현대사에서 미국의 실수를 비난하기 시작했고, 그러한 목소리는 그 해 3월에 부산(釜山)의 미국문화원(美國文化院) 방화사건 등의 형태로 나타나기 시작했다. 이 시기의 소장 진보주의자들은 한미관계 백년사에 걸쳐 누구도 감히 입을 열지 못하고 응어리처럼 지식인 사회에 팽배해 왔던 반미의식을 설명하기 위한 역사적 증빙으로서 분단의 책임을 추궁하기 시작했다.

이 글은 위와 같은 한미관계사 중에서 제3기까지의 기간, 즉 우리가 흔히 해방정국이라고 말하는 1945-1948년의 시기에 국한하여 주로 미국에게 한국은 누구였나?를 살펴보고자 한다. 한국에게 미국은 누구인가?라는 질문이 중요하지 않은 것은 아니지만, 이 시기의 본질은 미국이 한국을 어떻게 인식했느냐 하는 점이 주제가 될 수밖에 없다.

우리가 이 시기를 주목해야 하는 이유는 이 시기의 미국의 선택과 결정이 한국 현대사의 방향을 결정한 분수령이 되기 때문이다. 역사의 순간은 모두가 의미 있었고 보는 이에 따라서는 자신이 살고 있는(던) 세대가 가장 격동기였다고 생각할 터이지만, 우리에게 해방정국에서의 일련의 결정은 그후대에 운명적이었고 결정적이었다. 따라서 이 시대를 정확히 파악하는 것은 그후대의 이해를 위해 필요한 통과의례일 수 있다.

2. 일본의 종속변수로서의 한반도

미국에 대하여 한국은 누구인가? 하는 원초적인 문제는 서세동점이 시작된 개항 초기의 미국의 대한 인식으로 거슬러 올라간다. 1880년대 초엽의 미국의 대한 접근이 동기는 다음과 같이 요약할 수 있다.

1. 미국의 선박들이 조선의 근해에서 조난을 당했을 경우 선원의 박해를 면하고,[3)]
2. 미국의 상선이 청과 일본의 통상을 위해 왕래할 때 식수나 식량 등의 보급을 위해 조선에 기항지를 얻어두어야 하며,
3. 소위 '은자(隱者)의 나라'에 대한 호기심과 탐험심이 작용했으며,[4)]
4. 동방의 '미개한 땅'에 그리스도의 복음을 전한다는 백인우월주의가 작용하고 있었다.[5)]

---

3. "United States Steamer Wachusett, Wachusett Bay, Near Mouth of River Tai-Tong" (January 24, 1867), Park Il-keun (ed.), *Anglo-American Diplomatic Materials Relating to Korea, 1866-1886* (Seoul : Shinmundang, 1982), pp. 882-883 ; No. 9, "Mr. Fish to Mr. Frederick F. Low, Department of the States" (April 20, 1870), Park Il-Keun (1982), p. 837 ; "Claim against Corea on Account of the Destruction of the General Sherman," (July 24, 1885), No. 118, G. M. McCune and J. A. Harrison (ed.), *Korean-American Relations*, Vol. I (Berkeley and Los Angeles : The University of California Press, 1950), p. 47 ; H. G. Appenzeller, "The Opening of Korea : Admiral Shufeldt's Account of It," *Korean Repository*, Vol. I (February 1892), p. 60.
4. 渡邊勝美, "鮮米修好通商條約交涉史," 『普專學會論集』(2) (서울 : 普專學會, 1935), p. 174.

이러한 요인에 담겨 있는 미국의 대한 인식의 본질은 한국이야말로 미국이 가지고 있는 청과 일본과의 관계의 종속변수에 지나지 않는다는 사실이었고, 이와 같은 인식은 그로부터 60년의 세월이 흐른 1945년의 상황에서도 본질적으로 바뀌지 않았다. 다만 당초에는 중국에 대한 이해관계가 깊었던 데 비하여 시간이 지날수록 일본에 대한 비중이 높아졌다는 차이만 있을 뿐이었다.

이러한 논리를 해방정국의 상황에 적용해 본다면 미국에 대한 중국·일본의 중요도에 비하여 한국의 그것은 여전히 낮았다. 따라서 극동에서의 한국문제는 늘 이차적이었다. 이 문제는 냉전이 개막되었음에도 불구하고 전후처리 과정에서 미국은 왜 한반도 전역을 독자적으로 점령하거나 아니면 한반도에서 38°선 이상의 몫을 요구하지 않고 여러 가지 분할안 중에서 최남단선인 38°선에서 분할했을까? 하는 질문에서부터 문제를 풀어볼 필요가 있다.

트루먼(H. S. Truman)은 원폭실험의 성공과 투하를 통해서 극동에서의 미국의 입지가 강화되고 있음을 감지하고 있었다. 그러나 소련이 극동전쟁에 참전하고 일본의 패망과 종전이 확실해질 무렵 미국의 수뇌부들은 소련이 일본의 분할점령을 요구할 수도 있다는 가능성을 예견했다. 실제로 트루먼이 '일반명령 제1호'를 스탈린에게 전달했을 때 그는 홋카이도(北海島)의 북부를 소련에 할양한다는 내용으로 이를 수정해 줄 것을 요구했다.[6] 그러나 일본에 대한 미국의

---

5. 노계현, 『한국외교사연구』(서울 : 해문사, 1968), p. 42.
6. Paul C. McGrath, *U.S. Army in the Korean Conflict*(Unpublished Manuscript, Washington D.C. : NA, 1953), p. 52 ; Department of Defence, *The Entry of the Soviet Union into the War against Japan*(Unpublished Manuscript, Washington D.C. : NA, 1955), p. 74.

'배타적 점령'이 위협받는다는 것은 미국의 대극동정책을 기초부터 흔들어놓는 것이었다.[7] 따라서 일본의 분할점령이란 미국으로서는 도저히 상상할 수도 없는 것이었다.

이러한 어려움을 타개하기 위해 미국은 한반도에서 양보함으로써 일본을 지키려 했다. 그러한 판단에 따라서 미국은 일본을 독차지할 수 있었다. 일본의 분할을 받아들일 수 없다는 당초의 구상을 십분 구현한 미국으로서는 포만감(飽滿感)에 빠지게 되었다. 그들로서는 한국의 상당 부분을 소련에 양보하는 것이 그리 아까울 것이 없었다. 맥아더(D. MacArthur) 개인으로서도 일본은 매우 매혹적인 나라로 느껴졌다. 미국이 일본에 대해 이토록 호의적이었던 이면에는 미국과 일본이 소련의 남진을 저지해야 한다는 이해관계를 공유하고 있었기 때문이었다. 한반도에서 더 많은 것을 얻으려던 트루먼의 냉전 인식을 봉쇄한 것은 맥아더의 허영과 야망이었다.[8]

미국이 한반도에 상륙작전을 전개하면서도 일본을 먼저 고려했다는 사실은 미군의 한반도 상륙작전에서도 잘 나타나고 있다. 미국의 합동전쟁기획위원회(Joint War Plans Committee : JWPC)는 1945년 5월 8일자로 극동(일본과 한국)에서의 점령 우선순위를 결정했다. 이 문서에 따르면 한반도에 미군이 상륙할 경우 '부산(釜山)이 서울의 진주에 우선한다'고 되어 있다.[9] 한 국가를 점령할 경우 그의 수

7. Department of Defence(1955), p. 71.
8. Michael C. Sandusky, *America's Parallel*(Alexandria : Old Dominion Press, 1983), p. 328.
9. "Occupation of Strategic Positions upon Japanese Withdrawal, Collapse, or Surrender," (May 8, 1945), JIS 144/3, RG 165, *ABC 014 Japan*(Washington D.C. : NA) ; "Proposed Occupational Areas," (May 8, 1945), JWPC 264/6, RG 165, *ABC 014 Japan*.

도를 먼저 점령하거나 또는 그 수도로 진입하는 항구[仁川]를 먼저 점령하는 것은 전략의 기초이다.

그럼에도 불구하고 왜 미국은 부산의 점령이 서울의 점령에 우선해야 한다고 생각했는가? 그것은 당시 한국에 있던 일본인의 무사한 귀국을 마련하기 위해서였다. 당시 일본으로 귀환하는 일본인들은 일단 부산에 집결하도록 되어 있었다.[10] 미국은 한국인의 해방보다는 일본인에 대한 한국인의 가혹행위를 저지하는 데 더 많은 배려를 했다. 이와 같은 사실은 트루먼의 기자회견[11]에서도 잘 나타나고 있었다. 그리고 복수심에 불타고 있는 한국인들로부터 일본인들을 구하여 무사히 귀국시키는 일이 자기의 중요한 과업이라고 생각했던 하지(John R. Hodge)는 합동전쟁기획위원회의 이와 같은 지시에 충실하여 각별한 조치를 취했다.[12]

엄격히 말해서 한국은 패전국의 점령지였을 뿐 패전국 자체는 아니었다. 그럼에도 불구하고 일본이 겪어야 할 비극(분할점령)을 한국이 대신 겪었다. 국제정치의 도덕성을 논외로 한다면 미국의 입장에서 볼 때 그 선택은 오히려 정확한 것이었다. 그리고 이러한 선택은 1945년의 상황에서만 그치는 것이 아니라 그후 반세기에 걸쳐 한국 현대사를 지배하고 있는 것이다.

이처럼 군정이 실시되면서 미군이 한국에서 마음 쓴 부분은 한국인이 아니라 재한 일본인을 보호하는 것이었다는 점에서 역설적

10. 小谷益次郞, "仁川撤收誌[仁川引揚誌]," 『황해문화』 통권 30호(2001), p. 233.
11. 《每日新報》 1945년 9월 14일자.
12. "Hodge's Conversation with Wedemeyer," (27 August 1947), RG 332, Box 44, Suitland : WNRC ; 《每日新報》 1945년 9월 28일자.

이었다. 분단이 고착화된 이후에도 한국문제를 고려하면서 미국이 일본을 이토록 우선적으로 배려한 것은 한국의 공산화가 일본 방위에 치명적일 수 있다는 우려 때문이었다. 만약 한반도를 포기한다면 한반도에 대한 소련의 독점적 지배를 방치하게 되고 정치적·군사적으로 일본과 중국에 대한 소련의 입장은 크게 강화될 것이다. 이러한 판단은 하나의 썩은 사과가 생기면 그 주변의 사과가 곧 함께 썩을 것이라는 소위 '썩은 사과의 이론' (rotten apple theory)[13]에 근거하고 있었다. 일본 국민들 사이에서도 미국의 장래의 극동정책에 대한 의구심과 팽창적인 소련 세력에 대한 공포심 때문에 점차로 불안이 초래될 것은 명확했다.[14] 한국은 실질적으로 일본의 안보에 중요했다. 왜냐하면 한국은 일본의 자연스러운 경비견(警備犬, watch dog)이었기 때문이다.[15]

만일 한반도가 함락되면 그것은 곧 일본에 치명적인 상처가 될 것이고, 그렇게 되면 태평양은 더 이상 미국 해군의 내해(內海)가 되지는 않을 것이다. 뿐만 아니라 일단 봉쇄정책이 아시아에서 실패하면 유럽에서 미국의 연합체제는 심리적 연쇄반응으로 영향을 받을 수도 있었다. 미국이 한국에서 적극적인 태도를 보이지 않으면 그것은 동맹국들에게 미국이 소련과 직접 대항하는 것을 두려워하는 표시이자 일종의 양보의 태도로 해석될 우려가 있었고, 한 지역에서의 양보는 다른 지역에서 공산주의의 폭동·반란·공격을 고무할 것이

13. Noam Chomsky, *On Power and Ideology*(Boston : South End Press, 1987), pp. 32, 34.
14. "U.S. Policy in Korea," (January 14, 1948), SANACC 176/35, RG 165, *ABC File* (Washington D.C. : NA), p. 270.
15. Oswald G. Villard, "We Must Free Korea Now," *Asia and the Americas* Vol. XL, No. 11 (November 1945), p. 520.

라고 미국은 생각했다. 이런 사태가 일어난다면 미국이 우방국에 대한 서약을 지키지 않는다는 두려움이 일어날지도 모르는 일이었다. 그것은 두려운 도미노(domino) 현상이었다.

3. 반공 보루로서의 한반도

식민지로부터의 해방과 같은 격동기의 국민정서란 한 마디로 혁명적 격정(Jacobin mentality)이라고 말할 수 있다. 완전 자주독립에 대한 조급한 기대감, 이성의 마비와 이로 인한 전략의 부재, 억압된 잠재의식의 폭발, 속도 조절의 실패, 적과 동지의 이분법적 인간관계, 지난날의 비극에 대한 추궁(追窮)과 복수심, 신분상승에 대한 강한 욕구, 영웅심리, 격렬한 몸짓과 웅변, 잃어버렸던 재산에 대한 반환 욕구, 이러한 현상의 총화로 나타나는 분파주의 등 개인적으로나 집단적으로 자제하기 어려운 혼란에 빠질 수 있다.

이러한 상황은 공산주의적 좌파의식이 착근하기에 적절한 토양을 제공한다. 한국에서의 공산주의자의 발생동기를 설명하는 데에는 긴 논리가 필요하지만, 간단히 말하면 다음과 같은 점이 일제치하로부터 해방정국에 이르기까지 한국에서의 공산주의의 발생을 추동했다고 요약할 수 있다.

1. 러시아혁명의 고무와 코민테른의 동방정책
2. 비폭력적 3·1 운동의 실패에 다른 민족해방투쟁 노선의 고뇌에 따른 결론

3. 토지제도 등 사회적 불평등의 심화

4. 중국의 공산화에 따른 연상심리

5. 혁명적 과도기에 나타나는 격정적 군중심리(Jacobin mentality)

6. 개인적인 성향[16)]

미군정이 한국에 상륙하여 점령군으로서 먼저 유념해야 할 문제는 이러한 뿌리를 갖는 공산주의자들을 어떻게 대처해야 하는가의 문제였다. 루즈벨트(F. D. Roosevelt)의 시대만 하더라도 미국은 소련 또는 이념의 적대자로서의 공산주의의 문제를 그리 심각하게 생각하지 않았다. 루즈벨트는 부동항(不凍港)에 접근하려는 것과 같은 러시아의 정당한 주장과 요구를 완전히 충족시켜 준다면 러시아는 전후세계의 평화를 유지하는 데에 다루기 쉽고 협력적일 것이라고 생각했다. 루즈벨트는 스탈린(J. Stalin)과 협상하면서 협력정신을 고무시킬 수 있고 신뢰관계를 수립할 수 있다고 확신한 듯이 보였다.[17)] 그러나 흔히 트루먼 독트린(Truman Doctrine, 1947년 3월)으로 불리는 트루먼 대통령의 대소 인식은 행정부의 준거틀을 보수주의적인 입장으로 변화시키는 출발점이 되었다. 그는 전후세계에서 소련과 평화적인 협력을 지속할 수 있으리라는 루즈벨트의 낙관주의에 공감하지 않았다.[18)]

16. 자세한 논의는 신복룡, "한국 공산주의자의 발생," 『한국분단사연구 : 1943-1953』(서울 : 한울출판사, 2006), pp. 271-295 참조.

17. U.S. Congress, Committee on Foreign Affairs, *Soviet Diplomacy and Negotiating Behavior : Emerging New Context for U.S. Diplomacy : Special Studies Series on Foreign Affairs*, Vol. 1, 96th Congress, 1st Session, House Document No. 96-238 (Washington D.C. : Congressional Research Service, Library of Congress, 1979), pp. 174-175.

소련과의 밀월이 사라지고 소련이 미국의 주적(principle enemy) 개념에 포함되면서 미국이 한국에 대해 가지는 군사적 의미와 목표도 종전과는 다른 모습으로 바뀌기 시작했다. 적어도 점령 초기의 상황에서 미국이 한반도에서 취해야 할 큰 틀(grand design)은 다음과 같은 내용을 담고 있었다.

1. 한국에서의 미국의 주요 문제는 장기간 동안 소련의 지배권에 저항할 수 있는 독립되고 민주적이며 안정된 정부를 수립하는 것이다.
2. 한국에서의 소련의 장기적인 전략목표는 한국에 대한 완전한 지배권을 수립하고 이러한 목표를 추구하면서 일차적으로는 소련에 수종(隨從)하는 인사가 지배하는 정부를 구성하거나 초기에 양국의 군대가 철수한다는 조건 아래 미국이 만족할 만한 민주적 정부를 수립하는 것이라고 여겨진다.
3. 무력에 의하지 않는 한, 좌익이 아닌 바에야 한국은 장차 소련보다는 미국을 지향(orient)하리라고 믿어진다.
4. 반면에 신탁통치는 너무도 민심과 거리가 멀기 때문에 현재 한국인들은 공공연한 탁치에 자신을 맡기기보다는 소련에 흡수되는 모험을 택할 수도 있다.
5. 미국의 일차적 목표는 한국에서 소련의 지배권을 저지하는 것이고 한국의 독립은 부차적인 것이기 때문에 향후 몇 년 안에 한국 정부에 완전한 독립을 부여하는 것이 미국의 국익이라고 믿어지지는 않는다.
6. 한국에서 미국을 축출하기를 열망하고 있는 소련은 이러한 견해를

18. Sandusky(1983), pp. 310, 327.

격렬히 반대할 것이다.

7. 그러므로 한국의 임시정부의 구성은 적어도 향후 몇 년 동안 미국이 고도의 위장된 지배권을 지속적으로 행사해야 한다는 조건 위에 기초해야 한다.[19)]

이 정책보고서가 의미하는 핵심, 즉 미국의 대소 견제가 한국의 독립에 우선한다는 그들의 입장은 미국의 대한반도정책을 읽는 스펙트럼이었다. 이 당시에 점령군의 뇌리를 지배하고 있는 가치는 반공이었다. 도쿄의 맥아더 사령부(CINCPAC)에서 있었던 정책 브리핑에서 민사 참모(G-5)인 크리스트(William E. Christ) 준장은 한국에 있는 미군정의 주요 파견목적 중의 하나는 '공산주의에 대한 방파제를 형성하는 것'이라는 인상을 주었다. 이것은 정책 브리핑에 참여한 몇몇 사람들의 확고한 견해였으며,[20)] 점령사령관 하지도 '만약 지금 당장 한국을 독립시키면 2년 이내에 소련에 병합될 것'[21)]이라는 확신을 가지고 있었다.

한국을 반공의 군사적 교두보로 이용할 경우 독립된 주권보다는 군사적 지배(군정)가 더 효과적이라는 것은 미국이 쉽게 얻을 수 있는 결론이었다. 당시 남한의 정치적 상황은 미국의 이러한 소망을

---

19. "U.S. Document No. 3, Joint Commission Files : Observations on Methods of Negotiating Formation of a Korean Government," Part I(nd, Approximately 20 March 1946, and unsigned), USAFIK, *HUSAFIK* Part II, Chapt. IV(Washington, D.C. : U.S. Army, Historical Manuscript File, 1948), pp. 154–155.
20. E. Grant Meade, *American Military Government in Korea*(New York : King's Crown Press, 1951), p. 52.
21. C. L. Hoag, *American Military Government in Korea*(Unpublished Manuscript, Washington D.C. : OCMH at the Department of Army, 1970), p. 345.

합리화하기에 충분한 조건을 안고 있었다. 이러한 인식은 현지 전략가들도 공감하고 있었다. 그들은 한국의 상황이 공산주의의 착근(着根)을 위한 매우 기름진 기반을 제공하고 있다는 데 공감하고 있었다.

이와 같은 판단에 입각하여 수립된 당시의 군정이 추구한 행정정책의 주요 골자는 다음과 같이 요약할 수 있다.

1. 북한의 남침이 있을 것이므로 군정은 국방력을 충실하게 강화한다.
2. 남침이 있는 경우를 대비하고 이를 전제하여 전력과 석탄의 자급자족을 강구한다.
3. 북한의 화폐개혁으로 인하여 조선은행권이 공산당의 정치자금으로 유입되고 있는 관계로 화폐개혁을 단행한다.
4. 판·검사들이 반공사상에 철저하지 못하므로 사법부를 반공진영으로 재편성한다.
5. 대학생층에 공산주의 사상이 침투되는 실정에 비추어 사범교육을 위시한 각급 학교의 반공교육정책을 실시한다.[22)]

한국의 공산화가 미칠 또 다른 걱정 중의 하나는 그것이 구라파의 우방들로 하여금 미국을 불신하게 만들 수도 있다는 우려였다. 예컨대 맥아더는 그의 청문회(March 20, 1951)에서 하원 의원 마틴(Joe Martin)의 질의에 이렇게 대답했다.

우리는 이곳(한국전쟁)에서 총을 들고 유럽의 전쟁을 수행하

22. 조병옥, 『나의 회고록』(서울 : 민교사, 1959), p. 187.

고 있으며, 외교관들은 한국에서 수사(修辭)로써 유럽의 전쟁을 대행하고 있다. 만약 우리가 아시아에서 공산주의와의 전쟁에서 패배한다면 유럽의 함락을 피할 수가 없다. 아시아에서의 대공(對共)전쟁에서 승리할 때 유럽은 전쟁을 피할 수 있으며 자유를 보장할 수 있을 것이다.[23)]

요약하자면 미국은 한국에서 투철한 반공국가의 건설을 위한 행정력의 집중이 필요했다. 그런데 군인이라고 하는 우익적 신분과 정서에 미국의 대한정책의 기조인 반공 보루화 작업이 맞물린 미군정의 초기 정책은 그 벽두부터 좌익과의 마찰을 불가피하게 겪을 수밖에 없었다. 하지 장군이 좌익을 다루면서 분노와 실망을 느낀 것은 박헌영(朴憲永)이 아니라 여운형(呂運亨)의 행보였다는 점에서 아이러니컬하다. 적어도 군정 초기에는 그러했다. 여운형에 대한 하지의 의구심의 이면에는 당시 한민당(韓民黨)을 중심으로 하는 우익의 귀띔, 즉 여운형이 소련의 지령을 받고 있다는 정보가 작용했음에 틀림없다. 뿐만 아니라 불편 없는 영어구사 능력과 서구적 개안(開眼)을 가지고 있었음에도 불구하고 그가 좌익이 되었다는 사실에 대한 실망 내지는 배신감으로 인해 미군정은 박헌영보다 여운형을 더욱 경계했다. 이러한 모순 속에서 미군정과 여운형(또는 인공) 사이의 애증이 싹트기 시작했다.

군정으로서 여운형 또는 건준이나 인민공화국의 존재에 대하여 신경을 쓸 수밖에 없었던 이유는 당시 인공이나 여운형에 대한 민중의 지지도가 높았다는 사실 때문이었다. 당시 임시정부의 정체에

23. Douglas MacArthur, *Reminiscences*(New York : McGraw-Hill, 1964), p. 386.

대하여 실시한 여론조사 결과를 보면 국호를 묻는 질문에 대해서는 조선인민공화국이 1천708표(69.5%), 대한민국이 604표(24.6%), 무응답이 6.0%로 인공에 대한 선호도가 단연 높았고, 정권의 형태에 대한 설문에는 종래의 제도가 327표(13.3%), 인민위원회가 1천757표(71.5%), 기타 262표(10.7%), 기권 113표(4.6%)로 나타났다.[24] 미군정이 보기에도 인민위원회는 강력하고 효율적이며 영리하게 영도되고 있었다. 이러한 상황 속에서 미군정의 결론은 여운형을 좌익으로부터 떼어놓자는 것이었다. 이러한 목적을 위해 1946년 봄·여름 동안 미군정은 여운형을 공산주의자들로부터 이유(離乳, weaning)시키느라고 바빴다.[25] 그런 연후에 김규식(金奎植)의 카운터 파트너로 그를 선정하여 좌우 합작을 추진함으로써 좌익을 약화시키고 한국의 반공화에 이용하려 했다.

반공의 구체적인 방법으로 미군정이 취한 현실적 방법은 국군의 창설이었다. 반공은 이념적인 것이라고는 하지만 그 방법은 구조적이고 체제적일 수밖에 없다. 따라서 반공을 제일의 가치로 인식하며 점령을 실시한 미군정은 자신이 7만 7천여 명의 병력을 계속적으로 한반도에 주둔시킬 수 없다는 것을 잘 알고 있었다. 일제치하에서의 한국의 국방은 일본의 대본영(大本營)에 의해 운영되었기 때문에 총독부에는 국방의 업무를 수행할 기구가 없었다. 이러한 상태에서 군정은 우선 패전한 일본군을 활용하려고 생각했다. 그러나 이때 일본군은 이미 무장해제에 들어간 상태였다.

---

24. 《조선일보》 1947년 7월 6일자.
25. "The Passing of Lyuh Woon Hyung," RG 332, Box 22 (Suitland : WNRC), p. 6 ; "Memorandum for Lieutenant General Wedemeyer by General Hodge" (27 August 1947), RG 332, Box 44, Suitland : WNRC), p. 14.

미소공위가 개최될 시점에서 미국으로서는 잉여 무기를 장비로 하여 정규군(육·해군·해안경비대)을 창설할 수도 있으나 그러면 소련을 자극할는지도 모른다는 염려에서 국방군 창설계획을 연기하고 그 대신에 2만 5천 명 규모의 국방경비대를 창설하려는 계획이 추진되었다. 아울러 국방사령부의 자문에 응하기 위해 한국인으로 이응준(李應俊), 원용덕(元容德), 조개옥(趙介玉) 등이 추대되었다. 챔페니(Arthur S. Champeny) 준장은 본국 국방성의 인가를 기다리는 동안 우선 필리핀의 경찰예비대 형식의 조선경비대를 창설키로 했다. 경찰 예비병력을 기른다는 것은 우선 정치적인 문제가 없기 때문에 좀 더 쉽게 미국방성의 인가를 받을 수 있을 것으로 판단했다.[26]

이 무렵인 1945년 12월에 조선경비대의 조직을 상신하고 있는 동안 챔페니 국방부장은 군사지식을 전달받을 수 있는 한국 장교 예비생을 모집했는데 이것이 군사영어학교(Military Language School)였다.[27] 군정은 사설 군사단체들에 대한 명확한 정책이 결정될 때까지 군사영어학교에 지원자를 보내도록 6개 단체를 초청했다. 지원자들은 이전에 군대경력을 가진 소장층의 장교 출신으로서 중등학교 이상을 졸업해야만 했는데, 이는 군사영어학교의 목적이 영어로 기초적인 군대식 표현을 하도록 가르치는 것이었기 때문이었다. 따라서 지원자들은 영어에 대한 일정 지식을 갖추고 있어야 했으므로 그 당시로서는 비교적 식자층에 속하는 청년들이 입교했다.[28]

26. 하우스만(Jim Hausman)·정일화 공저, 『한국 대통령을 움직인 미군 대위 : 하우스만 증언』(서울 : 한국문원, 1995), p. 121.
27. 하우스만(Jim Hausman)·정일화 공저(1995), p. 121.
28. Robert K. Sawyer, *American Military Government in Korea in Peace and War*(Washington, D.C. : OCMH at Department of the Army, 1988), p. 12.

미군정이 창군에 박차를 가할 수밖에 없었던 또 다른 이유는 이 문제가 철군과 맞물려 있었기 때문이었다. 미국은 북한으로부터의 공격을 저지할 수 있을 정도로 이 경비대를 강화할 필요가 있었다. 그런데 한국군의 전력을 증강시키되 너무 강력하게 증강시켜서는 안 될 것이라고 그들은 생각했다. 왜냐하면 성미 급한 한국의 지도자들이 북한에 대하여 무모한 공격을 하지 못하도록 해야 하기 때문이었다.[29] 미국의 요원들은 공격형 무기의 제공이 한국으로 하여금 북한에 대한 군사적인 모험을 감행하도록 자극할 수 있음을 경계하고 있었다.[30]

그러나 소련측 자료에 의하면 미군이 철수할 경우 소련이 남한의 적화를 기도할 수도 있다는 미국측의 전략적 판단이 얼마나 빗나간 오판이었던가를 보여주고 있다. 즉 소련의 자료에 의하면 '미군이 철수할 경우에 군사적 수단으로 통일문제를 해결하려고 하는 반동적인 남조선 군대는 행동의 자유를 확보하게 될 것'[31]이라고 판단하고 있었기 때문에 미군의 철수를 바라지 않았다는 것이다. 이러한 소련의 의중을 읽는 데 실패한 미국은 엉뚱한 고민을 하고 있었다.

29. Claude A. Buss, *The United States and the Republic of Korea*(Stanford : Hoover Institute Press, 1982), p. 60.

30. Sawyer(1988), pp. 100–101.

31. "Shtykov's Cable to Stalin," (June 18, 1949), Evgueny P. Bajanov & Natalia Bajanova(eds.), and Tong–chin Rhee(Rewritten and Tr.), *The Korean Conflict, 1950–1953 : The Most Mysterious War of 20th Century, Based on Secret Soviet Archives, mimeo*, p. 11.

4. 자유민주주의 전시장으로서의 남한

당초 제2차 세계대전이 종결될 무렵만 해도 미국은 군사점령 이외의 어떤 뚜렷한 목적을 가지고 한국에 진주한 것도 아니었고, 한국에 대한 깊은 이해나 연민을 가진 것도 아니었다. 당시 군정청의 고문으로서 독일과 미국의 헌법을 다룬 경험이 있는 전문가였던 후랭켈(Ernst Fraenkel) 박사의 견해에 따르면, 한국이라는 '국가'는 존재하지 않았고 국제법의 견지에서 볼 때 한국은 국민이 없는 땅(no-man's land)이며 정부가 없는 진공상태(governmental vacuum)이기 때문에 한국이 일본으로부터 분리됨에 따라 한국은 경제적·법적 진공상태(economico-legal vacuum)의 존재가 되었다고 판단했다.[32)]

이러한 인식에 기초한 미국의 군부는 세련되지 않은 몇몇 정치 장교들로 한국의 군사지배가 가능하리라고 판단했고, 그 대안으로 등장한 것이 신탁통치였다. 미국이 좁게는 루즈벨트 대통령이 한반도에서 탁치를 결심하게 된 동기로서는 필리핀에서의 경험이 크게 작용했다. 그는 공·사석에서 필리핀의 개명(開明)에 끼친 미국의 공헌에 대해 자긍심을 피력했으며, 1945년 2월 8일 얄타 회의에서 스탈린을 만나 필리핀에서의 경험에 비추어 보건대 한국의 경우에는 20-30년의 신탁통치가 필요하다고 말했다.[33)]

32. Ernst Fraenkel, "Structure of United States Army Military Government," (22 May 1948), RG 332, Box 21 (Suitland : WNRC), pp. 2, 8.

33. "Roosevelt-Stalin Meeting," (February 8, 1945), *FRUS : 1945 : Conferences at Malta and Yalta*, p. 770.

루즈벨트가 구상하고 있었던 것은, 모든 신생독립국가들에게 즉시 독립이란 불가능한 일이며, 따라서 일정 기간의 준비[단계]가 필요하며 미국은 그 후원자가 될 수 있는데, 이러한 모든 것은 미국이 필리핀에서 거둔 '성공'으로 뒷받침될 수 있다는 점이다. 그는 한국을 해방시켜 줄 뜻은 있었지만 독립시켜 줄 뜻은 가지고 있지 않았다. 이 무렵 그는 미국이 신생독립국가들의 어버이나라(parent state)[34] 이며 신생국가들은 종속국(client state)[35]쯤 되는 것으로 생각하고 있었다. 보는 이에 따라서 이것은 또 다른 제국주의의 전형일 수 있다.

이와 같이 루즈벨트가 집착하고 있던 '필리핀의 경험'의 주장에는 미묘한 문제가 그 밑바닥에 깔려 있다. 그것은 다름이 아니라 루즈벨트는 과연 어디에서 이 필리핀의 문제를 착상했을까? 하는 점이다. 이 질문에 대한 대답을 얻기 위해서는 당시 그의 막료였던 전쟁성장관 스팀슨(Henry L. Stimson)을 주목해야 한다. 스팀슨의 경력에서 주목해야 할 사실은 그가 바로 쿨리지(C. Cooledge) 대통령 내각에서 3년 동안(1927-1929) 필리핀 총독을 역임했다는 사실과 원폭실험을 전담시킬 정도로 루즈벨트가 신임하는 막료였다는 사실이다. 스팀슨은 국무장관 시절인 1932년에 이미 미국은 무력에 의한 영토변경을 인정하지 않는다는 세칭 스팀슨 독트린(Stimson Doctrine)을 발표함으로써 신윌슨주의자의 대오에 가담했으며, 이러한 그의 대외정책은 루즈벨트의 이상주의와 맞물려 전쟁성장관으로서의 막강한 영향력을 행사하고 있었다.

34. W. Roger Louis, *Imperialism at Bay*(New York : Oxford University Press, 1978), p. 4.
35. Noam Chomsky(1987), p. 41.

이러한 상황 속에서 대소유화정책을 기반으로 삼던 루즈벨트의 갑작스러운 죽음과 트루먼의 대통령직 승계, 원폭실험의 성공과 함께 종전을 앞당길 수 있다는 확신과 극동에서의 소련의 역할 감소, 탁치를 마땅치 않게 생각하는 소련의 입장 등은 냉전 시대의 개막을 예고하는 변화의 시발이었고, 미국의 대한반도정책은 전면적인 수정이 불가피하게 되었다. 소련과 미국의 이해가 상충하고 있던 한반도에 그 여파는 가장 첨예하게 나타나면서 미국의 입장에서 볼 때 이제 소련은 더 이상 동맹이 아니며, 이익을 함께 나눌 우방이라는 개념은 사라지고 주적(主敵) 개념으로서의 실체일 뿐이었다.

이러한 사실은 미소공위의 갈등과정에서 구체적 현실로 나타났다. 미국의 정책수립가들은 물론 현지의 지휘관들도 앞으로 소련의 팽창주의적 강경 노선은 한반도의 공산화를 획책할 것이라고 판단하기에 이르렀다. 그 결과 현지의 하지는 그의 정치고문을 통해 '한국이 소련의 지배를 받아서는 안 된다는 확고한 결의와 소련의 지배로부터 한국을 보호하기 위해서 필요하다면 이 결의를 고수할 것이라는 점을 소련에 보여주어야 한다'[36]는 정책 건의서를 작성하여 본국에 상신했다. 이제 미국은 극동전략에서 한국의 '정치적' 효용도를 고려하기 시작했다.

그러나 미국의 대한반도정책의 이면에는 하나의 미묘한 아이러니가 있다. 그것은 다름이 아니라 호전적일 듯한 군부가 점령정책에 더 소극적이고 민간정부인 국무성이 더 적극적·공세적이라는 사실이었다. 이 문제는 구체적으로 철군문제를 둘러싸고 군부와 국무성이 충돌하는 것으로 표출되었다. 즉 군사적일 것 같은 군부가 정치

36. C. L. Hoag(1970), pp. 444–445.

적 고려를 내세워 철군을 주장했고 국무성에서는 병력의 계속적 주둔을 주장했다.

이제 트루먼 대통령은 한국문제에 대한 군부와 국무성 사이의 이견에 대한 진상을 파악해야 할 입장에 이르렀다. 이러한 판단이 서자 트루먼은 1946년 6월에 배상조사에 관한 개인 특사로서 극동을 순방하는 폴리(E. Pauley)에게 진상 확인을 지시했다. 이에 폴리는 다음과 같은 복명서(復命書)를 제출했다.

> **한국이 작은 나라이며 따라서 우리의 모든 군사력 중의 작은 책임 지역이기는 하지만 아시아에서는 우리의 성공 전체가 달려 있을지도 모르는 '이데올로기의 결전장'이다. 민주주의적 경쟁체제가 몰락한 봉건주의의 도전에 직면하여 적응할 수 있을 것인지 혹은 공산주의와 같은 다른 어떤 체제가 더 강화될 것인지를 시험하게 될 곳이 바로 여기이다.** … 한국은 아시아에서 미국의 전면적 승리가 걸려 있는 이념의 대결장이다. … 우리는 한국인에게 미국식 민주주의를 판매하기 위하여 교육과 정보 캠페인을 전개할 것이며, 이러한 목적을 위해 [미국에 유학중인] 한국인 학생과 교사 및 미국인 교사를 한국에 보내고자 한다. 나는 또한 미국인 기술자들이 한국으로 건너가 그들의 산업을 재건하는 일을 돕고 많은 한국인을 훈련시킬 수 있기를 바란다. … 각하가 관심을 가져야 할 미국의 대한정책은 ;
>
> 1. 한국인들이 자유롭고 활기찬 교육제도를 수립할 수 있도록 지원하고,
> 2. 한국인들이 경제개혁을 위한 광범한 계획을 주도할 수 있도록 돕고,
> 3. 한국인들이 강력하고도 독립된 경제를 수립할 수 있도록 지원하고,

4. 중요 지역에 선거를 실시하고 부분적으로 입법기관을 구성함으로써 한국인들이 남한의 행정에 참여할 수 있는 기반을 넓혀주고 더 나아가서는 현재의 대표민주의원을 대체하도록 하는 것이다. … 한국을 하나의 국가로 수립한다는 우리의 약속을 지키기 위해서 우리는 적절한 인력과 충분한 자금을 갖추어야 하고, 그러한 과업을 수행하기에 충분한 기간 동안 한국에 머무를 필요가 있다.[37)]

이 보고서는 트루먼에게 많은 영향을 끼친 것으로 보인다. 따라서 폴리의 의견은 「한국의 군정에 관한 잠정 지침」(1947년 2월 17일)에서 다음과 같이 반영되었다.

한국에 대한 책임을 전적으로 감당하지 못하고 실패한다면 그것은 식민지 지역에서의 미국의 입장에 즉각적인 상처를 줄 수 있으며, 이러한 지역들은 즉시 소련의 압력에 굴복하게 되는데, 이와 같은 사태의 전개는 전 세계를 통하여 미국의 이해관계에 심각한 영향을 끼칠 것이다. … 한국이 소련의 지배를 받게 되면 그것은 만주와 중국과 일본에 대하여 정치적으로나 군사적으로 매우 심각한 위협이 될 것이다. … **지금으로서 한국은 세계에서 미국과 소련이 '얼굴을 마주 대하고 있는' 유일한 지역이다. … 한국은 소련의 이념에 대한 비교 개념으로서의 미국 민주주의의 효과를 위한 시험장소이다.** 향후 한국에

37. E. W. Pauley, *Hearings before the Committee on Armed Forces, US Senate, August 3, 1950* (Washington D.C. : U.S.G.P.O., 1950), pp. 11–12 ; "Ambassador Edwin W. Pauley to President Truman" (June 22, 1946), *FRUS : 1946*, Vol. VIII : *The Far East*, p. 706 ; Joint Civil Affairs Committee, "Interim Directives for Military Government in Korea" (17 February 1947), RG 165, *ABC 014 Japan*, pp. 14–15.

서 미국의 민주주의가 좋은 평가를 얻을 수 있도록 충분히 지원해주지 않는다면 전 세계의 국민과 국가는 미국 민주주의의 효과와 그 굳건함, 그리고 정부의 형태에 대하여 본능적으로 의심을 갖게 될 것이다. 미국에 대한 한국의 정치적 중요성은 아마도 한반도에서 전반적인 미·소관계에 미치게 될 효과일 것이다. 미국이 소련을 봉쇄하면서 우리의 굳건한 정책에 틈이나 취약점을 보여서는 안 된다는 점이 중요하다. 왜냐하면 우리의 지역에서 취약점을 보이면 소련은 틀림없이 우리의 정책이 전 세계적으로 부드러워지고(softening) 있다는 신호로 해석할 것이기 때문이다. 미국이 한국에서 소련으로부터 등이 밀리거나 스스로 피하게 된다면 독일이나 또는 미국에게 매우 중요한 의미를 가지는 그 밖의 지역에서 소련의 경직된 태도를 매우 쉽사리 유발할 수도 있다. 그 반면에 한국에서 우리가 '지켜야 할 선을 굳게 지킨다면' 그 밖의 지역에서 우리가 소련을 다루면서 우리의 입장을 실질적으로 강화할 수 있다.[38)]

이제 철군은 기정 사실이 되었고, 그 후속 조치를 어떻게 강구하느냐의 문제만 남았다. 그 후속 조치라 함은 구체적으로 소련에 대한 대응을 의미하는 것이었다. 여기에서 그 답안으로 등장한 것이 곧 남한의 민주화 작업이었다.

미군정이 냉전 시대의 서막과 함께 잠재적 적국으로 등장하고 있는 소련에 대한 대응논리로서 한국을 서구 민주주의의 전시장으로 보이기 위한 최적의 상품은 곧 한국의 민주화였고 한국인에게 줄

38. "Interim Directives for Military Government in Korea" (17 February 1947), RG 165, *ABC 014 Japan*, pp. 15–16.

수 있는 가장 호소력 있는 표어가 군정의 한국화(Koreanization)였다. 1947년 2월 7일에 군정장관 대리 헬믹(Charles G. Helmick) 장군은 입법의원 본회의장에 참석하여 '군정의 조선화'[39](朝鮮化, Koreanization)라는 표어를 제시했고 하지도 이를 뒷받침해 주었다.[40] 이러한 과정에서 군정이 한국의 민주화나 한국화를 설득력 있게 보여줄 수 있는 최선의 구도는 서구 의회제도를 한국에 도입하는 것이었고, 그것으로써 군정의 종식을 상징화할 수 있었다. 이제까지 과도입법의원이 있었다고는 하나 그것은 어디까지나 반관(半官)이었다는 사실이 그들로서도 석연치 않았다. 그래서 헬믹 장군은 입법의원에 참석하여 메시지를 낭독하는 가운데 '남조선인의 보선에 의하여 전(全) 의원이 민선에 의해 선출되는 과도입법의원의 설치도 또한 사회적 내지 정치적으로 광대한 중요성을 띠고 있다'[41]고 실마리를 풀어갔다.

그러한 의회제도 도입의 한 단계로서 입법의원 선거법안이 상정된 것은 입법의원 제35차 회의(1947년 3월 21일)에서였다. 입법의원은 임시 헌법과 임시선거법기초위원회의 초안을 토대로 심의를 진행하여 제100차 회의(1947년 6월 27일)에서 이를 통과시켰다. 이 선거법은 두 차례에 걸친 군정청의 재고 요청에 의하여 제128차 회의(1947년 8월 12일)에서 수정 통과를 하게 되어 마침내 9월 3일 군정장관의 서명이 끝나 과도정부 법률 제5호로 공포하여 그 결실을 보게 되었다. 해방정국과 같은 정치적 격동 속에서 그들이 토론의 공간에 모였다는 것 자체가 의미 있는 일이었고, 이때 얻은 경험은 제헌국회

39. 『남조선과도입법의원 속기록』 제20호(1947년 2월 7일).
40. 《동아일보》 1947년 4월 8일자.
41. 『남조선과도입법의원 속기록』 제12호(1947년 1월 9일).

를 이끌어가는 데 중요한 자산이 되었다. 민주주의는 유서(由緖)이며 도제(徒弟)의 과정을 거친 경험의 축적이다. 이런 점에서 군정기의 입법기구는 그후대에게 교훈을 제공했다.

이제 남은 문제는 어떤 인물을 동원하여 한국을 '민주화' 하느냐의 문제가 등장했다. 미국으로서는 공산주의와의 대결을 위한 대항세력으로서 남한의 우익을 강화하는 방법을 생각할 수도 있었으나 남한에 미국식 보수주의에 부합하는 우익이 조직적으로 형성되어 있지 않다는 데 미국의 고민이 있었다. 우선 이승만(李承晩)을 고려할 때 그는 이미 용처(用處)가 없는 사람이었다. 그가 민주인사들 중에서는 전국적으로 잘 알려진 몇 안 되는 지도자 중의 하나이기 때문에 그의 협력이 필요하기는 하지만 이승만이 반드시 미래의 과도 정부에 필수적이거나 심지어 바람직하다고 느끼지는 않았다.[42] 그렇다고 해서 김구(金九)를 대안으로 생각할 수도 없었다. 워싱턴은 이승만, 김구와 손을 잡는 것이 소련과의 합의를 이루기 어렵게 할 뿐만 아니라, 더 나아가서는 한국에서 미국의 목적을 달성하는 데 장애가 된다는 입장을 고수했다.[43] 오히려 미국으로서는 김구를 배제하는 것이 정국 운용에 도움이 된다고 생각했다. 미국으로서는 한국의 정치적 논쟁에서 태풍의 중심권(storm centers)에 있었던 특정 인사들을 배제하고 싶었다.[44]

미국의 입장에서 볼 때 당장은 어렵다고 느껴지겠지만 한국에

42. "The Political Adviser in Korea(Langdon) to the Secretary of State" (May 24, 1946), *FRUS* : *1946*, Vol. VIII, *The Far East*, pp. 685–689.
43. *USAFIK*(1948), Part II, Chapt. II, pp. 94–95.
44. "Memorandum by the Assistant Secretary of State for Occupied Areas(Hilldering) to the Operations Division, War Department : Appendix B" (June 6, 1946), *FRUS : 1946*, Vol. VIII, pp. 698–699.

대한 확고하고도 발전적인 계획을 추진할 극우파와도 연결되지 않았으면서 소련의 조종을 받지 않은 지도자들을 물색하기 위한 모든 노력을 경주할 수밖에 없었다. 미국으로서는 김구나 이승만 일파에 대해 결코 어떠한 호의도 보일 수 없었다.[45] 미국이 생각할 때 그들은 '끝까지 버틸 사람들'(diehard)[46]이었다. 뿐만 아니라 한국의 정치집단이 다양한 상황에서 이승만과 김구의 극우세력으로 정국(政局)을 운용한다면 중도파는 공산당과 협력하여 세력을 확장할 위험이 있다는 점도 깊이 고려되었다.

이와 같이 극우파를 정국 운용에서 배제할 경우에 미국이 취할 수 있는 선택의 폭은 제한적일 수밖에 없었다. 그것은 온건파 애국지사들이 공산주의자들을 선호하지 않음을 이용하여 남한에서 중도우파의 입장을 강화함으로써 북측에 대항하도록 고무시키는 것이었다.[47] 그러나 순수한 의미로서의 중도파가 없는 상황에서 군정으로서는 극우와 극좌를 제외한 중도 우파의 김규식과 중도 좌파의 여운형의 합작을 통하여 이들의 세력을 결집시킨 다음 정치적 안정과 통일의 방안을 모색코자 했다. 즉 좌우익의 극단주의자가 아닌 강력하고도 유능한 지도자들이 다수 선출될 수 있도록 특별한 노력을 경주한다는 것이었다.[48]

그러나 미국의 합작구도는 이루어지지 않았다. 그 실패의 원인

45. "Proposed Message to General of the Army Douglas MacArthur" (Drafted in the Department of State), *FRUS : 1946*, Vol. VIII, pp. 645–646.
46. "The Political Adviser in Korea (Langdon) to the Secretary of State" (May 17, 1947), *FRUS : 1947*, Vol. VI, *The Far East*, p. 645.
47. C. L. Hoag (1970), pp. 444–445.
48. "Policy Paper Adopted by the SWNCC : Political Policy for Korea," SWNCC 176/18 (January 28, 1946), *FRUS : 1946*, Vol. VIII, *Far East*, pp. 623–625.

은 여러 가지로 지적될 수 있으나 가장 중요한 요인은 당시의 중도세력의 입지와 역량이 성숙되지 않았다는 점을 지적할 수 있다. 당시 여운형의 입지는 매우 약화되어 있었다. 1946년 7월에 있었던 박헌영의 3당 통합(인민당 · 신민당 · 공산당)은 좌우 합작을 통한 여운형의 입지에 치명적인 타격을 주었으며, 이로 인해 좌익진영에서 고립된 여운형은 사회노동당을 창당했으나 세력을 만회하지 못했다. 여운형은 우익을 설득하기 전에 자신의 좌익진영을 설득하는 데 실패하고 있었다.

요컨대 찬탁과 반탁의 갈등, 미소공위의 대결 등을 일거에 해결하려던 좌우 합작은 버취(Leonard Bertsch) 중위의 꿈에 지나지 않았다. 아마도 버취는 한 신생국가의 창설과정에서 자신이 '미국의 세기' (American Century)에 태어난 마키아벨리(N. Machiavelli)인 것처럼 착각하고 있었다.[49] 즉시 독립을 바라는 여론은 수그러들지 않았고, 토지문제와 같은 민감한 사안에 대한 명쾌하고도 공통분모적인 답안이 제시되지 못했으며, 여운형과 김규식은 이미 실세(失勢)에 빠져 있었다. 김규식은 그와 같은 격동기에 좌우 합작을 수행하기에는 정치적 역량이 부족했으며, 극우와 극좌는 자신들이 배제된 정국 운용을 받아들일 수 없었다. 아무리 우익을 경원했다 하더라도 정치적 입장의 선악을 떠나서 해방정국에서 김구와 이승만을 배제한 채 정국을 운영할 수 있으리라는 군정의 구상은 지나치게 순진한 발상이었다.

그러나 무엇보다도 중요한 것은 해방정국과 같은 격동기의 시

49. Mark Gayn, *Japan Diary* (New York : William Sloane Associates, 1948), pp. 351, 354 : October 16, 1946 in Seoul.

대적 흐름은 중도파의 존재를 인정하지 않았다는 점이다. 중도파는 좌우익 모두의 적이었으며, 그러한 극한 상황에서 여운형은 비극적인 최후를 맞이했고, 좌우 합작도 그것으로 막을 내렸다. 결국 좌우 합작은 버취의 허영심과 여운형의 공명심이 빚은 해프닝이었다. 그들의 머릿속에는 아마도 중국에서 벌어지고 있던 국공합작(國共合作)의 환영(幻影)이 어른거렸을 터이지만 두 나라의 역사상황은 그 결절점(結節點)을 찾아주지 못했다.

결국 중도파를 결집시킴으로써 남한을 민주화시키고 결과적으로 공산주의자들에게 자유민주주의의 체제 우위를 보여주려던 미국의 꿈은 이뤄지지 않았다. 그 책임은 미국에 있지 않다고 말할 수도 있다. 당시의 극한적인 좌우 대립은 중도파를 통해 정국을 이끌어가려던 미국의 꿈을 용납하지 않았다. 그리고 그 결과로 한국의 우익화 과정은 더욱 강화되었다.

5. 늪의 논리와 해 · 공군 우선 전략

카이로 회담으로부터 분단이 고착화된 단계에 이르기까지 미국과 소련이 공유하고 있던 인식은, 그 어느 한쪽의 배타적 점령이 불가능하다는 것이 공지의 사실이 된 상황에서 그 차선으로 한국이 각자에게 비우호적인 어떤 한 단일국가에 의해 배타적으로 지배받도록 해서는 안 된다는 사실이었다.[50] 이것은 얄타 회담에서 미국과

50. "Briefing Book Paper" (June 20, 1945), *FRUS : 1945 : The Conference of Berlin :*

소련의 합의에 도달했다.[51] 전통적으로 미국에 대하여 가지고 있는 한국의 전략적 가치란 미미한 것이었다. 그러나 카이로 회담을 전후한 당시의 루즈벨트의 막료들, 특히 마셜(George C. Marshall)을 중심으로 하는 군부에서는 한반도가 그 자체로서 중요한 것이 아니라 소련이 부산항을 장악하고자 원하고 있고, 이를 기지로 삼아 대련(大連)과 연락할 수 있다는 사실 때문에 반사적으로 한반도의 전략적 중요성을 인식하기 시작했다.[52]

그렇다고 해서 당시의 미국으로서는 한반도의 군사점령을 고려할 수 없다는 것이 군부의 입장이었다.[53] 왜냐하면 그들이 이미 예상했고 또 그후에 밝혀졌듯이 한반도의 군사점령은 엄청난 군사비의 부담을 초래할 뿐만 아니라, 국무성이 생각하는 바와 같이 전략적 중요성이 그토록 높다고 평가하지 않았기 때문이었다. 전략적 중요도가 낮다는 것은 결국 철군으로 귀결되는 것인데, 이것은 여러 가지 미묘한 어려움을 수반했다. 즉 미국으로서는 소련이 한반도에서 배타적 지배권을 행사하도록 좌시할 수는 없었다. 미국이 한반도에서 지배권을 포기하는 것은 곧 한반도에서의 소련에 대한 패배를 인정하는 것이라는 점이 미국으로서는 딜레마였다.

The Potsdam Conference, Vol. I, pp. 310–311 ; "Briefing Book Paper : Relationship of the Soviet Union to the War against Japan" (nd), *FRUS : 1945 : The Conference of Berlin : The Potsdam Conference*, Vol. I, pp. 925–926.

51. "Post–War Status of Korea : Briefing Book Paper, Inter–Allied Consultation Regarding Korea : Summary," *FRUS : 1945 : The Conference of Malta and Yalta*, p. 359.
52. "Minutes of President's Meeting with JCS," (November 19, 1943, on USS Iowa), *FRUS : 1943 : The Conferences at Cairo and Teheran*, p. 257.
53. "Memorandum by the Secretary of Defense (Forrestal) to the Secretary of State," (September 26, 1947), *FRUS : 1947*, Vol. VI, *The Far East*, pp. 817–818.

소련은 종전 직전에 그의 영토 안에서 1-2개 사단 규모의 한국인 출신 홍군(紅軍)을 보유하고 있었는데, 일본 패망과 더불어 이들은 즉시 한국으로 이동하여 소련이 한국을 지배[공산화]하는 데 결정적인 역할을 할 것이라고 미국은 판단했고, 미국은 이 점을 두려워하고 있었다. 이와 같은 사태에 대비하기 위해서 미국은 명목상으로 한반도에 군대를 주둔시켜야 한다는 것이 군부의 입장이었다.[54] 한반도가 공산화될 경우에 미국이 두려워한 것은 일본이 공산주의의 지근(至近) 거리에 노출되는 동시에 소련은 한반도의 얼지 않는 항구를 장악하고 더 나아가서는 강력한 해·공군기지를 설치하게 된다는 점이었다.[55]

한국의 전략적 가치에 대하여 미국의 국무성과 군부의 인식이 다른 것은 사실이었지만 한국에서의 미국의 이익을 포기할 수 없다는 점에서 그들은 기본적으로 견해를 같이 하고 있었다. 미국은 역사적으로 볼 때 소련이 한반도에 대한 기득권이 있는 것을 인정하면서도 한반도에서 미국의 영향력이 균형을 잃을 정도로 약화되거나 감소되는 것을 용인할 수 없었다.[56] 특히 합동참모본부(JCS)는 루즈벨트에게 '국가 방위라고 하는 차원에서 우리의 군대[힘]로 점령한 태평양에서 일본이 통치하던 섬들은 UN의 신탁통치 아래 둘 것이 아니라 미국의 주권 아래 놓여야 한다' 고 제안했다.[57] 이러한 여러 가

54. "The Secretary of War (Stimson) to the President," (16 July 1947), *FRUS : 1945 : The Conference of Berlin : The Potsdam Conference*, Vol. II, p. 631.
55. A. C. Wedemeyer, *Report to the President : Korea, 1947* (Washington D.C. : USG PO, 1951), p. 25.
56. "Post-War Status of Korea," *FRUS : 1945 : The Conferences at Malta and Yalta*, p. 358.
57. William D. Leahy, *I Was There* (New York : McGraw-Hill Book Co., 1950), p.

지 문제들을 동시에 해결하기 위해 미국은 '충분한 기간 동안 한국에 머무를 필요가 있었고',[58] 어차피 미국과 소련 중 단일국가에 의한 배타적 지배가 불가능하다는 판단이 선 상황이었다.[59]

이러한 상황에서 신탁통치는 미국으로 하여금 일정 기간 한반도에 군대를 주둔시킬 수 있는 명분을 주었지만 그것이 파기되었다. 이제는 양대국 분할점령이 결정되었을 때 한반도에 군대를 주둔시켜야 한다는 요구는 충족되었지만 그것이 미국으로서는 달가운 것은 아니었다. 미국의 군부에서 판단할 때 한국에 군대를 주둔시키는 것은 '밑 빠진 독에 물 붓기'(filling a bottomless pit)와 같은 것이었다.[60] 이러한 논리는 철군을 위한 논거로 등장하기 시작했다. 그러다가 1947년이 되면 한국으로부터의 철군은 군부의 일반적인 분위기로 자리 잡기 시작했다. 극동, 특히 한국에서 지상군 작전을 피해야 한다는 의견을 먼저 제시한 곳은 합동민정위원회(Joint Civil Affairs Committee : JCAC)였다. 그들은 다음과 같은 정책 보고서를 작성했다.

> 미국이 한국에 군대나 기지를 유지할 전략적 이해관계는 거의 없다(little). 극동에서 적대행위가 발생할 경우 현재 한국에 주둔하고 있는 군대는 미국에 군사적 부담이 될 것이다. 적대행위가 개시되기 이전에 이들을 근본적으로 보강하지 않는다면 그들은 지탱할 수가 없다. 그렇다고 해도 그러한 보강 조치는 군사적으로 이익이 되지 않는

258.

58. E. W. Pauley(1950), p. 12.
59. "Briefing Book Paper,"(July 4, 1945), *FRUS : 1945 : The Conference of Berlin : The Potsdam Conference*, Vol. I, pp. 311–312.
60. "General Wedemeyer's Testimony," *MacArthur Hearings*(Washington D.C. : U.S.G.P.O., 1951), pp. 2395, 2396, 2438.

다. 왜냐하면 미국이 아시아 대륙에서 수행하고자 하는 공격작전은 어느 모로 보나 한반도를 비켜가게(by-pass) 될 것이기 때문이다. 그러나 만약 우리의 적이 한반도에 강력한 공군기지를 설치·유지한다면 그들은 동(東)중국, 만주, 황해, 동해 및 연안 도서에서 미국의 통신과 작전을 방해할 수 있을 것이다. 적대행위가 발생할 경우 위와 같은 상황은 평소 전략적 공세작전에 이용될 수도 있는 공군력을 적의 기지를 무력화시킬 수 있는 전략적 수세작전으로 전환할 필요성을 유발할 수도 있다. 이러한 작전은 대규모의 지상작전을 감행하는 것보다 훨씬 더 효과적이며 비용도 적게 들 것이다. … 현재로서 미국은 한국에 군대를 유지하면서 단지 부정적(negative)인 이해관계만을 가지고 있을 뿐이지만, 막상 소련이나 또는 소련이 지배하는 군대가 한국 전역을 장악한다면, 당장 심각한 것은 아니라고 할지라도 극동에서 미국의 이해관계에 위협을 초래할 수 있다.[61]

이와 때를 같이 하여 합동참모본부(JCS)도 한국의 전략적 가치에 대하여 위와 비슷한 견해를 피력했다. 그들의 견해를 들어보면 다음과 같다,

1. 아시아에서 전쟁이 일어나더라도 그것은 한국을 비켜갈 것이다.
2. 아시아의 전쟁은 공군이나 해군에 의해 그 승패가 결정될 것이므로 한국에 지상군의 주둔은 불필요하다.
3. 4만 5천 명의 군사 주둔은 막대한 경비를 필요로 한다. 한국에 군대를 주둔하기 위해서는 1일 100만 달러, 연간 3억 5천만 달러가 필요

61. Joint Civil Affairs Committee(1947), p. 14.

할 것이다. 따라서 소련이 일본의 안보를 위협할 정도로 남한에서 군사력을 강화하지 않는 한, 이들을 철수시켜 다른 곳에 주둔시키는 것이 더 유용할 것이다.

4. 미군이 지금 자발적으로 철수하지 않고 급작스럽게 철수할 경우, 미국의 위신은 국제적으로 실추될 것이다.[62)]

이러한 입장은 극동정책의 중요한 결정자였던 맥아더의 경우에도 마찬가지였다. 1951년의 청문회에서 그는 다음과 같이 증언했다.

> 당시 한국은 미국 지상군이 주둔하기에는 적절치 않은 곳이라는 것이 합동참모본부의 전략 개념이었다. 아시아 대륙에 미지상군을 주둔시키는 것은 본질적으로 위험하다. 왜냐하면 우리 군대가 곤경에 처할 수도 있기 때문이다. 만약 소련과 중공이 동시에 기습공격한다면 그곳에 있는 소규모 주둔군의 입장은 매우 위험하다.[63)]

미국의 전략가들이 생각할 때 한국은 중요도가 낮은 나라이며 어떤 사태가 벌어질 때 방어하기가 어려운 곳이었다. 그러므로 그들이 보기에 이토록 멀리 떨어져 있고 방위하기도 어려운 반도를 지킨다는 것은 어리석은 일이었다.[64)] 지상군을 유지할 수도 없고 그렇다

62. "Memorandum by the Secretary of Defense(Forrestal) to the Secretary of State," (September 26, 1947), *FRUS : 1947*, Vol. VI, *The Far East*, p. 817–818.
63. "MacArthur's Testimony," *MacArthur Hearings*, p. 242.
64. Matthew B. Ridgway, *The Korean War*(Garden City : Doubleday & Co., 1967), pp. vi, 11.

고 해서 즉시 철군도 할 수 없는 상황에서 등장한 묘안이 공군우선 전략이었다. 예컨대 합동전쟁기획위원회가 작성한 문건 「극동지역에 관한 대소(對蘇)전략 계획 연구」(MOONRISE)에 따르면, 미국은 아시아 대륙에서 전쟁이 일어날 경우에 대소 지상전을 수행할 만한 능력을 가지고 있지 않았다. 따라서 미군이 반격을 개시하기 위해서는 일본·오키나와·알래스카·알류산열도 등의 대륙 연안 도서에 해군·공군기지를 설치하는 일이 중요하다. 미국은 이 지역에 확보되는 거점을 기반으로 한국 및 화북(華北)에서의 소련의 통신을 방해하고 여순(旅順)과 대련(大連) 등의 기지를 무력화(無力化)시킴으로써 더 나아가 소련의 제공권에 대항할 수 있다고 생각했다.[65]

미국이 한국에서의 공군우선 전략을 그토록 신뢰한 첫 번째 요인은 원폭실험의 성공이었다. 당초 미국과 소련은 포츠담 선언에서 일본이 끝까지 저항할 경우에는 일본 본토의 초토화가 불가피하다는 점에 동의하고 있었다. 그러나 당시 소련은 유럽전선에서 극도로 소진한 상황에서 극동의 대일전을 돌아볼 겨를이 없었고, 따라서 일본의 항복을 받는 것은 미국의 몫이었다. 그렇다고 해서 미국이 대일전을 무리 없이 수행할 수 있는 입장이 아니라는 데 미국의 고민이 있었다. 우선 미국은 반전의식이 점증하는 상황에서 일본 본토 침공으로 야기될 인명피해가 부담스러웠다. '만약 미군이 일본의 본토에 상륙하여 무력점령을 시작한다면 우리는 필사적인 저항에 직면하게 될 것이다. 일본인들은 애국심이 강하여 침략군에 저항하기 위한 국

65. "JWPC 476/2 : MOONRISE," (August 29, 1947), *Records of the JCS*, Part II : 1946–1953, The Soviet Union, Microfilm (Frederick : University Publications of America, Inc., 1979).

가의 부름에 민감하다. 따라서 일단 본토 침공이 시작되면 독일 전선에서 겪었던 것보다 더 격렬한 전투가 전개될 것이다.'[66)]

전쟁 막바지인 1945년 6월 18일, 일본의 무조건 항복을 위한 연합국 간의 전략을 논의하기 위해 전쟁성장관[Henry L. Stimson], 해군성장관[James V. Forrestal], 전쟁성차관보[John J. McCloy], 육군참모총장[George C. Marshall]이 대통령을 면담한 자리에서도 일본에 대한 두려움은 계속되고 있었다. 이 자리에서 백악관 군사 참모인 리하이(William D. Leahy) 제독은 오키나와에 투입되었던 미군 병력의 35%가 희생되었던 사실을 지적했고, 마셜 장군은 일본 규슈(九州)에는 약 8개 사단의 350만 병력이 주둔하고 있으므로 이를 섬멸하기 위해서는 약 77만 명의 미군이 필요하다고 보고했다.[67)]

이런 점에서 볼 때 1945년 7월 16일은 특별한 의미를 갖는다. 트루먼이 포츠담에 도착한 다음날인 이날 그는 전쟁성장관 스팀슨으로부터 뉴멕시코 주의 알라모고르도(Alamogordo)에서 원폭실험에 성공했다는 보고를 받았다. 이 보고를 받은 트루먼은 폭탄의 투하지점, 시기, 기대 효과 등을 심각히 고려한 다음 육군 전략공군단 스파츠(Carl Spaatz) 장군으로 하여금 일기를 고려하여 대략 8월 3일 이후 원폭을 투하하라고 지시했고, 이에 따라서 트루먼이 아우구스타 호(Augusta)를 타고 귀국 중인 8월 6일 히로시마(廣島) 조선소에 원폭이 투하되었다.[68)]

66. "Memorandum for the President," (July 2, 1945), Henry L. Stimson and McGeorge Bundy, *On Active Service in Peace and War*(London : Hutchinson & Co., 1947), p. 366.

67. Department of Defence(1955), pp. 81–82.

68. Paul C. McGrath(1950), pp. 31–32, note 56 ; Department of Defence(1955), pp. 104–105.

이 무기가 미국의 정책결정자들에게 갖는 의미는 다분히 심리적이었다. 스팀슨은 이와 더불어 이제까지 극동에서의 소련 참전을 요구해 온 자신의 입장을 후회하기 시작했다. 그는 '인류 역사상 가장 가공할 무기' (the most terrible weapon ever known in human history)의 개발과 더불어 대일전의 단독 승리가 가능하다고 판단했다.[69] 그러나 전쟁성장관 스팀슨이 원폭의 위력을 신뢰했던 것과는 달리 미국의 수뇌들은 실험에 그친 원폭의 위력을 실감하지 못했다. 그들은 원폭이 재래식 폭탄보다는 강력하겠지만 그것이 일본의 항복을 가져오리라고는 생각하지 않았기 때문이었다. 결국 미국이 위와 같은 자신의 판단이 빗나갔음을 깨달은 것은 원폭투하로 일본이 예상 외로 빨리 항복을 표명한 8월 중순 이후였다. 미국은 이때로부터 소련이 루즈벨트가 생각했던 동반자가 아니며 극동에서 더 이상 요구할 것이 없는 대결상대로 생각했고, 이제 힘의 우위가 확보된 상황에서 남한의 단독점령의 길을 선택하기에 이르렀다.

미국이 한반도에서 해·공군우선 전략을 추진한 두 번째 이유는 미국이 동아시아 대륙에 상륙하고 싶지 않았기 때문인데, 이는 그들의 역사적 경험에 기초해 있다. 19세기 중엽 이후 미국으로서는 동아시아 국가들과의 정치적·외교적·상업적 접촉에서 즐거움이 없었기 때문에 미국으로서는 냉전과 이념적 갈등이 첨예한 1950년대에 아시아 대륙에서 지근전(至近戰)을 두려워하고 있었다. 미국에게 동아시아는 늪(swamp)과 같은 곳이었다. 따라서 그러한 늪에 빠지지 않고서도 아시아를 제어할 수 있는 길은 섬을 기지로 하여 마치 '개구리 뜀뛰기의 착지' (frog jumping point)처럼 널려 있는 섬들을 기지로

69. Henry L. Stimson and McGeorge Bundy(1947), pp. 376, 378.

삼을 수밖에 없었다. 이와 같은 '섬의 고리' (chain of island)의 논리는 루즈벨트의 어록에도 묻어나오고 있다.[70]

여기에서 우리는 한 걸음 더 나아가서 한 가지를 더 논의해 보아야 한다. 그것은 다름이 아니라 맥아더의 '섬을 고리로 하는 태평양호' (Pacific Lake)의 구상은 어디에서 착상한 것일까 하는 점이다. 이에 대한 대답으로서 우리는 마한(Alfred T. Mahan, 1840-1914)의 제해권(制海權) 이론을 주목해야 한다. 아나폴리스(Annapolis)의 해군사관학교를 졸업하고 청장년기에는 주로 해군대학(Naval War College)에서 교수와 저술에 몰두한 마한은 특히 그 대학의 교장으로 있던 시기(1886-1889, 1892-1893)에 '해상권이 역사를 지배한다'는 독특한 논리로 당시 미국 제국주의의 정신과 전략에 깊은 영향을 미치고 있었다. 그들은 이러한 이상을 '해양제국주의' (Imperialism at Bay)라고 불렀다.[71]

이 무렵 미국 육군사관학교에 재학 중(1899-1903)이었던 맥아더는 마한이 일으키고 있는 그와 같은 지적(知的) 풍토에 몰입했고, 여타의 꿈 많은 초급 장교들이 그랬듯이 그도 당시 미국 팽창주의의 정신적 기조를 이루고 있던 마한의 『인류의 역사에 미친 해상권의 영향』(*Influence of Sea Power upon History*, 1889)[72]에 탐닉했다. 결국 맥아더의 '태평양호'의 구상은 마한의 이상이 1940년대에 구체화된 것이라고 볼 수 있다.[73]

70. Chang Chi-yun, *Record of the Cairo Conference*(Taipei : China Culture Publishing Foundation, 1953), p. 7.
71. cf. Louis(1978).
72. 이 책의 자세한 내용은 Alfred Mahan, *Influence of Sea Power upon History*(Englewood Cliffs : Prentice-Hall Inc., 1980)을 참조할 것.

〈표 1〉 전쟁성 작전국(OPD)의 수정분할안(1945. 10. 27)

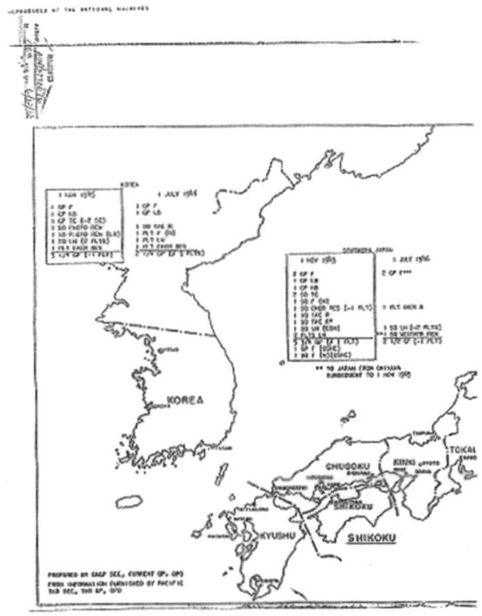

이와 같은 해상권에 의한 제패의 논리는 한반도를 분할하기 위해 구상하는 과정에서도 깊이 고려되었다. 예컨대 애당초 한반도의 4개국 분할안을 계획했던 전쟁성 작전국에서 구상한 분할안은 서해 북위 38° 10′에서 시작하여 동해안 북위 37° 40′을 잇는 사선(斜線)이라는 점에서 이색적이다(〈표 1〉 참조).[74] 이들이 이러한 분할안을 계획한 것은 군사전략상 황해도의 해주(海州) · 개성(開城)과 서해(西海)

73. 1949년 3월 2일자 *New York Times* ; D. Acheson, *Present at the Creation* (New York : W. W. Norton Co., 1969), p. 357.

74. "Basic Initial Directive to the Commander in Chief U.S. Army Forces in the Pacific for the Administration of Civil Affairs in Korea South of 38 Degree North Latitude" (September 1, 1945), SWNCC 176-3, RG 165, *ABC 014 Japan*.

5도에서 해상권을 장악하는 것이 긴요하다는 판단 아래 이루어진 것이다. 이 지역은 그후 한국전쟁 당시에도 중요한 공방지(攻防地)였다는 점에서 작전국의 이 수정안은 설득력을 가지고 있다.[75)]

한국전쟁 개전 전야에 일어난 소위 애치슨(Dean Acheson)의 방위선의 구상에서도 서태평양에서의 섬의 고리를 통한 극동 방위구상이 잘 나타나고 있다. 미국이 극동 방위에서 해상 방위에 주력하면서 한국이 그에 포함되지 않았던 이유도 미국이 극동 내륙에 상륙함으로써 생길 수 있는 '접촉성 피부염의 감염'을 두려워했기 때문이었지 북한의 침략을 유발하기 위한 것은 아니었다.[76)] 애치슨 라인은 결국 위에서 말한 '섬의 고리'의 논리에서 이해되어야 한다.

미국이 극동 전략에서 공군을 그토록 신뢰한 세 번째 이유는 베를린 공수(空輸)작전이 성공한 뒤에 얻어진 자신감 때문이었다. 1948년 6월에 베를린 봉쇄가 이뤄졌을 때 '여기에서 밀리면 더 큰 재앙이 올 것'이라는 베를린 주둔 사령관 클레이(Lucius Clay) 장군의 경고에 따라 미국은 공수작전으로 유럽 또는 점령 독일에서 자신의 위치를 견지했다. 1948년부터 1949년까지 미국은 매일 4천 톤의 물자를 공수함으로써 베를린 주민의 생계를 이어주었다.[77)] 이때 그들이 얻은 경험은 극동에서 지상군을 철수시키고 공군우선 전략으로 선회하는

75. 이러한 서해에서의 해상 전략은 훗날 휴전협정 제2조 휴전(cease-fire) 및 정전(armistice), A. 일반 조항(2)의 항에서 "백령도(白翎島)·대청도(大青島)·소청도(小青島)·연평도(延坪島)·우도(牛島)는 UN군사령관의 관할 아래 둔다"는 조항으로 귀결되었다.

76. 이에 관한 자세한 논의는, 신복룡, "한국전쟁과 미국유도설 : D. 애치슨 연설을 둘러싼 논쟁을 중심으로," 『사회과학』 12권(1988), pp. 295–314 ; 신복룡(2006), pp. 609–633 참조.

77. Foster R. Dulles, *America's Rise to World Power : 1898–1955*(New York : Harper Co., 1955), p. 240.

데 한 요인이 되었다. 요컨대 미국의 대극동정책, 좁게 말해서 대한군사정책의 기조는 급박한 전시가 아닌 한 가급적 육전대의 상륙을 기피한다는 점이었다. 만약 극동[한국]에서 군사적 위협이 발생한다면 해·공군 전략으로 충분히 대응할 수 있다는 것이 미국의 전통적인 전략이었다. 이것은 극동에서의 미국의 오랜 경험에 기초하고 있다.

6. 결론

역사적으로 루즈벨트와 같은 이상주의의 시대가 없었던 것은 아니지만 외교는 기본적으로 연민이나 인도주의가 아니라 국가적 실익의 문제이다. 들어오고 머물고 나가고 맺고 끊는 것은 자신의 이익에 기초를 둔 판단일 뿐이다. 한미관계 130년의 역사도 이 원칙에서 크게 벗어나지 않는다.

[1] 한국에 대한 미국의 의미는 늘 막중했다. 그런 반면에 미국에 대한 한국의 의미는 그리 높지 않았다. 이러한 상관관계가 한미관계를 불평등하게 만들었고, 그런 점에서 미국은 한국의 망국으로부터 현대사에 이르기까지 일련의 비극에 대하여 일정한 책임이 있다.

[2] 해방정국에서 미국에 대한 한국의 의미는 일본의 종속변수로서의 가치를 갖는 것이었다. 미국은 전후처리 과정에서 일본 전역을 점령한 데 대한 포만감을 가지고 있었고, 일본에서의 이익을 지킬 수 있다면 한반도에서의 이익을 양보할 뜻이 있었다. 그런 점에서 본다면 한국의 분단을 결정하는 과정에서 미국은 한반도를 대일정책

의 희생양으로 고려한 측면이 있다.

[3] 미국은 동아시아에서 반공 보루로서의 가치를 갖는 것으로서의 한반도의 의미를 주목했다. 한반도의 공산화는 일본의 방위에 직접적인 위협이 될 뿐만 아니라 '태평양호'의 일각이 무너진다는 의미를 가지고 있었다. 1945–1950년의 상황에서 미국은 태평양을 자신들의 내해(內海)로 만들고 싶어했다. 한반도는 그 호수의 일각으로서의 의미를 가지고 있었다.

[4] 한반도는 미국이 사회주의권에 보여줄 수 있는 민주주의 전시장으로서의 가치를 가지고 있었다. 그 일환으로 남한에서의 의회민주주의의를 구현함으로써 민주주의의 우월성을 공산권에 보여주고 싶었다. 그러나 남한 정치인들의 극좌화·극우화, 소승적 욕망, 정치적 역량의 부족은 미국이 구상한 의회민주주의를 구현하는 데 걸림돌이 되었다. 아울러 미국은 한국에서의 민주화보다는 반공화에 더 높은 가치를 둠으로써 남한 정부의 권위주의화에 묵시적으로 기여했다.

[5] 미국의 대극동(한국)정책의 기조는 육지에 상륙하지 않으며, '섬의 고리'에 기초를 두고 있는 해·공군우선 전략에 의하여 이곳을 방어한다는 것이었다. 극동 대륙에 대한 미국의 기본 인식의 밑바닥에는 극동이야말로 늪(swamp)이라는 인식이 깔려 있으며, 그러한 인식이 대표적으로 표현된 것이 애치슨 라인이었다. 이러한 원칙은 그후 오늘에 이르기까지 변함 없이 미국의 대한반도정책의 기조를 이루고 있다.

참|고|문|헌

국회도서관 입법조사국.『구한말조약어휘(중)』서울 : 국회도서관, 1965.
『남조선과도입법의원 속기록』.
노계현.『한국외교사연구』서울 : 해문사, 1968.
渡邊勝美. "鮮米修好通商條約交涉史."『普專學會論集』(2) 서울 : 普專學會, 1935.
《동아일보》.
《每日新報》.
小谷益次郞. "仁川撤收誌[仁川引揚誌]."『황해문화』통권 30호(2001).
신복룡. "한국전쟁과 미국유도설 : D. 애치슨 연설을 둘러싼 논쟁을 중심으로."『사회과학』(12), 1988.
______. "한미 수교의 시말과 교훈."『한국정치사』서울 : 박영사, 2003.
______.『한국분단사연구 : 1943–1953』서울 : 한울출판사, 2006.
조병옥.『나의 회고록』서울 : 민교사, 1959.
《조선일보》.
하우스만(Jim Hausman)·정일화 공저.『한국 대통령을 움직인 미군 대위 : 하우스만 증언』서울 : 한국문원, 1995.
『한국전쟁 휴전협정문』.

Acheson, D. *Present at the Creation*. New York : W. W. Norton Co., 1969.
Appenzeller, H. G. "The Opening of Korea : Admiral Shufeldt's Account of It." *Korean Repository*. Vol. I(February 1892).
Bajanov, Evgueny P. & Natalia Bajanova(eds.) and Tong–chin Rhee(Rewritten

and Tr.). *The Korean Conflict, 1950–1953 : The Most Mysterious War of 20th Century, Based on Secret Soviet Archives, mimeo.*

Buss, Claude A. *The United States and the Republic of Korea.* Stanford : Hoover Institute Press, 1982.

Chang Chi–yun. *Record of the Cairo Conference.* Taipei : China Culture Publishing Foundation, 1953.

Chomsky, Noam. *On Power and Ideology.* Boston : South End Press, 1987.

Dulles, Foster R. *America's Rise to World Power : 1898–1955.* New York : Harper Co., 1955.

Gayn, Mark. *Japan Diary.* New York : William Sloane Associates, 1948.

Hoag, C. L. *American Military Government in Korea.* Unpublished Manuscript, Washington D.C. : OCMH at the Department of Army, 1970.

Louis, W. Roger. *Imperialism at Bay.* New York : Oxford University Press, 1978.

MacArthur Hearings. Washington D.C. : U.S.G.P.O., 1951.

MacArthur, Douglas. *Reminiscences.* New York : McGraw–Hill, 1964.

Mahan, Alfred. *Influence of Sea Power upon History.* Englewood Cliffs : Prentice–Hall Inc., 1980.

McCune, G. M. and J. A. Harrison (ed.). *Korean–American Relations.* Vol. I. Berkeley and Los Angeles : The University of California Press, 1950.

McGrath, Paul C. *U.S. Army in the Korean Conflict.* Unpublished Manuscript, Washington D.C. : NA, 1953.

Meade, E. Grant. *American Military Government in Korea.* New York : King's Crown Press, 1951.

New York Times

Park Il–keun (ed.). *Anglo–American Diplomatic Materials Relating to Korea, 1866–1886.* Seoul : Shinmundang, 1982.

Pauley, E. W. *Hearings before the Committee on Armed Forces, US Senate, August 3, 1950.* Washington D.C. : U.S.G.P.O., 1950.

Records of the JCS. Part II : 1946–1953, The Soviet Union, Microfilm. Frederick : University Publications of America, Inc., 1979.

RG 165, *ABC 014 Japan.* Washington D.C. : NA.

RG 332, Box 21, 22, 44. Suitland : WNRC.

Ridgway, Matthew B. *The Korean War*. Garden City : Doubleday & Co., 1967.

Sandusky, Michael C. *America's Parallel*. Alexandria : Old Dominion Press, 1983.

Sawyer, Robert K. *American Military Government in Korea in Peace and War*. Washington D.C. : OCMH at Department of the Army, 1988.

Stimson, Henry L. and McGeorge Bundy. *On Active Service in Peace and War*. London : Hutchinson & Co., 1947.

Department of Defence. *The Entry of the Soviet Union into the War against Japan*. Unpublished Manuscript, Washington D.C. : NA, 1955.

USAFIK. *History of the United States Armed Forces in Korea*. Washington D.C. : U.S. Army, Historical Manuscript File, 1948.

U. S. Congress, Committee on Foreign Affairs. *Soviet Diplomacy and Negotiating Behavior : Emerging New Context for U.S. Diplomacy : Special Studies Series on Foreign Affairs*. Vol. 1, 96th Congress, 1st Session, House Document No. 96-238. Washington D.C. : Congressional Research Service, Library of Congress, 1979.

U. S. Department of State. *Foreign Relations of the United States(FRUS). 1943 : The Conferences at Cairo and Teheran*. Washington D.C. : U.S.G.P.O., 1961.

______. *FRUS 1945 : Conferences at Malta and Yalta*. Washington D.C. : U.S.G.P.O., 1955.

______. *FRUS 1945 : The Conference of Berlin : The Potsdam Conference*. Vol. I & II. Washington D.C. : U.S.G.P.O., 1960.

______. *FRUS 1946*, Vol. VIII : *The Far East. Washington* D.C. : U.S.G.P.O., 1971.

______. *FRUS 1947*, Vol. VI : *The Far East. Washington* D.C. : U.S.G.P.O., 1971.

Villard, Oswald G. "We Must Free Korea Now." *Asia and the Americas*. Vol. XL, No. 11 (November 1945).

Wedemeyer, A. C. *Report to the President : Korea, 1947*. Washington D.C. : U.S. G.P.O., 1951.

저자소개

• **이정식**

미국 캘리포니아대학 로스엔젤레스(UCLA) 졸업
미국 캘리포니아대학 버클리(UC Berkely) 정치학박사
현재 경희대학교 평화복지대학원 석좌교수, 미국 펜실베니아대학교(Univ. of Pennsylvania) 명예교수
저서 : 『몽양 여운형』, 『대한민국의 기원』, 『이승만의 구한말 개혁운동』, 『구한말의 개혁 독립투사 서재필』, *Japan and Korea : The Political Dimension*, *Communism in Korea*(공저), *The Politics of Korean Nationalism* 외 다수

• **서희경**

이화여대 정치외교학과 졸업
서울대학교 정치학 박사
현재 서강대학교 학술연구교수
저서 : 『이승만과 대한민국 건국』(공저), 『대한민국임시정부의 현대사적 성찰』(공저)
논문 : 「대한민국 건국헌법의 기초와 수정」, 「대한민국 건국헌법의 역사적 기원(1898-1919) : 만민공동회, 3·1운동, 대한민국임시정부헌법의 '민주공화' 정체 인식을 중심으로」, 「시민사회의 헌법구상과 건국헌법에의 영향(1946-1947) : 해방 후 시민사회헌법안, 미소공위답신안 제정을 중심으로」 외 다수

• **심지연**

서울대학교 정치학과 졸업
서강대학교 정치학박사

현재 국회입법조사처 처장
저서 : 『한국민주당연구』, 『인민당연구』, 『조선신민당연구』, 『이강국연구』, 『최창익연구』, 『한국정당정치사』 외 다수

• 한용원

육군사관학교 19기 이학사
서울대학교 사학과 졸업
서울대학교 정치학석사
고려대학교 정치학박사
현재 한국교원대학교 명예교수
저서 : 『창군』, 『통일정책·교육론』, 『남북한의 창군』, 『북한학』, 『한국의 군부정치』 외 다수

• 이승현

연세대학교 정치외교학과 졸업
연세대학교 정치학박사
현재 국회 입법조사처 조사관
저서 : 『북한의 정치1』(공저), 『북한현대사』(공저), 『언어와 정치』(공저), 『국가건설사상 1, 2, 3』 (공저) 외 다수
논문 : 「남북관계 측면에서 본 개헌 논의」, "U.S.–North Korean Relations : Classifications Based on Policy Decisions and Their Effect on the Korean Peninsula", "Impacts of Korus FTA on Inter Korean Relations" 외 다수

• 이지수

서울대학교 정치학과 졸업
모스크바대학교(МГУ) 정치학박사
현재 명지대학교 사회과학대학 북한학과 부교수
저서 : 『북방정책–기원, 전개, 영향』(공저), 『대한민국 건국의 재인식』(공저)
논문 : 「페레스트로이카와 북소/러 관계」, 「냉전 후 러시아정치에서 정보기관의 역할과 전망」, 「북핵문제에 대한 러시아의 입장과 정책 : 공식적 차원과 새로운 시각」 외 다수

• 남광규

고려대학교 교육학과 졸업
고려대학교 정치학박사
현재 고려대학교 연구교수
저서 : 『한국적 국제정치이론의 모색』(공저), 『탈냉전기 한반도와 주변 4강』(공

저), 『근현대 민족주의 민족운동』(공저) 외 다수
논문 : 「해방 직후 정당연합운동의 실패와 이승만, 박헌영의 임정 견제」, 「신탁정국기 정당협력의 실패와 임정의 약화」, 「신탁합의를 전후한 미, 소, 중의 입장과 임정의 민족자주노선의 한계」 외 다수

• 이철순

서울대학교 정치학과 졸업
서울대학교 정치학박사
현재 부산대학교 사회과학대학 정치외교학과 부교수
저서 : 『해방전후사의 재인식 2』(공저), 『대한민국건국의 재인식』(공저), 『1950년대 한국사의 재조명』(공저) 외 다수
논문 : 「한국전쟁 이전 미국의 한국의 가치에 대한 평가」, 「1950년대 후반 미국의 대한정책」, 「이승만의 단독정부론에 대한 일고찰」 외 다수

• 백학순

서울대학교 사범대학 영어교육학과 졸업
서울대학교 대학원 정치학과 석사과정 수료
펜실베니아대학교(U. of Pennsylvania) 정치학박사
현재 세종연구소 수석연구위원
저서 : 『북한 권력의 역사』, 『북한의 국가전략』(공저), *North Korea in Distress : Confronting Domestic and External Challenges* (공저) 외 다수
논문 : 「역대 남한정부의 대북 · 통일정책 : 정체성과 이익의 정치」, 「북한에서의 '단일적 지도력'의 확립과 당 · 국가 건설」, 「북 · 미관계(1945–2007)」 외 다수

• 신복룡

건국대학교 정치학과 졸업
건국대학교 정치학박사
현재 건국대학교 정치대학 정치외교학과 석좌교수
저서 : 『동학사상과 갑오농민혁명』, 『한말개화사상연구』, 『한국정치사』, 『전봉준평전』, 『한국정치사상사』, 『한국의 정치사상가』, 『한국분단사연구 : 1943–1953』, 『한국사 새로 보기』, 『이방인이 본 조선』, *The Politics of Separation of the Korean Peninsula, 1943–1953*

남북한 정부수립 과정 비교 : 1945-1948

초판1쇄 / 2010년 6월 20일

엮은이 **이철순**
펴낸이 **여국동**
펴낸곳 **도서출판 인간사랑**
인 쇄 **백왕인쇄**

출판등록 1983. 1. 26. / 제일 3호
(411-815) 경기도 고양시 일산구 백석동 1178-1
TEL (031)901-8144, 907-2003
FAX (031)905-5815
e-mail : igsr@yahoo.co.kr / igsr@naver.com
정가 25,000원
ISBN 978-89-7418-006-5 93340
※ 잘못된 책은 교환해 드립니다.